新时代体育与健康教学设计与实践探索

孔 冲 高 岭 徐鸿鹏 著

中国环境出版集团 · 北京

图书在版编目（CIP）数据

新时代体育与健康教学设计与实践探索 / 孔冲，高岭，徐鸿鹏著. -- 北京 ： 中国环境出版集团，2024. 8.
ISBN 978-7-5111-5965-6

I. G807.4 ； G647.9

中国国家版本馆CIP数据核字第2024N1T539号

责任编辑 易萌
封面设计 彭杉

出版发行 中国环境出版集团
（100062 北京市东城区广渠门内大街16号）
网　　址：http://www.cesp.com.cn
电子邮箱：bjgl@cesp.com.cn
联系电话：010-67112765（编辑管理部）
发行热线：010-67125803 010-67113405（传真）

印　　刷 北京建宏印刷有限公司
经　　销 各地新华书店
版　　次 2024年8月第1版
印　　次 2024年8月第1次印刷
开　　本 787×1092　1/16
印　　张 22.25
字　　数 475千字
定　　价 75.00元

前　言

在新时代，体育与健康教学的设计与实践越发引起人们的广泛关注，成为教育领域的热门话题。随着社会的发展和生活方式的改变，人们对体育与健康的认识逐渐深化，教育者在提高学生身体素质、促进全面发展的同时，需要关注学生健康教育的重要性。体育不仅是一种锻炼身体的方式，也是促进学生身心健康、培养终身运动习惯的重要途径。

基于此，本书以“新时代体育与健康教学设计与实践探索”为题，首先探究体育与健康的相关理论，包括体育锻炼与健康、体育运动与营养需求研究、运动处方的实施与系统设计、大学生健康管理与服务体系的构建、大学生体质健康管理与训练；其次围绕体育与健康课程设计与素质训练展开论述；最后对球类运动教学、田径类运动教学、武术类运动教学与形体塑身运动教学与实践训练进行全面分析。

本书致力于将理论与实践有机结合，追求理论的精练和实践性的强化。通过深入浅出地阐释理论基础，并结合案例，使读者能够更好地理解理论知识，并能在实际教学中有针对性地应用。这种理论与实践相辅相成的设计，有助于提高读者的教学实效性和操作性。另外，本书注重章节之间的逻辑性和连贯性，以确保内容的完整性和系统性。精心设计每一章节，使知识点之间有机衔接，读者能够更加流畅地理解整体框架。这种注重逻辑性的特色，使本书既适用于整本阅读，也便于读者有针对性地查找与学习特定主题。

本书在写作过程中，得到了许多专家、学者的帮助和指导，在此表示诚挚的谢意。由于作者水平有限，加之时间仓促，书中所涉及的内容难免有疏漏之处，希望各位读者提出宝贵的意见，以便进一步修改，使之更加完善。

目　录

第一部分　体育与健康的相关理论

第二部分　体育与健康课程设计及素质训练

第三部分　不同项目的运动教学与实践训练

第一部分
体育与健康的相关理论

第一章　体育锻炼与健康

第一节　体育锻炼的科学理论

一、体育锻炼的科学界定

（一）健康标准与体育锻炼

健康一直是人类永恒关注的主题，对个人、社会和国家的发展至关重要。随着历史的发展，人们对健康的理解不断演变。如今，健康的内涵已不再局限于单纯的身体状态，而是涵盖了身体、心理、社会和道德等方面。全面健康观的兴起进一步强调了健康的多维度性质。这种观点认为，健康不仅是指身体健康，还包括心理健康、社会健康和道德健康等方面的平衡与和谐。人们应从多个角度探讨健康，并积极争取健康，创造健康。

根据世界卫生组织的定义，健康不仅被视为摆脱疾病和身体衰弱，更是保持身体、心理和社会适应的完善状态。这种定义突出了健康的综合性和动态性，强调了健康与个体在社会环境中的互动关系。此外，健康不仅是一种缺乏疾病的状态，而且是一种全面的、积极的生活状态。

在此背景下，健康与“健康福祉”（wellness）的概念日益受到人们重视。健康福祉强调个人的责任和主动性，主张通过积极的生活方式来实现健康、幸福和财富的目标。这种健康观念强调了个体在维护自身健康上的积极作用，鼓励人们通过健康的生活方式来提升整体福祉。相较于仅关注疾病的治疗和预防，健康福祉更注重健康的全面发展和个体的自我实现。

维持健康涉及多个维度，包括社会、身体、心理、智力、精神和职业方面。在社会方面，要求个体能够顺利地扮演社会角色，同时避免对他人造成伤害。这意味着人们应该尊重他人，遵守社会规范，积极参与社会活动，并建立良好的人际关系。在身体方面，个体需要合理的饮食习惯、有规律的锻炼、避免不良习惯和嗜好，以及参与预防疾病的活动，并在需要时及时寻求医疗保健。这意味着个体需要关注营养均衡、适量运动、戒烟限酒等方面，以维持身体的良好状态。在心理方面，要求个体具备合作精神，能够有效地处理问题和调整情绪。这包括理解和应对压力、学会应对挑战、保持积极的心态，以及寻求必要的支持和帮助。在智力方面，个体需要具备开放的思维，愿意接受新的经验和挑战。这意味着个体需要持续学习、不断进步，以及不断探索新的知识和领域。在精神方面，要求个体能够平衡自身需求和外部压力，合理评价自己的能力和表现，并与他人和谐相处。这包括建立健康的自我认知和自尊心，培养积极的人际关系，以及寻找生活的意义和目标。在职业方面，要求个体对工作有热情，并愿意为社会做出贡献。这需要个体具备判断问题、解决问题的能力和良好的沟通能力。

维持健康包括平衡饮食、适量运动、戒烟限酒和心理健康四大基石。适量运动是科学的体育锻炼，有助于提高整体素质和增进健康。这意味着个体需要制订合适的运动计划，包括有氧运动、力量训练和灵活性训练，以保持身体的健康和活力。

（二）体育锻炼、运动训练与体育教学

体育锻炼是通过科学的方法，结合体育活动、自然环境和卫生因素来促进身体发展、保健和陶冶情操的过程。在进行体育锻炼时，需要考虑多种因素的协调，包括运动生理规律、健身原理、个人、社会和自然环境等，以实现多领域的健康目标。全面的考虑是为了保证体育锻炼的科学性和有效性。

体育锻炼、运动训练和体育教学都以身体练习为基本手段，要求承受一定的运动量，促进身体新陈代谢，改善身体形态和功能，增强体质。然而，它们在目的、对象、内容、运动负荷和组织形式等方面各有侧重，表现出明显的区别。

体育锻炼主要侧重于通过科学的方法，结合自然环境和卫生因素，全面促进身体健康和陶冶情操。运动训练更加专业，注重特定运动项目的技能和能力的提高，通常由专业教练指导。体育教学则更注重于向学生传授体育知识和技能，强调教育性质。

二、体育锻炼的行为理论

（一）体育锻炼行为的定义

行为与生活方式息息相关，表现在对环境的反应和个体的生活选择上。生活方式涵盖了物质消费、精神追求及闲暇方式等方面。其中，体育锻炼作为一种行为，具有特定的特征和社会意义。体育锻炼行为的特征在于其目的性，通常是为了保持身体健康和提高身体素质。这种行为需要在一定时间内经常重复，并具有明确而具体的目标以及一定的强度特征。体育活动的范围广泛，不仅包括传统的体育运动项目，还包括一些休闲娱乐活动，如下棋、打牌等。

在现代社会，体育锻炼被视为一种积极的生活方式，具有重要的休闲娱乐功能和社会适应性。这种积极的生活方式有助于促进身心健康，提高生活质量。现代社会的生活方式以合理、自由、丰富为特征，注重文明、健康和科学。体育锻炼作为现代社会积极生活方式的一部分承载着这些特征，并对个体和社会产生积极影响。

体育锻炼与生活质量的联系十分紧密，其不仅有助于维持身体健康，还与个体的生命价值息息相关。在现代社会中，随着人们对健康和生活质量的重视，体育锻炼逐

渐成为生活的重要组成部分。通过参与体育锻炼，个体可以保持良好的身体状态，提升自身的身体素质。

（二）体育锻炼行为的理论模型

基于心理学理论，体育锻炼行为的理论模型有以下五种。

1. 健康信念模型

健康信念模型（HBM）是源自健康心理学，后被运用于锻炼心理学的重要理论模型。HBM 认为健康行为受心理、社会因素共同影响，个人健康信念调节威胁感知，影响采取健康行为的可能性。HBM 将个体的认知、情感和行为有机结合起来，认为健康行为不仅是生理的反应，还是受到多方面因素综合影响的结果。

2. 社会认知理论

社会认知理论强调个体、行为、环境三个因素相互作用、相互影响的复杂性。在社会认知理论中，个体的认知、思维、情感占据重要位置，这些因素不仅受到内在因素的影响，还被外部环境和社会文化等因素的塑造。因此，社会认知理论提醒我们，在分析个体行为时必须综合考虑各种因素。

3. 合理行为理论与计划行为理论

合理行为理论与计划行为理论强调了个体在行为决策中的理性思考和计划性行为。合理行为理论认为人是理智的，对危险有最理智的反应，意图是行为预测的最佳因子。计划行为理论则是合理行为理论的延伸，加入了行为控制变量，强调个体的行为受到计划和控制因素的影响，预测行为的执行性。

4. 控制点理论

控制点理论从个体评价影响其行为的因素出发，判断个体是否处于自身控制之下，或被他人或偶然因素控制。控制点理论强调了个体对行为的感知和认知，在行为决策中对控制感的影响至关重要。控制点理论提醒我们，在干预个体行为时，需要考虑个体对自身行为控制的感知，以及如何增强个体对行为的主动控制感。

5. 跨理论模型

跨理论模型是一种综合考虑认知、行为和时间三个方面的理论框架，旨在分析个体行为变化的过程。这一模型将行为改变过程划分为不同的阶段，每个阶段反映了个体在改变特定行为时所经历的时间维度。跨理论模型明确了变化阶段，包括意向、思考、准备、行动和保持阶段。这些阶段反映了行为改变的不同阶段，每个阶段在行为改变过程中都具有不同的重要性。

在变化过程中，认知过程和行为过程起着关键作用。认知过程涉及个体对行为变化的思考和决策，行为过程则包括实际行动和保持行为的持续。这两个过程的重要性随着时间推移而变化，个体的信息来源和思考方式也会随之改变。

决策平衡是行为改变过程中的另一个重要概念，个体需要评估行为的代价和收益，以确定是否采取行动。这种平衡在行为改变的不同阶段均扮演着重要角色，影响着个体的行为选择和持续性。

自我效能是跨理论模型中一个重要的概念，它与变化阶段相互作用，影响着个体对行为改变的信心和决心。个体对自己能否成功改变行为的信念会影响他们在行为改变过程中的表现和坚持程度。

跨理论模型被认为是一种理想的干预模式，它提供了对行为变化的理论指导。该模型强调行为变化是一个动态的过程，受到多种因素的影响，可以适用于各种行为的改变。它不仅适用于锻炼行为，还包括其他损害健康和促进健康的行为，扩展了其应用范围。

总体来说，跨理论模型有助于理解个体在改变行为时的复杂机制，为行为提供了理论基础和指导。通过综合考虑认知、行为和时间三个方面，跨理论模型为干预措施的设计和实施提供了重要的理论支持，有助于促进个体健康和行为改变的成功实现。

三、体育锻炼的基本原则

体育锻炼讲究科学性，不能盲目进行，不仅要严格遵循体育锻炼的基本原则，还要掌握正确的体育锻炼方法。

（一）从实际出发原则

从实际出发原则是指在选择运动负荷时，锻炼者应根据其目的、内容、方法和个人条件来做出合适的选择。个人条件的多样性包括性别、年龄、职业、体育基础、身体状况、生活条件和锻炼目的等方面。因此，适量的运动负荷是至关重要的，这意味着锻炼时应该达到适当的生理负荷，与锻炼效果密切相关。负荷过小无法产生明显变化，负荷过大则可能会对健康造成损害。

适量运动负荷的大小涉及负荷量和负荷强度的概念。负荷量可以通过运动的次数、组数、时间、距离及负重等来表现，负荷强度则可以通过运动的速度、难度、密度、间歇时间及负重大小等来表现。量与强度之间需要适当搭配，即量大则强度减小，而强度适中则可以相应增加量。

此外，因时、因地制宜也是选择运动负荷时需要考虑的因素之一。这意味着根据外界环境的实际情况选择适合的锻炼内容和方法。地理环境、气候条件、场地器材及环境卫生等因素都会影响锻炼的效果和安全性。因此，在选择运动负荷时，需要综合考虑这些因素，以确保锻炼的有效性和安全性。

（二）自觉积极性原则

体育锻炼的关键在于其目的性和意识性。不同于一般躯体活动和动物的本能动作，体育锻炼是有明确目标和意识的身体活动过程。锻炼者应具备自觉积极性，明确健身目标并认识到运动对生活的重要性，树立正确的锻炼理念。同时，锻炼者应将个人需求和锻炼的效益与国家的发展联系起来，以激发自身的锻炼热情。

选择适宜的锻炼内容和方法至关重要。认真选择适合自己的锻炼内容和方法，并安排适宜的运动负荷，可以确保锻炼身体后心情舒畅。体育锻炼的效果、信心和兴趣相辅相成，需要密切结合才能实现积极、自觉的锻炼。锻炼者应当定期检测锻炼效果，这有助于增强自信心，巩固和提高锻炼的积极性。通过定期检测，锻炼者可以了解自己的进步，从而更加坚定地持续锻炼，为身体健康和生活质量奠定坚实的基础。

因此，体育锻炼不仅是简单的运动，而且是一种意识深刻、目的明确的生活方式。只有锻炼者在锻炼过程中注重目标、意识到自身需求与国家利益的结合、选择适宜的方法与内容、相信自己并定期检测锻炼效果，才能实现全面的健康提升。

（三）持之以恒原则

持之以恒原则是指体育锻炼必须持续、系统地进行，使之成为日常生活中不可或缺的内容。从生物学角度来看，人的体质增强是一个不断积累、逐步提高的过程，不可能一劳永逸。人体机能水平的提高、各种运动素质的发展、运动技能的形成与巩固都有赖于较长时期经常性的锻炼，这样才能使机体在解剖形态、生理机能、生化过程等方面产生一系列适应性变化。人体结构和机能的变化都是通过机体活动反复进行强化来实现的，体育锻炼是对机体给予刺激的过程，连续不断的刺激作用在机体内产生痕迹的积累，这种积累使机体的结构和机能产生新的适应性，从而使体质不断增强。锻炼效应具有不稳定性，当锻炼的系统性和连续性遭到破坏时，已获得的良好锻炼效应就会逐渐消退或完全消失，进而体质逐渐下降。贯彻持之以恒原则，应注意以下两点：

第一，合理安排锻炼时间。锻炼间隔时间长，锻炼的效果就不明显，因此每次锻炼时间间隔要安排合理。显然，要有长期计划、短期安排，计划和安排要根据身体适应运动负荷的能力而定。

第二，养成良好的锻炼习惯。持久的锻炼不仅健身益心效果显著，而且会使锻炼者兴趣逐渐浓厚，身心愉悦，从而养成经常锻炼的习惯。

（四）全面锻炼原则

全面锻炼原则是体育锻炼的核心理念之一，其主旨在于全面发展身体各个部位和器官机能，提高身体素质和基本活动能力，从而实现身心全面和谐发展。人体作为大脑皮质调节下的有机整体，其各部位、器官机能、身体素质和活动能力相互联系、相互制约。身体素质包括力量、速度、耐力、柔韧性和灵敏性等能力，这些能力反映了肌肉活动、内脏器官机能、肌肉工作功能以及运动器官与内脏器官的配合情况。特别是在青少年成长发育关键时期，全面锻炼尤为重要。尽管各种运动项目都具有独特的锻炼作用，但也有其侧重性。因此，青少年在选择锻炼内容时可以根据自身兴趣爱好选择每天必练的 1 ～ 2 个项目，同时需要加强其他项目以弥补不足，确保全面发展。

除了身体素质，全面锻炼过程中还需要注重心理素质的发展。群体意识、个性发展等心理素质同样重要，可以通过团体运动、集体训练等方式进行培养。这种心理素质的发展不仅有助于个体的身心健康，还能提升团队合作能力和社会适应能力。

（五）循序渐进原则

循序渐进原则是增大体育锻炼的基本原则之一，其核心在于根据个体身体状况逐步增加锻炼内容、改变方法和增大负荷，以改善机体功能。人体适应环境的规律被认为是一个缓慢的量变到质变的过程，必须遵循该规律才能取得良好的锻炼效果，否则可能会导致运动损伤和运动性疾病。因此，合理选择锻炼内容至关重要，个体应根据自身身体状况选择适合的运动方式，如慢跑、徒手操、武术等，以确保锻炼的安全性和有效性。

随着体育锻炼的进行，运动负荷也应逐步加大。体育锻炼初期，运动时间应短，负荷适中，随着适应能力的增强，逐渐增加运动时间和负荷，但要避免过度负荷带来的不良影响。为了确保逐步增加运动负荷的有效性和安全性，人们提出了“10%”原则，即每周的运动强度或时间增加不超过前一周的 10%。这样的增长速度能够使身体充分适应新的负荷，避免过度训练导致的潜在风险。此外，每次锻炼过程也应该循序渐进，包括准备活动和整理活动。在慢跑等高强度运动前，进行适当的准备活动能够有效预热身体，提高关节灵活性和肌肉张力，降低运动中的受伤风险。而在体育锻炼结束后，进行适当的整理活动有助于减少肌肉酸痛和疲劳，促进身体的恢复。

（六）安全性原则

安全性原则在体育锻炼中是至关重要的。注意保护自己是最基本的原则，安全必须放在首位。这包括合理选择运动项目和器材，并确保在安全的环境下进行体育锻炼。个体应避免盲目参加超出自身能力范围的活动，因为这可能会导致意外伤害或不良后果。每次体育锻炼前都需要进行充分的准备活动，包括适当的热身运动和拉伸活动，以预防运动伤害的发生。此外，在饭后、饥饿或疲劳时，个体应该暂缓锻炼，以免对身体造成过度负担。在每次体育锻炼结束后，进行适当的整理和放松活动也是至关重要的，这有助于恢复肌肉活力，减少运动带来的不适。

四、体育锻炼方法及计划

（一）体育锻炼的方法类型

体育锻炼方法是根据人体发展规律，通过各种身体练习，提高人体的身体素质和基本活动能力的途径和方式。其中提高身体素质的方法主要有重复锻炼法、连续锻炼法、间歇锻炼法、循环锻炼法、负重锻炼法、变换锻炼法、民族体育项目锻炼法、自然因素锻炼法等。

1. 重复锻炼法

重复锻炼法是通过多次重复同一练习，并在重复练习间安排相对充分的休息来增加负荷的锻炼方法。增加重复锻炼次数可以增加身体对运动的负荷量，但如果锻炼过多可能会导致身体负荷过重，甚至造成伤害。因此，重复锻炼的关键在于掌握好负荷有效价值范围，并据此调节重复次数，以达到理想的负荷程度和效果。通过重复锻炼，身体得以逐渐适应并提高对特定运动的适应能力，也有利于肌肉力量和耐力的提升。重复锻炼法的实施需要谨慎，特别是对于初学者或身体素质较弱者，应逐渐增加运动重复次数和负荷量，避免运动损伤和过度疲劳。

2. 连续锻炼法

连续锻炼法是一种持续断地进行运动的方法，其目的在于保持负荷量，以增强体质。在这种方法中，连续、间歇、重复等因素相互作用，其中连续的作用在于维持负荷量不下降，负荷量保持在一定水平，使身体受到持续的运动作用。在连续锻炼中，时间的长度应根据负荷有效价值范围来确定，一般认为在心率为 140 次 /min 的情况下，连续锻炼 20 ～ 30 min 可有效提高有氧代谢能力。这种方法通常采用锻炼者熟悉的动作，如跑步、游泳等。通过连续锻炼，身体不断接受运动刺激，从而提高耐力和有氧能力，促进身体的健康与素质的提高。

3. 间歇锻炼法

间歇锻炼法是一种在体育锻炼过程中严格规定多次锻炼间歇时间，使机体处于不完全恢复状态，反复进行锻炼的方法。其原理在于利用间歇的超量恢复来促进体质的内部增强。体质内部增强主要发生在间歇中，即在休息期间取得超量恢复。离开间歇中的超量恢复，锻炼将失去意义甚至无效。因此，间歇对体质增强的作用不亚于运动本身，被视为一种健身的基本方法。

在实践中，间歇调节原则至关重要。间歇时间应根据负荷有效价值标准进行调节。当心率低于有效价值标准时，应缩短间歇时间；当心率高于有效价值标准时，应延长间歇锻炼时间。通过这种方式，可以使间歇锻炼期间的恢复效果最大化，达到良好的锻炼效果。

此外，负荷量的调节也是至关重要的。通过适当的间歇锻炼调节负荷量，使其处于有效价值范围内，可以确保锻炼效果的最佳化。一般来说，在心率约为 130 次 /min 时应重新开始锻炼。间歇锻炼期间，不宜静止休息，而应采取轻微活动（如慢速走步、放松肢体、伸展身体或进行深而慢的呼吸等）以促进肌肉按摩、血液回流和废物排除，进而加速恢复过程。

4. 循环锻炼法

循环锻炼法由多个练习点组成，按照顺序完成每个练习任务，形成一次循环。与负重锻炼法不同，循环锻炼法的技术要求不高，采用轻度负荷练习，但能够简单、有趣地获得全面发展的效果。这种方法不仅适用于身体素质较弱的人群，也适合作为日常锻炼的一种选择，尤其适合追求身体健康和全面发展的个体。

5. 负重锻炼法

负重锻炼法是一种常见的身体锻炼方法，通过使用重物（如杠铃、哑铃、沙袋等）进行身体运动，旨在增强体力和锻炼身体。这种方法不仅适用于普通人增强体质，还广泛应用于运动员的身体训练和康复。负重锻炼法的关键在于负荷控制。过大的负荷可能会对心血管和呼吸系统造成不良影响，因此在进行这种锻炼时，必须注意合理控制负荷，以免造成身体损伤。

6. 变换锻炼法

变换锻炼法是一种强调多样性和变化性的锻炼方式，通过不断变换运动负荷、练习内容、形式和条件来提高锻炼者的积极性和适应性。这种方法能够有效调节生理负荷，提高锻炼者的兴奋性，克服疲劳和厌倦情绪，从而达到提高锻炼效果的目的。在实践中，变换锻炼法可以使锻炼者在不同的环境和情境下保持新鲜感，避免单调性和枯燥感，从而更好地坚持锻炼并获得长期的健康效益。

7. 民族体育项目锻炼法

民族体育项目是指具有民族传统和民族特点的体育项目。

（1）武术。武术作为一种传统的身体训练方式，具有独特的特点和价值。武术不受场地、器材、条件限制，适合各种人群锻炼。这意味着无论是在室内还是户外，无论是在城市还是乡村，人们都可以通过学习武术来提高身体素质。武术包含丰富多彩的动作结构、技术要求和套路特色。从基本的拳法、踢腿动作到高级的武术套路，武术的学习过程都极具挑战性和趣味性。初学者应从基本功开始，逐步学习套路和器械，再进行对练。这一过程不仅有助于锻炼身体，还培养了耐心和毅力。培养兴趣、提高技术水平是学习武术的关键。只有不断地练习和探索，才能逐步领悟武术的精髓，实现身心的全面提升。

（2）太极拳。太极拳作为中国传统的拳术之一，以其独特的柔和、缓慢、轻灵的特点而闻名。它合乎生理规律，通过缓慢流畅的动作，使人体的各个部位得到充分拉伸和放松，从而促进血液循环，增强身体的灵活性和耐力。在国内外，太极拳流传广泛，成为增进健康的体育项目之一。其动作圆滑协调，连绵不断，能够畅通全身的血液，使身心得以舒畅。同时，太极拳注重内外兼修，通过练习太极拳可以使人的精神焕发，具备形神合一的特点。太极拳不仅是一种锻炼身体的方式，也是一种修身养性的艺术，有助于人们在繁忙的生活中找到内心的宁静和平衡。

8. 自然因素锻炼法

人们赖以生存的自然界是千变万化的。同时，自然界包含许多对人体健康十分有益的因素。人体不仅要适应外界环境的变化，还应该利用各种自然条件进行身体锻炼，以进一步提高对外界的适应能力，增进身体健康和增强体质。

（1）日光、空气、水对锻炼身体的影响。日光对身体的影响是多方面的。紫外线能够杀灭细菌和病毒，同时有助于预防佝偻病等疾病。另外，红外线具有温热作用，能够促进新陈代谢，改善组织营养等。日光对于人体健康和整体代谢功能至关重要。此外，日光还能提高皮肤抵抗力和关节灵活性，使皮肤更健康、更具弹性。

空气对身体的影响也不可忽视。阴离子可以对神经系统、血液循环、呼吸及内分泌活动产生良好刺激，这有助于提升身体的整体健康水平。同时，适应环境条件能促进机体与环境的平衡，进而提高适应能力。这种适应能力是人体对外部环境变化做出的积极反应，有助于维持身体的稳定状态和健康状态。

水对身体的影响也是多方面的。水浴可以分为冷水浴、温水浴和热水浴。温水浴能降低神经兴奋性、减弱肌肉张力、加速消除疲劳，对身体的放松和恢复至关重要。冷水浴对健康更为有益，特别是对心血管和呼吸系统，冷水浴的效果显著。它能提高新陈代谢、洁健皮肤、增强体质，提高抵抗疾病的能力和锻炼意志。通过冷水浴，人体可以获得一种全面的健康，从而提升整体健康水平。

（2）冷水浴锻炼方法。冷水浴锻炼是一种古老而有效的健身方式，其关键点在于开始的时间和频率、具体锻炼方法以及注意事项。

冷水浴锻炼应从夏季开始。夏季气温高，人体较容易适应冷水，有利提升锻炼效果。建议每周至少练习两次，最好选择在早晨进行。这一时段不仅气温较低，人体新陈代谢也处于较活跃状态，有利于冷水锻炼的效果。

具体的锻炼方法包括冷水洗脸与洗足。特别是洗足，可以将脚浸泡在冷水中 1 min 至数分钟以提高其适应能力。冷水擦身则可以伴随按摩动作，作为淋浴、浸浴、冬泳的过渡。在淋浴与冲洗过程中，应逐步降低水温，最后使用冷水冲洗，但不超过 1 min。浸浴的时间应以不出现寒战为度，浴后应用干毛巾擦身。冬泳则建议在天然水域进行，下水后不停止活动，出水后应迅速擦干擦热全身，并穿上衣物。

冷水浴的注意事项首先需要进行适当的准备活动，以便更好地适应冷水浴。浴后需要适当进行整理活动，以恢复温暖感觉。此外，各种形式的冷水浴应从温暖季节开始坚持，若中断后重新开始，最好经过一段擦浴后再继续。饭前饭后 1 h 内不宜进行冷水浴，剧烈运动和劳动后也不宜立即进行冷水浴，应适当休息。最重要的是，如有发热、急性或亚急性疾病，以及严重的心脏病、肺结核等不宜进行冷水浴，以免加重病情或造成健康风险。

（二）体育锻炼计划的制订

制订体育锻炼计划，目的在于使自己的学习、工作和锻炼有一个科学合理的安排，做到德、智、体全面发展，避免盲目性和片面性。同时便于检查锻炼效果、总结锻炼经验。

1. 体育锻炼计划制订的依据

（1）从实际出发。以实践为基础，是制订体育锻炼计划的首要考虑因素。在制订体育锻炼计划时，个人条件、场地环境、气候等主客观因素必须被充分考虑。例如，一个人可能在健身房和户外环境中有不同的运动偏好和适应能力，而气候条件也会影响户外运动的舒适度和安全性。通过实践，个人可以及时发现计划执行中的不足之处，并进行相应的修改和完善。例如，如果一个人在户外跑步时发现自己对高温环境的适应性较差，可以考虑调整跑步时间或选择在室内跑步，以更好地适应气候条件，提高训练效果。

（2）全面渐进是健身计划的重要原则之一。健身计划应该从简单易行的内容开始，逐步增加运动量和难度，以确保训练的科学性和全面性。这种渐进式的训练方式不仅可以帮助个人逐步适应新的运动负荷，还可以有效避免因运动量突然增加而引发的伤害风险。此外，考虑到个人的特点，锻炼计划还应该根据个人的身体状况、运动目标和时间安排进行合理调整，以确保训练的全面性和持续性，并且不会影响个人的学习和工作。

（3）监督是体育锻炼计划执行过程中不可或缺的环节。个人需要进行自我监督，通过制定锻炼日记等方式及时记录训练情况和感受，以便及时发现问题并进行调整。此外，医务监督也是至关重要的，特别是对于一些患有特定健康疾病或正在进行康复训练的人群来说。定期的健康体检和专业的医疗建议可以帮助个人更好地掌握自己的身体状况，并在制订和执行锻炼计划时做出更为科学的决策。通过不断的监督和调整，个人可以逐步完善锻炼计划，提高训练效果，达到更好的健康和体能水平。

2. 锻炼计划制订的内容

体育锻炼计划一般可分为阶段计划、每周计划和每次计划。

（1）阶段计划内容。在制订锻炼计划时，明确的阶段计划是确保成功的关键。学生应将学期划分为可管理的阶段，便于安排和检查。每个阶段的任务和要求应该清晰明确，包括确定锻炼任务和要求（如短跑或足球），以便进行有效的检查。同时，考虑到个人的爱好和特长，以及季节和气候因素，制定具体的实施方法和内容使体育锻炼计划更加符合实际。关键是根据课表安排确定锻炼时间，并制定可行的检查措施和成绩考核办法，以确保体育锻炼计划的有效执行和达成预期目标。

（2）每周计划内容。在每周的计划中，学生需要明确本周的任务和要求，主要发展身体素质和学习基本知识。这包括确定早操和课外锻炼的次数和时间，确保在紧凑的课程安排下能够充分安排体育锻炼时间。为了监督和评估自己的进展，每周六下午写体育锻炼日记是一个有效的检查措施，通过记录和反思，可以及时调整和改进自己的体育锻炼计划，确保向着预期目标不断前进。

（3）每次计划内容。针对每次锻炼目标，具体的计划和安排至关重要。根据每周计划确定锻炼项目，包括具体动作、时间和重复次数。然后，将重点项目优先安排，如速度和灵敏度训练，并遵循“先小后大，先易后难”的原则，逐步增加锻炼负荷。在分配和安排上，要合理搭配上下肢的练习，采用间隔练习的方式，确保全面发展身体素质。通过编制每次锻炼计划表，包括准备、主要内容和整理活动，合理安排时间并逐步增加负荷，确保每次锻炼都是高效的，不停留在同一运动负荷上，从而实现长期的身体素质提升和目标的达成。

第二节　体育锻炼与身心健康

一、体育锻炼对身体健康的影响

人体是一个复杂而统一的有机体，其基本单位是细胞。细胞通过细胞间质相互连接，形成上皮组织、结缔组织、肌肉组织和神经组织四种不同的组织类型。这些组织构成各种器官，如肝脏、肾脏和肺等，具有特定的形态结构和生理功能。这些器官又组成系统（如运动系统、消化系统、呼吸系统等），这些系统是由一系列器官共同协作执行特定的生理活动而形成的。人体包括运动系统、消化系统、呼吸系统、泌尿系统、生殖系统、循环系统、内分泌系统、免疫系统和神经系统九大系统。这些系统各司其职，共同实现各种生命活动。例如，当人体进行运动时，运动器官负责完成各种动作，而内脏器官则保证能量供应和代谢废物的排出。运动器官和内脏器官共同作用，使运动可以持续进行。此外，体育运动还有助于提高器官功能，增进健康，增强体质。通过各种系统的协调合作，人体得以维持其复杂的生命活动，保持健康和平衡。

（一）运动系统

1. 运动系统的组成

人体运动是通过骨骼和肌肉的协同作用实现的。骨骼、骨连接和关节是运动的支架和杠杆系统。神经系统控制着肌肉的收缩和舒张，从而使骨骼运动。肌肉通过收缩和放松来产生力量，进而驱动骨骼的运动。在运动中，骨骼作为杠杆，关节作为枢纽，肌肉则是动力的来源，三者相互协同完成各种复杂的动作。例如，当一个人想要举起一杯水时，神经系统会发送信号到相关的肌肉，使其收缩，从而使手臂骨骼转动，最终完成举杯动作。因此，人体运动是一个综合性的生理过程，需要多个系统的协调和配合才能实现。

（1）骨骼。骨骼结构是人体支撑和运动的基础，其组成包括 206 块骨，分为中轴骨和四肢骨。中轴骨包括颅骨、椎骨、肋骨和胸骨，而四肢骨包括上肢骨和下肢骨。这些骨头主要由骨质（包括密质和松质）、骨髓（包括红骨髓和黄骨髓）以及骨膜组成，其中骨膜含有丰富的血管、神经和成骨细胞，为骨骼提供了营养和生长的环境。

（2）关节。关节结构和运动是人体各部位相互连接、协调运动的重要组成部分。关节结构可分为直接连接和间接连接两种形式，其中直接连接包括膜性连接、软骨性连接和骨性连接；间接连接是指关节连接。基本的关节结构包括关节面、关节囊和关节腔，辅助结构则包括韧带和关节内软骨。在关节的运动中，包括屈伸、内外展、旋内外、环转等多种类型，这些运动类型由骨头的形状和关节的结构决定，为人体的灵活运动提供了支持。

（3）肌肉。肌肉类型和组织是人体运动的动力源泉，包括骨骼肌、平滑肌和心肌。其中，骨骼肌占体重的 40% ～ 45%，主要负责控制躯体运动。骨骼肌的基本组织包括肌组织（肌纤维）、结缔组织和神经组织。结缔组织在肌肉收缩时释放储存的能量，促进肌肉产生更强大的力量和更快的运动速度，从而支持人体各类运动的进行。因此，骨骼结构、关节结构和运动以及肌肉类型和组织共同构成了人体复杂而精密的运动系统，为人体的生存和运动提供了坚实的基础。

第一，肌肉的兴奋与收缩。肌肉的兴奋与收缩是通过神经支配实现的。这个过程涉及神经系统和肌肉系统之间的复杂协调。运动神经元和其支配的肌纤维组成运动单位，这是肌肉活动的基本功能单位。神经中枢通过参与收缩的运动单位的数量来调节肌肉收缩的力量。换句话说，参与收缩的运动单位越多，肌肉收缩产生的力量越大。运动神经纤维在骨骼肌中形成数百条分支，每一条分支支配一条肌纤维。这些神经纤维的轴突末梢嵌入肌膜上的终板膜的凹陷中，形成神经肌肉接头。当神经冲动传导至轴突末梢时，引起囊泡破裂，释放乙酰胆碱到神经肌肉接头间隙。乙酰胆碱与终板膜上的乙酰胆碱受体结合，触发一个可传导的动作单位。这个动作单位是指动作电位沿肌膜传播至整个肌纤维，引发肌纤维一次收缩。

第二，骨骼肌的收缩形式。骨骼肌是人体最主要的肌肉类型，其收缩形式可以分为缩短收缩、等长收缩和拉长收缩三种类型，每种类型都在不同的情况下发挥着重要作用。

（1）缩短收缩是一种常见的肌肉收缩形式，其特点是肌肉在收缩时产生的张力大于阻力，导致肌肉缩短，同时牵拉附着的骨杠杆作向心运动。这种收缩也被称为向心收缩或动力性工作。在日常生活中，缩短收缩常见于需要产生力量的活动，如举哑铃、杠铃等力量练习。这种收缩形式能够增强肌肉力量和耐力，对于运动员和健身爱好者来说尤为重要。

（2）等长收缩是一种重要的肌肉收缩形式，其特点是肌肉收缩产生的张力等于外力，肌肉积极收缩但总长度不变。在等长收缩时，肌肉的收缩成分处于活跃状态，而弹性成分被拉长，从而使肌肉长度保持不变。这种收缩被称为静力性工作，其主要作用是支持、固定和保持姿势，如站立、支撑等。在需要长时间保持某一姿势或姿势稳定性要求较高的活动中，等长收缩发挥着重要作用。

（3）拉长收缩是第三种肌肉收缩形式，其特点是肌肉收缩产生的张力小于外力，导致肌肉积极收缩但仍被拉长。在拉长收缩时，肌肉的运动方向与拉力方向相反，速度缓慢，肌肉逐渐变长、变细、变硬。这种收缩被称为离心收缩，常见于缓慢的运动，例如，慢跑或下降时的肌肉运动。在这些运动中，拉长收缩有助于肌肉的控制和稳定，同时能够增加肌肉的柔韧性和舒展性。

2. 体育锻炼的影响

（1）对骨骼的影响。青少年时期的骨骼特点包括有机物含量多、弹性大而硬度小、塑性强。这种特点使运动对骨骼的影响尤为显著。适宜的运动可以促进血液循环，增强新陈代谢，从而导致骨密质增厚、管状骨增粗，并促进生长发育。这些变化主要是由于运动产生的恰当的机械性应力，有助于改善骨小梁排列，提高骨的机械性能。因此，青少年时期的运动不仅对身体其他系统有益，还对骨骼系统的发育和健康起到重要作用。

（2）对关节的影响。青少年时期的关节结构特点有关节面软骨厚、关节囊薄、肌肉细小、韧带松弛等。运动有助于增强肌肉力量、增厚软骨和关节囊、加强韧带，从而增强关节的稳固性。要正确处理关节稳固性与灵活性之间的关系。除了加强稳固性相关的肌肉和组织的锻炼，还需要进行适当的伸展性动作练习，以确保关节在运动中的灵活性和健康。

（3）对骨骼肌的影响。骨骼肌的特点包括蛋白质、脂肪及无机盐类含量较少，水分含量较多，收缩能力较差。运动可以使肌肉体积增大，增加线粒体数量，提高肌肉收缩效率。此外，运动还会增加毛细血管数量，增厚结缔组织，提高抗张强度和抗断能力，增加运动终板数量，从而提高整体活动能力。因此，青少年通过适当的运动，可以促进骨骼肌的发育和健康，增强身体素质，提高运动能力。

综上所述，青少年时期的运动对骨骼、关节和骨骼肌的发育和健康都有积极的影响。通过适当的运动，可以促进骨骼系统的发育，增强关节的稳固性和灵活性，提高骨骼肌的功能和活动能力，从而保持身体健康和良好的运动素质。

（二）心血管系统

1. 心血管系统的组成

心血管系统是人体内一个复杂而重要的系统，包括心脏和血管两个部分。血管主要分为动脉、静脉和毛细血管三种类型。其中，动脉是弹性血管，其内壁由弹性组织构成，能够承受由心脏搏动而引起的高压血液流动，将氧合血液输送到全身各处。静脉是容量血管，其壁相对较薄，主要起到回流血液的作用，将含有代谢废物的血液输送回心脏。毛细血管是最细小的血管，其壁只有一层细胞厚，负责在组织细胞间进行氧气、营养物质和代谢产物的交换，是血液循环中的关键部分。

（1）血液循环。血液循环是人体维持生命活动的重要保障，分为体循环和肺循环两个部分。

第一，体循环从左心室搏出氧合血液，经动脉进入全身各组织，其中的氧和营养物质被释放给细胞，同时细胞产生的二氧化碳和代谢废物被毛细血管吸收，最终通过静脉回流至右心房。

第二，肺循环是将含有二氧化碳的静脉血输送至肺部进行氧合，从右心室搏出的静脉性血经过肺动脉到达肺泡壁上的毛细血管，与肺泡中的氧气进行气体交换，将血液中的二氧化碳排出体外，同时吸收氧气，形成氧合血液，再通过肺静脉回流至左心房。

（2）心率。心脏每收缩和舒张一次，称为一个心动周期。在心动周期的舒张期，血液由静脉回流入心脏，在心动周期的收缩期，心肌的主动收缩将血液由心脏射入动脉。心脏每分钟跳动的次数用心率来表示。健康成年人心跳在 60 ～ 100 次 /min，平均约 75 次 /min。成年人如果在安静时心率低于 60 次 /min，即心动过缓；高于 100 次 /min，即为心动过速。心率有较大的个体差异，不同年龄、不同性别、不同生理状态下，心率有所不同。青少年的新陈代谢比较旺盛，但心脏结构与功能尚未发育完全，神经系统对心脏和血管的调节不够完善，因此心率较快。随着年龄的增长，心率会逐渐减慢，青春期时接近成年人水平，成年女性心率略高于成年男性。体育活动、情绪激动和体温升高时，心率明显加快。

（3）每搏输出量。每搏输出量是衡量心脏泵血效率的重要指标之一，它指的是心脏每次收缩时射入主动脉的血量，通常约为 70 mL。心排血量是每搏输出量与心率的乘积，用来表示心脏在单位时间内泵送出的血液量。在成人安静状态下，心排血量为 3 ～ 5 L。心排血量反映了心脏的泵血能力，对维持身体的正常代谢和运动功能至关重要。每搏输出量和心排血量也受到一系列因素的影响，包括体征、体温、血容量等。因此，在不同情况下，每搏输出量和心排血量可能会有所变化，但在正常范围内波动。

（4）血压。血压是衡量循环系统功能的重要指标之一，它反映了血液在血管内流动时对血管壁的侧压力，一般指动脉血压。正常成年人的收缩压应小于 17.3 kPa，舒张压小于 11.3 kPa。血压的变化受到多种因素的影响，包括年龄、性别和生理状况等。随着年龄的增长，血管的弹性逐渐下降，血压可能会有所上升。此外，性别也对血压有一定影响，一般来说，女性的血压略低于男性。生理状况的变化也会导致血压的波动，例如，情绪激动、运动、饮食等都可能引起血压的瞬时上升或下降。因此，定期监测血压，并保持良好的生活习惯对维持心血管健康至关重要。

2. 体育锻炼的影响

体育锻炼时，肌肉活动消耗大量氧气，这导致更多的代谢产物和二氧化碳产生。为了满足肌肉运动的代谢需求，心脏必须加快血液循环，这就增加了心脏的工作量。长期进行锻炼会导致心肌纤维增粗、心壁增厚、心腔扩大，从而使心脏整体增大，提高了心脏的收缩力，增加了每搏输出量。此外，锻炼有助于降低安静时脉搏频率至 50 ～ 60 次 /min，这增加了心脏舒张期的休息时间，进而提高了心脏的工作效率和储备功能。与此相反，经常进行锻炼的人在高脉搏频率下往往没有不适症状，而一般人在脉搏频率达到 180 次 /min 时可能会感到不适。另外，长期锻炼后，脉搏频率的升高幅度相对较小，但在紧张活动时升高明显。与未经训练的人相比，锻炼者通常能更快地恢复到安静状态，并且他们的心脏储备能力得到增强。这些变化表明，体育锻炼不仅对心脏结构和功能产生积极影响，还增强了心脏的适应能力，使其能够更有效地应对身体的各种需求。

体育锻炼对心血管系统的影响是多方面的，其效果主要通过对心排血量、心率、循环血量和血管结构的调节来实现。首先，运动时心排血量的增加主要通过两个因素实现：每搏输出量和心率的增加。然而，心率的增加会缩短心室舒张时间，导致回心血流减少，从而降低每搏输出量。因此，控制心率在最佳范围内进行身体锻炼是至关重要的，以达到良好的心脏功能锻炼效果。其次，经常进行体育锻炼的人在静息和运动状态下，每搏输出量都高于一般人，这表明他们的心脏功能更为出色。运动时，循环血量也会增加，储存血被动员，加快了代谢产物的排出，提高了营养供给速度。再次，坚持体育锻炼可以改变血管壁的结构。这种改变包括增加动脉血管中膜的厚度、平滑肌细胞和弹性纤维的数量。这些变化有助于增加血管的弹性，从而改善血管的功能，降低动脉硬化的风险。此外，长期进行体育锻炼还能增加骨骼肌中毛细血管数量及吻合支，从而增强冠状动脉的供血能力。这些改变可以提高心肌的氧供，降低心肌缺血和心肌梗死的发生率。最后，体育锻炼还能增加管壁的弹性，这对于预防或缓解老年性高血压症状非常有益。弹性的管壁能够更好地应对血压的波动，减轻心血管系统的负担，降低心血管疾病的风险。

因此，体育锻炼对心血管系统有广泛的积极影响，包括提高心脏功能、改善血管结构和预防心血管疾病，这些都是通过多种生理机制来实现的。

（三）呼吸系统

1. 呼吸系统的组成

呼吸系统是人体生命活动中至关重要的组成部分，主要由呼吸道和肺组成。呼吸道可分为上呼吸道和下呼吸道。上呼吸道由鼻、咽和喉组成；下呼吸道包括气管及其分支的各级支气管。肺位于胸腔内，左右各一，是实质性器官。在肺内，主支气管分支形成支气管树及支气管树的末端，也就是肺泡。成人肺泡数量为 3 亿～ 4 亿个，总面积为 70 ～ 100 m^2，肺泡壁由单层上皮细胞构成。这些细胞分为两种类型，一种是扁平细胞，有利于气体的弥散；另一种是分泌细胞，具有修复作用。气体交换主要在肺泡中进行，通过呼吸运动实现胸肺的形态腔的节律性扩大和缩小。氧的吸入和二氧化碳的排出依靠呼吸系统完成，这是人体与外界环境之间进行气体交换的过程，包括肺通气和肺换气。这一过程对维持机体内氧气和二氧化碳的平衡至关重要，也是维持生命活动的基础之一。因此，呼吸系统的正常功能对人体健康至关重要，任何影响呼吸系统功能的疾病或异常都可能对人体造成严重影响，甚至威胁生命。

（1）肺通气。肺通气是一个复杂的生理过程，其效率受到多种因素的影响。肺通气受到动力学和阻力的调控。在动力学方面，弹性阻力是一个关键因素。肺组织和胸廓的弹性决定了肺的顺应性，即其对气体容积变化的敏感程度。顺应性高的肺组织和胸廓会产生较小的弹性阻力，使气体更容易进出。此外，非弹性阻力也是重要的组成部分，包括气道阻力和组织黏滞阻力。影响气道阻力的主要因素是气道的直径和长度，而组织黏滞阻力则由胸膜和肺泡表面张力造成。肺通气还依赖于呼吸肌的运动，当呼吸肌收缩时，胸廓扩张，使肺容积增大，推动气体进入肺部；当呼吸肌松弛时，胸廓收缩，使肺容积减小，驱动气体排出肺部。

第一，肺容积。肺容积与肺容量是评估呼吸系统功能和健康的重要指标。肺容积是指在呼吸周期吸入或呼出的气体量。潮气量代表每个呼吸周期正常呼吸时吸入或呼出的气体量，而补吸气量和补呼气量分别表示在平静吸气和呼气之后，尽力吸气或呼气后仍能额外吸入或呼出的气体量。此外，余气量是指在尽力呼气后仍留在肺内的气体量，这对于保持呼吸系统的稳定性和防止肺组织塌陷至关重要。

第二，肺容量。肺容量反映了肺部的最大通气潜力和功能状态。深吸气量是潮气量和补吸气量的总和，代表了肺部最大通气量，是呼吸系统的一个重要指标。功能余气量则是指在平静呼气末尚未呼出的气体量，这一部分气体可以在呼吸时缓冲气压变化，保持呼吸系统的稳定。肺活量是指在最大吸气后尽力呼气的气体量，反映了呼吸系统一次通气的最大能力。时间肺活量则是指最大深吸气后用力以最快速度吸气，在一定时间内所能呼出的空气量，这一指标更准确地反映了肺通气功能。肺总容量是肺活量和余气量的总和，代表了肺部能够容纳的最大气体量，这一指标对评估呼吸系统的整体功能和健康状态至关重要。

（2）肺换气。肺换气是指肺泡与肺泡毛细血管血液之间的气体交换过程。这一过程在呼吸系统中起着至关重要的作用。当人类呼吸时，他们吸入的空气中含有丰富的氧气。这些氧气分子随着呼吸进入肺泡，通过肺泡壁上的薄膜进入周围的毛细血管。与此同时，身体组织和细胞中代谢产生的二氧化碳通过血液进入肺泡，最终被排出体外。肺换气的重要性在于它确保身体细胞获得足够的氧气以供生存所需，并且有效地清除了产生的代谢物。相较之下，组织换气发生在体内，主要是毛细血管血液与组织细胞之间的气体交换。在组织换气过程中，血液中的氧气进入组织细胞，供其进行代谢和生存所需。与此同时，组织中产生的二氧化碳进入血液，最终通过呼吸活动排出体外。这两种类型的气体交换共同确保了人体维持生命所需的恒定气体环境，促进了细胞代谢和生理功能的顺利进行。

2. 体育锻炼的影响

运动时，随着运动强度的增加，组织代谢所需的氧气量及二氧化碳的产生量都大幅增加，这需要加强呼吸过程，吸入更多的氧气，排出更多的二氧化碳。运动时呼吸功能的变化，主要表现在肺通气功能和肺换气功能的改变。

（1）运动时肺通气功能的变化。在运动过程中，肺通气功能的变化至关重要。青少年时期肺容量相对较小，通气量也相对较低，这意味着他们可能需要更频繁地进行气体交换来满足身体代谢的增加需求。因此，随着运动的进行，机体代谢增强，呼吸会加深加快，通气量也需要相应地增加以满足需求。为了实现通气量的增加，主要通过增加潮气量和呼吸频率来实现。研究表明，低强度运动增加通气量主要依靠增加潮气量，而高强度运动则依靠增加呼吸频率。此外，长期的锻炼不仅可以促进呼吸系统骨性结构和呼吸肌的良好发展，提高呼吸能力，还可能导致在静息状态下呼吸深度增加、频率降低，从而使肺通气量相应增加。运动时深度呼吸可以提高气体交换效率，减少呼吸肌的氧气耗损，对于长时间的运动活动尤为有利。

（2）运动时肺换气功能的变化。体育锻炼可以加强呼吸力量，增加呼吸深度，从而提高肺通气效率。此外，适当增加呼吸频率还可以使运动时肺通气量大幅增加，避免气体在呼吸道往返过程中导致真正进入肺内的气体量减少。这种调节可以帮助运动者更有效地利用肺部空间，并确保足够的氧气进入体内，从而提高运动效果。

（四）神经系统

1. 神经系统的组成

人体是一个复杂的有机体，其各器官和系统之间相互联系、互相协调、互相制约，以维持整体功能的稳定。这种复杂性使人体能够在不同的环境条件下保持生命活动的正常运转。环境的变化会直接影响体内各器官系统的功能，因此，人体需要快速地调节以适应这些变化。

神经系统是负责实现这种调节功能的关键系统。它由中枢神经系统和周围神经系统组成。中枢神经系统由大脑和脊髓组成，是整个神经系统的指挥中心，负责接收和处理来自周围环境以及体内的信息，并发出相应的指令。周围神经系统则由神经元和神经纤维组成，负责将中枢神经系统发出的指令传递到身体各部位，并将外界刺激传递给中枢神经系统。

神经元是神经系统的基本单位，它们通过突触进行神经联系。这种联系形成了复杂的神经网络，使信息能够在神经系统中迅速传递和处理。

神经系统活动的基本方式是反射，反射是一种自动的生理反应，由反射弧组成。反射可以分为非条件反射和条件反射两种形式。非条件反射是与生俱来的简单反射，如眨眼或打喷嚏等，它们不需要任何学习就会自然发生。条件反射则是后天学得的复杂反射，需要通过学习和训练来形成。

2. 体育锻炼的影响

人体的一切活动都受到神经系统的调节和控制。这一系统涵盖了大脑、脊髓和周围神经，通过神经元之间的信号传递来协调各种生理和行为活动。体育锻炼对中枢神经系统具有显著的益处。首先，它有助于改善中枢神经系统的功能，包括记忆、学习和决策能力。其次，锻炼可以提高神经传导速度、条件反射速度和灵活性，从而缩短反应时间，使身体更加敏捷。此外，体育锻炼还有助于平衡神经系统的兴奋和抑制，增强协调能力，并提高抗挫折能力。这种平衡有助于促进身体各部分之间的协调，使运动更加高效和优雅。最后，锻炼改善了神经系统的能量和氧气供应，有助于减轻脑部的疲劳，使思维更加清晰和敏捷。

除了对中枢神经系统的益处，体育锻炼还可以提高感知能力，包括触觉、视觉听觉和本体感觉的提升，使个体更加敏感和细致。此外，锻炼还有助于增加视野广度和协调性，提高对空间、方位、高度和速度等的感知能力。这使人在运动中更加灵活，能够更好地适应复杂的环境和情况。体育锻炼还可以提高皮肤敏感度。通过锻炼，人体的血液循环得到促进，皮肤的血液供应增加，从而增强皮肤的敏感度和感知能力。这不仅有助于提高身体对外界刺激的感知能力，也增强了运动时的体验感受。

（五）消化系统

1. 消化系统的组成

消化系统是人体内部的一个复杂系统，主要包括消化管和消化腺两个部分。消化管是一系列中空器官的总称，包括口腔、咽、食管、胃、小肠和大肠。这些器官通过协同作用，完成了食物在体内的消化过程。消化腺则分为大消化腺和小消化腺，其中大消化腺包括肝、胰和唾液腺，它们分泌的消化液含有各种酶和其他物质，能够对食物进行分解和处理。

消化过程始于食物进入口腔，随后通过咀嚼和唾液中的淀粉酶开始了部分碳水化合物的消化。然后，食物经过咽喉进入食管，到达胃部。在胃部，食物受到胃液的作用，其中的蛋白质开始被胃蛋白酶分解。接着，部分消化的食物进入小肠，这是消化和吸收的主要场所。在小肠中，胆汁和胰液的分泌帮助消化脂肪和蛋白质，同时碳水化合物也被进一步分解。最终，小肠中的绒毛吸收了消化产物，将营养物质转运到血液和淋巴液中。

大肠主要吸收水分和一些盐类物质，在这里食物残渣经过进一步处理，最终被排出体外。虽然大肠没有重要的消化活动，但它在整个消化过程中起着重要的作用，帮助将废物分离出来并保持水分平衡。

吸收是消化过程的一个重要环节，包括矿物质、维生素和水通过消化道黏膜进入血液和淋巴液，以及大分子有机物分解后的物质进入血液和淋巴液的过程。口腔和消化道内的食物并不被吸收，而胃只能吸收一些特定物质，如酒精和水分。小肠是主要的吸收部位，在十二指肠和空肠的黏膜上有丰富的微绒毛，增加了吸收表面积，以便有效地吸收营养物质。在大肠中，主要是对盐类物质和剩余水分的吸收。

2. 体育锻炼的影响

经常参加体育锻炼对改善胃肠健康至关重要。首先，体育锻炼有助于增加胃肠的血液循环，这意味着更多的氧气和营养物质可以被输送到这些器官，促进其正常功能。其次，运动还能刺激消化液（如胃酸和胰液）的分泌，从而提高消化效率。同时，运动可以加强消化管道的蠕动，促进食物在胃肠道中的运动，有助于充分消化和吸收，提高营养物质的利用率，进而增强整体体质。在剧烈运动时，血液会优先流向肌肉，以满足运动时肌肉的能量需求，导致胃肠道血流量减少和消化腺分泌减少。这一现象的结果是副交感神经的兴奋性降低，从而抑制了胃肠活动，使消化吸收能力下降。因此，不宜在剧烈运动后立即进餐，以免对消化系统造成不良影响。同样地，不宜在饱餐后立即进行运动。因为在饱餐后，胃肠被食物充满，需要大量的血液进行消化吸收，这将导致肌肉血流量减少，影响运动时肌肉的供血和氧气输送，从而降低运动效率。因此，应在饭后适当等待一段时间再进行运动，以保障胃肠系统和肌肉系统的健康运作。

二、体育锻炼的心理健康影响

心理健康的关键点可以从四个层次来理解：一是心理与环境的统一性，是指个体的心理状态与外部环境的和谐与统一；二是心理与行为的整体性，强调个体心理状态与行为的相互作用和整体性；三是道德健康层次，其关注个体内心的道德品质和社会责任感；四是社会适应的健康层次，涉及个体在社会环境中的适应能力和社交技能。随着生活水平的提高，人们对健康概念的认识也更加全面，更加关注生活质量的改善和身心健康的发展。

（一）有助于智力的发展

智力在学生完成学习任务中起着基本的条件作用，它是正确感知和认识世界的前提，也是心理健康的基础。此外，参加体育运动对于学生的智力和心理健康同样有益处。体育运动不仅可以提高学生的注意力、记忆力、反应、思维、想象能力，也有助于促进情绪的稳定和性格的开朗。具体来说，体育运动对智力发展的作用主要表现在以下五个方面：

第一，运动促进大脑开发和利用，特别是右脑，增强记忆力和想象思维能力。研究表明，运动能够刺激大脑神经元的生长，促进神经元的连接，尤其是对右脑功能的开发有显著作用。这种刺激有助于提高记忆力和想象思维能力，对于学生的学习和创造性思维至关重要。

第二，运动有效促进血液循环，提高大脑养分供应，增强脑力劳动效率。运动可以加快心跳和呼吸频率，加速血液循环，从而提高大脑的养分供应和氧气输送。这种血液循环有助于提高大脑的工作效率和反应速度，增强学生的专注力和思维清晰度。

第三，运动增强大脑兴奋和抑制转化能力，提高神经系统稳定性、反应性和灵活性。通过运动，大脑能够更好地调节兴奋性和抑制性神经递质的释放，从而提高神经系统的稳定性和反应速度。这种灵活性的提高使学生在应对各种学习和生活场景时更加从容自如。

第四，运动可消除脑力劳动引起的疲劳，通过合理交替运动和学习来提高学习效率。长时间的脑力劳动容易导致疲劳和注意力不集中，而适度的运动可以帮助缓解这种疲劳状态。通过合理的安排运动和学习时间，可以有效提高学生的学习效率和专注力，使其在学习过程中保持良好的状态。

第五，增强体质和提高健康水平，使学生精力更充沛，更能持久地承担繁重的学习任务，发挥学习潜力。运动不仅有助于大脑功能的提升，也对身体健康起到重要作用。强健的体魄和健康的身体是学生学习的基础，它们能够为学生提供持久的学习能力和更高的学习动力，使他们能够更好地发挥学习潜力，应对学习中的各种挑战。

（二）促进人格的全面发展

自我概念是一个人对自身认知和评价的总和，对于社会适应和人格形成至关重要。特别是在大学阶段，自尊的提升对其整体发展至关重要。参与体育锻炼被认为是一种显著提高自我概念清晰度的方式。研究表明，肌肉力量与自尊、情绪稳定性和外向性格呈正相关，而力量训练能够增强个体的自我概念。此外，经常参与体育锻炼有助于培养终身喜爱运动的态度和习惯，对身心健康和正确认识自我有深远的影响。体育锻炼也有助于培养竞争意识，促使个体展现才能和实力，同时学会合作与相互配合。通过体育锻炼，个体不仅能够发展身体素质，还能培养多方面的能力，如身体协调、思维能力、意志力等，使个性更加成熟。此外，通过与他人的互动和比较，个体能够调整和完善自我认知，更好地适应社会和生活的挑战。

（三）有助于调节人的情绪

体育锻炼在调节情绪和改善心理健康方面具有显著益处。体育锻炼能给人直接带来愉悦和喜悦，有助于降低人们紧张和不安的情绪。运动时，人体释放内啡肽等神经递质，这些化学物质能够带来愉悦感，并减轻身心压力。通过运动，人们能够从日常生活的压力和烦恼中暂时解脱出来，体验到放松和愉快的情绪。体育锻炼有助于减弱或消除情绪障碍，提高个体的心理承受力和适应力。运动能够促进大脑中神经元的连接，改善大脑功能，使个体更具抗压能力，更能应对生活中的挑战和压力。

（四）有助于协调人际关系

在科技高速发展的 21 世纪，心理健康对个人和社会的重要性日益凸显。心理健康的人往往具备宽容、热情、友爱、合群等品质，并能妥善处理人际关系。这些品质能使他们在日常生活中与他人和谐相处，并为建立积极的人际关系做出贡献。

科技的高速发展不仅改变了人们的生活方式，也带来了一些负面效应。虚拟世界的兴起可能导致人与人之间的距离拉大，社交关系淡化。在这样的背景下，体育运动作为一种古老而备受人们喜爱的活动，具有特殊的意义。体育运动能够聚集人们，促进平等、友好、和谐的练习和比赛，增加亲切感，从而促进良好人际关系的建立和维护。另外，体育活动在社交中发挥着重要作用，特别是对那些性格内向的人。通过参与体育活动，个体可以减少孤独感，增进人际交往，提高社会适应能力。体育活动的社交性质使得人们更容易融入团体，建立起亲密的友谊和良好的人际关系。

通过体育活动，人们有机会结识更多的朋友，并在共同的运动中和睦相处、友爱互助。这种良好的人际关系不仅有助于个体的心理健康，也能增强他们在社会中的归属感和自信心。因此，体育活动不仅是一种锻炼身体的方式，更是一种促进心理健康的途径。在当今社会，面对科技发展带来的挑战，体育活动扮演着重要的角色，为人们提供了建立良好人际关系、增强心理健康的有效途径。

（五）有助于降低应激反应、消除疲劳

体育活动对降低应激反应和消除疲劳具有显著作用。经常从事体育锻炼的人群通常在生理上产生较少的应激反应，并且他们的身体能够更快地从应激状态中恢复过来。运动能够调节应激反应系统，降低激素水平，减缓心率，稳定血压，从而帮助人们更好地应对生活中的各种挑战和压力。此外，积极参加体育锻炼也能加速消除疲劳，提高生理功能。通过运动，身体的代谢和血液循环能得到促进，新陈代谢产物和疲劳物质得以迅速清除，从而使身体感到更加轻松和活力充沛。

（六）有效地降低焦虑与抑郁水平

长期持续的身体锻炼对缓解心理疾病患者的焦虑和抑郁具有显著的帮助。研究表明，定期参与体育锻炼可以有效治疗心理疾病，并显著降低焦虑水平，带来良好的心理效益。其背后的机制包括运动释放的内源类化学物质（如内啡肽和多巴胺），以及对神经系统的积极影响，从而改善情绪状态和心理健康。

体育锻炼不仅是一种身体活动，更是一种社交和情感体验。参与运动使人逐渐体验到结交朋友、释放压力、享受生活的快乐感，增加积极的情绪体验。然而，体育锻炼的效果因个体差异和参与的项目而异。一些研究表明，团体性质的运动项目对于促进社交互动和心理健康有额外的好处。

运动知觉能力强的群体通常表现出良好的心理健康水平和社会适应性。相反，知觉能力弱的群体往往表现出心理困扰倾向和不适行为。这进一步强调了身体锻炼在心理健康方面的重要性，尤其是对于那些运动感知能力较弱的人群。

适度的有氧健身活动被证明对降低焦虑、抑郁症状具有显著的治疗作用，特别是对于轻度到中度的焦虑和抑郁症状。有氧运动不仅有助于身体健康，还可以改善心理健康。研究表明，参与健身活动前焦虑、抑郁程度越高，参加活动后的受益程度越大，这进一步凸显了运动对于心理健康的积极影响。

适度的有氧健身活动还可以提高心血管功能，降低焦虑、抑郁等心理障碍的水平。这种身体活动对于整体健康至关重要，也为心理健康的促进提供了重要支持。因此，鼓励个体定期参与适度的有氧健身活动，不仅有助于身体健康，还对心理健康产生积极而长远的影响。

第三节　体育锻炼及其愉悦体验的提升

一、合理控制体育锻炼强度，提升愉悦体验

愉悦体验在体育锻炼中扮演着至关重要的角色，它是一种积极的情感反应，对于长期坚持锻炼和养成规律锻炼习惯至关重要。个体的情感反应受到认知因素的影响，其中包括对锻炼目标、价值、意义和成就感的评价，以及对生理反应的感知。体育锻炼强度是影响人们感知生理反应的最重要因素，通常分为低强度锻炼、中等强度锻炼、高强度锻炼和超高强度锻炼。

不同强度的体育锻炼产生不同的效果。低强度锻炼有助于产生愉悦体验，但对健康益处有限。中等强度锻炼是有益的，能够促进健康效果，且不会严重挑战生理平衡，更易产生愉悦体验。高强度锻炼既有促进健康的作用，也存在一定的危险性，情感反应具有高度可变性。超高强度锻炼对健康构成较大威胁，几乎无法产生愉悦体验。

尽管超过个体承受能力的运动强度可能带来不好的愉悦体验，但通过合理的刺激，人体可以提高对运动强度的适应性。这意味着，即使某种运动对个体来说可能是超高强度的锻炼，但通过逐步适应和训练，个体能够逐渐增强对这种强度的承受能力，从而提升愉悦体验，同时获得更多的健康益处。因此，体育锻炼的强度选择对个体的健康和愉悦体验至关重要。合理的锻炼强度可以在提升健康水平的同时，增强个体的愉悦感受，有助于建立长期的锻炼习惯。而对于超高强度的锻炼，个体需要谨慎选择，以免对身体造成不可逆转的损伤。在锻炼过程中，个体还需不断调整和适应，以确保锻炼的效果最大化，同时保持愉悦体验，从而更好地享受运动带来的益处。

体育锻炼的体验和效果与锻炼的强度密切相关。研究表明，低强度和中等强度的体育锻炼通常适合大多数人，因为它们能够提供良好的锻炼效果，同时不会过度挑战身体的承受能力。相反，高强度和超高强度的体育锻炼往往会导致不适感，增加退出锻炼的风险，因此应谨慎采用。

为了提升体育锻炼的愉悦体验，人们应该控制体育锻炼的强度，并将安全性和有效性视为同等重要的因素。在进行体育锻炼之前，个体应该进行预评估，了解自己的运动强度承受能力，然后制定适合个体的运动处方。这样的个性化方案可以有效地提高锻炼的效果，同时降低受伤的风险，增加体育锻炼的持续性。

为了促进人们进行体育锻炼，专家建议规划一定时间长度的锻炼，但是运动强度应由个体自主选择。研究表明，大多数人倾向于选择对生理有益且愉悦的运动强度，这有助于增加锻炼的持续性。因此，个体在进行体育锻炼时应根据自己的感受和身体状态来调整体育锻炼强度，以确保锻炼的效果和持续性。

为了帮助人们判断体育锻炼的强度，建议采用基于心率的强度区分方法。根据研究，将体育锻炼强度控制在最大心率的 64% ～ 76%，对应中等强度的运动区间，可以在保证锻炼效果的同时，降低受伤的风险。如果个体不愿意参照心率来判断体育锻炼强度，也可以直接参照自身的感受，但需要注意不要过度挑战身体的承受能力，以免引发不良后果。

二、利用峰终定律，创造愉悦的体验记忆

人类的认知过程通常受体验记忆的影响，然而，这种记忆存在一定的偏差，遵循著名的峰终定律。峰终定律是由心理学家丹尼尔・卡尼曼提出的理论，该理论指出高峰和终结体验对整体体验走向具有显著的影响。在峰终定律中，愉悦的高峰和结尾倾向于塑造人们对某一体验的整体印象，同样，不愉悦的高峰和结尾也会产生相似的效果。

将峰终定律应用于体育锻炼中，如果一个人参与的主要是令人不愉悦的高强度运动，那么最好的策略是以愉悦的低强度运动作为结尾，从而创造一个愉悦的结束体验。这种结尾的愉悦体验能够在某种程度上平衡整个锻炼过程中的不愉悦体验，为锻炼者留下更积极的印象。

如果无法在锻炼过程中调整运动强度，仍然可以利用高峰体验的原理来塑造体验的记忆。通过制定合理且可达成的锻炼目标，锻炼者可以在锻炼过程中创造出一系列高峰体验，从而增强其对整个锻炼经历的正面记忆。这些可达成的目标不仅提高了锻炼者的成就感，还为其提供了一种积极的动力，促使其更努力地投入锻炼中。

三、营造适宜的体育锻炼环境

人类的情感与体验往往受到外界环境的影响，这种影响因素包括但不限于风景、光照、温度、声音等。特别是在体育锻炼方面，环境的影响尤为显著，可以大致分为室内环境和室外环境两种。

室外环境以自然、生态的特点而备受推崇。在这样的环境下，人们沐浴在大自然的怀抱中，能够感受到绿色低碳的生态氛围，这有助于调动积极的情感反应。相较之下，室内环境则显得局促，景观单一，空气流通不畅，缺乏室外环境那种生机勃勃的气息，因此情感反应通常不如室外那般积极。

但是，室内锻炼也有其独特的优势，如安全性高、时间省、效率高、器材便捷等。在室内，人们可以进行徒手锻炼，或者借助各种器械进行更有针对性的训练，锻炼类目选择灵活多样。尽管如此，室内环境却不能始终带来愉悦的体验，这是其与室外环境相比一个明显差异。

鉴于此，当室外环境适宜时，人们应优先考虑在室外进行体育锻炼。在自然的环境中锻炼不仅可以满足身体的需求，还可以愉悦心情，增强锻炼的乐趣。然而，如果室外条件不允许，或时间和安全等因素限制了户外活动的选择，室内体育锻炼则成为

一种合理的替代方案。在室内，人们可以充分利用各种器械和科技手段进行高效的训练，以达到锻炼身体的目的。

近年来，室内体育锻炼的情感反应成为研究关注的焦点，其目的是使室内体育锻炼与室外体育锻炼一样普遍积极。研究者主要从改变视、听觉、视觉听结合三个方面来研究室内体育锻炼的体验变化。相关研究表明，仅通过改变视觉方式无法有效提高运动者的愉悦体验。这是因为单一的视觉刺激可能不足以获得满意的效果，缺乏自然环境的重要元素，例如，风的触感、自然声音等。然而，仅通过听觉方式可以有效提高愉悦体验。这表明在运动体验中不可忽视音频的重要性，音乐在体育锻炼中的运用效果尤为突出。采取视听结合方式具有更大的潜力，可能会对提高愉悦体验产生积极影响。单独采取听觉刺激或者视听结合可能对提高愉悦体验有更大的益处。音乐、自然声音或其他听觉刺激与视觉效果相结合，可以创造出更加丰富、更加引人入胜的体育锻炼环境。这种综合体验不仅可以增强运动者的情感参与度，还可以提高锻炼的乐趣和动力。

在体育锻炼中，音乐扮演着重要的角色，对提升愉悦体验具有积极作用。研究表明，声音响亮、节奏快的音乐最能引发愉悦体验。音乐的运用方式可分为同步和异步两种。同步运用是指体育锻炼者有意识地配合音乐节拍进行运动，而异步运用则缺乏这种同步性。在同步运用中，较快节奏的音乐能够产生最佳效果。研究发现，115 ～ 120 bpm 的节奏适用于不同强度的锻炼，使运动者更容易进入节奏状态，提高锻炼效率。

在异步运用中，类似的音乐节奏同样有利于愉悦体验，但在高强度锻炼中其效果不显著。这种情况可能源于高强度锻炼引起的生理平衡失调，使注意力更多地转向内在感受，而非外部刺激。尽管如此，音乐对室外锻炼同样有效。研究发现，在室外进行中低强度的锻炼时，使用音乐能够提升体验。在室内体育锻炼时，可以结合音乐或视听效果，进一步增强锻炼的愉悦性。

在高强度体育锻炼时，音乐的效果可能会减弱。这并不是因为音乐本身失效，而是由于高强度锻炼所引发的生理反应。在这种情况下，身体会进入一种更为紧张的状态，音乐往往无法完全转移运动者的注意力，因为注意力更多地集中于内在的身体感受和运动表现。

第二章　体育运动与营养需求研究

第一节　运动与能量概述

一、能量代谢

人体通过代谢糖、蛋白质和脂肪等营养物质获得能量，以维持各种生理活动的正常进行。能量代谢是指单位时间内人体消耗的能量，这一概念对了解个体的能量需求和代谢状态至关重要。

（一）能量代谢的测定方法

根据热力学第一定律，能量在转化过程中既不增加也不减少，总能量守恒。这一定律在机体能量代谢中得到了显著体现。机体的能量代谢遵循能量守恒定律，即食物中的化学能与所转化成的热能及外功是完全相等的。因此，通过测定机体产生的热量、测算所做的外功或测定食物的消耗量来测算机体的能量代谢是可行的。

能量代谢的测定方法分为直接测试和间接测试。直接测试是通过测定机体产生的热量或测算所做的外功来获取能量代谢信息。这种方法直接、准确，但操作复杂，需要专业设备支持。间接测试是通过测定食物的消耗量来推断机体的能量代谢情况。虽然间接测试可能存在一定的误差，但它相对简便，可应用于日常生活中，尤其适用于大样本研究。

能量代谢测定方法为科学研究和健康管理提供了重要工具。通过了解机体的能量平衡及代谢过程，可以更好地理解健康状况，制订科学的营养方案和运动计划，对于疾病预防、体重管理和运动优化等具有重要意义。因此，能量代谢的测定方法不仅在科学研究中有重要应用，也在临床和健康管理中发挥着重要作用。通过不断深入研究和应用，可以更好地探索机体能量代谢的规律，促进人类健康水平的提高。

（二）能量代谢的影响因素

1. 肌肉活动

轻微的肌肉活动就能够提高代谢率。这意味着即使在较轻的活动中，人体也会消耗更多的能量。肌肉活动的强度与能量消耗成正比。随着活动强度的增加，耗氧量、能量消耗以及产热量也会相应上升。这说明肌肉活动对于整体能量代谢的重要性，以及为什么运动被认为是维持身体健康的重要因素之一。

2. 精神活动

尽管脑组织的耗氧量较高，但在静态和活跃状态下，脑组织对葡萄糖的代谢率并没有明显的差异。平静思考对能量代谢的影响相对较小，而情绪紧张会导致产热量显著增加。这表明了情绪状态对于能量代谢的调节作用，同时提醒我们在管理情绪时需要注意能量消耗的变化。

3. 食物的特殊动力作用

进食后，人体的产热量会增加，这被称为食物的特殊动力作用。糖类或脂肪食物的特殊动力作用占产热量的 4% ～ 6%，而混合食物可能增加约 10% 的产热量。这说明了食物组成对于能量代谢的影响，同时为我们深入理解饮食对身体的影响提供了线索。

4. 环境温度

在 20℃ ～ 30℃ 的环境下，能量代谢最为稳定。低于 20℃ 和高于 30℃ 的环境温度会提高能量代谢率。寒冷刺激和体内化学反应加速是出现这种现象的主要原因之一。此外，激素种类和分泌水平也会对能量代谢产生影响，进一步加深人们对于环境因素如何调节能量代谢的理解。

二、人体的能源系统与能量供应

（一）肌肉收缩的直接能源物质

1. 高能化合物

高能化合物中约 40% 的能量以化学能的形式储存，主要存在于高能键中。当这些高能键水解时，会释放大约 21 kJ/mol 的能量，其中最具代表性的是三磷酸腺苷（ATP）。ATP 是维持生命活动的直接能量来源，它包含三个磷酸基团，并且在水解过程中释放出能量，提供细胞内的各种生物化学反应。

2. ATP 的储备与输出

人体 ATP 充足时，多余的能量会被转化为磷酸肌酸（CP），作为一种能量储存形式存在。在人体进行高强度运动等消耗大量能量的活动中，ATP 的消耗也会迅速增加。这时，储存在肌肉中的 CP 会将其磷酸转移给二磷酸腺苷（ADP），迅速合成新的 ATP，以满足能量需求。尽管人体细胞内 ATP 的浓度相对较低，但其最大输出功率很高，这也解释了为何在运动中 ATP 的快速补充速度对提高运动能力至关重要。因此，高能化合物的储备与输出过程是人体在运动及其他高能需求情况下维持生命活动所必需的重要机制之一。

（二）供能系统

人体生命活动的持续进行需要能量的支持，而能量的供给主要通过有氧和无氧两类供能系统来完成。有氧供能系统和无氧供能系统是这两类系统的代表，它们各自在不同运动情境下发挥作用。无氧供能系统进一步分为非乳酸能（ATP-CP）供能系统、无氧酵解供能系统与氧化能供能系统。

1. ATP-CP 供能系统

ATP-CP 供能系统是高强度运动的主要能量供给系统之一，这个系统的特点在于其不需要氧气参与，因此主要应用于高强度短时运动（如短跑、举重等）。这个系统依赖于肌肉中储存的 ATP，当 ATP 储存耗尽后，便会转而利用 CP 进行能量供给。这个过程能够提供 6 ～ 8 s 的能量支持，因此在爆发力和瞬间爆发的运动中至关重要。尽管 CP 的储存量相对较少，但它对于短时高强度运动的能量供给至关重要。在训练和恢复期间，为了维持这一供能系统的高效运作，需要通过提高磷酸原的储备和提高 ATP 再合成速率来加以促进。

2. 无氧酵解供能系统

无氧酵解供能系统是一种在无氧条件下，通过分解糖来产生 ATP 的供能系统。在高强度运动初期，大约第 30 s，该系统的供能速率达到最大值，能够支持 2 ～ 3 min 的运动。其特点包括总供能量多于磷酸原系统，尽管输出功率略低，但无须氧气，并在过程中生成乳酸。乳酸水平是评估无氧酵解供能系统供能能力的主要指标。当乳酸积聚过多时，可能会破坏酸碱平衡，限制糖的无氧酵解，进而导致疲劳。尽管如此，无氧酵解供能系统的存在保证了磷酸原系统在最大供能后，仍能维持数十秒的快速能量供给。它与磷酸原系统一起为短时间高强度无氧运动提供能量，而在中距离跑等持续 2 ～ 3 min 的运动中，则主要依赖于无氧酵解供能系统。在非周期性项目（如篮球、足球）中，尤其是在加速和冲刺时，磷酸原系统和无氧酵解供能系统共同提供能量。

3. 氧化能供能系统

氧化能供能系统指的是在细胞内，在糖类、脂肪和蛋白质被彻底氧化为水和二氧化碳的过程中，伴随着合成 ATP 的能量系统。氧化能供能系统以糖和脂肪为主要能源，具有 ATP 生成总量大、速率较慢、需要氧气参与且不产生乳酸类副产品的特点。因此，氧化能系统能够维持较长时间的运动，糖类供能可达 1.5 ～ 2 h，而脂肪供能时间更长，成为长时间耐力运动的主要能源。

（三）供能系统的相互关系

在运动生理学中，三大供能系统——磷酸原系统、糖酵解系统和有氧氧化系统，构成了人体能量利用的基本框架。这些系统在运动实践中共同作用，形成了复杂的能量利用综合体系。不同的运动项目具有独特的能量利用特点，很少有单一能源供能的项目存在。通常情况下，某一供能系统为主导，而其他系统起辅助作用。

磷酸原系统的功率输出最大，能够支持极高强度的体育锻炼，其能量供应可维持 8 ～ 10 s。糖酵解系统的功率输出约为磷酸原系统的一半，适用于高强度的体育锻炼，可持续 2 ～ 3 min。相较之下，有氧氧化系统的功率输出较低，但能够维持较长时间的运动。肌糖原的有氧氧化可满足高强度体育锻炼 1 ～ 2 h，而脂肪的有氧氧化支持更长时间的体育锻炼。

在体育锻炼后的恢复期，有氧氧化系统成为主要的代谢方式。这意味着即使在体育锻炼停止后，身体仍然在利用氧气和其他营养物质来恢复耗尽的能量储备。因此，体育锻炼后的饮食和休息对于恢复和再生具有至关重要的作用。

三、人体能量学基础

（一）人体运动中的热能和表示方式

人体运动中的热能与物体的势能一样，它的绝对数值是没有意义的。人体运动中的热能变化才具有实质性物理特性。衡量物体热能变换大小的物理量称为热量。热量是用温度表示的。物体的温度升高，热量增加；物体的温度降低，热量减少。在物理学中，温度是一个基本量。国际单位制中，温度的单位使用绝对温度标（K）衡量；日常生活中也用华氏温度（℉）、摄氏温度（℃）表示。它们之间的换算关系是

$$摄氏温度（℃）= 绝对温度（K）-273.15 \qquad（2\text{-}1）$$

$$华氏温度（℉）=32+9/5\times 摄氏温度（℃） \qquad（2\text{-}2）$$

$$绝对温度（K）=273.15+ 摄氏温度（℃） \qquad（2\text{-}3）$$

由此，物理学上的热量定义为将 1 kg 的水在一个大气压下加热，使水的温度从 14.5℃ 上升到 155℃，水就吸收了 1 千卡（kcal）的热量，即水的热能增加了 1 kcal。

kcal 是热能的单位，与其他能量单位［如焦耳（J）］可以换算：

$$1\ \text{cal}^{①}=4.186\ \text{J} \qquad（2\text{-}4）$$

$$1\ \text{kcal}=4\ 186\ \text{J} \qquad（2\text{-}5）$$

由热量定义可以看出，热量 Q 与物质属性、温度变化区间和温度上升的多少有关。用公式表示如下：

$$Q = mC\Delta T \qquad（2\text{-}7）$$

式中，m——物质质量，g 或 kg；

C——物质的比热，cal/（g · ℃）或 kcal/（kg · ℃）；

ΔT——温度变化值。

人体在正常生理状态下，通过自身的热量调节系统，维持 37℃ 左右的体温。这个体温的维持涉及多个因素，首先，水分约占人体体重 70%，水的比热大，因此在体内存在大量水分有助于维持热平衡和体温稳定；其次，热量的主要来源是消耗食物产生

①1 卡（cal）=0.001 kcal

的生物热能，约 2 000 kcal 的食物摄入可以支持基本的生活活动。然而，热量的消耗与散热也密切相关。散热主要通过对流、传导、辐射和发汗 4 种形式进行，其中发汗在高温和运动时成为主要的散热方式。

大强度的运动会消耗比平常更多的热量，因此散热变得尤为重要。在湿热的天气和水分不足的情况下，人体可能无法有效地散热，从而导致体温升高，甚至发生危险。因此，在这些情况下，身体特别需要注意保持充足的水分摄入及适当的散热措施，以保护人体免受高温的影响。

适宜的体温对于运动至关重要。运动前的准备活动可以提高体温，有利于肌肉功能的提升、供能系统的高效输出及酶活性的激活。这些准备活动可以包括简单的热身运动如跑步、拉伸等，以提高身体的温度和血液循环，从而使身体更好地适应即将进行的高强度活动。通过这种方式，体温的升高可以帮助身体做好迎接挑战的准备，并降低运动受伤的风险。

化学反应在自然界中广泛存在，并伴随着产热和吸热现象，这与人体内的化学反应释放热能的情况相似。在人体内，热能是一种重要的能量形式，被用来完成各种动作以及维持体温。这种热能主要源于生物物质中储存的化学能，这些物质被称为能源物质，是人体各种活动的基础和保证。在微观水平，化学能存在于分子间的结合能之中，例如，当氧分子形成时，会释放能量。不同类型的化学反应会产生不同的能量变化。一般来说，化合反应会释放能量，而分解反应则吸收能量。在复杂的人体生物物质反应中，断开和形成的化学键需要进行比较，以确定反应是释放能量还是吸收能量。这个过程涉及能量的转化和平衡，对于人体的正常功能和生存至关重要。通过对这些化学反应的深入理解，人们可以更好地掌握能量的利用和调控，促进健康和生活品质的提升。

人体生物物质的化学反应涉及许多复杂的代谢过程，包括有氧呼吸、无氧呼吸、糖原分解、脂肪酸合成等。在这些过程中，有些反应释放能量，为机体提供动力，而有些反应需要吸收能量，以完成生物体内的各种生命活动。通过细致地研究这些化学反应过程，可以更好地理解人体的能量代谢和生物学功能，为健康和医学研究提供基础。

（二）热力学第一定律

与人体运动过程相关的能量也有多种形式，如动能、势能、热能和化学能等，它们的总和称为人体总能量（E）。假设人体与环境之间不存在能量交换，则人体总能量是不变的。人体与环境之间可以通过两种途径进行能量交换：做功和热交换。外界对人体做功、或加热都增加了人体总能量。热力学第一定律用公式表示为

$$Q+W=\Delta T \tag{2-8}$$

式中，Q——热量，规定增加人体系统的热量为正，人体系统向外界输出的热量为负；

W——规定向人体系统做功为正，人体系统对外界做功为负；

ΔT——能量的变化值，规定人体系统能量增加为正，人体系统能量减少为负。

人体常见的化学反应是氧化反应，它是物质与氧的结合反应，这是化合反应，例如，“$C+O_2=CO_2+$ 能量”就是氧化反应。原有的物质在改变属性中释放能量，系统的能量减少，因而 ΔT 为负值。根据热力学第一定律，$Q+W$ 也为负值。若这样的化学反应是在人体系统内进行，人体系统就有能量损失，且是以对外做功或向外散热的形式损失。

氧通常以二价的氧分子形式存在，和碳反应时，首先是分子键断开，这时需要有外界能量输入（如加热）才能分解为一价的氧。2 个氧原子与 1 个碳原子结合形成二氧化碳，这个过程中形成了新的化学键，释放出能量。在整个化学反应过程中，释放的能量要比吸收的能量多，因此，氧气与碳结合生成二氧化碳的反应过程，人体系统以释放能量为主。

以上反应还有逆反应过程，即只要供给系统足够的能量（如加热），二氧化碳就可以分解成独立的原子，人体在这一反应过程中吸收能量。

对人体供能系统的评定有时采用反应释放的能量与氧化物的质量比率作为氧化反应的效率指标，即

$$E_{ff}=E_{re}\div \mathrm{MM}_{ox} \tag{2-9}$$

式中，E_{ff} 为效率指标；E_{re} 为释放的能量；MM_{ox} 为混合氧化物。

与运动生物力学中使用的其他效率指标不一样，氧化效率指标是有量纲的，单位是 kcal/g。氧化效率越高，说明很少的氧化物质就能释放出很大的能量。

在一样的生物化学反应过程中，分解反应和化合反应同时存在，反应的初始时刻和结束时刻都有两种物质存在，反应式通常可以表示为 $A+B=C+D$（± 能量）。

反应过程：首先，外界提供能量 E_d 将分子 A、B 离解为原子状态；其次，它们的原子重新结合形成新的分子 C、D，并释放出能量 E_f，总反应能就是两个能量之差。即

$$E_{re}=E_f-E_d \tag{2-10}$$

人体中的氧化反应通常是释放能量的，因此 E_{re} 为正数。习惯上，E_d 大于 E_f 时称为放热反应，E_d 小于 E_f 时称为吸热反应。

（三）人体能量的产生与代谢反应

人体能量来源于每天摄入的食物和空气。部分食物被转化为葡萄糖，成为体内能量产生系统的燃料。肺从外界吸取氧气，与葡萄糖氧化反应释放出能量。因此，葡萄糖和氧气是身体能量产生系统的基本物质。

在高强度、剧烈的运动中，能量消耗更大，引起机体显著的生理变化，如呼吸频率和深度增加，心搏显著加快。这是因为运动需要更多的能量，因此必须增加氧气的供应。高强度、剧烈运动的另一个明显特征是大量出汗。这是因为在运动中，体内能量代谢和产热量都增加，如果过多的热量不能及时散发，体温就会升高。

有氧运动和无氧运动有所区别。在持续性负荷的运动中，摄入的氧气量等于产生

能量所需的氧气量，呼吸平稳、平衡，被称为有氧运动。而在一些短时、高强度的运动中，维持运动的能量需求大，氧气需求远超过实际吸入的量，被称为无氧运动。

（四）ATP 与能量供应

肌肉收缩是一种基本的生物学过程，它需要能量来进行。这种能量主要来自肌肉细胞内的化学反应，其中最主要的是肌糖原氧化反应。在这个过程中，肌肉细胞将肌糖原分解成葡萄糖，并通过氧化反应产生化学能。这种化学能主要储存在 ATP 分子中。ATP 是细胞内的能量“通货”，它通过高能磷酸键储存和传递化学能，每个 ATP 分子需要被重复利用 2 000 ～ 3 000 次。

ATP 的合成是一个需要能量的过程，ATP 的离解则释放能量。这种能量的转化是维持细胞正常功能和生命活动的重要基础。在肌肉细胞内，ATP 起着能量供应、存储和转移的重要功能。然而，当肌肉持续工作时，ATP 的需求会增加，导致 ADP 的积累。因此，肌肉细胞内需要一定的机制将 ADP 重新转换为 ATP，以满足持续肌肉工作的需求。

为了保证肌肉细胞内 ATP 的供应，存在三个重要的能量供应系统：非乳酸能系统、乳酸能系统和有氧氧化能系统。在非乳酸能系统中，ATP 主要来自磷酸肌酸的分解，这是一种无氧代谢过程，适用于短时间、高强度的运动，但 ATP 的供应量有限。在乳酸能系统中，肌肉细胞通过分解葡萄糖产生 ATP，但会产生乳酸作为副产品，适用于中等强度的运动。而在有氧氧化能系统中，葡萄糖和脂肪在氧气的参与下完全氧化，产生大量 ATP，适用于长时间、低强度或中等强度的体能锻炼。

非乳酸能（ATP—CP）系统是在高强度、短时的运动中提供能量的主要途径。这一系统以其快速的供能速率和短暂的持续时间而闻名。在这一系统中，肌细胞内的 CP 能够迅速与 ADP 结合合成 ATP，以供应肌纤维的收缩所需的能量。因此，ATP 和 CP 共同构成了肌肉收缩的即时供能源。ATP 的释放能量仅维持了肌肉收缩的短暂时间，在 1 ～ 3 s，而 CP 的供能维持时间也相对较短，仅为 6 ～ 8 s。因此，在这 10 s 以内的高强度运动中，非乳酸能系统是主要的供能来源。虽然该系统总能量较少、持续时间短暂，但其功率输出是最大的。重要的是，这一系统无须氧气参与，因此不会产生乳酸，适用于如短跑、跳跃和举重等瞬间爆发力要求高的活动。

与之相对应的是乳酸能系统，它在持续剧烈运动中发挥作用。在乳酸能系统中，肌肉内的肌糖原在缺氧状态下被分解，产生乳酸以释放能量供肌肉收缩。乳酸能系统的供能速率约为 29.3 J/（kg · s），可以维持 1 ～ 3 min 的肌肉活动。血液中乳酸水平成为衡量这一系统供能能力的重要指标，过多的乳酸堆积会导致机体疲劳。然而，乳酸能系统的作用不仅限于持续运动，还可以在保证磷酸肌酸系统供能后，持续为数十秒的快速供能提供支持。因此，乳酸能系统特别适用于需要高功率输出的持续时间较短的运动，如 400 m 跑和 100 m 游泳等。此外，专门的无氧训练可以有效提高乳酸能系统的供能能力，进而增强运动表现。

有氧氧化能系统是一种将糖、脂肪和蛋白质在细胞内完全氧化成水和二氧化碳，进而合成 ATP 的能量系统。理论上，体内贮存的有氧氧化燃料，尤其是脂肪，不会被耗尽，系统供能的最大容量可认为无限大。其特点为 ATP 生成总量大、速率慢、需要氧的参与以及不产生乳酸类的副产品。其最大供能速率或输出功率为 15 J /（kg · s），适用于长时间耐力活动。在人体肌肉收缩的能量保证相对较大的情况下，不存在能量耗尽的问题，但有供能速率的限制。这表明，有氧氧化能系统为持续、长时间的活动提供了可靠的能量来源，尤其适用于耐力运动。然而，对于需要高强度、爆发力的运动（如短跑或举重等），有氧氧化能系统的供能速率可能无法满足需求，因此在不同类型的运动中，人体能量系统的作用和配合具有重要意义。

四、运动时能量消耗的计算

在运动生理学中，能量消耗是指某项运动所引起的净能量消耗，即总能量消耗减去同一时间内安静状态下的能量消耗。总能量消耗包括运动时的能耗和运动后恢复期的能耗。实际测量和计算中必须考虑不同强度运动产生的能量消耗。具体步骤：首先，测定安静、运动、恢复期的氧消耗和二氧化碳产生，以了解不同阶段的代谢情况；其次，求出各阶段的呼吸商，这是呼吸气中氧和二氧化碳的比例，可反映机体能量代谢途径；再次，根据呼吸商查阅氧热价对照表，这是一种衡量单位，用以将氧气消耗转换为能量消耗；最后，以氧热价乘以所计算时间段内机体的总耗氧量，再减去同一时间安静状态下的能量消耗，得到该运动阶段的净能量消耗。

计算步骤如下：

（1）根据各阶段呼出气体的分析，计算各阶段的耗氧量和二氧化碳产生量。

（2）根据各阶段的耗氧量和二氧化碳产生量计算各阶段的呼吸商。

安静状态下的呼吸商 = 安静时 CO_2 呼出量 ÷ 安静时 O_2 耗量 （2-11）

运动时的呼吸商 = 运动时 CO_2 呼出量 ÷ 运动时 O_2 耗量 （2-12）

恢复期内的呼吸商 = 恢复期 CO_2 呼出量 ÷ 恢复期 O_2 耗量 （2-13）

（3）根据各阶段的呼吸商，查各阶段的氧热价。

（4），计算各阶段的能耗量。

安静状态下的能量消耗 = 安静时 O_2 耗量 × 安静时氧热价 （2-14）

运动时的总能量消耗 = 运动时 O_2 耗量 × 运动时氧热价 （2-15）

恢复期内的总能量消耗 = 恢复期 O_2 耗量 × 恢复期氧热价 （2-16）

运动的净能量消耗 = 运动时的总能量消耗 + 恢复期内的总能量消耗 − 安静状态下的能量消耗 （2-17）

第二节　运动中营养物质的代谢

一、糖类的代谢

糖类是多羟基醛、多羟基酮或能水解生成这类化合物的有机化合物，包括核糖、葡萄糖、糖原、乳糖、淀粉、蔗糖、果糖和果胶等。这些糖类在植物体组分中占据相当大的比例，为 85% ～ 90%。它们在生物体内起着多种重要作用。例如，葡萄糖是生物体内最主要的能量来源之一，通过细胞呼吸过程将其分解为能量，从而维持生命的正常运转。此外，糖原作为动物体内的主要储能形式，可以在需要时快速分解为葡萄糖，以供给机体的能量需求。此外，糖类还可以作为结构材料存在，如在细胞壁中的果胶，起到维持细胞形态和结构稳定性的作用。因此，糖类在生物体内具有重要的生理功能，是生命的基础组成部分之一。

（一）糖类及其类别

糖类是一类由碳、氧和氢原子通过化学键结合而成的化合物，通常表现为多羟基的醛类或酮类，或者在水解时能够产生这些化合物的物质。糖类可分为单糖、寡糖和多糖三大类。

首先，单糖是无法再被水解的小分子糖，通常含有 3 ～ 7 个碳原子，葡萄糖、果糖和核糖是一些重要的单糖代表。其次，寡糖由 2 ～ 10 个单糖分子结合而成，包括一些重要的双糖，如乳糖、蔗糖和麦芽糖。在运动饮料中，低聚糖是主要成分之一。最后，多糖含有几百甚至上万个单糖分子，水解后产生原始的单糖或其衍生物。一些主要的多糖包括淀粉、糖原和纤维素。

当摄入含有单糖的食物时，单糖分子直接被吸收进入血液，因为它们已经是小分子并且无须消化。相较之下，双糖或多糖需要经过消化过程，先在消化道中被水解成单糖，然后才能被吸收进入血液发挥作用。这个过程使单糖的能量更快地被释放出来，而双糖或多糖需要更长的时间来释放能量。因此，在能量需求迅速的情况下，单糖可能更适合作为能量来源，而双糖或多糖更适合作为长时间能量供给的选择。

（二）糖类的储存形式

葡萄糖是人体内的主要糖类贮存形式，存在于形成直链和支链的多糖中，包括肝脏中的糖原和肌肉中的糖原。食物中的糖是机体获得能量的主要来源，约占 70%。在消化过程中，各种食物中的糖类会被分解成单糖，主要是葡萄糖，然后被吸收。被吸收的葡萄糖通过血液循环输送到各组织，供其吸收和利用。肝细胞和肌细胞能够合成并储存葡萄糖为糖原，而所有细胞都能够分解葡萄糖以获取能量。在人体内，糖主要以血液中的葡萄糖、肝糖原和肌糖原的形式存在。血糖水平的变化会直接影响肝糖原和肌糖原的储存量，因为高血糖会促进糖原合成，而低血糖会刺激糖原分解以释放葡萄糖。因此，人体维持血糖稳定对于保持糖原的合成和分解平衡至关重要，这也是机体能够维持正常能量代谢的重要保证。

（三）糖类的生理功能

人体内的糖储备是维持正常生理功能所必需的重要能源之一。通常，人体内的糖储备为 400 ～ 500 g，这一储备主要以肝糖原和肌糖原的形式存在。而这些储备可以通过运动和摄入高糖膳食来增加。运动时，肌肉通过分解糖原来提供能量，因此运动后摄入高糖膳食可以帮助恢复糖原储备，维持肌肉功能和身体能量的平衡。糖在人体内的生理作用多种多样，主要包括作为氧化供能的重要来源、构成机体成分、节约蛋白质的功能及抗生酮作用。

第一，糖是人体能量的重要来源之一，供应大脑神经活动和骨骼肌运动所需的能量。大脑是人体最耗能的器官之一，而它的主要能量来源就是葡萄糖。如果糖供应不足，大脑功能可能会受到影响，表现为注意力不集中、思维迟缓等。此外，骨骼肌运动也需要大量的能量支持，糖可以提供迅速的能量释放，维持肌肉运动的持久性和强度。

第二，糖参与构成机体的各种组分（如糖蛋白）。糖蛋白是一种与糖分子结合的蛋白质，在机体中起着重要的功能。它们是激素、酶、血液凝血因子和抗体的组成部分，对于维持人体内的各种生理过程至关重要。此外，糖还构成了结缔组织基质和神经组织的重要组成部分，对于维持组织结构和功能具有重要作用。

第三，糖的摄入有助于节约蛋白质的功能。在能量供应充足的情况下，糖可以作为能量来源，减少机体对蛋白质的需求，从而保护蛋白质不被过度分解和利用。这对于维持身体的氮平衡和蛋白质的合成至关重要。

第四，糖在脂肪代谢中起着重要作用，能够帮助避免酮症的发生。当糖供应不足时，机体可能会依赖脂肪作为主要的能量来源，导致脂肪分解产生大量的酮体，造成酮症的发生。因此，保证每日膳食含有足够的糖类是非常重要的，可以帮助维持机体内能量代谢的平衡，预防酮症等相关问题的发生。

（四）运动与糖类的补充

在运动中，肌肉收缩所需的能量主要来自 ATP，这是一种储存量有限的能量分子。当运动持续时间较长或强度较高时，肌肉中的 ATP 储备会迅速被耗尽。这时，身体会依赖肌酸、磷酸和无氧酵解来合成额外的 ATP。肌酸、磷酸能够快速提供能量，但其储存量是有限的。因此，无氧酵解过程就显得尤为重要。无氧酵解是一种不需要氧气参与的糖代谢途径，它将体内储存的糖原和血液中的血糖转化为 ATP，为肌肉提供持续的能量。这一过程在高强度运动中起到至关重要的作用，确保肌肉能够持续运动。

1. 补剂与食物

糖分补充可以快速恢复肌肉中的能量储备，从而延缓肌肉疲劳的发生。在运动的不同阶段，选择不同类型的糖分补剂是至关重要的。一般来说，补剂的速度较快，但也可能引起胰岛素效应，导致血糖水平的剧烈波动。因此，建议运动者在这些关键时刻选择吸收速度较快但能够稳定血糖水平的补剂（如葡萄糖或麦芽糖）。此外，日常饮食中也应包含丰富的水果、蔬菜和谷物，以保证全面补充糖分，为运动提供持续稳定的能量来源。

2. 补糖的时机

补糖在运动中扮演着重要的角色，对于提高运动表现、促进肌肉恢复和增长至关重要。

（1）在早餐时补充糖分可以充实肝脏和肌肉的糖原储备，这对于一天的运动活动至关重要。水果、燕麦粥以及全麦谷物都是理想的选择，它们提供了丰富的碳水化合物，是身体的主要能量来源。

（2）运动前 2 ～ 3 h 摄入补糖食物可以提高运动强度和成绩。红薯、全麦面包或全麦意大利面等消化较慢的食物有助于持续释放能量，确保身体在运动期间有足够的动力。

（3）在运动前一刻、运动中和运动后，补充糖分可以为高强度运动提供所需的燃料，促进肝糖原的重新合成，从而保护肌肉免受胰岛素效应的负面影响。最佳选择包括葡萄糖和麦芽糖，它们能够快速提供能量，满足身体在高强度运动中的需求。

（4）在运动后的 1 ～ 2 h，补充糖分有助于维持高胰岛素水平，促进肌肉增长和糖原合成。红薯、糙米和蔬菜等消化较慢的食物是不错的选择，它们能够提供持久的能量，为肌肉恢复和生长提供支持。

（5）在睡前适量补充水果可以有利于肌肉增长，同时保持肌糖原和肝糖原的水平。

二、脂类的代谢

脂类是脂肪和类脂的总称，它们不溶于水而溶于有机溶剂（如乙醚、氯仿、丙酮等）。类脂中以磷脂、胆固醇及糖脂最为重要。

（一）脂类的吸收与转移

食物糜（酸性）从胃进入十二指肠时，刺激肠壁释放胰液肽，促使胰脏分泌胰液进入小肠（碱性）。在小肠中，脂类的水解产物（包括脂肪酸、甘油、胆碱以及部分水解的磷脂和胆固醇等）能够被有效吸收。这些消化产物与胆汁酸相互作用，形成混合极性微团，使其易于穿过肠黏膜细胞表面的水屏障并被吸收。被吸收后的脂类在柱状细胞内重新合成甘油三酯，形成乳糜微粒，通过胞吐排出至细胞外。接着，这些乳糜微粒通过淋巴系统进入血液。在血液中，脂类以脂蛋白的形式进行运输。胆固醇的吸收需要脂蛋白的存在，也可以与脂酸结合成胆固醇酯后被吸收。相较之下，小分子脂肪酸具有较高的水溶性，可以直接进入门静脉血液，无须经过淋巴系统的中转。这一过程在机体内形成了一个复杂而高效的脂类消化吸收系统，确保了身体对脂类营养物质的有效利用和分配。

（二）脂类的储存

动物体内的脂类主要分为组织脂和储脂两大类。组织脂是构成细胞结构的重要成分，主要由磷脂和少量的胆固醇酯组成。这类脂质相对稳定，不受饮食影响，因此也称为固定脂或基本脂。储脂主要用于脂肪储存，由油酸、棕榈酸和硬脂酸组成的甘油三酯为主要成分。储脂的含量受营养和运动的影响，因此也称为可变脂。这部分脂肪是体内储存能量的主要形式，它可以由血浆脂蛋白提供，也可以通过原料（如糖和氨基酸）的转化而来。

脂类在动物体内的储存场所包括脂肪组织、皮下组织、肾周围、肠系膜和大网膜等组织。一般来说，正常人体脂肪含量为体重的 10% ～ 20%，而女性的脂肪含量略高于男性。这种差异可能与生理特征和激素水平有关，例如，雌激素有助于脂肪在女性体内的分布。

总体来说，脂类在动物体内的存储和分布是一个复杂的生理过程，受多种因素的调控和影响，对于维持正常的生理功能和能量代谢至关重要。

（三）脂类的运输

脂蛋白是脂类在血液中的运输形式。血浆脂蛋白主要包括乳糜微粒（CM）、极低密度脂蛋白（VLDL）、低密度脂蛋白（LDL）和高密度脂蛋白（HDL）4 类。

1. 乳糜微粒运输

脂蛋白在人体内的运输和代谢是复杂而重要的生理过程。CM 是其中一个关键的运输工具。CM 合成于小肠上皮细胞，在高尔基体分泌后进入淋巴管，再进入血液循环。其特点是高脂肪、低蛋白，主要作用是转运外源性甘油三酯至肝及其他组织。进食脂肪后，血浆的浑浊是暂时现象，数小时后血浆会澄清，这是因为脂肪廓清的结果。

2. 极低密度脂蛋白运输

与 CM 不同，VLDL 主要由肝细胞合成，含有较多的甘油三酯。VLDL 的来源包括糖、脂肪酸及乳糜微粒水解的甘油三酯。其主要功能是运输内源性脂类至脂肪组织或其他组织，以满足身体的能量需求。

3. 低密度脂蛋白运输

LDL 是由血浆中的 VLDL 水解后形成，含有较多的胆固醇和磷脂。LDL 的主要作用是运输内源性脂类，尤其是胆固醇，这也使 LDL 易在血管壁沉积，从而促进动脉粥样硬化的形成。

4. 高密度脂蛋白运输

HDL 的运输在于胆固醇的逆向转运。HDL 由肝细胞和小肠黏膜合成，主要由磷脂和载脂蛋白质组成，含有少量胆固醇。其功能是将自组织胆固醇送至肝进行处理，因此，HDL 的水平往往被视为心血管系统健康的指标之一。

（四）脂类的生理功能

1. 脂肪的生理功能

（1）脂肪是人体的主要能量来源之一。20% ～ 30% 的总能量来自脂肪的氧化，甚至在空腹状态下，这一比例可能增加至 50%。在长时间低强度的活动中，脂肪提供了大部分能量需求。这种能量来源的重要性在体力活动和长期饥饿状态下尤为明显。由此可见，脂肪不仅是人体能量代谢中的重要组成部分，而且在不同生理状态下都发挥着关键作用。

（2）脂肪具有物理保护作用。皮下脂肪组织在人体中形成一种天然的隔离层，有助于防止热量的散失，从而维持体温的稳定。此外，脂肪还支持或固定内脏器官的位置，起到了一种缓冲机械冲击的作用，保护内脏器官免受外界损伤。这种物理保护功能使脂肪对于维持人体整体结构和功能的稳定具有至关重要的作用，是人体健康不可或缺的组成部分。

（3）脂肪对溶解脂溶性维生素具有重要意义。脂肪作为一种载体，能够溶解维生素 A、维生素 D、维生素 E、维生素 K 等脂溶性维生素，促进这些维生素的吸收和利用。这些维生素在人体的生长发育、免疫功能、骨骼健康等方面起着至关重要的作用，而脂肪的存在保证了这些维生素能够充分被吸收利用，从而维持人体各项生理功能的正常运转。因此，脂肪在维持人体内部环境稳定和健康状态方面扮演着不可或缺的角色。

2. 脂质的生理功能

（1）脂质在构成生物膜中扮演着至关重要的角色。特别是磷脂和胆固醇，它们不仅维持着生物膜的结构和功能，而且支撑着细胞的结构和生命活动的进行。生物膜是细胞的外壳，是细胞与外界环境之间的关键界面。脂质在生物膜中形成了双层结构，使细胞膜具有半透性，能够控制物质的进出。此外，脂质还参与了能量转换、物质转运、信息传递和细胞发育等重要过程。因此可以说，脂质是维持细胞正常功能必不可少的成分之一。

（2）脂质与蛋白质结合形成的脂蛋白在生物体内起着重要作用。磷脂和胆固醇是脂蛋白的重要组成部分，它们在形成亲水表面的同时，促进了脂肪和胆固醇的转运。脂蛋白的形成使脂质得以包裹成为亲水的球状颗粒，从而在水性环境中更为稳定，能够有效地在体内转运脂肪和胆固醇，使其能够顺利地完成生理功能。

（3）脂质具有转变为生物活性物质的能力。例如，胆固醇可以通过化学反应转变为多种激素（如雄激素和雌激素），以及维生素 D_3 等。花生四烯酸也可以被转变为多种重要的生物活性物质（如前列腺素、白三烯和血栓素等）。这些生物活性物质在机体内发挥着重要的调节作用，影响着多种生理过程的进行。因此，脂质不仅是细胞结构的重要组成部分，还是生物体内调节和维持正常生理功能所必需的物质。

三、蛋白质的代谢

蛋白质是生命的物质基础，在生物体内发挥着不可替代的作用。蛋白质参与了物质代谢、防御、血液凝固、肌肉收缩、细胞信号传导、生长发育、组织修复、遗传信息控制、细胞膜通透性和神经冲动传导等多个方面的功能。例如，酶是一类重要的蛋白质，它们作为生物体内的催化剂，参与调节体内代谢反应的速率。抗体则是一类免疫系统中的蛋白质，能够识别并结合外来入侵物质，发挥免疫防御作用。肌动蛋白和微管蛋白是肌肉收缩和细胞骨架形成的重要组成部分，直接影响着生物体的运动和形态。此外，蛋白质还承担着遗传信息的传递和表达功能，如 DNA 和 RNA 中的核蛋白和转录因子，以及调节细胞信号传导的受体蛋白。因此，蛋白质在生物体内的作用十分广泛，对维持生命的正常运转至关重要。

（一）蛋白质的组成

各种蛋白质的化学组成成分很相近，都含有碳、氢、氧、氮 4 种元素。此外，大部分还含有硫，有的含有磷、铁、铜或碘等。各种蛋白质的含氮量接近于 16%，即 1 g 氮相当于 6.25 g 蛋白质。由于蛋白质是体内的主要含氮物质，故生物样品中的蛋白质含量可按以下公式推算：

$$样品中蛋白质含量 = 样品中含氮量 \times 6.25 \quad (2\text{-}18)$$

蛋白质在酸、碱或酶的作用下最终水解为氨基酸，所以氨基酸是蛋白质的基本组成单位。

（二）蛋白质的消化、吸收与代谢

蛋白质的消化与吸收是人体内重要的代谢过程之一。在消化道内，蛋白质受到胃液和胰液的作用而被分解为小肽和氨基酸。这一过程主要依赖于消化道内多种酶的协同作用，最终使蛋白质在小肠内被完全分解为氨基酸，以便吸收利用。

蛋白质的分解主要有消化道内和细胞内两个途径。在消化道内，蛋白质的分解是通过胃液和胰液中的肽链内切酶的作用完成的。在细胞内，蛋白质的分解与蛋白质和酶的代谢更新密切相关。吸收后的氨基酸被用于机体组织蛋白的合成和更新。部分氨基酸会被分解为 α- 酮酸及氨，其中 α- 酮酸通过氧化分解释放能量，而氨则转变为尿素后排出体外。蛋白质在能量代谢中也扮演着重要的角色。在长时间运动或能源不足时，蛋白质分解加强，其氨基酸被用于替代糖类和脂类进行氧化利用，以提供能量支持。此外，机体还能够利用组织老化的蛋白来满足能量和代谢的需求。这种能力使机体能够更加灵活地调节蛋白质的代谢过程，以适应不同的生理状态和能量需求。

（三）蛋白质的营养价值

蛋白质是人体所需的重要营养物质之一，其营养价值取决于外源性蛋白质被机体吸收利用的程度。影响因素包括蛋白质的数量和质量，其中质量受蛋白质所含氨基酸种类、比例及其与人体需求的接近程度影响。

1. 人体必需的氨基酸

人体需要摄入的 8 种必需氨基酸包括苯丙氨酸、色氨酸、赖氨酸、甲硫氨酸、苏氨酸、缬氨酸、亮氨酸、异亮氨酸。在婴幼儿时期，精氨酸和组氨酸也属于必需氨基酸。蛋白质中含有多种必需氨基酸且比例接近人体需求，具有较高的营养价值。

蛋白质的质量和氨基酸组成对其营养价值至关重要。由于人体无法合成这些必需氨基酸，因此必须通过食物摄取。蛋白质的种类和来源决定了其中必需氨基酸的含量和比例。在谷类和豆类等食物中，通常某些必需氨基酸的含量较低，而其他食物可能含有相对丰富的这些必需氨基酸。因此，混合不同来源的蛋白质可以提供更全面的氨基酸组合，提高蛋白质的营养价值。

2. 蛋白质的互补作用

蛋白质互补作用是一种重要的营养学概念，它是指通过混合食用不同来源的蛋白质，以补充彼此所缺的必需氨基酸，从而提高整体营养价值。豆类和谷类蛋白质是常见的互补组合，因为它们各自缺乏的必需氨基酸恰好可以在对方中找到。例如，谷类缺乏赖氨酸，而豆类蛋白质含有丰富的赖氨酸，因此混合食用这两种食物可以实现必需氨基酸的完整摄取。因此，提倡植物食品和动物食品的搭配以实现蛋白质的互补作用，对于保证人体摄取充足的和多样性的蛋白质具有重要意义。

（四）蛋白质的生理功能

1. 维持组织细胞的生长、更新与修补

蛋白质是人体组织细胞的基本成分之一，占据重要地位。据统计，蛋白质构成人体组织细胞的基本成分，占体重的 15% ～ 18%、细胞干重的 45% 以上。在儿童时期，蛋白质保证细胞数量增长和质量提高，维持生长和发育；在成人时期，它维持细胞的代谢、更新和损伤的修补。这意味着蛋白质在不同生命阶段都扮演着维持细胞生长、更新和修复的重要角色。

2. 维持机体的生命活动

蛋白质参与维持机体的生命活动，其功能多种多样。蛋白质通过酶的催化作用、肌肉蛋白的运动功能、抗体的免疫和防御作用等，参与机体的生命活动。除此之外，蛋白质还与体内物质的运输和储存、细胞功能、受体功能、渗透压调节和酸碱平衡维持等功能密切相关。与糖和脂肪不同，蛋白质在这些生命活动中发挥着独特而不可替代的作用。

3. 供给机体能量

虽然蛋白质作为能源物质的比例较低，仅占正常成人能量来源的 10% ～ 15%，但每克蛋白质在体内氧化分解可以产生 17 kJ（4 kcal）的能量。因此，蛋白质的能量贡献不容忽视。然而，为了避免过度氧化蛋白质来供能，补充充足的糖是必要的，这有助于提高蛋白质的利用效率。特别是对于需要大量摄入蛋白质的患者或运动员来说，合理摄入糖类可以优化能量利用，保障身体功能的正常运行。

（五）运动与蛋白质补充

在运动员和经常进行体育锻炼的个体中，蛋白质摄入的重要性不言而喻。首先，这些人群活动量大，常常会导致肌肉组织的磨损和损伤，因此补充蛋白质成为必要的举措。其次，决定运动员每日蛋白质摄入量的因素众多，包括训练项目、负荷、年龄、体重以及营养状态等因素。对于成年人而言，蛋白质的最低生理需要量为 30 ～ 45 g/d，或者是 0.8 g/kg 体重，而青少年的需求更高。我国运动员的摄入量则略高，应为 1.2 ～ 2 g/kg 体重，举重运动员为 1.3 ～ 1.6 g/kg 体重，耐力项目运动员为 1.5 ～ 1.8 g/kg 体重，但并不宜超过 2 g/kg 体重。

蛋白质的补充在整个耐力训练阶段都应持续进行，这有助于促进肌肉蛋白质的合成，从而预防运动性贫血的发生。在运动员的日常饮食中，大多数会食用各种营养补充剂，其中蛋白质补充尤为关键。然而，不同项目和运动员的蛋白质补充方法可能存在差异。因此，科学合理地补充蛋白质可以提高运动成绩，但必须考虑项目特点和个体差异。合理的蛋白质摄入有助于维持肌肉质量和促进康复，但过量摄入可能会对身体健康造成不利影响，因此应在专业指导下进行调整。

四、三大营养物质代谢之间的关系

蛋白质、糖类和脂类在机体内发挥着重要的结构和能量供给功能。它们在代谢过程中各自具有独立的途径和特点，但同时存在广泛而复杂的联系。这三大营养物质通过中间产物在物质代谢上相互转变，并在能量代谢中相互替代，这种相互联系和相互制约是机体正常进行生命活动的基本保障，其中核心的代谢途径包括三羧酸循环和氧化磷酸化。

在糖类代谢中，产生的乙酰辅酶 A 是脂肪酸合成的主要原料，而磷酸甘油是脂肪合成的主要来源。长期高糖饮食可能导致肥胖和高血脂，因为过量的糖类会转化为脂肪。此外，蛋白质分解的氨基酸大部分可以转化为糖类，而在糖类的代谢过程中，中间产物也可生成非必需氨基酸。虽然蛋白质可以转化为糖，但糖类不能生成必需氨基酸。

当糖和脂肪摄入不足时，机体会通过增加蛋白质分解来补充能量需求，这说明糖异生的主要原料是氨基酸。对于糖尿病患者来说，饮食治疗的重要原则之一就是提供充足、优质的蛋白质，并确保适量的糖类摄入，以维持正常的代谢和生理功能。

因此，蛋白质、糖类和脂类在机体内相互作用、相互转化，构成了一个错综复杂的代谢网络，保障着机体的正常生命活动。对于维持健康和预防疾病，合理的饮食结构和营养摄入至关重要。

第三节　不同环境与项目下的营养需求

一、不同环境下运动的营养需求

（一）高温环境下运动时的营养

高温环境分为干热和湿热两种。在干热环境中，气温超过 28℃，相对湿度约为 60%；湿热环境则指空气湿度超过 60% 的情况，其中也包括运动中穿着厚服所造成的微小气候。这两种高温环境都对人体的生理机能产生明显影响。

1. 高温环境对机体的影响

（1）高温环境对机体热代谢和体温调节的影响。机体的体温调节主要依赖于产热和散热两种生理过程。在正常情况下，机体通过皮肤的散热来调节体温，特别是在 28℃ 以下的环境中，主要通过汗液蒸发的方式进行散热。然而，当环境温度较高时，如在湿热的气候条件下，汗液的蒸发会受到限制，导致散热效率下降，更易出现热蓄积和体温失调的情况。此外，运动会增加机体的热负荷，进一步加剧了这种情况。在高温环境下，机体的体温调节机制也会发生变化，超过了生理极限可能导致热蓄积和体温失调的风险。

（2）高温环境对机体能量代谢的影响。随着环境温度的升高，机体的产热量也会相应增加，尤其是在运动时，肌肉活动会增加热负荷。为了应对这种情况，机体会增加能量代谢，主要用于加强汗腺活动以实现散热。这种增强的能量代谢主要源于循环系统的负荷增加和汗腺活动的加强。因此，在高温环境下，机体需要更多的能量来维持正常的生理功能，特别是在散热方面的需求增加，从而导致整体能量代谢水平的提高。

（3）高温环境对机体心血管系统的影响。在高温环境下，机体的心血管系统将发生明显的变化。体热的增加使体表血管扩张，皮肤血流量增加，而胃肠道、肾脏等内脏血流量相应减少。由于外周血流量急剧增加，导致回心血流量减少。心率明显增加，心脏泵血功能减弱，每搏输出量减少，血压显著下降。当环境温度过高时将导致心血管功能紊乱。

（4）高温环境对机体神经——内分泌系统的影响。在高温环境下，交感神经系统被激活，这导致机体进入应激状态。同时，过热会损伤神经元的正常功能，造成神经系统功能的紊乱，可能引发各种神经系统相关的问题。另外，在高温和热辐射的作用下，大脑皮层调节中枢的兴奋性增加，这可能导致认知和情绪方面的变化。除此之外，运动功能也会受到影响，这是因为负诱导导致中枢神经系统运动功能受抑制，从而降低了肌肉工作能力、动作准确性、协调性、反应速度和注意力，使运动员容易受伤。此外，高温环境还会加强下丘脑、垂体和肾上腺的功能，加速机体应激激素的分泌，进一步增加了机体的应激反应。同时，高温环境会增加抗利尿激素和醛固酮的分泌，这些激素的增加促使肾小管对水分的重吸收，减少尿量，维持机体的渗透压，起到保钠排钾的作用，从而帮助机体应对高温环境下的水盐失衡问题。

（5）高温环境对机体呼吸系统的影响。高温环境对机体呼吸系统的影响显著。高温刺激下丘脑体温调节中枢和外周化学感受器，从而激活呼吸中枢，加强呼吸运动。这导致呼吸频率和深度增加，以帮助机体排除多余的热量。高温环境下呼吸道热量蒸发增加，机体散热量也增加，但这可能导致组织细胞缺血、缺氧的情况。体温升高会导致耗氧量和换气量增加，从而促进二氧化碳的丢失，使碱贮备降低，对呼吸系统造成一定程度的负担。

（6）高温环境对机体消化系统的影响。高温环境也会对机体消化系统产生重要影响。交感神经兴奋性增加，这会抑制胃肠活动，导致消化腺功能受抑制（如唾液和胃液分泌减少，小肠吸收功能减弱）。由于大量血液流向体表以维持热平衡，内脏血流量减少，抑制了消化腺功能。高温环境会影响体温调节中枢对摄食中枢的抑制，导致食欲减退和消化不良的现象出现。

（7）高温环境对机体水盐代谢的影响。在高温环境下，人体为了维持热平衡，主要依赖于汗液蒸发来散热。当环境温度升高或者从事高强度的体力劳动时，人体出汗量显著增加。通常情况下，每天的出汗量约为 1 L，但在高温环境下从事体力劳动时，平均出汗量可达 3 ～ 8 L。汗液主要由水分组成，因此大量水分的丢失会导致血液循环总量减少，血浆渗透压升高，进而引发脱水。此外，汗液中还含有电解质，主要包括氯、钠、钾等无机盐。钠的流失会增加神经肌肉的兴奋性，可能导致肌肉痉挛和酸中毒的发生。而钾的丢失则可能引起心律不齐和酸碱平衡紊乱，影响心脏功能。此外，钙的丢失也会影响神经传导和肌肉活动，可能导致肌肉无力等症状。因此，在高温环境下，特别是从事高强度体力劳动时，除了要注意补充水分以防止脱水，还应及时补充含有电解质的饮料，以维持体内电解质的平衡，保护神经肌肉功能的正常运作。

2. 高温环境下的合理营养

处于高温环境下，运动员一方面要适应外界热环境；另一方面，由于进行运动，机体产生大量热量。为了维持热平衡，运动员的能量消耗很大，营养代谢也产生很大变化。因此，运动员要进行合理的营养补充，以便更快地适应这种特殊环境。

（1）能量需要量。在高温环境下进行运动训练时，人体的能量需求和蛋白质需求变得尤为关键。高温环境会导致人体的能量消耗增加。每升高 1℃，人体的能量消耗就会相应地增加约 0.5%。这是因为身体需要额外的能量来应对高温带来的热量负担和体温调节的需求。尤其是在运动训练过程中，能量需求进一步增加，增幅可达

10% ～ 40%。因此，合理的能量摄入对于维持身体在高温环境下的运动表现和健康至关重要。建议逐步增加约 10% 的能量摄入，以满足身体在炎热环境下运动所需的能量。此外，饮食结构的调整也是至关重要的。建议食物以高碳水化合物为主，约占总能量的 60%，同时减少高脂肪食物的摄入，以保持能量摄入与消耗的平衡。

（2）蛋白质。高温环境对蛋白质需求也会产生重要影响。运动过程中，高温会加剧人体内蛋白质的分解，使汗液中含氮物质排出增加。为了应对这一情况，人体需要增加蛋白质的摄入量。一般建议，蛋白质摄入量应占总能量的 12% ～ 15%，在高温环境下，14% 左右更为适宜。蛋白质是人体细胞组织的重要组成部分，对于细胞修复和生长至关重要。因此，增加蛋白质摄入量可以帮助补充运动中流失的蛋白质，维持肌肉组织的稳定和健康。为了提高蛋白质的利用率，膳食中应以优质蛋白为主，其中动物性蛋白和豆类等植物性蛋白约占总蛋白质的 50%。适度增加蛋白质摄入有助于提高机体的抗病能力，这是因为免疫力在高温环境下容易降低。

（3）维生素。在高温环境下，人体面临着维生素的大量丢失，这对身体健康和功能维持都构成了挑战。高温环境下的大量排汗导致了水溶性维生素的严重流失，尤其是维生素 C 和维生素 B_1。研究表明，大量排汗可导致水溶性维生素的排出，其中维生素 C 甚至可达 10 μg/mL，而维生素 B_1 的丢失也相当严重，占每日供给量的 1/3 ～ 1/2。高温环境会降低机体的抗氧化功能，增加自由基的产生，进而加重热应激损伤。因此，为了应对这种情况，人们需要增加维生素 C、维生素 B_1、维生素 B_2、维生素 E 和烟酸的供给，以维持身体健康和抗氧化功能。根据推荐，日常补充量应为维生素 C150 ～ 200 mg，维生素 $B_1$5 mg，维生素 $B_2$3 ～ 5 mg，烟酸 30 ～ 50 mg。

（4）水和无机盐。在高温环境下，水分和无机盐通过汗液大量流失，每天可丢失 5 L 汗液。其中，氯化钠是主要丢失的无机盐，为 20 ～ 25 g/d，同时还有钾、钙、镁、铁等无机盐丢失。在这种情况下，人每日需补充钾 3 200 mg，可以通过食物或复合无机盐片获得。除了钾，在高温下还需补充钙、镁和铁，汗液损失量中的铁每天可达 0.3 mg，相当于食物所吸收铁量的 1/3。因此，在高温环境下，人们应加强对水和无机盐的补充，以维持身体的水电解质平衡和正常生理功能。

在高温环境下进行运动时，运动员需要特别注意补水和营养的问题。应采取少量多次的补水策略，每隔 20 min 补液 100 ～ 300 mL，每小时补液不超过 800 mL，这有助于保持体内水分平衡。同时，运动员应注意补充矿物质。饮料的选择也至关重要，应以低渗、低糖为主，并含有适量的钠盐和其他无机盐，这有助于防止运动员因出汗而丢失过多电解质。此外，增加摄入蔬菜、水果以及富含钾和铁的食物也是必要的，这些食物有助于维持体内的电解质平衡和营养供应。

3. 高温环境下的饮食营养

（1）选择凉爽的早晚时段用餐，并保持用餐环境的清洁和凉爽，同时采取一日多餐制。

（2）饮食宜多样化，清淡可口，并且多摄入清凉降火的食物或饮料，如苦瓜、百合、银杏或绿豆汤等。

（3）在确保饮食卫生的前提下，多食用生冷蔬菜和新鲜水果，如生拌西红柿、黄瓜、小萝卜，以及绿叶蔬菜。

（4）适量摄入葱、蒜、姜不仅可以增加食欲，还具有开胃和杀菌作用，有助于保障高温时的饮食卫生。这些饮食调整措施有助于人们在炎热天气下保持身体健康和舒适。

（二）低温环境下运动时的营养

在低温环境下进行运动的挑战不同于高温环境，主要针对冬季项目训练和其他项目的冬训。在这种情况下，通过营养措施提高运动员的适应能力尤为重要。低温环境下的运动可能会加剧能量消耗和身体的代谢率，因此，合理的营养摄入可以帮助运动员保持体温、增强耐寒能力，并提高训练效果。

1. 低温环境对机体的影响

低温环境对机体产生的影响主要体现在我国的寒冷地区（如东北、华北、西北和青藏高原等地）。这些地区的气温低、风速大、空气干燥，会导致机体各器官系统产生适应性变化。例如，长期处于低温环境中，人体会逐渐产生耐寒的生理和心理适应，如增加褐色脂肪组织的生成，提高体内热量的产生和保留能力。同时，低温环境下的高风速和干燥空气可能导致皮肤干燥、呼吸道不适等问题，需要采取相应的保护措施来减少不适感。

（1）低温环境对机体的热平衡和体温调节的影响。在寒冷环境下，皮肤血流量减少，皮肤温度下降，从而导致体温也随之降低。尽管寒战可以产生热量，但它不能持续维持体温，因此机体必须依靠多种散热方式来应对寒冷，包括对流、蒸发、传导、呼吸和辐射。同时，出汗是机体失水的途径之一，进一步加剧了体内水分流失。

（2）低温环境对循环和呼吸系统的影响。在这种环境下，交感神经兴奋导致血管收缩、心率加快、心输出量增加以及血压上升，从而为机体提供更多的热量。然而，血液黏度的上升以及心脏负担的增加也可能引发心血管问题。此外，冷空气增加了气道阻力，可能导致支气管狭窄，影响呼吸功能。

（3）低温环境对内分泌系统的影响。在寒冷条件下，甲状腺素分泌增加，肾上腺皮质活动加强，儿茶酚胺水平升高，这些变化促进了脂肪组织的分解和产热过程，有助于维持体温稳定。

（4）低温环境对泌尿系统的影响。外周皮肤血管收缩导致抗利尿激素分泌减少，容易导致多尿的情况发生。尿量增加，导致尿液中水、钠离子、氯离子及磷酸盐含量增加，可能影响身体的水电解质平衡。

（5）低温环境对神经肌肉系统的影响。这种环境可能导致外周神经系统受到影响，进而影响肌肉收缩力、协调性和灵活性，易使人受伤。同时，中枢神经系统的影响表现为注意力不集中、反应时延长、视觉灵敏度减弱、判断力下降，这对于运动员等需要高度专注和反应灵敏的人群尤为重要。

2. 低温环境下的合理营养

（1）能量需要量。在低温环境下，人体的热能需求明显增加，这主要有两个方面的因素：基础代谢的增加和散热机制的改变。研究表明，在寒冷环境下，基础代谢率可增加 10% ～ 15%，这意味着人体需要更多的能量来维持正常的生理功能。因此，每日能量摄取量必须相应增加，以满足身体的需求。除基础代谢的增加外，寒冷环境还会改变人体的散热机制，这也会增加能量需求。在这种情况下，运动训练可以进一步增加能量需求，大约增加 20%。在人体适应之前，碳水化合物通常是主要的能源来源，但随着运动时间的延长，脂肪和蛋白质供能逐渐增加，因此膳食需要做出相应调整。在寒冷环境下，需要特别注意膳食的组成。脂肪在总能量中应占 35% ～ 40%，以提供持久的能量支持，但同时碳水化合物的比例仍需保持在较高水平，以满足短期高强度运动所需的能量。此外，蛋白质的摄入也需要重视，约占总能量的 15%。优质蛋白应占蛋白质摄入的 1/3，以确保必需氨基酸的摄入比例合理，特别是对于耐寒能力至关重要的蛋氨酸。动物蛋白应占蛋白质摄入的 1/2 以上，以确保必需氨基酸的供给充足。

（2）维生素。在低温环境下，机体对维生素的需求量显著增加。这是因为低温导致机体热能消耗增加，从而需要更多的能量代谢所需的维生素（如维生素 B_1、维生素 B_2 和尼克酸）。同时，维生素 E 被证实能够改善低温引起的线粒体功能降低，提高线粒体代谢功能，进而增强机体的耐寒能力。此外，补充适量的维生素 B_2 有助于促进氧化磷酸化过程，增加产能，从而提高机体的耐寒能力。在寒冷环境下，维生素 A、维生素 B_6、维生素 C 和泛酸具有保护作用和缓解应激作用。这些维生素的补充可以帮助机体应对低温环境所带来的压力和挑战。尤其对于运动员来说，在低温环境下，维生素 C 和维生素 B_1 的供给量应增加 30% ～ 50%，而维生素 B_2 的供给量可增至每日 5 mg，以确保他们能够保持良好的身体状态和运动表现。此外，由于低温环境下日照减少和食物来源受限，机体常出现维生素 D 不足的情况。因此，运动员应加强摄取富含维生素 D 的食物，并在必要时使用维生素制剂进行补充。这样可以保证他们的维生素 D 水平在足够范围内，从而维持骨骼健康和免疫功能，同时增强抵抗寒冷环境的能力。

（3）水和矿物质。在低温环境下，人体面临着多重挑战和调整。尿量增多是一个显著的现象。加之运动训练会导致出汗，可能引起轻度脱水和失盐。为了应对这一情况，必须及时补充水分和无机盐，以防止脱水和失盐的发生。特别是钙和钠的缺乏是一个常见问题，这是主要由于膳食来源缺乏以及日照时间短，导致维生素 D 不足。因此，增加富含钙的食物摄入是至关重要的。另外，食盐需求量在低温环境下也会增加，可以增强机体的产热功能。推荐的摄入量为 15 ～ 20 g/d。此外，适量补充锌可以提高人体的耐寒能力，对于钠、钙、钾、镁等无机盐也要加强摄取。在膳食调配时，应选择含有上述营养素较多的食物，以维持机体的生理功能，增强对低温环境的适应能力。

3. 低温环境下的饮食营养

（1）食物应注意多样化、营养平衡并引起食欲，可采用一日四餐制或五餐制。

（2）提供充足的热能，适当增加脂肪及蛋白质含量丰富的肉类成分及能量密度高的食物，如羊肉、核桃、花生等。

（3）运动前后与运动中应注意补液，预防脱水。

（4）食物应注意保温。

（三）高原环境下运动时的营养

高原与平原的地理区别主要在于地形和海拔高度。平原是略高于海平面的大面积平地，而高原是数百米高、起伏较小的完整高地。高原环境的自然特点包括气压低、低氧、昼夜温差大、寒冷、风沙大、日照时间长、辐射强。这些特点对人体活动和适应能力产生重大影响。

第一，随着海拔的升高，高原的气压逐渐降低，空气变得稀薄，氧分压下降，容易导致缺氧症状。这种气压下降对运动员的身体状态具有重大影响，需要他们采取特殊的适应措施。

第二，随着海拔的增加，高原的气温下降，绝对湿度降低，使得高原气候相对干燥。这种干燥的气候容易导致机体水分散发快，出现口渴、黏膜干燥、脱水、冻伤等现象，因此需要特别注意水分补充和保湿。

第三，随着海拔的增加，高原的空气流动速度加快，大风易导致体温下降，运动员在高原环境中需要特别注意保暖、防寒，以维持良好的身体状态。

第四，高原地区空气稀薄，日照时间长，太阳辐射和紫外线照射量较高。这种强辐射易引起皮肤炎症、雪盲等症状，对人体健康有不利影响，因此在高原地区，特别是户外活动时，必须采取有效的防晒和防护措施，以减少辐射对身体的危害。

1. 高原环境对机体的影响

高原缺氧对机体的影响是一个复杂的生理过程，涉及多个系统的调节与适应。高原缺氧导致机体氧气摄取受到限制。在这种环境下，为了满足氧气需求，身体采取了一系列调节措施。心率加快是其中之一，它使血液循环加速，以便更多的血液能够被输送到身体各部位，从而增加氧气的输送量。同时，肺通气量增加，以提高氧气摄取量。另外，高原地区的寒冷环境增加了散热量，因此身体必须通过提高代谢率来增加产热量以维持体温。这种代谢率的提高导致了更多的能量消耗，进而增加了对氧气的需求，加剧了高原缺氧的影响。

中枢神经系统对缺氧非常敏感。缺氧会引起大脑皮层兴奋性增高，从而影响睡眠质量，可能导致头痛、头晕等症状。这不仅影响身体的日常功能，也可能影响运动员的表现和训练效果。此外，高原缺氧也对呼吸系统造成了影响。缺氧引起呼吸加快和加深，机体的耗氧量增加，同时导致水分和二氧化碳排出量增加。这可能会引起呼吸性碱中毒，导致血浆中 $NaHCO_3/H_2CO_3$ 比值升高，进而影响酸碱平衡。

在应对高原缺氧的过程中，机体也会优先保护重要器官的供氧。为了满足其他器官对氧气的需求，机体减少了消化系统的供氧，抑制了胃肠道功能，从而导致消化吸收能力下降。运动员可能会出现食欲不振的情况，导致营养摄入不足，进而影响体重并可能引起蛋白质和脂肪组织的丢失。

初上高原的运动员在面临高原环境时，体内的生理代谢系统会经历一系列适应性调整。一方面，由于高原环境的空气稀薄，机体必须通过调整能量代谢途径来满足运动所需的能量。因此，运动员在初上高原时会增加糖酵解反应，以获得更多的能量，这导致了血乳酸浓度的增加。随着适应运动的进行，机体的有氧代谢能力逐渐提高，血乳酸浓度也会相应降低，以更有效地利用氧气。另一方面，在高原环境下，缺氧的条件会对脂肪代谢产生影响，导致不完全氧化并增加酮体生成的可能性，最终可能引发酸中毒。这种状况使机体需要更多的调整来适应高原环境的生理压力。同时，高原环境下蛋白质的分解增加而合成减弱，导致负氮平衡的发生，但随着适应的进行，蛋白质的合成逐渐加强，从而维持了体内氮平衡。

除了能量代谢和蛋白质调节，高原环境还对维生素的需求产生影响。由于高原环境下的能量消耗增加，导致了对维生素的更高需求，特别是维生素 B_1、维生素 B_2、烟酸和维生素 C。其中，缺乏维生素 B_1 会直接影响 ATP 的生成和神经传导，因此对于运动员而言，维持足够的维生素摄入至关重要。

在高原缺氧的环境中，脂质过氧化现象增强，这消耗了维生素 C 和维生素 E，尤其是维生素 E 具有保护组织的作用，对维持运动员身体健康和适应高原环境至关重要。此外，在高原环境下红细胞增多导致血液黏稠度增加，但维生素 E 能够降低血小板的聚集，有利于维持血液的正常流动。

在高原缺氧条件下，体内锌和铁水平下降的现象可能与缺氧引起的血红蛋白合成增加及能量代谢相关的酶活性增高有关。这些微量元素对于运动员的身体功能和代谢调节至关重要，因此在高原环境中需要额外关注这些元素的摄入情况。

2. 高原环境下的合理营养

营养在高原环境中的重要性不言而喻。合理的营养不仅可以帮助运动员加速适应高原环境，还能够使其尽快投入运动训练，减少负面效应。在高原环境中，除了普通膳食，补充特殊营养品也是必要的，可以提高高原训练的效果。营养供给必须满足运动的需要，特别是在高原训练中，膳食需要提供足够的热量和各种营养素，同时保证营养素数量充足、比例合理，避免营养缺乏或过剩的情况发生。

在高原训练期间，采用一日多餐制（如四餐或五餐）是一个普遍的做法，其中早餐至关重要，占 30%，而晚餐摄入量不宜过多，以避免影响睡眠和消化功能。此外，饮食时间和运动之间的关系也至关重要。禁止在空腹时或饱腹后立即运动，运动后至少需要休息 50 min 再用餐，而用餐后至少需要休息 2 h 再进行训练。这种时间规划的合理性可以有效地提高运动员的训练效果和身体的适应能力。另外，关于膳食纤维和食物选择也需要特别留意。减少摄入难以消化、产生气体的食物，控制膳食纤维摄入量是至关重要的，可以避免影响营养素的吸收利用，使身体能够更好地利用所摄入的营养。控制脂肪摄入量，尤其是减少动物性脂肪的摄入，同时增加碳水化合物的摄入，可以提高对优质蛋白质的吸收。确保膳食中蛋白质、脂肪、碳水化合物的比例分别为总能量摄入的12%～15%、20%～30%和60%～70%，这是一种科学的营养摄入比例，能够帮助运动员更好地适应高原环境并提高训练效果。

（1）碳水化合物。在缺氧的高原环境下，机体更倾向于消耗糖分解产生的能量，因为这种代谢途径需要更少的氧气，并且能够为中枢神经系统和红细胞提供迅速可用的能量。因此，运动员应特别重视摄入高碳水化合物食物。建议糖应占总能量摄入的60%～70%，这有助于提高运动员适应高原环境的能力。此外，高糖膳食还被认为能够增强运动员的免疫力，这对于运动员在高原环境中保持健康状态至关重要。

（2）脂肪。初上高原时，运动员应适当减少脂肪的摄入，以避免在高原缺氧环境下不完全氧化产生酮体，从而对机体产生负面影响。特别需要关注的是应限制饱和脂肪酸的摄入。相反，应该增加不饱和脂肪酸的摄入，因为它们有助于维持良好的心血管健康和身体功能。

（3）蛋白质和氨基酸。蛋白质是肌肉修复和生长的关键，其摄入应占总能量摄入的12%～15%。特别需要注重摄取优质蛋白质（如乳清蛋白等）。此外，补充支链氨基酸有助于防止中枢疲劳，而色氨酸的摄入有助于改善睡眠质量。除此之外，摄入精氨酸、甘氨酸、牛磺酸、鸟氨酸等氨基酸也被认为有利于促进生长激素、睾酮、胰岛素等激素的分泌，进而促进肌肉蛋白的合成。

（4）维生素。在高原训练环境下，机体经历缺氧刺激，加剧了新陈代谢，因而导致了对维生素的额外需求。这一点在运动员训练初期尤其突出。研究显示，在高原环境下，相较于平原环境，人体对维生素的需求量可能增加2～4倍。为了应对这种需求增加，建议补充所需量3倍的维生素B_1、维生素B_2和烟酸，以促进能量代谢。此外，维生素C、维生素E和β-胡萝卜素也被认为具有抗氧化能力，可以帮助应对高原环境下的氧化压力。每日补充400国际单位维生素E的建议已被提出，以维持足够的抗氧化防御。

（5）矿物质。补锌被认为能够抑制自由基产生，增强免疫细胞功能，然而每日锌补充量不应超过15 mg，以免发生副作用。此外，高原训练期间机体对铁的需求也会显著增加，应当增加含铁食物的摄入。一般而言，每日补充铁量在18～24 mg。对于女性运动员来说，月经期及月经后7天内，应适当增加铁剂量，并辅以维生素B、维生素C以提高铁的吸收率。另外，中长跑运动员在高原训练过程中需要补充适量的钾、钠和镁，以维持电解质平衡。为了达到这一目的，可将葡萄糖、氯化钠、氯化钾、枸橼酸钠等添加到饮水中，从而更好地维持电解质平衡，提高运动表现。

（6）水的补充。高原气候干燥、日照强，导致人体呼吸增加，容易引发脱水。脱水对身体的影响不容忽视，不仅会影响生理功能和运动能力，还会减少血容量，增加心脏负担。因此，为了保持良好的身体状态，建议每天额外补充 1 L 以上的水，并采取少量多次的原则，每次水的补充量控制在 200 ～ 300 mL。

（7）其他营养物质的摄入。在高原训练期间，特别需要关注 1，6- 二磷酸果糖（FDP）。FDP 能够改善细胞缺氧后的生理功能，对于应对高原环境下的挑战至关重要，因此是一种可选的特殊能量物质。红景天是一种备受推崇的补充物质，它含有多种有益成分，包括游离氨基酸、微量元素和维生素 C，具有抗缺氧、抗疲劳、提高免疫力等作用。此外，黄酮类、皂甙类、多酚类物质被证明能够延缓疲劳，因此在高原训练期间也值得考虑使用。

3. 高原环境下的饮食营养

（1）在高原环境中，由于空气稀薄，人体需要更多的水分来保持良好的水平。因此，饮食中应该增加水分摄入，以防止脱水。此外，高原反应可能导致食欲减退，需要确保摄入足够的营养物质。

（2）在高原环境中，碳水化合物的摄入对于提供能量至关重要。它们是身体主要的能源来源，特别是在适应高原的过程中，需要更多的能量来克服缺氧带来的负担。

（3）高原地区的空气稀薄可能导致身体更多地依赖氧气来代谢蛋白质。因此，摄入足够的高质量蛋白质（如鱼、禽肉、豆类等）是非常重要的。

二、不同项目下运动的营养需求

合理的营养是运动员保持健康和运动能力的物质基础，是影响身体素质和成分的先决条件，是提高运动员竞技能力和运动成绩的关键因素。无论运动员从事何种专项，均应遵循平衡膳食、合理营养的饮食原则。膳食能量应能够满足运动训练的需要，且膳食中能量水平应使体重和体脂维持在适宜水平。对于不同项目的运动员，由于专项供能特点不同，以及运动强度及持续时间的差异，导致运动员在营养需要方面存在一些专项的特点。

（一）耐力项目运动员的膳食营养特点

耐力项目包括长跑、自行车、马拉松、游泳和滑雪等，其特点是运动时间长且无间歇，以有氧氧化供能为主。这种运动形式导致了大量的能量和营养素消耗，因此，对于碳水化合物和脂肪的需求量相对较高。耐力运动要求身体具备大量的耗氧量，因此需要摄入高量的营养素来支持持久的运动能力。尤其是在耐力运动后期，运动员容易出现肌糖原耗竭、血糖降低、代谢废物积累、水电解质丢失等情况，这些因素都会导致神经和肌肉疲劳，严重影响运动表现和恢复能力。

1. 耐力项目运动员的营养代谢特点

（1）能量消耗大。对于耐力项目的运动员来说，能量消耗是其训练和比赛中的关键考量之一。耐力项目的运动通常持续时间较长，因此其能量消耗范围也相对广泛，可达 150 ～ 1 800 kcal/h，摄入在 3 500 ～ 6 000 kcal/d。为了满足这一庞大的能量需求，膳食的组成至关重要。碳水化合物摄入量应占总能量的 60% ～ 70%，这有助于提供持续的能量来源，并在运动过程中补充糖分，以维持血糖水平的稳定。此外，加餐也是补充能量的一种方式，但必须注意保持营养平衡和密度，以确保运动员获得全面的营养支持。

（2）蛋白质代谢的特点。耐力训练有助于增加蛋白质的转换和更新，提高血红蛋白储量以及有氧代谢酶活性。然而，重复性和高冲击性的耐力运动可能导致蛋白质分解增加，部分蛋白质也被用于能量供应。因此，日常饮食中应保证蛋白质的供给充足，一般每千克体重需摄入 1.2 ～ 1.5 g 蛋白质，不宜超过 2.0 g。

（3）脂肪代谢的特点。耐力训练有助于增强骨骼肌对氧的利用能力，提高脂肪酸的分解能力。耐力项目运动员对脂肪的利用率较高，血浆中自由脂肪酸供能可达总能量的 25% ～ 50%。因此，在膳食中，脂肪的摄入量可以略高于其他项目的运动员，通常达到总能量的 30% ～ 35%。这些脂肪将为耐力运动提供持久的能量来源，有助于运动员保持耐力和持续的表现。

（4）耐力运动员对维生素、矿物质的需求特点。耐力运动的成功不仅取决于良好的训练和恢复，还取决于充足的营养支持。在这种类型的运动中，维持体能和健康需要各种营养物质的平衡供给。B 族维生素、维生素 C、维生素 E，以及钠、钙、钾、铁等元素在这一过程中扮演着至关重要的角色。

B 族维生素中的维生素 B_1、维生素 B_2 和烟酸在耐力运动的能量产生过程中发挥着不可或缺的作用。这些维生素参与了碳水化合物、脂肪和蛋白质的代谢，帮助将食物转化为能量。维生素 C 和维生素 E 在氧化还原代谢反应中具有重要的调节作用，能够防止自由基对细胞的损伤。

针对维生素的补充，建议摄入 250 ～ 500 mg/d 的维生素 C 和 100 ～ 270 mg/d 的维生素 E。这个范围可以保证维生素的充足供给，有助于运动后的身体恢复和损伤的修复。

另外，铁是血红蛋白和肌红蛋白的重要组成物质，参与氧气在体内的输送和利用，因此，对于耐力项目运动员来说，维持足够的铁含量至关重要。通过摄入富含铁的食物或补充铁剂，可以有效预防缺铁性贫血，提高身体的耐力和抵抗力。

钙在骨骼构成、神经传导和肌肉收缩等方面发挥着关键作用。在耐力运动中，骨骼和肌肉的健康对于持久的表现至关重要。因此，保证足够的钙摄入，对于运动员的整体健康和运动表现至关重要。

2. 耐力项目运动员的营养需要

（1）补糖。糖是耐力运动的主要能源之一，以肌糖原的形式储存在肌肉中，因此运动前摄取足够的糖分对于提供能量至关重要。专家推荐每千克体重摄取 8 ～ 10 g 糖，以确保充足的能量供应。然而，补糖的量应该适度。适量补糖有利于提高运动能力，但是过量补糖会延长胃排空时间，可能会在运动过程中产生不适感，甚至影响其运动表现。因此，在超过 1 h 的运动中，适量补糖的意义更为显著，但不应超过每千克体重 1 g 的限制。

在超过 10 km 的比赛中，补充液体、糖和电解质尤为重要。在这种情况下，应选择含糖、电解质饮料，以帮助运动员维持体内水分和能量平衡。在长时间的耐力运动中，合理的糖分摄取可以帮助运动员延缓肌肉疲劳，提高持久力，从而对运动表现产生积极影响。因此，补糖需要根据运动时间、强度和个体体重等因素进行合理的调整，以确保运动时能够获得最佳的能量供应和表现。

（2）蛋白质需要。对于蛋白质需求，同样需要细致考量。耐力运动员需要增加膳食中的蛋白质摄入量，以支持肌肉修复和生长。优质蛋白质应该是他们膳食的重要组成部分，考虑到动植物蛋白质的互补作用，可以更好地满足身体对于各种必需氨基酸的需求。蛋白质需求并非一成不变，而是受到多种因素的影响。训练的强度和持续时间、体重的增减、过度训练，以及糖的补充情况都会影响蛋白质的需求量。

特别是对于每周训练时间长、强度大的运动员来说，他们的蛋白质需求量可能会更高，一般推荐值为 1.4 ～ 1.8 g/kg（体重）。合理的糖分补充可以减少运动时对蛋白质的消耗量。通过补充适量的糖分，可以延缓肌肉疲劳，减少身体对蛋白质的需求，从而更好地保护肌肉组织，提高运动表现。因此，在制订膳食计划时，需要综合考虑糖和蛋白质的摄入量，以满足运动员不同阶段和不同类型运动的营养需求，从而帮助其达到最佳的体能表现。

（3）液体的补充。在耐力运动中，人体往往会大量出汗，导致水分和电解质的流失，因此，适量的液体补充对于维持机体的稳定和运动表现至关重要。炎热的环境会加剧出汗量，选择含糖量较低的饮料有助于更好地维持胃排空和提高运动能力。此外，大量出汗还会导致体内电解质的丢失，而含有电解质的运动饮料可以有效地补充这一流失。值得注意的是，出汗率会受到代谢率和外界气温的影响，在不同的季节或气温条件下，运动者需要注意液体流失量的变化，并及时补充水分和电解质。除了水分和电解质，汗液中还会带走无机盐和水溶性维生素，因此，随着能量摄入的增加，补充 B 族维生素和维生素 C 也是必要的。

（4）铁和钙的营养。耐力项目运动员特别是女性往往容易缺铁，主要是由于月经失血和不良的饮食习惯造成的。为了维持血红蛋白水平并预防贫血，耐力项目运动员需要加强摄入动物性食物（如瘦肉、猪肝和血豆腐等）中的铁，必要时可在医生的指导下服用补血剂。当血红蛋白水平处于正常范围时，就不需要额外补充铁，因为过量的铁摄入可能会引起铁的积累而导致中毒。为了提高铁的吸收率，运动员可以增加维生素 C 的摄入量，促进人体对铁的吸收。然而，需要强调的是，在补充铁和钙时，应该在合理的范围内，根据个人的实际需求和医生的建议进行调整。

耐力项目运动员尤其是女性及少年运动员在大运动量训练期间，钙的需求量和流失量会增加，应注意观察钙的水平，并养成良好的饮食习惯，避免运动性骨量减少的发生。同时应注意补铁和补钙的矛盾性，二者有一定的拮抗作用。

（二）力量项目运动员的膳食营养特点

力量项目运动员通常具有肌肉发达、体重较大的特点，这是为了在竞技中表现出良好的爆发力和神经肌肉协调性。他们的运动特点包括强度大、缺氧、氧债大、有间歇和无氧供能，这意味着他们的身体需要依赖磷酸原和糖无氧酵解来提供能量。典型的力量项目包括短跑、举重、摔跤以及橄榄球等。在比赛中，他们需要在短时间内爆发出巨大的能量，并且经常处于氧气供给不足的状态，这使他们的能量代谢特点独具一格。

在能量代谢方面，肌肉发达的力量项目运动员通常消耗较高的总热量，但与其体重相比，单位体重的能量消耗相对较低。这是因为他们的运动时间通常较短，且间歇较多，密度较小。这种能量代谢特点使他们在训练和比赛中需要特别注意能量的补充和合理的饮食安排。

在蛋白质代谢方面，力量项目运动员的肌肉质量通常较大，代谢活性高，因此训练期间通常会有较多的氮物质流失。此外，在运动中可能发生外伤和高温条件下大量氮丢失，因此需要通过合理的蛋白质摄入来促进肌肉和组织的修复，增加神经系统的兴奋性和肌肉爆发力。建议他们在蛋白质摄入方面选择完全蛋白质和优质蛋白，如大豆等，其中优质蛋白应占总蛋白质摄入量的一半。在摄入量方面，建议每日摄入量为 2.0 ～ 3.0 g/kg（体重），或者占总能量的 12% ～ 15%。摄入量不宜超过 3.0 g/kg（体重），否则可能会导致如体液酸碱平衡紊乱、钙丢失增加、肝肾负担加重和水分丢失增加等不利影响。

除了依靠良好的体能和技术水平，科学合理的饮食也是力量项目运动员在日常训练和比赛中取得优异成绩的关键之一。在考虑营养需求时，除蛋白质和脂肪的摄入以外，其他营养素也扮演着至关重要的角色。蔬菜和水果作为维生素和无机盐的主要来源，在维持细胞内代谢、生物合成和修复过程中起着不可或缺的作用。研究表明，许多力量项目运动员的膳食中会存在一些不足，如碳水化合物及维生素 A、维生素 B_1、维生素 B_2 等的摄入不足。这一现象部分源于他们对肉类的过度偏爱以及主食摄入不足的饮食习惯。因此，改善这些不足成为优化力量项目运动员膳食结构的关键之一。

在补充蛋白质时，力量项目运动员需要特别注意维生素 B_2 和维生素 B_6 的营养需求。维生素 B_2 在蛋白质代谢中起到重要作用，而维生素 B_6 是蛋白质合成和分解的关键辅酶。缺乏这些维生素会影响蛋白质的利用率，从而影响肌肉修复和生长。此外，为了维持体液的酸碱平衡，力量项目运动员需要摄入富含钾、钠、钙、镁等电解质的食物。这些电解质可以通过蔬菜和水果等天然食物来获得，有助于降低体液的酸度，提高身体的运动表现。

除日常饮食以外，营养补剂也被广泛应用于力量项目运动员的训练和比赛中。肌酸补充被认为是一种有效的方式，它可以增加肌肉中的肌酸和磷酸肌酸储量，从而有利于维持高强度运动时的 ATP 水平，提高最大做功和力量。合理的肌酸补充剂量对于达到最佳效果至关重要。推荐的冲击剂量为 20 g/d，而维持剂量为 2 ～ 5 g/d，最好与葡萄糖一同补充，以提高其吸收效率。此外，支链氨基酸也是备受关注的补剂之一。它能够抑制中枢疲劳，竞争性地抑制大脑内 5-HT 的产生，并节省肌糖原等内源性能源物质，从而延缓肌肉疲劳的发生。离子交换乳清蛋白也是一种常用的补剂，它具有水溶性好、生物价高、富含支链氨基酸等特点，有助于促进肌肉蛋白质的合成和力量的增长。

（三）灵敏、技巧项目运动员的膳食营养

灵敏、技巧运动项目一般包括击剑、体操、跳水和跳高等。在训练中运动员神经紧张，对协调、速率和技巧性要求较高；为完成高难度动作要注意控制体重和体脂水平；在供能方面对无氧糖酵解的依赖性较大。

第一，能量。运动员的营养需求是保障其身体健康和运动表现的基础，而针对不同项目的运动员，他们的营养摄入方式各有侧重。对于体操、跳水和跳高等项目的运动员来说，在训练中总能量消耗相对较低，因此需要更加精细地控制体重和体脂水平。他们的饮食应注重含有高碳水化合物（60% ～ 65%）、适量蛋白质（15%）和较低脂肪（20% ～ 25%）的食物。此外，根据体重情况，运动员的热能供给量为 53 ～ 57 kcal/kg（体重），而脂肪摄取量需要限制，特别是对于饱和脂肪酸的摄取。

第二，蛋白质供给。膳食中蛋白质应占总热量的 12% ～ 15%，在减重期间，这一比例可以稍微增加至 18% 左右（15% ～ 20%）。这种增加的蛋白质摄入有助于满足运动员肌肉修复和生长的需求，同时能够支持他们的神经系统运作正常，从而提高运动表现。

第三，维生素。除了蛋白质，维生素和无机盐也是运动员必须关注的营养元素。维生素在调节体内代谢过程和细胞功能方面起着关键作用。运动员应该注重摄取富含维生素和无机盐的食物，特别需要关注的包括维生素 B_1（4 mg/d）、维生素 C（140 mg/d）、维生素 A（1 800 μgRE/d），必要时补充适量的维生素 A 补充剂。这些维生素的摄入能够帮助运动员维持免疫系统健康，减少训练期间的疲劳，降低受伤风险。

第四，钙。钙在运动员的饮食中扮演着不可或缺的角色，尤其是对于需要灵敏和精准动作的运动员（如女性体操和跳高运动员）。钙对于骨骼发育和维持神经肌肉兴奋性至关重要。建议运动员摄入 1 000 ～ 1 500 mg/d 的钙量，高于普通成人的摄入量。特别值得注意的是，女性运动员由于月经紊乱、低雌激素水平等因素，更容易出现骨

质丢失的情况，因此需要采取综合预防措施，包括饮食调整、钙补充和适度的运动训练等。通过科学合理的营养摄入，运动员可以更好地保持身体健康、提高运动表现，并且延缓运动退役后可能出现的健康问题。

（四）球类项目运动员的膳食营养

篮球、排球、足球和冰球等球类运动项目运动员具备力量、灵敏、速度、技巧等多方面的素质。一般运动强度较大，能量消耗高，能量转换率高且运动持续时间长。

第一，此类运动员在进行训练时，其能量消耗相较于一般人群更为巨大，因此，他们的膳食供给量需要根据运动量进行调整，以确保能量的充足供给。据建议，运动员的膳食能量成分应将碳水化合物控制在 60% ～ 65%、蛋白质控制在 10% ～ 15%、脂肪控制在 20% ～ 30% 的比例范围内。尤其是在运动前 3 ～ 4 h，摄入高碳水化合物能够更好地提供能量。然而，不同的运动项目和个体差异会导致能量消耗的不同，以足球运动员为例，其平均摄入量约为 4 900 kcal，而我国的建议摄入量为 4 200 ～ 47 00 kcal 甚至更高。这表明了针对不同运动项目和个体，膳食供给量需要有所调整，以满足其能量需求。

第二，蛋白质的代谢特点。对于进行神经高度紧张训练的球类运动员来说，蛋白质的营养需求显得尤为重要。蛋白质不仅能够提供能量，还能够调节生理功能、增强抵抗力，并提高神经系统的兴奋性。因此，建议球类运动员的蛋白质摄入量占总能量的 12% ～ 15%，或者以 1.2 ～ 2.0 g/kg（体重）的摄入量为宜。除了注意摄入量，还需特别关注蛋白质的质量。优质蛋白质食物的选择至关重要，同时要关注必需氨基酸的比例，以确保身体能够获得充足的营养供给，保持良好的训练状态。

第三，液体补充。在运动中，液体补充的重要性不可低估。脱水是间歇性运动中疲劳和能力下降的主要原因之一。运动员需要在运动前、中、后及时补液，特别是在比赛前一天和比赛当日，以确保维持水分平衡。为了最大限度地促进水分吸收和保持体内渗透压平衡，运动员应选择低糖、低渗的运动饮料。此外，应避免摄入含咖啡因和乙醇的饮料，因为其具有利尿作用，加重脱水状况。在运动中，补液应该积极主动，采取少量多次的策略，以帮助维持水分平衡。教会运动员自我检测尿液颜色是一种有效的预防脱水的方法，深黄色尿液通常是脱水的迹象。

第四，运动后补糖。球类运动训练，比赛较为密集，运动中会出现能量消耗过大和水分的丢失。除注意运动间隙补充部分碳水化合物和水分之外，为了加快糖原储备的恢复，应在运动结束后尽快补充 50 g 糖，之后每隔 1 ～ 2 h 重复补充，直至下一餐。恢复期的 24 h 内，补糖的总量应达到 10 g/kg（体重），并采用高糖指数的食物。为取得充分的水合平衡，可采用含电解质饮料，补充至运动员出现正常的尿液颜色和尿量为止。

第三章　运动处方的实施与系统设计

第一节　运动处方及其基本要素

一、运动处方的类别划分

体育运动对心理健康具有显著的影响，合理的运动可以释放不良情绪，缓解心理压力，有助于维持心理平衡。这种情绪释放的过程有助于个体心理的调节，减少焦虑和抑郁等负面情绪的发生。体育运动对于疾病康复也起着积极作用。通过合理定量的运动锻炼，患者能够增强自信心，保持良好心态，这对于治疗和康复都具有重要意义。个性化的运动处方更是体育运动对心理健康的关键之一。根据个体的身体状况和锻炼目的，制订出符合其需求的运动计划，严格按照规定执行，有助于更有效地应用运动作为一种治疗手段。

（一）依据目的进行划分

1. *健身运动处方*

健康运动处方锻炼是一种旨在增强体质和提高健康水平的定制化运动计划。这种类型的运动处方可以根据不同年龄段进行分类，以更好地满足个体的生理和健康需求。具体而言，我们可以将其分为少年儿童运动处方、青年人运动处方，以及中年人和老年人的健身运动处方。

（1）对于少年儿童运动处方来说，重点通常放在促进全面的身体发育和培养良好的运动习惯上。这可能包括一系列适龄儿童所需的有趣而多样化的运动，以促进他们的协调性、柔韧性和耐力的发展。

（2）青年人运动处方则更注重维持心肺健康、强化肌肉和骨骼系统，以及促进心理健康。在这个阶段，可能包括有氧运动、重力训练和灵活性练习，以满足他们更高水平的健身需求。

（3）中年人和老年人的健身运动处方，更侧重于防止和减缓年龄相关的生理变化。这可能包括适度的有氧运动、力量训练、平衡和灵活性练习，以及关注心血管健康和骨密度的活动。这样的定制化运动计划有助于中老年人维持良好的生理状态，降低发生慢性病的风险，同时提高其生活质量。

此外，健康运动处方还可以根据不同职业群体进行分类，以更好地适应其工作性质和身体需求。例如，工人运动处方可能会强调对重体力劳动者的肌肉耐力和抗疲劳性的培养，而公务员运动处方可能会注重久坐族群的腰椎和颈椎保健。教师健身运动处方则可能包括注重情绪释放和压力管理的运动活动，以帮助他们应对工作中的挑战。

2. 竞技运动处方

竞技运动处方是为竞技运动员和体育爱好者制订的训练计划，目的在于提高他们的竞技水平和参与比赛的能力。这一处方通常由教练和体能训练师共同制订，需要考虑运动专项、年龄、性别、体能以及技能水平等多方面因素。它分为大周期、训练周、训练课程等多个阶段，以提升专项体能、技术、心理素质和战术能力为目标。通过这样的训练处方，运动员能够有系统地进行训练，从而更好地适应比赛的要求，提高竞技成绩。

3. 康复运动处方

康复运动处方是一种专为病人和残疾人设计的运动计划，旨在治疗和康复某些特定疾病或损伤，以促进疾病的康复和协助治疗。这种运动处方的目标是通过科学化和个性化的方式，使运动康复治疗更为有效。一些常见的康复运动处方包括心脏病运动处方、高血压运动处方、肥胖症运动处方及糖尿病运动处方等。

（1）心脏病运动处方是专门为患有心脏病的个体设计的。这可能包括适度的有氧运动（如散步或游泳），以增强心脏功能和改善心血管健康。康复医师会根据患者的具体情况和病史，制订出安全而有效的心脏病运动处方，以帮助患者逐步恢复健康。

（2）高血压运动处方侧重于通过运动来管理高血压。适量的有氧运动和力量训练可能有助于降低血压，改善心血管系统的功能。这种个性化的运动处方能够帮助患者更好地管理高血压，降低相关的健康风险。

（3）肥胖症运动处方致力于通过运动来减轻体重。运动在消耗卡路里、提高新陈代谢以及促进身体组织的调整方面发挥着关键作用。康复医师会根据患者的体重状况、身体健康状况和运动能力，制订出有针对性的肥胖症运动处方，以帮助患者实现健康的体重管理。

（4）糖尿病运动处方是为糖尿病患者设计的运动计划，以帮助他们管理血糖水平。有氧运动和力量训练可以提高身体对胰岛素的敏感性，有助于糖尿病患者更好地控制血糖。康复医师会根据患者的糖尿病类型、病情严重程度和整体健康状况，制订出个性化的糖尿病运动处方，以提供有效的辅助治疗手段。

（二）依据构成体质要素进行划分

1. 改善身体形态的运动处方

身体形态主要通过身高、体重、坐高、胸围、腰围、臀围和皮褶厚度等指标来反映。根据这些指标的不足以及个人的目的，可以制订相应的运动处方，以促使身体形态得到改善。例如，有针对性的运动处方包括促进身高的运动处方、肥塑形运动处方以及丰胸提臀运动处方等。

（1）促进身高的运动处方通常侧重于针对骨骼生长的运动。这可能包括一系列的拉伸运动，如仰卧起坐、下蹲和牵引式的拉伸动作，以促使骨骼在生长期更好地发育。此外，合理的营养摄入也是促进身高发育的重要因素，这可能需要与专业的营养师合作，制订全面的生活方式和饮食计划。

（2）肥塑形运动处方旨在改善身体比例和线条，使身体更加紧致和有线条感。这可能包括有氧运动、力量训练和针对特定部位（如腹肌、臀部和大腿）的塑形运动。康复医师或专业健身教练可以根据个体的身体状况和目标，制订出有针对性的肥塑形运动处方，以实现身体形态的改善。

（3）丰胸提臀运动处方注重通过特定的锻炼来强化胸部和臀部的肌肉，以提高这两个区域的紧致度和丰满感。这可能包括针对胸部的俯卧撑、哑铃扩胸等锻炼，以及对臀部的提臀运动、深蹲等锻炼。通过科学合理的运动处方，个体可以在不同部位实现更好的塑形效果，提升身体整体的美感。

2. 增强人体机能的运动处方

身体功能表现为身体器官与系统在整体水平上的生命活动状态。通过制订相应的运动处方，可以有效改善各种器官和系统的功能，从而促进身体整体的健康。例如，制订改善心血管功能水平的运动处方。

心血管功能水平的运动处方旨在通过有针对性的运动，提高心血管系统的健康状况。这可能包括有氧运动（如快走、慢跑、游泳等），以增强心脏的泵血功能，改善血液循环系统。此外，锻炼还可以降低血压、改善血脂水平，从而降低心血管疾病的风险。

制订这样的运动处方需要考虑个体的身体状况、年龄、运动历史以及潜在的心血管风险因素。专业的康复医师或运动医学专家可以根据患者的具体情况，量身定制安全、有效的运动方案。在制订运动处方时，还需考虑患者的运动耐受性，逐渐增加运动强度和持续时间，以确保患者能够逐步适应并从中获得最佳的健康效益。

通过遵循心血管功能水平的运动处方，个体能够改善心脏的收缩力和舒张能力，加强心肌，促进血液流动，提高氧气输送，从而提高整体的心血管健康。这对预防心血管疾病、减轻高血压、改善血脂水平以及促进心理健康都具有积极的影响。

（三）依据不同年龄的人群进行划分

1. 儿童少年运动处方

儿童少年运动处方针对 7 ～ 17 岁青少年的身体形态、机能、素质特点进行制订，旨在促进他们的生长发育和提高运动能力。这一处方注重于基本运动能力的培养和动作学习，主要内容包括伸展肢体和动力性力量的练习，并且运动负荷要适中。同时，强调运动场所的安全性和提供充分的保护设备，确保青少年在进行体育活动时不会受伤。通过这样的运动处方，青少年可以健康、科学地进行体育锻炼，全面提高身体素质。

2. 青年人运动处方

青年人运动处方适用于 18 ～ 40 岁的人群，此时其身体机能和运动能力达到最佳状态，通过运动处方能够维持健康状态。这一处方以健美、健身和娱乐为主，鼓励青年人参与各种个人喜欢的体育运动和竞技比赛。通过运动，他们可以展现青春活力，同时为自己未来的健康打下坚实的基础。这样的运动处方不仅能够让青年人保持健康的身体状态，还可以增强他们的自信心和社交能力，促进身心健康的全面发展。

3. 中年人运动处方

中年人的生物系统机能下降 10% ～ 30%，而且患慢性疾病的风险会增大。为了延缓生理衰退和预防慢性疾病，制订中年人运动处方显得尤为重要。在开始进行身体锻炼之前，个体需进行全面的身体健康检查和机能评估，以确保运动处方的合理性和安全性。这一过程不仅有助于了解个体的健康状况，还可以根据评估结果量身定制适合的运动处方，从而达到最佳的健身效果。因此，中年人运动处方的制订不仅可以有效延缓生理衰退，还能有效降低患慢性疾病的风险，为健康老龄化奠定基础。

4. 老年人运动处方

老年人运动处方的设计旨在充分考虑 60 岁以上老年人的生理特征和慢性病高发率。这一处方的首要目标是通过选定适宜的运动项目（如太极拳、太极剑、步行以及老年健身舞等），来满足老年人的身体需求。这些运动项目的选择是基于其对老年人关节灵活性和心肺功能的改善，以及对慢性病风险的降低具有积极意义。此外，运动强度被建议保持在中低水平，以确保老年人的安全性。这一点至关重要，因为老年人可能存在潜在的健康风险和身体不适应高强度运动的情况。

（四）依据运动处方应用对象进行划分

1. 个人运动处方

个人运动处方是一种为特定患者设计的临床身体练习方案，旨在通过科学而个性化的方式促进患者康复和健康。制订个人运动处方的程序至关重要，通常从康复医师深入了解受试者的病史资料开始。这个过程包括对患者的医学体检和运动功能测试，以全面评估其肌肉的功能状态。

在制订个人运动处方时，康复医师将根据病患的身体状况和测试结果，设计出安全适宜的运动方案，并提出在实施过程中需要注意的事项。这确保患者在参与运动时不仅能够达到康复的效果，还不会因运动而引发其他健康问题。例如，对于患有腰椎间盘突出或关节炎的患者，过度的腰部拉伸练习可能是禁忌的。因此，康复医师需要根据个体差异制订差异化的运动处方，以最大限度地满足患者的康复需求。

更重要的是，个人运动处方的实施必须在医生的监控下进行。这是为了确保患者在运动中能够得到及时的指导和干预，防止不适当的运动引发意外或加重症状。专为腰背部治疗设计的方案中，医生可能会强调患者在运动时避免特定的动作，以确保患者的安全和康复效果。

制订个人运动处方的专业人员通常是那些具有医学知识和运动理论背景的专业人士，如运动医学专家或康复医生。他们需要掌握广泛的知识，包括解剖学、运动人体科学、运动治疗学以及运动功能测试等领域。这使他们能够更全面地理解患者的生理状况，并为其量身定制最有效的运动处方。

此外，制订个人运动处方的专业人员还需要对常见病症、急性与慢性疾病的处理方法有深入的了解。只有通过对各种疾病的综合认识，他们才能在制订运动处方时考虑到患者可能的健康风险，并制订相应的预防和应对策略。

2. 大众运动处方

大众运动处方是一种适用于更广泛人群的运动锻炼方案，其风险性较低。这一处方的设计基于相似年龄与体质的人群组成，旨在提供针对大众需求的运动选择。其中可能包括健身教练引导的健身活动或流行的减肥塑形运动。这些活动旨在吸引更多人参与运动，并将其融入日常生活。与老年人运动处方不同，大众运动处方并非特别针对某一特定年龄段或健康状态，而是以普适性和可持续性为特征。因此，其主要目的在于让运动成为生活的一部分，提供风险较低但仍然有效的运动方案，以促进整体健康和身体活力的提升。

（五）依据运动处方应用目的进行划分

1. 预防保健运动处方

针对健康人群和中老年人群，运动处方的目的在于增强抵抗力、改善身心健康以及预防疾病。这一方案覆盖了各年龄段人群，包括儿童、青年、中年、老年，以及长期缺乏体育锻炼的人和亚健康人群。其主要目标在于科学指导人们进行安全、有效的锻炼，提高健康水平、增强体质，以及预防生活方式病和延缓衰老。为了达到这些目标，运动处方针对不同年龄段的人群制订了不同的方案，考虑到他们的生理和心理特点，以促进整体健康。

对于中青年人，健身运动处方应着重考虑年龄、性别、工作类型等特点，旨在增加肌肉体积和力量，保持健美体形。而针对老年人，长寿运动处方应更加关注机体机能衰退的情况，采用适合其生理和心理特点的体育锻炼方式（如健步走、气功、太极拳、游泳等），以预防疾病、延缓衰老。

此外，预防保健运动处方适用范围广泛，可以由康复医师、专业教练、社会体育指导员等根据个体情况制订，为个体提供个性化的运动方案。这种个性化的方案不仅可以针对特定的健康需求，还可以考虑到个人的运动能力和喜好，从而更好地达到预防保健的效果。

2. 康复治疗运动处方

康复治疗运动处方的对象范围广泛，主要包括患有各类疾病或残疾的个体。这些个体可能是患者或残疾者，他们在疾病或残疾的困扰下，需要通过运动来改善身体状况和功能。另外，也包括那些患病期间症状基本得到控制的慢性病患者，以及经过临床治疗基本痊愈但身体机能存在下降或功能障碍的个体。这些人群需要定制的运动处方来辅助其康复过程。

运动疗法作为康复治疗的重要组成部分，与临床治疗相结合，能够显著提高治疗效果。通过定制的运动方案，可以改善身体机能，缓解症状或功能障碍，从而使患者恢复日常生活和工作自我支持能力。此外，运动疗法还有助于促进患者融入社会，提升其生活质量。

康复治疗运动处方覆盖了多种常见疾病，如肥胖症、心脏病、高血压、脑卒中等。针对不同疾病，运动处方可能有所不同，但均旨在通过合理的运动方案来改善患者的身体状况和功能。

制订康复治疗运动处方的主要责任通常落在康复治疗师身上。这些专业人士具有丰富的医学和运动知识，能够根据患者的具体情况设计出最合适的运动方案。此外，也可能有经验丰富的运动医学教师、体育指导员等参与到处方的制订中，以确保其科学性和有效性。他们共同合作，为患者提供全面的康复治疗服务，帮助他们尽快恢复健康。

（六）依据运动处方锻炼作用进行划分

1. 力量性运动处方

力量性运动处方是针对肌肉力量素质增强、恢复，以及治疗肌肉力量障碍引起的慢性疾病康复的一项综合性计划。它的适用对象主要包括患有肌肉萎缩、神经麻痹或关节运动障碍的患者。这些患者往往面临肌肉力量下降、功能受限的困扰，需要通过科学的运动处方来重建肌肉力量和改善功能状态。力量性运动处方的目的在于通过合理增强肌肉力量，调整肌力平衡，改善躯干和肢体的形态和功能。通过执行力量性运动处方，患者可以逐步提高肌肉力量，增强神经肌肉协调性，并且促进关节的灵活性和稳定性，从而提升日常生活中的活动能力和生活质量。

力量性运动处方的适用范围广泛，涵盖了多种疾病和康复情况，如肌肉萎缩、神经障碍和关节运动障碍等。无论是康复阶段还是健康维护阶段，都可以采用力量性运动作为重要的康复手段。在实践中，力量性运动处方包括多种类型，如被动运动（外力辅助运动）、助力运动、减重运动（减除肢体重力情况下进行主动运动）、主动运动和抗阻力运动（利用各种力量练习器进行运动）等。这些不同类型的运动可根据患者的具体情况和康复阶段进行灵活组合和调整，以达到最佳的康复效果。此外，随着科技的不断进步，运动治疗手段也在不断创新，例如，虚拟现实技术结合力量性训练，为康复提供了更加多样化和个性化的选择。

2. 耐力性运动处方

耐力运动又称有氧运动，是一种旨在增强体质、提高抵抗疾病能力的运动形式，其主要作用是通过提高心肺功能和心血管运氧能力来实现这一目标。这种运动对人体产生广泛而深远的影响。首先，有氧运动促进了呼吸系统的摄氧能力，使身体能够更有效地吸收氧气。其次，它促进了心血管系统的运输氧能力，确保氧气被输送到身体各个组织和器官中。除此之外，有氧运动还能增强组织的有氧代谢能力，促进生理、生物化学、心理以及社会等多个方面的良好发展。

运动医学专家普遍认为，有氧运动是一种恒常运动，也就是说，在进行这种运动的过程中，体内不会产生大量的乳酸。相反，心率、心输出量以及通气量会保持在一个相对稳定的水平上。此外，这类运动的持续时间通常较长，而且以脂肪为主要能量来源，这使得身体在运动过程中更多地依赖有氧代谢。

长期从事耐力运动的人能够显著提高其有氧代谢能力，包括最大摄氧量、无氧阈和有氧代谢酶等重要指标。这些改变使身体能够更有效地利用氧气，增强了持久性运动能力，对抗疾病的能力也得到了增强。

有氧运动适用于广大人群，并且具有较高的安全性。事实上，它被认为是促进身心健康的最有效、最科学的运动方式之一。有氧运动不仅可以改善心血管健康、增强心肺功能，还可以调节体重、改善睡眠质量、缓解焦虑和抑郁等。因此，无论是年轻人还是老年人，无论是身体健康还是存在慢性疾病风险的人群，都可以从有氧运动中受益。因此，将有氧运动纳入日常生活，并确保其持续性和规律性，将会对个人的整体健康和幸福感产生积极而长远的影响。

3. 伸展性运动处方

伸展性是对单关节或多关节活动度的测量，指的是移动某一关节使其达到最大活动范围的能力。在某些运动项目和日常活动中，伸展性都非常重要，如芭蕾舞、体操等。保持所有关节的柔韧性有助于完成运动，而运动超出已限定的关节活动范围可能导致组织损伤。因此，有规律的拉伸练习被认为是提高柔韧性的有效方法，它使身体的活动更加自由，肌肉工作更轻松，并降低了损伤的敏感度。

伸展性受年龄、性别等因素的影响。随着年龄的增长，伸展性逐渐提高，但在青春期后则趋于稳定。一般而言，女性的伸展性优于男性，可能与关节解剖结构和活动方式有关，而成年人的关节伸展性不常有明显的性别差异。此外，某些种族可能具有特殊关节的高度可动性，例如，中东人和东印度人的手指关节柔韧性较高。

老年人的伸展性下降主要是因为活动减少。有规律的拉伸练习可以帮助老年人维持较好的伸展性。这表明，无论年龄、性别或种族如何，通过合适的训练和锻炼，人们都可以改善和维护自己的伸展性，从而提高身体的柔韧性和运动表现，降低受伤的风险。

二、运动处方的基本要素

运动处方的基本要素主要包括运动目的、运动强度与运动时间。

（一）运动目的

运动处方的核心目标是通过科学、系统的身体练习，给身体一定强度的运动刺激，从而促使机体产生适应性变化，达到增强体质、促进健康身心的效果。这种处方的运动方案不同于随意的活动，而是根据个体的身体状况、健康目标以及医学建议等因素制订的具体指导。通过精准的量化和个性化的训练，运动处方确保每个人都能达到最佳的健康效果。

对于中小学生来说，运动处方具有特殊的意义。在生长发育的关键阶段，科学合理的运动能够促进骨骼、肌肉等各方面的发育，提高身体素质，增强体力和耐力。此外，适当的运动还有助于改善学生的学习状态，增强注意力和记忆力，提高学习效率。

对于中老年人来说，运动处方是延续健康生活的重要保障。随着年龄增长，人体各系统功能逐渐衰退，但适度的运动可以减缓这一过程。运动处方能够增强体质，延缓衰老进程，降低患慢性疾病的风险，维持身心健康的平衡状态。

对于休闲健身者来说，运动处方不仅是一种健身方式，更是一种生活态度。通过运动处方，他们能够系统地进行锻炼，达到身体健康的最佳状态。此外，规律的运动也有助于调节心理状态，减轻压力，提升生活质量，使他们在忙碌的生活中保持愉悦的心情。

对于康复患者来说，运动处方是康复过程中不可或缺的一环。在康复阶段，适度的运动可以促进血液循环，增强受损部位的肌肉力量，提高关节灵活性，加速伤病康复。同时，定制的运动处方能够预防再次受伤，保障康复效果。

对于运动员来说，运动处方则是提高竞技成绩的重要利器。通过科学合理的训练安排，运动处方能够帮助他们提高运动技能、调整身体状态，达到最佳竞技状态。同时，运动处方能够降低运动损伤的风险，确保运动员能够持续稳定地发挥自己的潜力，取得更好的成绩。

（二）运动强度

运动强度是运动量的关键组成因素之一。通常，运动强度分为小、中等和大三个档次，根据心率来划分：心率在 120 次 / min 以下为小强度，心率在 120 ～ 150 次 / min 为中等强度，心率在 150 ～ 180 次 / min 或超过 180 次 / min 为大强度。随着运动强度的增加，运动所获得的健康效益也相应增加。但是，认为运动强度越大，减肥效果越好，对健康越有益的观念是不科学的。强度过大会导致无氧代谢比重增加，容易引起心血管过度负荷或运动器官损伤。因此，专家建议大多数成年人进行中等强度和较大强度相结合的运动。这样的综合锻炼既能有效提高心肺功能、肌肉力量和耐力，也能降低运动损伤的风险，同时在减肥和塑身方面更为有效。

1. 通过心率控制运动强度

运动强度在制订健身方案中扮演着至关重要的角色。运动强度是指身体对生理刺激的反应程度，通常用心率来评价。最大心率是评估运动强度的重要参考指标之一，可以通过公式最大心率 = 220− 年龄来估计。在运动时，达到的最大心率相对稳定，不受年龄和性别的影响，因此是一种衡量运动强度的有效标志。通过监测心率，可以帮助健身者在训练中保持适当的强度水平，避免过度或不足的运动负荷，从而提高训练效果，并确保健康安全。

根据运动者的最大心率，运动强度可以分为以下五个区：

第一，恢复区（50% ～ 60%），低强度有氧运动，可用于热身、训练中和训练后的恢复。

第二，低强度有氧区（60% ～ 70%），这个区间适用于中度有氧运动，能有效地消耗体内脂肪，对减肥效果显著。

第三，高强度有氧区（70% ～ 80%），是进行较强的有氧运动，此时大量消耗肌肉内糖原，对提高心肺功能和耐力有显著效果。

第四，无氧区（80% ～ 90%），大部分肌肉处于无氧呼吸状态，乳酸堆积较多，适用于高强度的训练，能够增强肌肉力量和爆发力。

第五，极限区（90% ～ 100%），该区间是个人运动的极限，对身体系统冲击严重，需要谨慎进行，适用于某些专业运动员或有特殊训练需求的人群。因此，在进行运动训练时，根据个人的身体状况和训练目标，选择合适的心率区间是十分重要的。

靶心率是有氧运动中至关重要的概念，它定义了一种通过有氧运动提高心血管系统机能的有效且安全的心率范围。这个范围通常被确定为最大心率的 60% ～ 80%。对于成年人来说，这意味着将最大心率的 80% 作为靶心率，而对于青少年是最大心率的 85%。保持在适宜的心率范围内进行有氧运动对于达到理想的锻炼效果至关重要。事实上，适宜的运动强度和心率范围直接影响着锻炼的效果。强度过低可能导致效果不佳，而过高的强度可能对健康构成威胁。

制订个体化的运动处方是确保锻炼效果的关键。在制订运动健身处方时，必须充分考虑到个体的年龄、身体状况和运动能力等因素。只有通过个体化的考量，才能确定合适的心率范围，从而在锻炼过程中保持适宜的运动强度。此外，监控运动过程中的适宜程度也是至关重要的。通过持续监测运动强度，可以确保锻炼处方的有效性，并最大限度地提高健身效果。

有多种方法可以监测运动中的心率。其中，使用 Polar 表进行监测是一种常见的方法。另一种方法是通过测定运动中或运动后即刻 10 s 的桡动脉或颈动脉脉搏，并将其乘以 6 得到心率值。这两种方法都可以有效地监测心率，并为锻炼者提供关于自身运动强度的重要信息。

2. 通过力量练习控制运动强度

力量健身运动的关键在于训练的强度和负荷。其核心指标是重复最大值（RM），代表能连续重复举起一定次数的负荷重量。一般来说，常见的练习负荷相当于 8 ～ 12 RM，这个范围内的重量既能够有效地激发肌肉增长，又能够保证相对安全的训练。此外，力量训练的强度可分为不同级别，包括最大强度、大强度、中等强度和小强度，这取决于负荷重量的大小。

第一，最大强度力量训练旨在发展最大肌肉力量，适合举重、投掷等运动。在这种训练中，负荷通常设置在 1 ～ 5 RM 的最大负荷重量，重复次数在 1 ～ 5 次。每个部位进行 3 组训练，而组与组之间的休息间歇长达 2 ～ 3 min。这样的高强度、低重复次数的训练有助于激发神经系统，提高肌肉最大力量输出。

第二，大强度力量训练旨在发展肌肉力量，适合 100 m 跑、跳跃等运动。训练时使用的负荷为 6 ～ 10 RM 的大负荷重量，重复次数控制在 6 ～ 10 次，每个部位进行 2 ～ 3 组训练。在组与组之间，休息间歇为 1 ～ 2 min，以保证肌肉充分恢复，同时维持较高的训练强度。

第三，中等强度力量训练旨在增加肌肉体积，使肌肉更强壮，适合 400 m 跑、800 m 跑等运动。负荷设定在 11 ～ 20 RM 的中等负荷重量，重复次数在 10 ～ 20 次。每个部位进行 3 组训练，而组与组之间的休息间歇为 1 min，有利于维持一定的肌肉张力和持久力。

第四，小强度力量训练旨在发展肌肉耐力，增加肌肉弹性，适合长跑等耐力型运动。负荷通常设置在 20 RM 以上的低负荷重量，重复次数达到 20 次以上。每个部位进行 2 组训练，休息间歇在组与组之间保持 1 min。这种训练有助于提高肌肉的耐力和持久力，对长时间运动表现起到积极的促进作用。

力量训练是提高肌肉力量的重要手段，强度是决定其效果的关键之一。不同的负荷、重复次数、组数和间歇时间都会对肌肉力量提高产生影响。通过合理安排这些参数，可以达到理想的锻炼效果。负荷与效果之间存在密切关系。一般而言，负荷重量越大，重复次数越少，组间间歇时间越长，适当安排能够带来更好的效果。因此，在力量训练中，要根据个体的情况和训练目标，科学合理地安排这些因素，以达到最佳的锻炼效果。

3. 通过运动习惯控制运动强度

通过运动习惯来控制运动强度是一种有效的方法，尤其对于经常参加体育锻炼的人来说，要养成良好的运动习惯和固定的运动模式。这样的运动习惯使他们可以根据过去的经验来安排适合自己的健身运动，从而更加有效地进行锻炼。

然而，在控制运动强度时，需要根据当时的身体状况进行适当的调整。即使有良好的运动习惯，每天的身体状态也可能有所不同，因此在进行体育锻炼时要根据自身的状况来灵活调整运动强度。如果在运动中出现不适（如感到过度疲劳、呼吸困难、胸闷等），应立即调整运动强度或暂停运动，以确保身体的安全和健康。

特别是对于中老年人来说，身体机能有所下降，身体的运动耐受性也相应减弱。因此，制定运动强度时必须格外谨慎。中老年人应根据自身的健康状况、体力水平和医生的建议来选择适合自己的运动方式和强度。随着年龄的增长，运动强度应逐渐降低，避免过度消耗体力和造成身体负担。

4. 通过呼吸感觉程度控制运动强度

运动中的运动强度与呼吸深度以及呼吸频率息息相关，而呼吸变化又直接受心率的影响。因此，可以通过观察运动时的呼吸感觉程度来控制运动的强度。在运动中，主观感受的呼吸程度与呼吸频率和深度密切相关，呼吸频率增快、呼吸深度增加会导致呼吸感觉的加重。这同时直接影响了运动中的语言表达情况，即呼吸的轻松程度会影响我们在运动过程中的口齿或表达流利程度。因此，可以将运动中呼吸的变化与语言表达的状况作为监控运动强度的依据。这种通过呼吸变化来监控运动强度的方法简单易行，适用于每个人在任何条件下进行运动。呼吸感觉评定主要分为以下五种程度：

第一，在轻松的呼吸状态下，类似于进行小强度有氧运动，心率保持在不超过 100 次 / min 的范围内，个体可以持续进行超过 2 h 的运动，而呼吸频率和深度基本保持稳定，甚至可以正常进行歌唱。

第二，当呼吸比较轻松时，运动强度介于中等水平，心率为 100 ～ 120 次 / min，持续时间约为 1 h。此时，呼吸深度和频率略有增加，但个体仍可轻松交流。

第三，呼吸变得比较急促时，代表运动强度略有上升，心率在 130 ～ 140 次 / min，持续时间缩短至 30 min，此时个体的讲话会受到影响，只能说出短句。

第四，当呼吸进一步加快至急促状态时，意味着进行的运动已达到较大强度，心率达到 150 ～ 160 次 / min，持续时间仅为 15 min，个体会感到呼吸困难，无法进行正常交流。

第五，当呼吸变得非常困难时，表示个体已接近或达到个人的最大强度极限，心率高达 170 ～ 180 次 / min，但持续时间不超过 5 min，此时呼吸困难明显，运动无法持续进行。

除了呼吸状态，主观疲劳感也是评价运动强度的重要指标之一。主观疲劳感的程度可根据心率和运动强度进行控制，通常以 6 ～ 20 级进行分级，这对于体育锻炼者来说是一种有效的控制手段。在一般中等强度的有氧运动中，个体的主观疲劳感可保持在 11 ～ 14 级，这意味着运动者感觉轻松或略微疲劳。通过主观疲劳感的掌握，运动者可以更好地控制运动的强度，使其保持在适宜的范围内，既能达到锻炼的效果，又不至于过度疲劳或受伤。因此，了解呼吸状态和主观疲劳感与运动强度之间的关系，有助于个体在进行体育锻炼时更加科学地进行训练，提高运动效果，保障身体健康。

（三）运动时间

1. 运动的持续时间

在制订运动处方时，考虑到运动的持续时间与强度之间成反比关系是至关重要的。强度的选择需考虑到个体的目的、年龄和体质。通常情况下，针对不同的运动目标（如减重、增强心肺功能或提高肌肉力量），所需的运动强度会有所不同。年龄和体质因素也应被充分考虑，因为对于不同年龄段和体质状况的人来说，适宜的运动强度会有所差异。例如，对于年长者或者体质较差者来说，过高的运动强度可能会增加受伤的风险。因此，在制订运动处方时，综合考虑个体的目的、年龄和体质，选择适宜的运动强度是十分必要的。

2. 运动时间的安排

每日制订运动计划时，至少需要考虑两个主要因素：一是人体的生物节律和节律周期；二是运动所处的自然和空气环境。这两个因素对于确保运动效果和身体健康至关重要。通常而言，专家建议在下午或傍晚进行运动，这有一定的科学依据。

首先，人体的生物钟影响着许多生理和代谢过程，包括体温、激素分泌和心血管活动等。这些生物节律使下午和傍晚时段成为运动的理想选择，因为在这两个时间段，人体体温较高，肌肉和关节更为灵活，运动效率和身体的适应性相对较好。此外，下午时段也有助于提高运动的耐力和表现，因为身体在这个时候更容易达到最佳状态。

其次，运动环境对于锻炼效果和身体舒适度同样至关重要。自然环境和新鲜空气有助于提高氧气供应，增加身体对运动的适应性，并减轻运动时可能遇到的不适感。傍晚时分的气温相对较凉爽，有助于避免高温对运动的影响，同时降低了晒伤的风险。

因此，综合考虑人体生物节律和环境因素，选择下午或傍晚进行运动是一个更加科学和合理的时间安排，有助于最大化运动的益处并降低潜在的风险。当然，也需要考虑个体差异和特殊情况，因此在制订运动计划时建议根据个人情况进行调整。

三、运动处方的主要作用

运动处方是针对个体特定需求设计的有计划的体育锻炼方案，科学性是其重要特征之一。运动处方旨在提高康复和心理舒适度，因此必须基于科学的理论和数据制订，确保其安全有效。运动处方具有广泛的应用范围。它不仅适用于一般健康促进，也是医学康复的重要手段，能预防和治疗现代疾病。此外，运动处方具有明确的目的性和针对性。它包含有针对性的耐力和康复治疗运动，能够针对个体的特定需求进行精准调整，从而提高体质和治疗疾病。运动处方具有科学性和定量性。与一般体育锻炼方法不同，它是经过科学论证、目的明确、定量化的方法，可以根据具体参数和指标进行量化评估和调整，确保其达到预期效果。因此，运动处方作为一种专业化、个性化的体育锻炼方案，具有重要的实践意义和推广价值。运动处方对人体的生理作用有七个方面：

第一，运动处方对运动系统的作用。长期运动对骨骼、肌肉、关节及韧带具有明显的适应性改变。通过反复的运动刺激，骨骼得到了发育，肌肉的力量和耐力得到了增强，同时扩大了关节的活动范围，使身体更加柔韧。此外，运动刺激了本体感受器，有助于建立运动条件反射，使身体更加适应运动。此外，运动还能够提高血液和淋巴系统的循环，有助于维持体内环境的稳定。

第二，运动处方对消化系统的作用。运动能够促进消化道功能的正常运转，增进食欲，使消化过程更加顺畅。同时，通过增加身体的代谢活动，运动也能促进营养物质的消化吸收，推动胆汁的生成和排泄，从而保证了身体所需营养的充分吸收。此外，运动还能够提高胃肠道的蠕动，预防便秘等消化系统疾病的发生，保持消化系统的健康状态。

第三，运动处方对呼吸系统的作用。通过运动，人体呼吸肌的力量得到增强，肺容积和肺泡表面积也会增大，从而提高了肺功能。具体表现为肺活量、最大通气量以及最大摄氧量等呼吸功能指标有所增加，使呼吸系统更加高效地完成氧气的供应和二氧化碳的排出，从而维持了机体内外环境的平衡。

第四，运动处方对心血管系统的作用。心血管系统是受益于运动的另一个重要系统。有氧运动可以提高血液的氧运输能力，清除代谢产物，减轻了心血管系统的负担。此外，通过运动，安静时心率降低，心输出量增加，血压也会降低，从而降低了心血管系统的疾病风险。运动还能提高心率储备能力，增强心血管系统的适应能力，使心脏更加健康。对于某些特定疾病患者（如主动脉瓣狭窄患者），存在运动禁忌证，需要在医生的指导下进行运动，以确保身体的安全。

第五，运动处方对神经系统的作用。通过增强神经中枢的兴奋性或抑制能力，运动可以改善神经系统的调节功能。这意味着神经系统能更有效地控制肌肉运动，提高了协调能力和效率。定期进行平衡训练可以改善姿势控制和稳定性，从而降低摔倒和受伤的风险。此外，运动还可以加强自我调整能力，使器官调节更加节约化。有氧运动可以提高心血管系统的效率，使心脏更有效地泵血，从而减轻心脏负担，降低心血管疾病的风险。

第六，运动处方对身体成分的作用。有氧运动以分解脂肪为主，从而降低脂肪率，改善身体成分。这对于减肥塑身和预防代谢疾病至关重要。通过有氧运动，身体可以更有效地利用脂肪作为能量来源，减少脂肪堆积，塑造更为健康的体形。此外，降低脂肪率还可以降低患上糖尿病、高血压等代谢性疾病的风险。因此，运动处方中的有氧运动是改善身体成分、减肥塑身的重要手段。

第七，运动处方对于促进代偿功能的增强具有显著的益处。通过定期执行运动处方，个体可以增强代偿功能，促进功能恢复。这对于治疗和康复的心理状态至关重要。运动可以帮助个体建立积极的心态，增强对于康复的信心和决心，从而更有效地应对疾病的挑战。此外，运动还有助于改善心理健康、减少焦虑和抑郁等心理问题，为病患者回归正常生活铺平道路。因此，运动处方的执行不仅可以加强代偿功能，还可以提高治疗和康复的心理状态，促进疾病恢复和回归正常生活。

第二节　运动处方的制订与实施

一、运动处方的制订形式

（一）有氧运动的运动处方

多大强度运动量才能获得健康体适能的益处，是每位健身者在制订运动处方时所必须关注的。应依据运动处方内容确定有氧运动处方的组成。

1. 运动强度

在确定运动强度时，理想的选择是中等及较大强度的组合。这是因为中等强度的有氧运动可以提高心肺功能、促进代谢，并有助于减轻压力和焦虑。而较大强度的运动能增强肌肉力量、提高爆发力和耐力。因此，将中等及较大强度的运动结合起来，可以全面提高身体的健康水平和运动能力。此外，确定运动强度的方法不仅局限于年龄公式，还可以采用心率监测、主观感受、运动耗氧量等多种方法进行评估。这样就能更准确地把握个体的运动强度，从而达到更好的运动效果。

2. 运动量与持续时间

运动的持续时间可以通过每节训练课、每日或每周的总运动时间或总能量消耗来表示，这可能是连续性的，也可能是间隔的多次运动。与健康体适能相关的运动锻炼存在剂量—反应关系。每周累积消耗至少 1 000 kcal 的能量可获得益处，这相当于每周 150 min 的中等强度运动或 30 min/d 的运动。对于体适能较低的健身者来说，每周少于 1 000 kcal 的运动量也可以提高健康体适能水平，但大多数成年人会从更大的运动量中获益。虽然更大的运动量有助于促进降体重和长期保持成果，但最大安全运动量尚不清楚。因此，推荐每周超过 4 000 kcal 的运动量时需要谨慎权衡过度训练可能造成的损伤。这意味着在制订个人的运动计划时，应该根据个体的健康状况、体适能水平以及目标来确定适当的运动量和强度，以最大限度地获得益处并避免潜在的运动伤害。

3. 运动频率

针对大多数成年人，建议每周进行 5 次中等强度的有氧运动，或者 3 ～ 5 天进行中等及较大强度相结合的运动，以获得和保持健康体适能益处。这样的建议是基于对健康益处和运动效果的综合考量。有氧运动有助于提高心肺功能、促进新陈代谢、控制体重，而较大强度的运动能增强肌肉力量、促进骨骼健康。将两者结合起来进行，不仅可以全面提高身体的适应能力，还可以有效地预防多种慢性疾病的发生。

（二）肌肉力量与耐力运动处方

肌肉组织的减少是导致新陈代谢率下降的主要原因之一。这一过程在人们年龄增长过程中尤为显著，每 10 年静息代谢率可下降 5%。静息代谢率的下降使身体在休息状态下消耗的能量减少，进而影响整体代谢率。通过抗阻训练可以延缓肌肉减少，从而维持静息代谢率。抗阻训练因此成为运动处方中不可或缺的一部分，特别对于日常活动的支持、慢性疾病的预防以及老年人生活质量的维护至关重要。

第一，抗阻训练的频率对于其效果至关重要。成年人每周对每一个大肌群进行 2 ～ 3 次训练是理想的频率。此外，为了避免肌肉过度疲劳和损伤，同一肌群的训练应该间隔至少 48 h。

第二，抗阻训练的方式也至关重要。进行多关节抗阻训练是一种有效的方式，因为它能同时锻炼多个肌肉群。在训练过程中，着重发展主动肌和拮抗肌是至关重要的，以避免多关节肌的“主动不足”和“被动不足”。

第三，对于重复次数和组数的控制也是抗阻训练的关键。一组动作的重复次数应控制在 8 ～ 12 次，负荷强度为 60% ～ 80% 的最大重复次数。通过控制重复次数、缩短组间休息时间以及减少组数，可以提高肌肉的耐力。对于年龄较大和体适能较差者来说，应以中等 RPE 强度、多重复次数的方式开始抗阻训练，逐渐增加强度和重量。

（三）柔韧性运动处方

柔韧性训练是一项关键的健身活动，其关键点包括以下方面：每周进行 2 ～ 3 次的柔韧性训练，每次至少持续 10 min，针对主要肌群进行肌腱拉伸，这有助于增强身体的柔韧性。柔韧性训练可以采用静态拉伸、动态拉伸、神经肌肉本体促通术（PNF）和动态关节活动度技术，以达到更好的效果。

健康专业人员建议避免过度使用动态拉伸，因为它可能会增加运动损伤的风险。在进行柔韧性训练时，人们应注意在关节活动范围内限制不适感，避免过度拉伸，以免引发损伤。最佳的柔韧性牵拉效果通常在肌肉充分活动后进行，因此应该安排在正式运动训练前后。此外，柔韧性牵拉可以在进行肌肉力量、爆发力和耐力运动后进行，以帮助肌肉放松，恢复正常长度，从而提高身体的灵活性。需要注意的是，柔韧性牵拉并不能确保预防损伤，因此在进行任何运动前都应谨慎行事。为了获得最佳效果，人们应每周进行 2 ～ 3 天的柔韧性牵拉练习，这样可以逐步提高身体的柔韧性，并在运动中保持良好的体态和灵活性。

（四）神经肌肉控制运动处方

在神经肌肉控制运动处方中，需要重点考虑的是中老年人群，特别是那些存在高跌倒风险的人。针对这一群体，神经肌肉控制训练是至关重要的，因为这种训练可以显著提高他们的平衡能力，从而降低跌倒的风险。这种训练包括平衡、协调、步态、灵活性和本体感觉的提高等多个方面。专家建议每周进行 2 ～ 3 天的训练，而太极拳、瑜伽等运动方式都是很好的选择。为了评估训练效果，可以采用单足站立等方法，从而及时了解训练的成效。

二、运动处方的制订要点

第一，效果衡量。健身计划的成功与否取决于健身者改变行为习惯的动力。这种动力应该是可持续的，能够长期支持健身者的锻炼计划。同时，不同种类的运动对体适能各范畴的改善是重要的衡量指标，包括有氧能力、肌肉力量、柔韧性和平衡能力。例如，定期记录体重、测量心率、记录每次锻炼的时长和强度都可以帮助健身者了解自己的进步情况，增强动力，坚持下去。

第二，便利程度。健身计划的便利程度对于健身者的坚持至关重要。社区健身路径的支持、合适的健身中心以及家属对运动处方的支持都可以增强健身者的参与度，提高他们坚持锻炼的可能性。例如，选择距离家近的健身中心，或者在家中进行简单的器械锻炼，都可以降低因距离或时间不便而放弃锻炼的可能性。

第三，安全程度。安全性是健身计划不可或缺的一部分。通过进行健康检查和风险分层，可以发现潜在的运动风险，并为个别病人提供特殊的健身需求。这样的个性化服务能够有效地降低运动风险，提升锻炼的安全性。例如，针对心血管疾病患者，医生可能建议适度的有氧运动，并在必要时提供心电图监测。

第四，个性化原则。个性化原则是制订有效健身计划的关键。与健身者密切合作，根据他们的特定情况制订运动处方，考虑健康状况、性格特征、健康需求、个人目标以及运动偏好，能使健身计划更加贴近健身者的实际情况，提高计划的实施效果。例如，针对喜欢户外活动的人，可以将跑步或者骑行纳入健身计划，增加其参与度。

第五，享受程度。健身计划的可持续性与健身者对运动的享受程度密切相关。选择感兴趣的运动项目、加入不同种类的运动以及选择适合的时间段进行运动，能够增加健身者的乐趣，提高他们坚持锻炼的动力。例如，参加舞蹈课程或者团队运动可以增加社交互动，使锻炼过程更加有趣。

第六，定期评估。定期评估是确保健身计划持续有效的关键步骤。通过监测心率和血压、最大摄氧量以及肌力、柔韧度和平衡力等指标，可以及时发现健身计划中存在的问题，并进行调整，以确保健身者获得最佳的训练效果和健康收益。例如，定期进行健康评估可以帮助健身者了解自己的身体状况，及时调整训练强度或方式，以避免受伤或过度训练。

三、运动处方的制订原则

为了保证运动处方的安全性和有效性，提高锻炼效果，达到增进健康与防病治病的目的，在制订运动处方时应遵循以下基本原则。

（一）全面系统原则

全面系统原则是运动处方设计中的重要考量因素。体育锻炼必须是系统的、规律的，并且需要多次重复。这种系统性的训练有助于改善全身各器官系统的形态和功能，从而提升整体健康水平。运动处方的设计必须考虑到整体性和系统性，内容涵盖速度、力量、耐力、柔韧和灵敏性的提高。

（二）安全有效原则

安全有效原则在运动处方制订中是至关重要的。考虑到个体的安全，医学检查和运动试验是必不可少的。医学检查能够为制订运动处方提供个体的身体状况和潜在风险的重要信息。基于这些信息，专业人士可以设定合适的运动强度、持续时间和频率。为了确保运动的安全性，运动强度应该在一个适宜的范围内，最好是在个体的靶心率范围内。即便是身体条件较差的人群，在专业人士的指导下也能够进行安全有效的运动。针对不同身体条件的个体，运动内容也应严格规定。对于身体条件较差者，需要更多的限制和控制；对于身体条件较好者，则可以有更大的自由度，但需要在专业人士的监督下进行。

（三）动态调整原则

动态调整原则强调了运动处方的灵活性和持续性。运动处方并非一成不变，而是需要经过实践和多次调整，才能成为真正符合个体条件的有效方案。通过实践过程中的观察和反馈，专业人士可以及时调整运动强度、频率或者内容，以达到最佳的锻炼效果。随着个体身体条件的改善，需要不断地修订运动处方，以适应个体的变化。这种动态调整的方式能够确保运动处方始终与个体的身体状况相匹配，从而保证运动的长期有效性。

（四）区别对待原则

区别对待原则强调了个体差异对于运动计划的重要性。制订运动计划时必须采取区别对待原则，考虑到个体之间在年龄、体质、疾病等方面的差异。不同年龄段、不同体质状况的人群在运动需求和适应能力上存在差异，因此需要量身定制不同的运动处方。不同年龄和体质的个体需要选择适合自己的运动项目和强度。只有选择适合自己的运动方式，个体才能够获得最大的锻炼效果，并且避免运动损伤的发生。因此，区别对待原则在制订和实施运动计划中具有重要的指导意义，能够帮助个体更好地进行运动，提高健康水平。

（五）趣味游戏原则

趣味游戏原则是增加运动参与度的关键。通过增强趣味性，可以更好地促使人们坚持运动。音乐、舞蹈、游戏等元素的引入可以提高运动的趣味性，增加参与度，从而更有助于长期坚持运动。

四、运动处方的制订内容

在制订运动处方内容时，必须明确个人的健康状况和目的。只有在充分考虑个体差异和健康状况的基础上，才能确保运动处方的有效性和安全性。

（一）锻炼目标

在制订运动处方之前，首要任务是明确近期的目标，即锻炼的具体目的。若目标是心肺耐力的提升，可以通过增强心肺功能、减肥、降低血脂等方式来实现。这种锻炼不仅有助于提高整体身体素质，还可用于预防和控制慢性疾病（如冠心病、高血压、糖尿病等）。

如果目标是力量和柔韧性的提升，则需具体到特定部位（如增加关节活动幅度、加强某一肌肉群的力量等）。在以力量为主的运动处方中，必须明确增强何种类型的力量以及采用何种训练方法，例如，动力性或静力性力量训练，以及向心或离心运动。这样的细化有助于更有针对性地设计锻炼方案，提高训练效果。

对于康复锻炼处方来说，首先要考虑的是远期目标，例如，恢复到能够使用轮椅活动或者恢复正常步态。而在考虑近期目标时，则包括提高关节活动幅度、增强肌肉力量等。因此，需要明确具体需要增强的肌肉力量，以及通过何种方式来实现。

（二）锻炼内容

在进行身体锻炼时，首先需要考虑的是锻炼的内容，包括采用的手段和方法。针对增强全身耐力的目标，选择有氧运动作为主要方式是明智之举。有氧运动能够有效提高心肺功能，增强心血管系统的耐受力，从而增加全身的耐力水平。这种类型的运动包括跑步、游泳、骑行等，能够持续较长时间，使身体处于持续性运动状态，对全身各个系统的锻炼效果显著。

在进行肢体康复功能的锻炼时，可以采用多种方法。抗阻训练能够增强肌肉力量，柔韧性练习可以增强肌肉的柔韧性，医疗体操则是通过一系列特定动作和体位的练习来促进身体的康复。功能性训练则是针对日常生活功能进行的训练，以提高患者的生活自理能力。另外，水中运动也是一种有效的康复锻炼方式，水的浮力可以减轻身体对关节的压力，有助于肌肉的放松和康复。

对于偏瘫、截瘫和脑瘫患者，需要根据神经发育原则采用相应的治疗方法。针对不同类型的瘫痪，需要设计有针对性的康复计划，结合物理疗法、康复训练等多种手段，以促进受损神经的再生和功能的恢复。

肢体伤残后的患者还需要经常进行肢体伤残代偿功能训练和生物反馈训练。肢体伤残后，患者常常需要通过重新学习或改变使用方式来适应身体的变化，因此代偿功能训练显得尤为重要。而生物反馈训练是通过监测身体的生理信号来帮助患者掌握自我控制的技巧，加快康复进程。

五、运动处方的制订信息系统

运动处方信息系统是一个涵盖多学科领域的复杂系统，它融合了医学、心理学、训练学、教育学、统计学、计算机技术和网络技术等多种学科的知识。在系统的建立过程中，需要参考国家、世界卫生组织（WHO）以及体育领域的标准，采用先进的检测仪器和规范的量表评估数据，以建立一个个性化的数据库系统。这个系统的开发需要考虑到规范性、实用性、技术先进性、教育普及性、数据采集多样性、简洁易用性、运动处方个性化、保密性、可靠性、易扩充性和构架灵活性等多个方面。

在系统的设计中，必须考虑健身会所、体质监测管理部门、体育科学研究所以及科研院校相关部门的信息需求，并且遵循国家、省部委、地区体育管理部门的信息规范和标准。为了收集足够的信息并进行研究，可以利用国内外的运动处方书籍、互联网资源、专家交流以及调查问卷等多种途径广泛收集资料。

一个完整的运动处方信息系统包括多个模块，例如，个人基本档案信息管理、基本信息资料管理、问卷调查信息管理、健康体适能测试资料管理、运动试验信息管理、临床测试信息资料管理、运动处方制订导出管理、数据库管理以及权限管理等。这些模块共同构成了一个完善的系统，能够满足各种信息管理和运动处方制订的需求。

第一，个人基本档案信息管理是健身管理系统中至关重要的一环，其功能包括对健身者资料的增、删、修改和查询。通过这一功能，用户可以轻松地更新个人信息（如联系方式、紧急联系人等），以确保系统中的信息始终保持最新。同时，用户可以删除或修改不再准确或需要更新的信息，保持数据的准确性和完整性。此外，查询功能使用户能够快速方便地查找自己的个人信息，提高了系统的实用性和用户体验。

第二，健身者的基本信息资料管理是系统中的重要模块之一，通过该模块，管理员可以实现对健身者基本信息的录入。这些基本信息包括但不限于姓名、性别、年龄、身高、体重等，是制订个性化运动计划和监测健身效果的基础。管理员可以根据用户提供的信息建立个人档案，为用户提供更加个性化的健身服务和指导。

第三，问卷调查信息管理是系统中记录个人健康问卷信息的重要功能模块。该模块记录了个人的行为、生活、运动和饮食习惯，以及家族和既往病史等关键信息。通过问卷调查，系统可以全面了解用户的健康状况和生活习惯，为制订科学合理的健身计划提供参考依据。此外，管理员还可以根据用户填写的问卷信息，提供个性化的健康建议和指导。

第四，健康体适能测试资料管理模块旨在查看、删除和统计健康体适能资料，包括心肺耐力、肌肉力量和耐力、柔韧性等指标。这些测试数据是评估用户身体健康状况和运动能力的重要依据，通过对这些数据的管理和分析，系统可以更好地了解用户的健康状况，为用户提供更加精准的健身建议和指导。

第五，运动试验信息管理模块主要用于检查与评估健身者的运动机能，记录相关数据以供制订运动处方。管理员可以通过这一功能对用户进行各项运动测试（如心肺功能测试、肌肉力量测试等），从而全面评估用户的运动能力和身体状况，为用户量身定制合适的运动方案。

第六，临床测试信息资料管理模块提供了查看、对比和统计健身者的临床体检资料的功能。这些资料包括生理和生化指标等临床检测数据，通过对这些数据的管理和分析，系统可以更好地了解用户的身体健康状况，为用户提供科学合理的健身建议和指导。

第七，运动处方制订导出管理模块实现了个性化运动处方的导出。管理员可以根据用户的健康状况、运动能力和个人需求，制订个性化的运动处方，并将其导出为文档或图表形式，方便用户查阅和执行。

第八，数据库管理模块提供了备份和恢复数据的功能。通过这一功能，管理员可以定期备份系统中的数据，以防止数据丢失或损坏，也可以在需要时恢复备份数据，确保系统数据的完整性和安全性。

第九，权限管理模块是系统中至关重要的一环，通过该模块，管理员可以进行查询、增减和修改权限操作，包括健身者和管理者的权限设置。管理员可以根据用户的身份和需求灵活地设置不同的权限，保障系统的安全性和管理效率。

六、运动处方的实施

（一）实施监控

运动量监控在健康管理中扮演着至关重要的角色。通过监控运动量，人们可以评估其体育锻炼的效果。这种评估不仅有助于验证训练目标的实现程度，还可以发现可能存在的不足或改进之处。此外，对于康复者来说，运动量监控尤为关键。他们往往需要严格控制自己的运动量，以确保康复过程中不会出现过度疲劳或引发运动损伤。即便对于健康锻炼者，监控运动量也有助于优化锻炼效果，防止过量或不足。通过了解自己的运动量情况，他们可以调整训练强度和时长，从而更有效地达到健身目标，保持身体健康。

1. 主观监控

（1）适宜运动量的表现。表现在运动中的多个方面（如身体反应、心理状态和次日感觉等）都能反映出运动量是否适宜。适宜的运动量会使身体微微出汗、精神饱满、心情愉快、积极性高。虽然可能有轻度疲劳感和肌肉酸痛，但休息后可自行消失。次日晨起时，感觉精力充沛，甚至会有继续运动的欲望。重要的是，在适宜的运动量下，没有出现不良感觉（如头晕、恶心、心悸等症状）。

（2）运动量不足的表现。身体在锻炼后无汗、无发热感，脉搏变化不明显或很快恢复，这些都可能意味着运动量不足。运动效果不明显，需要增加运动量以达到预期的身体适应效果。因此，适当增加运动量对于达到身体健康和运动目标至关重要。

（3）运动量过大的表现。运动量过大则可能带来严重的不良反应。身体在剧烈运动后大汗淋漓，但精神不振，睡眠和食欲不佳。出现明显的疲倦、肌肉酸痛和四肢无力，脉搏恢复缓慢，次日晨起时感到乏力，甚至缺乏继续运动的欲望。此外，出现不良感觉（如头晕、恶心、心悸等症状），这些都可能是运动量过大的表现。因此，要注意调整运动量，避免过度运动带来的不良后果，确保身体能够获得适度的锻炼而不致过度疲劳。

2. 心率监控

（1）心率的测量方法。自我心率测量对于每位锻炼者而言都是一项重要的技能。常用的测量部位包括手腕的桡动脉、太阳穴附近的颞浅动脉以及心脏的心尖部位。对于安静时心率的测量，一种常见的方法是先静坐 5 min，测量 10 min 的脉搏，接着连续进行 3 次测量。有效的测量标准是其中两次测量结果相同，且与第三次的差别不超过 1 次。至于运动后的心率测量，则需要在完成运动后立即进行。通常，运动后的心率会略高于平时的心率，因此可以在测得的心率基础上加上约 10% 得到准确的结果。这样的测量方法有助于锻炼者了解自己的心率状况，从而更好地控制运动强度和进行健康管理。通过掌握准确、熟练的自我心率测量技能，锻炼者可以更有效地监测自己的运动效果和身体健康状况，为健康的锻炼提供科学依据。

（2）晨脉监控运动量。晨脉，即清晨醒来时的心率，是评估健康和运动量的重要指标。研究表明，锻炼频率高的人通常具有较慢的安静脉搏，这反映了他们的心血管系统更为健康和高效。特别是对于中老年人群来说，保持良好的健康状况至关重要，而持续锻炼可以帮助他们维持稳定的晨脉。若晨脉增加超过正常范围，可能暗示着一些问题。例如，如果晨脉增加 5 次 / min，这可能意味着前一天的运动量过大；而如果增加 12 次 / min 以上，这可能表明身体正在出现一些不良反应。

当长期晨脉持续增加时，需要对其进行更深入的分析，并找出增加的原因。在某些情况下，可能需要暂时停止运动，直到晨脉恢复到正常水平。此外，晨脉与个体的自我感觉密切相关。研究表明，每分钟晨脉增加 6 次可能导致约 20% 的个体感觉不良，增加 12 次则约 40% 的个体感觉不良，每分钟晨脉增加 18 次则约 60% 的个体感觉不良。因此，当晨脉出现异常时，个体应该密切关注自身的感觉变化，以便及时采取行动。

在测量晨脉时，需要注意其节律性和是否存在异常情况。如果发现晨脉不规律或者异常增加，需要进一步进行医学检查，以确定是否存在心血管或其他健康问题。因此，晨脉不仅是一项简单的生理指标，还是对个体整体健康状况的重要反映，需要被认真对待和监测。

（3）运动中心率监控运动量。在运动中心率监控运动量方面，心率与负荷强度密切相关。通常，人们会通过测量运动后即刻 10 s 内的脉搏数，并乘以 6 得到每分钟的心率。根据训练—适应原理，随着个体训练水平的提高，完成相同负荷时的心率应逐步下降。如果在某一时期内，完成相同负荷时心率增加，这可能表明身体状态不佳或机能下降，需要进一步查明原因，以便调整训练方案。

（4）运动后心率监控运动量。运动后经过一段时间休息，心率通常能够恢复到运动前的状态。如果疲劳或负荷过大，运动后心率恢复的时间会延长。此外，身体机能状态越好，运动后心率恢复速率越快；而运动量和强度越大，心率恢复时间则越长。因此，监控运动后心率不仅可以评估个体的运动负荷和疲劳程度，还可以反映其身体的机能水平和适应能力。

3. 血压监控

血压作为机能评定的重要指标，与运动强度和性质之间存在密切关系。在进行大强度锻炼后，人体的收缩压通常会上升，而舒张压会下降，这种变化往往随着迅速的恢复，反映出身体机能良好的状态。如果在运动后收缩压上升、舒张压也上升，或者两者的变化不一致且恢复时间延长，则可能表明机能状态不佳。此外，运动时脉压差增加的程度下降，或出现梯形反应，即收缩压突然下降，也可能暗示着有机能不良的情况。

在日常运动中，若连续数周内观察到安静舒张压上升、脉压差减小以及心率增加的情况，这可能提示机能不佳，需要考虑调整运动强度以避免过度疲劳的发生。因此，通过对血压指标的监测和分析，可以帮助评估个体的机能状况，及时调整运动计划，保障身体的健康。

4. 体重监控

每周测量体重 1 ～ 2 次是有效的健身实践，可以更好地了解身体状态。除了体重，还可以在训练前后结合其他生理指标来评估训练后的恢复情况。对于成年人来说，体重通常相对恒定，初始锻炼可能导致轻微减重，但随后可能会有所回升，总体减重不会超过 0.5 kg。如果体重下降的原因不明，可能与消耗性疾病或过度疲劳有关。体重逐渐增加可能意味着运动不足。对于儿童和少年来说，体重长期保持不变或下降则可能不正常，需要及时关注。在实施运动处方时，应综合多项指标进行自我监控，包括体重、身体感觉以及其他客观指标，以更全面地评估训练效果和身体状态。通过结合主观指标和客观指标，可以更好地调整运动计划，确保健康的身体状态和达到预期的训练目标。

（二）实施策略

运动能够促进身心健康，因此大力倡导人们增加运动锻炼，尽量减少静坐，但全球范围内运动不足的现象依然普遍存在。针对这一挑战，干预方法基于行为改变理论。虽然短期内的运动计划可能取得成功，但在长期规律性运动锻炼方面，效果呈现不一致的趋势。这表明通用的运动干预措施并不总是能够在长期内维持人们的运动习惯。因此，个性化运动处方成为一种备受关注的解决方案。通过对个体的生活方式、健康状况和运动偏好进行全面评估，定制的个性化运动处方更有可能激发个体的运动积极性，从而实现长期的健康效益。评价体力活动改变阶段见表 3-1[①]。

① 张全成．高级体适能与运动处方 [M]. 西安：西北工业大学出版社，2019.

表 3-1　评价体力活动改变阶段

阶段	项目			
	1	2	3	4
前意向阶段	否	否	—	—
意向阶段	否	是	—	—
准备阶段	是	—	否	—
行动阶段	是	—	是	否
维持阶段	是	—	是	是

说明：在下列每个问题后面填写“是”或“否”。请仔细阅读说明。

（1）我目前体力活动活跃。（　）

（2）在接下来的 6 个月里，我打算进行更为活跃的体力活动。（　）

（3）我目前渴望进行规律的体力活动。（　）

（4）在过去的 6 个月里，我从事规律的体力活动。（　）

针对体力活动行为，行为改变阶段表现如下：

第一，在前意向阶段，个体通常表现为静坐少动，缺乏对改变行为意向的开始。他们可能对体力活动的改变需求缺乏认真思考，缺乏行动的动机。这一阶段的人们可能感受到身体的不适，但还未能将这种不适与体力活动的缺乏联系起来，因而对行动缺乏兴趣。

第二，在意向阶段，个体开始规划未来。尽管人们仍然可能表现出静坐少动的行为，但已经制订了一个具体的计划，即在未来 6 个月内开始进行有规律的体育锻炼。这种明确的意向是改变行为的第一步，显示了他们逐渐意识到身体活动对健康的重要性。

第三，进入准备阶段，个体开始认识到增加体力活动的必要性，并意识到自己当前的活动水平较低。尽管他们的行动可能还不足以获得健康效益，但已经制订了在未来 30 天内增加体力活动量的计划。这表明他们对改变行为的决心正在逐步增强。

第四，行动阶段是个体行为改变的关键时期。在这个阶段，个体已经进行了推荐水平的体力活动至少 6 周。他们的行为改变动机强烈，感知到的效益大于障碍，但同时面临着回退的风险。因此，在这个阶段需要特别注意维持动机和克服可能的障碍。

第五，维持阶段是个体坚持有规律地锻炼至少 6 个月的阶段。在这个阶段，行为已经相对巩固，回退的风险较低。个体已经养成了健康的生活习惯，将体力活动融入日常生活中，这有助于长期维持身体健康和心理健康。

1. 实施坚持性的经验推荐

第一，在寻求健康专业人员支持方面，个体应主动咨询医生或健康顾问，以获取针对个人情况的专业建议和指导。这种专业支持可以帮助他们明确健康目标，并提供可行的行动计划，从而更有效地管理健康状况。

第二，制定个性化运动目标是成功运动计划的关键。通过考虑个体的健康状况、体能水平和生活方式，确立具体、可量化的目标，增强动力，提高执行力。这种个性化的目标有助于激发个体的积极性和动力，使其更有可能坚持运动计划。

第三，为确保计划的可实现性和客观性，个体应该在设定目标时考虑到自身的时间、资源和能力。合理分配运动时间、选择适合的运动方式，并设定合理的达成目标时间，以避免过高的期望和因此而产生的挫折感。

第四，在保障运动安全和便利方面，个体应确保运动场所的设施维护良好，并采取必要的安全措施。这包括定期检查器械设备的安全性，确保场地清洁整齐，以及遵守运动场所的规则和指导。

第五，获得社会支持是促进长期运动的重要因素之一。家人、朋友或同事的支持和鼓励可以帮助个体克服困难，保持动力。定期与他人分享运动计划和成就，建立支持网络，能够增强个体的运动动力和忍耐力。

第六，确定运动环境中的支持者和提醒者是维持运动习惯的有效策略。这些支持者可以是健身教练、训练伙伴或家人，他们的存在可以提供持续的激励和提醒，帮助个体保持运动动机和纪律性。

第七，自我监测运动动机对于保持长期运动至关重要。通过定期反思和评估自己的运动目标和动机，个体可以更好地理解自己的需求和动力来源，从而及时调整运动计划，保持积极的心态和动力。

第八，监测急性运动效果是确保运动计划有效性的重要步骤之一。通过记录运动过程中的身体反应和变化，个体可以更好地了解自己的身体状况和运动效果，及时调整运动强度和方式，避免过度训练和损伤。

第九，强调多样性和趣味性是保持长期运动动力的关键。通过尝试不同类型的运动和活动，个体可以保持新鲜感和挑战性，避免单调性和厌倦感，从而更有可能坚持运动计划。

第十，制定规律运动时间表有助于建立持久的运动习惯。固定每周的运动时间和计划，使运动成为生活的一部分，并减少因时间安排不当而导致的运动中断或延误。

第十一，引入资格合格的运动专业人士可以提供专业的指导和支持，帮助个体制订有效的运动计划，并确保运动过程中的安全性和效果。这些专业人士可以是健身教练、理疗师或运动医学专家，他们的专业知识和经验可以为个体提供更好的运动指导和建议。

第十二，执行中等强度的运动以减少肌肉酸痛和损伤是保持运动安全和可持续性的关键。个体应根据自身的身体状况和运动目标选择适当的运动强度和方式，避免过度训练和突然增加运动负荷，从而减少运动相关的伤害和不适。

2. 以健身者为中心的运动辅导

（1）探讨日程安排。

第一，关注健身者的日程安排。

第二，表达渴望谈论健康行为。

（2）评估。

第一，改变的准备（如“您是否考虑改变一下您的运动习惯”）。

第二，了解危险 / 困难（如“您认为运动会有怎样的危险”）。

第三，危险相关症状 / 疾病的历史（如“您是不是担心运动锻炼会使您感到很累？对您来说，疲劳是一个困难吗”）。

第四，恐惧 / 顾虑（如“您对运动锻炼有什么顾虑吗”）。

第五，对健康行为的看法（如“您今天为什么来找我”）。

第六，选择健康行为的历史（如“您曾经是否尝试进行运动锻炼”）。

第七，以前在试图改变过程中出现的问题（如“告诉我有关您以前运动锻炼的情况。您遇到了什么问题”）。

第八，阻碍改变的问题（如“现在有什么使得您无法开始进行运动锻炼的事情”）。

第九，试图改变行为的原因（如“您为什么要进行运动锻炼呢”）。

第十，继续进行危险行为的原因（如“您为什么坚持这样做，而不是参与运动锻炼呢”）。

（3）劝告。

第一，大力劝告健身者改变行为方式。

第二，个人风险。

第三，强调改变带来的短期和长期益处。

（4）帮助。

第一，利用口头语和非口头语之间关联 / 助长技巧（采用开放式问题，避免使用规定性陈述，如“你应该……”，可以使用直接的眼神交流等）。

第二，纠正误区，提供咨询（如“您打算利用更多的运动锻炼在 6 周内减掉 5 kg 或更多的体重，这是一个不实际、不健康的目标。运动锻炼可以使您在长期运动中保持体重逐渐减少，但是在短期内效果甚微”）。

第三，表达感想 / 提供支持（如“我理解您对开始运动有些紧张。开始的时候的确很困难，但是我相信您是可以做到的”）。

第四，找出改变的障碍（如“您提到您的日程安排比较紧。让我们来看看您的安排吧，看看是否可以找出一定的时间进行短时间的运动”）。

第五，发现潜在的资源和支持（如“您的伴侣是否有兴趣和您一起运动？在您的居住地附近是否有健身房或公园”）。

第六，描述可以调整的方面（如“根据您和我的交流，似乎您应该选择某种特定的运动锻炼”）。

第七，在选择中精挑细选（如“在这些建议中，您认为哪一个最适合您”）。

第八，提供资源 / 材料（如“这是一个节拍器，可以在您散步时轻松地打出简单的节奏”）。

第九，传授技巧 / 推荐行为改变策略（如“启动一个运动处方实施计划是具有挑战性的。有一种方法可以帮助您，即将运动计划记录在日历上，并将其视为完成的任务”）。

第十，在适当的时候提供建议（如“我认为您可能会喜欢参加瑜伽课程”）。

第十一，考虑一份书面合同（如“很多人发现签署一份书面合同有助于跟踪运动处方实施计划。如果我们这样做，您觉得可以吗”）。

第十二，发现障碍并解决问题（如“许多人在进行运动时会遇到困难，您认为可能会成为您的障碍吗？我们一起找到克服这些问题的方法”）。

第十三，鼓励采用支持和应对策略（如“糟糕的天气通常使得户外步行变得困难。您是否能够考虑有一个室内替代场所？在恶劣天气中尝试其他运动方式是否可行”）。

（5）随后的安排。

第一，重申计划。

第二，安排随后的日程或打电话。

（三）实施评价

运动处方实施的评价是确保运动处方方案的有效性和适宜性的重要过程。评价过程旨在监测个体在运动处方方案下的身体和心理变化，以便调整和优化方案，从而实现更好的健康和体能目标。

第一，健康状况评估。在开始运动处方前，需要对个体的健康状况进行全面评估。这包括身体检查、健康史调查和可能的风险因素评估。运动处方应根据个体的特定需求和限制量身定制。

第二，目标设定。在制订运动处方时，需要与个体一起设定明确的目标。这些目标可以是增强心肺功能、减轻体重、增加肌肉力量或改善灵活性。目标应该是可量化的，以便在评价过程中进行比较。

第三，数据收集。运动处方实施期间，需要收集相关的数据，以便评估个体的进展。这包括每次运动的持续时间、强度、频率，心率变化，运动时的感受等。

第四，跟踪与监测。通过使用健康跟踪工具、运动监测设备和问卷调查等方法，定期监测个体的运动活动和生理反应。这有助于了解个体对运动处方的响应，并及时发现潜在问题。

第五，适应性调整。运动处方实施的评价允许根据个体的反馈和进展进行适应性调整。如果目标已经达成或出现新的健康问题，可能需要对运动处方进行更新。

第六，心理评估。除了身体方面的评估，还应关注个体在运动处方过程中的心理状态。运动可能会影响情绪、动机和自我感觉，因此在评价中考虑心理因素非常重要。

第七，定期回顾。运动处方的评价应定期进行，以便在整个过程中跟踪进展并提供支持和鼓励。回顾还可以帮助个体和健康专业人员一起分析过程中出现的挑战和成功。

第三节　运动处方的案例分析

一、脂代谢紊乱患者运动处方案例

脂代谢紊乱是一种血脂和脂蛋白浓度异常的情况，其发生可能是由基因、环境或病理情况异常所致。严重的脂代谢紊乱可能与胆固醇代谢基因缺陷有关，而一般情况下，可能由其他疾病（如糖尿病）或特殊基因类型与多种环境危险因素（如饮食、锻炼、吸烟）相结合导致。脂代谢紊乱与心血管疾病（CVD）的关系密切，是引起 CVD 的重要因素之一。针对高危个体和糖尿病患者，治疗的主要目标是降低低密度脂蛋白胆固醇浓度。在治疗中，胆固醇疗法和生活方式改变被强调为关键。生活方式改变对治疗脂代谢紊乱至关重要，其中包括饮食、锻炼和戒烟等。尽管运动锻炼对于改善人的血脂有益，但在脂代谢紊乱患者中其效果并不普遍。运动锻炼可以有效地控制其他 CVD 危险因素（如肥胖和高血压）。因此，尽管运动对于血脂的影响在脂代谢紊乱患者中可能有所不同，但其在控制其他 CVD 风险因素方面的作用仍然十分重要。因此，对脂代谢紊乱的病人运动处方建议如下。

（一）运动处方制订前测试

第一，在进行运动测试前，对患有脂代谢紊乱的个体进行筛查和危险评估至关重要。这种筛查可以帮助医务人员了解患者的健康状况，以便确定适当的测试方案和运动强度。由于脂代谢紊乱可能增加心血管疾病的风险，对患者进行全面的危险评估可以帮助医生更好地管理患者的健康状况。

第二，在对脂代谢紊乱患者进行检测时，需要小心谨慎，以免引发潜在的心血管疾病。这是因为一些运动测试可能会增加心脏负担，对患者的心血管系统造成额外的压力。因此，在进行任何形式的运动测试之前，医务人员应该充分了解患者的身体状况，并谨慎选择适当的测试方法，以确保不会对患者的健康造成进一步的损害。

第三，标准运动测试通常适用于筛查和评估脂代谢紊乱患者，但对于同时存在其他情况的患者（如代谢综合征、肥胖、高血压等），可能需要适度修改测试方案。这些患者可能对运动的耐受性不同，需要更加个性化的测试方案以确保他们的安全和舒适。因此，医务人员在设计测试方案时应考虑到患者的整体健康状况，并根据需要进行相应的调整，以最大限度地降低潜在的风险并确保测试的准确性。

（二）运动处方方案制订

针对无并发症的脂代谢紊乱患者，运动处方与一般健康成年人的相似度显著。重点在于体重管理的控制，因此，有氧运动被视为基础。这包括但不限于步行、慢跑、游泳等持续性运动。同时，辅以低阻力高重复的抗阻训练和柔韧性练习，有助于促进血脂和脂蛋白浓度的改善。对脂代谢紊乱患者推荐的运动处方方案见表 3-2。

表 3–2　对脂代谢紊乱患者推荐的运动处方方案

基本作用	调节血脂和脂蛋白水平
运动模式	有氧运动（主要）辅以抗阻训练（形式为低阻力而多重复性的运动）、柔韧性练习
运动强度	40%～75%的VO2R或HRR强度的有氧运动锻炼，以60%～80% 1–RM强度进行抗阻运动。低强度运动比高强度运动更能有效地降低血脂
运动时间	每天 30 ～ 60 min 持续性或间歇性的有氧运动。但为了促进或维持体重，建议增加运动锻炼的时间。如没有并发症的脂代谢紊乱患者可以遵循健康成年人的抗阻训练（2 ～ 3 次 / 周，每次 2 ～ 4 组，每组重复 8 ～ 12 次）
运动频率	每周≥ 5 天的有氧运动，进行 2 ～ 3 次 / 周的抗阻运动

（三）相关注意事项

第一，在特殊情况下，针对伴有其他症状的健身者，运动处方需要进行适度调整。例如，对于代谢综合征、肥胖和高血压患者，医务人员需要更加谨慎地制订运动计划。

第二，对于使用降脂药物的运动者，需要特别关注可能导致的肌肉损伤，并询问他们在运动中是否感觉到异常的肌肉酸痛。

第三，改善血脂 / 脂蛋白可能需要数周甚至数月的有氧运动训练，但其进展受到多种因素的影响，包括个体的生理状态、药物治疗的效果以及运动计划的执行情况。

二、高血压病患者运动处方案例

高血压病是一种常见的心血管疾病，属于全身性慢性疾病的范畴。其主要特征是持续性血压升高，可以导致多种严重后果。原发性高血压通常是由于动脉硬化和血管调节异常引起的，而继发性高血压是由其他疾病（如肾脏疾病等）引起的，不包括在原发性高血压的范畴内。

高血压的定义主要基于血压水平。一般而言，收缩压（心脏收缩时血液对动脉壁施加的压力）达到或超过 140 mmHg，舒张压（心脏舒张时血液对动脉壁施加的最小压力）达到或超过 90 mmHg 时，被视为高血压。此外，即使血压未达到这些水平，但需要长期服用降压药物或医生已经告知患者有高血压的风险，也可被视为高血压。

高血压患者面临着多种健康风险，如心血管疾病、脑卒中、心力衰竭、周围动脉疾病和肾脏疾病等。研究表明，每增加收缩压 20 mmHg 或舒张压 10 mmHg，心血管疾病的风险便会翻倍。

高血压的病因复杂，大多数情况下原因不明，即为原发性高血压，而继发性高血压占总病例的 5% ～ 10%，通常与其他疾病有关。影响高血压发生和发展的因素包括精神紧张、缺乏体力活动、吸烟等不良生活习惯，家族史中有高血压患者会增加后代患病风险。

在高血压的治疗方面，生活方式的改变被广泛认为是首选的治疗方法，如适宜的饮食和常规的体力活动。例如，避免高盐饮食有助于控制血压。对于一些患者来说，药物治疗是必要的，有效的药物可以用于降低血压，可能需要组合用药以达到目标血压水平。因此，针对个体情况的综合治疗方案是高血压管理的关键。

（一）运动处方制订前测试

在测试前，根据高血压患者的血压水平、其他 CVD 危险因素、目标器官的损伤情况或临床 CVD，将高血压患者分为三个危险分层。根据患者所在危险分层的不同，推荐的运动测试有所区别：

第一，高血压患者在进行运动测试前必须接受医学评估，该评估的内容应当根据个体的健康状况和计划进行的运动强度来确定。这一步骤的重要性在于确保患者在进行运动时不会引发不良反应或加重已有的健康问题。

第二，计划进行较大强度运动的患者需要医务监督以及个体化测试。这种监督和测试可以帮助医务人员了解患者的身体状况和运动耐受性，以便制订合适的运动计划，并在必要时及时调整。

第三，对于没有临床症状且属于低风险的患者，可以进行低至中等强度的运动，通常不需要进行症状限制性的心肺运动试验[①]。这种做法可以促进患者的身体活动，并有助于改善他们的健康状况。

第四，属于危险分层的 C 组患者在参加中等强度运动之前应接受相关测试，以确保他们的身体能够承受所计划的运动强度。而对于低强度运动，则可能不需要进行额外的测试。

第五，大部分高血压患者适合进行中等强度的有氧运动。这种运动有助于控制血压、改善心血管健康，并且相对于高强度运动来说风险较低。

第六，当患者的舒张压（SBP）超过 200 mmHg 和 / 或收缩压（DBP）超过 110 mmHg 时，是进行运动测试的禁忌证。在这种情况下，运动可能会加重血压问题，增加心血管事件的风险。

第七，在进行非诊断性测试时，患者可以在推荐时间内继续服药。但在进行诊断性测试之前，患者应当停止使用药物，以确保测试结果的准确性。

第八，β 受体阻滞剂会影响运动时的心率反应和最大运动能力，而利尿剂可能导致

① 心肺运动试验（Cardiopulmonary Exercise Testing，CPET）是国际上普遍使用的衡量人体呼吸和循环机能水平的肺功能检查之一，它可用于功能性运动容量的评价、疾病的诊断及判断治疗。

低血钾和心率问题。因此，在制订运动计划时需要考虑患者正在使用的药物以及可能的副作用。

第九，当患者的舒张压超过 250 mmHg 和 / 或收缩压超过 115 mmHg 时，需要立即终止运动测试。这样的血压水平表明患者身体无法承受当前的运动强度，需要及时采取措施避免进一步的健康风险。

（二）运动处方方案制订

静态生活方式和运动量不足是高血压的主要成因之一，这导致了全球高血压患者数量的增加。研究表明，有氧运动对于高血压患者是非常有益的，因为它可以显著降低安静时血压，降幅可达 7 ～ 10 mm Hg。即使是次极量强度的运动也能有效降低血压。虽然有氧运动是重要的，但中等强度的抗阻训练同样有效，这表明了运动处方的多样性。柔韧性训练也在高血压管理中扮演着重要角色，它应该在全面热身后和放松阶段进行，有助于改善运动效果并降低运动伤害的风险。制订高血压患者的运动处方必须考虑多种因素，包括高血压的严重程度、器官损害程度以及患者的年龄等。因此，运动处方应该是个性化的，根据每个患者的特点和需要进行调整和制订。尽管有一些通用的高血压患者运动处方可供参考，但这些处方的应用需要结合患者的具体情况进行调整，个性化原则是制订高血压患者运动处方的关键。对高血压患者推荐的运动处方方案见表 3-3。

表 3–3　对高血压患者推荐的运动处方方案

基本作用	降低血压
运动模式	有氧运动（主要）辅以抗阻训练（形式为低阻力而多重复性的运动）
运动强度	中等强度的有氧运动锻炼，以 60% ～ 80% 1–RM 强度进行抗阻训练。有研究指出，低强度运动比高强度运动更能有效地降低血压
运动时间	30 ～ 60 min/d 持续性或间歇性的有氧运动。抗阻训练应该至少有 1 组，每组重复 8 ～ 12 次
运动频率	1 周内可以每天进行有氧运动，每周进行 2 ～ 3 次的抗阻运动
特别考虑	结合运动及药物疗法，应避免使用 β 受体阻滞剂，因为它能使心率减慢；若必须使用 β 受体阻滞剂，则应选择 β1 选择性受体阻滞剂血管紧张素转化酶抑制剂（ACEI）、钙通道阻滞剂及 α 受体阻滞剂以引起最小的不良作用。后两者及血管扩张剂可能会造成运动后血压过低，预防方法是在运动后进行充分整理运动；进行锻炼肌力运动时避免使用 Valsalva 动作①。若静止时收缩压＞ 200 mmHg 或舒张压＞ 110 mmHg，则不应进行运动

（三）相关注意事项

第一，针对患有严重高血压的个体，进行运动锻炼前必须进行全面评估。这包括对患者的心血管健康状况、血压控制情况以及其他相关健康指标的仔细检查。通过这一评估，医务人员可以确定其是否适合进行运动以及应该采取何种程度的运动。

①Valsalva 动作是由意大利解剖学家 Antonio Maria Valsalva 于 1704 年提出而命名的。Valsalva 动作是通过增加胸内压来影响血液循环和自主神经功能状态，进而达到诊疗目的的一种临床生理试验。

第二，CVD 患者在进行较大强度的运动时必须接受医务监督。这是因为高强度运动可能会对心血管系统造成额外的负担，尤其是对于心脏功能存在一定影响的患者而言。医务监督可以确保运动计划的安全性，并在必要时进行调整。

第三，当血压超过 200/110 mmHg 时，不宜进行运动锻炼。即使在进行运动时，血压也应该控制在 220/105 mmHg 的范围内。这是因为在高血压情况下进行剧烈运动可能会增加心血管事件的风险，因此需要谨慎控制运动强度。

第四，受体阻滞剂和利尿剂等降压药物可能会影响体温调节机制，并导致低血糖等副作用。因此，在进行运动前，患者应该采取预防措施，确保体温和血糖水平处于正常范围。

第五，β 受体阻滞剂可能会降低个体的最大运动强度。因此，在进行运动时，可以通过自我感觉疲劳来监测运动强度，而不仅仅依赖于心率等生理指标。

第六，服用降压药物可能会导致运动后血压突然下降，因此在运动结束后需要延长整理阶段，以逐渐恢复正常的血压水平。这有助于减少运动后可能出现的不适症状。

第七，对于超重或肥胖的高血压患者，运动处方应该旨在促使体重下降。通过合理的运动计划和饮食控制，可以有效控制体重，并改善血压控制情况。

第八，老年高血压患者在进行运动后，血压下降的情况与年轻人相似。因此，老年人也可以通过适当的运动来改善血压情况，并享受到与年轻人相似的健康益处。

第九，有氧运动可以立即降低血压，因此医务人员应该告知患者这一效果，以提高他们对运动的依从性。这有助于患者更好地控制血压，并改善心血管健康状况。

第十，在进行运动时，如果出现心肌缺血症状（如胸闷、胸痛等），应该设定目标心率，并在达到该心率时及时停止运动，以避免进一步加重心脏负担。

第十一，在进行抗阻训练时，应避免屏息进行发力动作。因为屏息可能会增加心脏负担，并导致心血管事件的发生。因此，在进行抗阻训练时，应保持呼吸畅通，并避免屏息。

第四节　运动处方信息管理系统的设计

随着生活水平的提高，不良生活方式导致的疾病增多，老年病年轻化的现象引起了人们的广泛关注。在这种背景下，大众健身成为社会热点。为了科学指导健身活动，运动处方信息管理系统作为一种有效的方法逐渐受到人们重视。这种管理系统整合了锻炼者信息管理、健康评估、处方制订、效果分析等功能。通过运用这种系统，个体能够在较短时间和轻负荷下取得较大的锻炼效果，从而更好地实现健身目标。与传统的一般性运动计划相比，运动处方更加个性化、科学化，能够更好地满足个体的健身需求。

一、系统总体设计

（一）系统工作流程

根据运动处方制订的需求，制定了系统工作流程，如图 3-1 所示[①]。

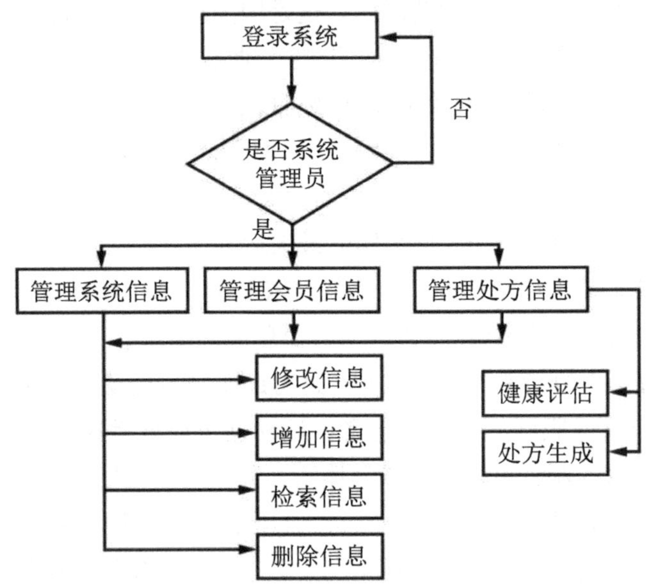

图 3-1　系统工作流程

按照系统工作流程，用户首先登录系统根据输入信息进行身份验证。整个系统界面被分为管理系统信息部分、管理会员信息部分和管理处方信息部分。其中管理系统信息和管理会员信息包含删除信息、增加信息、检索信息和修改信息四种功能，管理处方信息部分除了包含以上四种功能还包含健康评估和处方生成两种功能。

（二）系统结构设计

运动处方信息管理系统采用 C/S 模式，可分为前台和后台两部分。所谓前台就是客户端，这一部分具有可视化的操作界面。而所谓的后台就是数据库服务器。根据需求分析中的功能需求，下面对本系统制定了系统层次，如图 3-2 所示。

① 张全成，尤锟 . 运动处方信息管理系统的设计与实现 [J]. 价值工程，2012，31（26）：197−198.

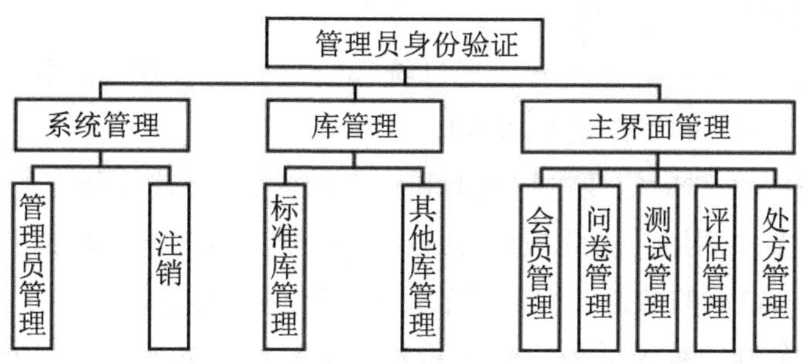

图 3-2　系统层次

由图 3-2 可知，本系统共分为三层：“系统管理”“库管理”“主界面管理”。“系统管理”包括“管理员管理”和“注销”；“库管理”包括“标准库管理”和“其他库管理”；“主界面管理”则包括“会员管理”“问卷管理”“测试管理”“评估管理”“处方管理”。

（三）系统功能

系统的主要功能有：用户身份验证，增加数据库中的记录信息，修改数据库中的记录信息，删除数据库中的记录信息，按照一定条件从数据库中检索信息，按照健康问卷信息、临床检查及运动测试信息进行健康评估，按照评估结果生成运动处方。

二、系统功能实现

运动处方信息管理系统通过 Microsoft SQL Server 数据源与数据库建立连接，对数据库进行操作数据源的连接过程为在 Visual Studio 2008 中打开服务浏览器窗口，右键点击“数据连接”项，在弹出的菜单中选择“添加链接”单击“添加”，选择 SQL Server，在对话框的名称中写入要添加的数据源名称，选择的服务器为 local，更改数据库为要操作的数据库名称。配好数据源后，只需使用 C# 语言就可引用所需数据。

（一）公用模块实现

在实现系统时，有些实现基本功能的模块将会被别的模块多次调用，这样的模块为公共模块。针对系统的特点需要实现以下公用模块：

第一，系统中的各个窗口都被设计成公共部分，包括设备信息管理、用户信息管理和分类统计显示。这些窗口采用了简洁的控件布局，不需要额外的代码说明即可实现功能。这种设计使系统的界面统一且易于维护，也提高了用户的使用体验。

第二，数据操作包括增加、删除、修改和检索，这些操作都需要使用数据库连接方法。因此，连接数据库被设计成系统的共用方法。通过这一方法，系统可以有效地管理数据库操作，确保数据的一致性和完整性，提高了系统的稳定性和可靠性。

第三，从数据库获取数据后，系统需要以表格形式在窗口中显示。这种方法会被多次调用，因此被设计成共用部分。通过统一的数据显示方法，系统可以实现数据的快速展示，提高了用户的工作效率和体验。

第四，用户输入数据时需要进行类型和大小的检验，以确保数据的合法性和准确性。这种方法也会被多次调用，因此被设计成共用部分。通过输入数据验证方法，系统可以有效地防止输入错误的数据，保证了数据的有效性和可靠性。

第五，在各个按钮被激活后，系统需要清空窗口中的控件，以便用户进行下一步操作。这种方法也会被多次调用，因此被设计成共用部分。通过清空窗口控件方法，系统可以实现界面的清晰和简洁，提高了用户的操作便捷性和体验。

（二）主要功能实现

系统的主界面被分为左、中、右三部分，每部分都承担着不同的功能，以提供全面的管理和操作体验。左边部分列出了所有注册的会员，即会员列表，为用户提供了一个快速访问会员信息的入口。中间部分则是操作按钮的集合，通过这些按钮，用户可以对右边部分展示的各种信息进行具体操作。右边部分则展示了选中会员所对应的各种信息，包括但不限于会员信息、问卷信息、临床检查及运动测试、健康评估和运动处方。这种分割将整个系统的功能清晰地展现在用户面前，使用户能够轻松地找到所需信息并进行相应的操作。

在会员信息方面，系统将其分为基本信息和选填信息。基本信息是必填项，如果用户在填写时出现错误，系统会及时提供错误提示，以保证数据的准确性和完整性。选填信息则为用户提供了更多个性化的内容，用户可以根据自己的需求进行填写。此外，系统在用户误选其他会员或转移到其他信息标签时，会自动撤销操作，以确保数据的完整性，避免出现混乱和错误。

在新增会员时，系统会自动生成 4 份问卷，用户无法添加或删除问卷。这些问卷的初始状态为未填写，用户填写后系统会记录填写日期，并在修改后记录修改日期。在健康评估标签下，用户必须选择临床检查及运动测试信息进行评估，未选择的信息将不会显示评估结果，这样可以确保评估结果的准确性和完整性。

系统还提供了评估按钮和生成处方按钮，以进一步完善用户的操作体验。在健康评估标签下，单击评估按钮会弹出测试信息选择对话框，用户必须至少选择一份测试信息以进行评估，这样可以确保评估结果的全面性和准确性。而保存评估结果后，用户可以单击生成处方按钮，系统会自动跳转到运动处方标签下，并显示生成的处方，为用户提供了便捷的操作方式，节省了用户的时间和精力。

综上所述，运动处方的制订和信息系统的发展对促进全民健康起着重要作用。运动处方不仅对国民体质和健康具有显著的影响，还对慢性病的预防至关重要。随着全民健身推广，人们对健身的需求不断增加，但不同个体的身体状况和需求各不相同。因此，需要更多个性化的运动处方来满足不同人群的需求。在这一背景下，信息技术和计算机的发展为运动处方的制订提供了更多可能性。利用信息技术和计算机开发的管理信息系统可以有效地收集、整理和分析大量的个体健康数据，为医护人员提供更准确的参考和指导。这种系统的应用不仅可以促进全民健身，还可以在慢性病防治方面发挥积极作用，为健康管理和医疗服务提供更加智能化、个性化的支持。

第四章 大学生健康管理与服务体系的构建

第一节 大学生个人健康档案的管理

一、开展大学生健康知识普及工作

在推进大学生健康知识普及工作方面，首要关键是通过多种形式的教育活动引导学生认识和了解健康知识。定期邀请专家学者进行健康知识讲座是其中一项关键举措。这些专家学者可以分享最新的健康科学研究成果和健康管理方法，使学生在听取专业讲解的同时提高对个人健康的关注和认识。另外，借鉴“心理健康月”等活动，通过开展大学生个人健康知识普及宣传，例如，举办健康知识竞赛、鼓励学生自主制作健康知识短视频或情景剧，可以更加生动地传递健康知识，提升学生的学习积极性和参与度。通过鼓励和宣传健康管理知识的榜样，广泛推进大学生健康管理知识的教育，有助于塑造良好的学习氛围和价值观，进一步增强学生个人健康管理意识，使其养成良好的生活习惯和健康管理行为。

二、推进健康档案管理知识进课堂

在推进健康档案管理知识进入课堂的过程中，关键在于将相关内容有机地融入大学生的学习计划。设立健康档案管理选修或必修课程，并纳入大学生人才培养计划，是推动这一工作的关键之一。通过课堂教学，大学生可以系统学习健康档案管理的理论知识，了解个人健康档案的重要性和相关法律法规。同时，课程内容应注重实践操作，包括参与学校档案部门的日常工作和小组实验研究。这种实践操作不仅可以加深学生对健康档案管理的理解，还可以传授个人健康档案的相关管理方法和手段，培养学生的实践能力和健康管理技能。通过课堂教学与实践相结合，将健康档案管理知识深入学生的学习和生活中，为大学生今后的个人健康管理奠定坚实的基础。

三、提高学生参与建档积极性

一方面，着重利用环境和榜样力量是关键之一。学校可以建立个人健康档案自主管理实验小组，为此提供支持和经费。这个小组可以定期召开会议，分享成员的经验和成果，同时为成员提供相关培训和指导。通过这样的组织形式，学生可以在一个支持和鼓励的环境中进行个人健康档案的管理和记录。此外，学校还可以定期汇总这些数据，并发布到一个共享平台上，让更多的学生参与进来，形成学生之间的相互激励和竞争氛围。

另一方面，数据驱动与相互感染效应也是提高学生参与建档积极性的重要途径。通过向学生展示数据的冲击力，让他们认识到个人健康档案的重要性和必要性。同时，学生之间的相互感染效应也是非常有效的。当一个学生开始积极参与到建档中，并且取得了一定的成果时，他的行为和成就会激励周围的同学也加入进来。这种相互感染效应可以促使更多的学生参与到个人健康档案的建立和管理中，从而形成一个良性循环。

四、鼓励学生自主研发相关技术

作为大学生健康监督的两大主体，医院与学校可以合作提供优惠政策，鼓励学生定期进行体检。这不仅可以增强学生的自我健康管理意识，还可以为学生提供更多的健康数据，为个人健康档案的建立提供更多的信息来源。学校与医院可以合作，将学生的个人健康档案移交给学生本人，并提供权威指标体系，指导学生进行生活作息习惯的调整。学校可以积极组织大学生创新创业竞赛，鼓励学生运用所学知识，探索和填补个人健康数据记录领域的空白。这不仅可以激发学生的创新意识，还可以为个人健康档案的发展提供更多的可能性和机遇。

第二节　网络化视角下大学生的健康管理

一、形成多元化网络治理模式

网络化治理理论中，政府角色转变为网络化治理理论的核心之一。传统上，政府是公共服务的唯一提供者和权力行使者，网络化治理理论强调政府与其他参与主体地位相对平等，成为多元治理中的一部分。打破政府垄断是网络化治理的重要任务。传统政府层级制的垄断导致公共事务处理效率低下，因此引入私人部门和其他非政府组织，构建多元参与主体，是网络化治理的重要举措。网络化治理强调合作共创的理念。通过各方积极合作，包括政府、企业、非营利组织和公民等，可以实现公共价值最大化，推动社会治理的创新与发展。

（一）明确主体目标

网络治理中的多元化是一项复杂而重要的任务。政府、非营利组织、企业和个人等各种利益相关者，在确保网络空间安全、发展和公平的过程中扮演着不可或缺的角色。这种多元化的参与也带来了一系列挑战，其中最主要的是文化差异所导致的问题。

文化差异可以表现为不同主体的出发点、服务理念和利润追求上的差异，这可能导致目标冲突和矛盾的出现。例如，政府可能更注重公共利益和社会责任，而企业更注重经济效益和市场竞争力。这样的差异可能导致沟通障碍和合作困难，进而影响网络治理的有效性和可持续性。

在这种情况下，政府的角色变得至关重要。政府作为网络治理的主导者和监管者，需要深入了解各主体的文化背景和利益诉求，并采取有效的沟通和协调措施，以促进相互理解和合作。政府需要具备包容性和引导性，以确保各方的利益得到平衡和尊重，从而实现网络治理的目标。

此外，文化认同在网络治理中也显得至关重要。建立文化认同有助于增强共同体的凝聚力，降低因文化差异而产生的风险成本，促使各参与者为了共同目标而暂时搁置个人利益。因此，以“求同存异”的原则为基础，各方可以制定书面协议，明确各自的关切、利益诉求和责权划分。这样的协议有助于形成更紧密的伙伴关系，加强各方之间的信任和合作，从而共同推动网络治理的进展。

尽管有协议，问题仍然可能会出现。因此，政府需要保持灵活的沟通和调整机制。政府可以充分利用各种沟通和协调手段，包括定期会议、联合工作组等，以及必要时进行讨论和调整，以适应不断变化的情况。这种灵活性有助于促使其他组织积极参与并主动解决问题，从而推动网络治理的发展和进步。

通过政府的引导和各方的合作，网络治理可以更好地适应复杂多变的环境，实现共赢和可持续发展的目标。多元化的参与主体在网络治理中扮演着至关重要的角色，只有通过各方的共同努力和合作，才能建立一个安全、稳定和繁荣的网络空间。

（二）认识大学生健康管理的价值

在中国，健康管理在整体层面尚未获得足够的关注，特别是对于大学生健康管理的认识存在模糊不清的现象。目前，大学生健康管理主要由各高校独立完成，缺乏整体性和系统性，这导致了管理方式和标准的不一致性。同时，缺乏对高校健康管理实践的全面评估，难以确定其效果及是否达到预期目标。为了解决这一现状，需要政府主导并制定规范的健康管理制度，从而实现统一的健康管理标准和体系。重点应放在政府通过组织资源来创造公共价值，而不是直接管理人员和项目。这样的转变将有助于提高管理效率和质量，确保大学生健康管理的全面性和科学性。

大学生健康管理具有重要的意义和广阔的前景。通过数据收集、统计和分析，可以及早发现潜在疾病，实施有效的控制措施，从而使大学生群体更加健康。同时，大学生群体具有独特性，相对容易进行管理和干预，因此，加强对其健康管理具有积极的社会意义和影响。

从经济角度来看，健康管理的投入与效益比例较高，可达 1∶8。因此，实施有效的大学生健康管理将带来可观的经济效益，有助于降低医疗支出，提高资源利用效率。需要政府、大学生、高校、社会组织和大众广泛认识大学生健康管理的价值，并从被动转为主动推进相关工作。这需要通过教育宣传、政策支持等手段，提高大众对健康管理的认知度和参与度，促进大学生健康管理工作的顺利开展和持续发展。

二、拓宽主体间的沟通渠道

（一）建立网络沟通协调机制

网络治理强调多元化参与主体，将各方连接起来形成网络是实现网络治理的关键。在这个多元参与的网络中，每个参与主体都能够发挥自身的优势和作用，形成一种有机的互动关系。然而，当前高校的健康管理由高校自主实施，政府缺乏具体指导，导致沟通协调工作由高校自行负责，难以吸引实力雄厚的非营利组织和企业参与。这一现象暴露出政府在高校健康管理领域缺乏引导和规范，使得整个管理体系缺乏完整性和协调性。因此，政府应当牵头展开研究，引入多元化主体参与大学生健康管理，建立政府层面的沟通协调机制。这一机制的建立需要政府加强沟通谈判能力，使其能够在处理问题时游刃有余。政府需要具备处理各方利益、妥善处理矛盾和协调各方资源的能力，从而在多元化主体参与的情况下保持整体稳定。同时，为了构建网络沟通协调机制，各方需要建立共同的价值认同，打破信息壁垒，实现信息共享，并基于问题提出解决方案，加强互动。只有通过这种共同努力，才能够形成一种有效的沟通协调机制，使高校的健康管理更加完善和有效。

政府的引导和推动是建立这种机制的关键，但其作用并不是单方面的。政府应当充分尊重各方利益和意见，形成共识，引导各方共同参与，并根据各方的建议和反馈不断完善和调整机制。这样的多元化参与模式能够激发各方的积极性和创造性，形成合力，使大学生健康管理工作更加全面、系统和有效。因此，政府需要积极主动地进行沟通、协调和引导，以推动高校健康管理领域的持续发展，为广大大学生提供更好的健康服务和保障。

（二）建立信息共享机制

建立信息共享机制是网络治理的关键环节，其目的在于推动信息和资源的合理流动与充分共享。这一机制基于信任、共享愿景和定期沟通，有助于促进学习、解决问题，并促进各方相互学习。在大学生健康管理项目中，政府需要放弃传统观念，公开数据和信息，发挥表率作用，并运用智慧促进技术知识共享。为了达成共享愿景，政府需要在信任基础上达成共识，并定期进行沟通，同时提供奖励以激励各方纳入技术知识共享范围。为此，可以建立数据平台，依托多方支持提供相关数据，为管理提供依据，促进大学生健康管理实施。

建立信息共享机制的根本在于建立信任。政府需要协调各方利益，明确职责，使各方认识到共同合作的重要性。在大学生健康管理中，各参与者可以主导自己的领域，管理其他资源，并通过培养相互信任的方式，共同建立信息共享机制。这意味着各方需要展现出透明、负责任的态度，愿意分享数据和知识，并相信其他参与者也会做同样的事情。通过这种方式，不仅可以建立一个可持续的信息共享体系，还可以为大学生健康管理提供更有效的支持和服务。

在信息共享机制的运作中，政府扮演着重要的角色。政府需要制定相关政策和法规，促进信息共享和开放，同时提供技术和资源支持，以确保信息共享的顺利进行。此外，政府还应该激励各方参与信息共享，例如，通过奖励机制或其他激励措施，以增强各方信息共享的积极性和参与度。最终，政府需要与各利益相关者密切合作，共同努力构建一个互信、合作、共享的网络治理体系，为大学生健康管理提供更加全面和可持续的支持。

三、建立网络化治理责任机制

风险共担与信任是激励机制的基础。在管理多元化主体时，各方需要承担相应风险，并在建立相互信任的基础上共同承担风险，从而推动合作的进行。激励机制被赋予了核心地位。激励机制的设计与实施，能够有效地激发组织内部和组织间的动力，促进各方的积极参与与合作，是网络化治理成功的关键所在。监督机制的建立是网络化治理的必要条件。公平有效的监督能够保证治理过程的透明度与公正性，促使多元化参与主体各司其职，避免权力滥用和资源浪费，维护治理的稳定与健康发展。

（一）建立风险共担责任机制

在建立稳定社会和促进可持续发展的过程中，明确各方责任是至关重要的。法律应当承担主体责任，确立各方责任，并将其分配给相应的权力机构。这意味着政府作为最终决策者和管理者，应当承担最大的责任。政府作为公共权力的代表，其行为直接关系到整个社会的利益和福祉，因此必须承担相应的风险。政府作为最后的屏障，需要对社会中可能出现的各种风险（包括自然灾害、经济危机、公共卫生事件等各种挑战）进行有效的预防和应对。

在社会各方建立风险共担意识至关重要。这需要政府率先示范，通过协调和沟通，明确各方的权责，并建立起有效的风险预警机制。政府应当为其他社会主体树立榜样，展现出积极主动的姿态，而非袖手旁观。政府与其他社会主体之间的紧密合作和信任是实现风险共担的关键。同时，应严惩那些试图逃避责任的行为，以确保责任的全面承担和社会信任的建立。基于信任的紧密团结将有助于各方更好地协同应对各种风险和挑战。

风险的分配应当基于对合作伙伴能力的了解，并将风险分配给最了解风险并具备相应能力的组织。政府需要充分了解各合作伙伴的实力和能力，将风险合理分配，以使公共利益最大化。这意味着政府在制定政策和决策时需要充分考虑各方的意见和建议，确保风险能够得到有效的识别和管理。此外，政府还应当加强对合作伙伴的监督和指导，确保其在承担责任和应对风险时能够作出正确的决策和行动。

（二）建立激励与监督机制

大学生健康管理是一项复杂而重要的任务，其关键点涵盖了数据、技术与专业人才、投资回报周期、政府角色以及监督机制建设等方面。健康管理需要大量的数据支持。这些数据不仅包括个人的健康档案和生活习惯，还包括社会经济环境、疾病流行趋势等信息。这些数据是健康管理的基础，为持续、重复的过程提供支持。技术与专业人才的参与至关重要。除了先进的技术工具，还需要相关领域的专业人才参与，例如，医学、心理学、健康管理等专业人员能够为健康管理提供专业的指导和支持。

大学生健康管理的投资回报周期通常较长，这导致了参与主体的谨慎态度。尽管前期需要大量的投资，但是回报周期相对较长，这使得一些潜在的参与者对于投资的可行性持有观望态度。因此，政府在这一过程中扮演着至关重要的角色。政府需明确态度、制定标准、完善绩效考核体系，以激发参与者的积极性，从而推动大学生健康管理事业的发展。

此外，监督机制的建设也是大学生健康管理的关键。多方参与的监督机制是确保健康管理行为规范的重要保障。政府、学校、社会组织、家庭等各方应当共同参与监督，并且相互监督。政府可以监督其他参与者的行为，同时其他参与者应当对政府的行为进行监督，以及参与者之间相互监督。监督途径包括对话、舆论宣传、信息公开透明等，有效的监督是健康管理的基础。通过这些监督途径，可以确保大学生健康管理的公平性、透明性和效率性。

四、提升网络化治理能力

网络化治理作为一种新型治理模式，将多元化主体引入治理中，由于治理主体增加，相应地带来了许多新的问题、新的矛盾，面对这种新局面，政府作为掌舵者应该具备更加灵活的应对策略，提高网络化治理能力。

（一）加强政府管理能力

在网络治理中，政府已逐渐摒弃单方面发布命令的层级结构，转而倡导多方参与合作，扮演着“元治理”的角色，以实现宏观调控。这种转变源于社会发展，使政府意识到单凭自身力量难以完成各项工作，必须引入多方参与机制，与其他组织加强合作。其中，大学生健康管理是一个典型案例，面临着资源广泛但不足以满足需求、人才短缺、资金不足等因素的制约。为解决这些问题，政府需要与其他组织共同努力。解决资金问题可以吸引保险企业和公益性基金会参与。这些组织可以提供资金支持，帮助改善大学生健康管理的基础设施和服务水平。政府可以引入医疗机构专家参与大学生体育测试、心理健康教育和体检工作，以提高服务质量和覆盖面。通过与专业医疗机构的合作，可以更好地满足大学生的健康管理需求，提供更加全面和专业的服务。另外，大学心理健康教育应该实现全员参与。这意味着教育与咨询队伍需要包括专职、兼职、校外专家和义务工作者。为了实现这一目标，学校需要组织全员开展专题培训，提高教职员工和志愿者的心理健康服务能力。通过这种多方参与的机制，可以更好地满足大学生心理健康教育的需求，提高大学生的心理健康水平，促进其全面发展。

在合作中，信任被视为至关重要的因素。首要确立相互了解的基础，这包括对文化、利益和合作目标的理解。其次，制定参与主体认同的规范制度，并严格执行，奖惩分明，以确保合作的顺利进行。这种制度能够确保各方都遵守既定的规则，从而建立起可靠的合作基础。建立透明的信息平台是为了监督和公平，促进合作关系的建立和维护。这样的平台可以确保信息传递的公正性，减少误解和矛盾，有利于各方之间的合作。政府在这个过程中扮演着重要角色，需要加强沟通和协调，作为处理主体之间关系的桥梁，建立起稳固的多元化网络。同时，政府需要树立良好形象，以获得社会组织的信任，这将有助于更好地促进合作。最后，加强政府及其他社会组织之间的合作，增加沟通和协调，可以提高大学生健康管理的效率。通过这些措施，可以建立起互信、公平和高效的合作关系，实现各方的共同利益。

（二）重视人员选拔与培训

政府提出了多元化参与的健康管理供给，但缺乏明确解决多元化主体管理的方法，这给政府管理带来了一定的挑战。文化差异和利益诉求差异在多元化主体管理中时常出现，需要政府具备化解矛盾的能力。这意味着政府在管理中需要考虑到不同文化和利益诉求之间的平衡，以避免产生冲突。现实情况是，政府在此方面的努力还不够。

政府需要拥有相关知识的人才储备，但人员选拔未考虑政府职能变化，现有人才缺乏新技能，导致管理相对被动。为了解决这一问题，政府需要加强现有人员培训，使其具备协调、沟通、合同管理、战略思考、处理突发事件等能力，以适应新型管理模式的要求。此外，政府引进雇员制，要求新员工具备市场运作、多元化主体协调组织能力，以确保管理工作的顺利进行。

政府通过灵活处理、知识共享等方式来解决大学生健康管理问题，将自身视为“连接人”，紧密联系多元化主体实现共同目标。这种做法有助于政府与不同主体之间建立更紧密的联系，共同协作解决健康管理中的各种问题。

总体来说，政府在多元化主体管理方面面临诸多挑战，通过加强人才培训、引入新型管理模式以及积极开展合作，政府能够更好地应对这些挑战，实现健康管理工作的持续改善和发展。

第三节　大学生健康管理服务体系的构建

一、大学生健康管理服务体系构建的必要性

（一）打破传统“体质测试”的窘境

开展体质测试能够掌握青少年身体健康数据，洞悉青少年健康水平。但是现状是高校学生面对大学体测，最直观的感受就是抗拒和不情愿，每学期一次的体质测试让很多平时疏于锻炼的学生觉得很难应对。所谓“体质测试”，就是依据教育部、国家体育总局制定的《国家学生体质健康标准》，对室内室外几项运动进行测试，采集学生健康指标信息，将其纳入每学期体育课成绩。由于体测水平在成绩中所占比重较大，学生虽然积极性不高，但还是会在快要测试的一段时间里紧急突击锻炼，尽可能让自己体质测试成绩达标。

基于真正贯彻落实“健康第一”的指导思想，建立完善大学生健康管理服务体系，通过部门的联动管理,加强学校的体育管理方面工作,让体质测试不再是“只为测而测”。在体测之后，不再出现把体测结果放一边的态势，而是对学生体测的数据进行汇总、归纳及针对性分析，研究学生体测成绩差的根本原因，从而在后期体育教学中加强对体测单项差的学生进行有针对性的课程设计，以更好地提高学生的身体素质。

在大数据平台的支撑下对学生健康数据进行收集、分析评估并提出后期改善方案，已成为健康管理必要的一环。为了使学生更好地了解自身健康状况，选择适合的运动方式和生活方式，更需要大数据支撑下的健康管理服务。其专业性、精准性能够得到广大学生的认可和信任，更易于提高学生日常锻炼的积极性，有助于学生自觉锻炼和终身锻炼行为习惯的养成。

（二）探究创新高校学生健康促进的途径

体育锻炼对于增强大学生体质健康的积极作用毋庸置疑。加拿大多伦多大学的研究人员针对这方面的研究表明，每周锻炼 3 ～ 4 次是最健康的运动方式。目前，高校在健康管理方面还有许多不足，主要体现在缺乏主动性、系统性，缺乏对学校易发疾病的事前预防，学生出现某些健康疾病后才给出有针对性的诊治，缺乏系统的健康干预指导，学生不重视锻炼对体质改善、健康水平提高的作用。这样相互不关联的健康管理模式，反而给学生造成更多精神和物质方面的压力。

体育部门是高校学生健康管理中的重要组成部分，在防范学生身体健康风险中承担着主要职责。为了将体育锻炼落到实处，学校开设了越来越多的体育教学课程，虽然可供选择的课程众多，重视了学生依照兴趣爱好选择课程的自主性，但在一定程度

上忽略了对教学课堂该有的针对性和强度性的要求。学生从中获得的关于体育锻炼、健康管理的知识不足，提高健康水平的有效途径也不足。因此，亟须探索大学生身体健康途径，创新大学生健康管理服务体系，更好地为大学生健康进行系统、科学的服务。

（三）深化教学改革、响应“健康中国 2030”规划要求

最新印发的 2019 年《关于深化教育教学改革全面提高义务教育质量的意见》和《关于深化本科教育教学改革全面提高人才培养质量的意见》文件中均明确提出“除体育免修学生外，未达体质健康合格标准的，不得发放毕业证书”。两者都从国家层面上再次强调了大学生体育锻炼的重要性和必要性，在今后的教学改革中进行包括体质改善在内的大学生体育教学深化改革。华南师范大学卢元镇教授认为，学校体育管理是一个“遵法”与“违法”的“法治”问题。

在“共建共享、全民健康”的健康中国理念号召下，建立创新型、科学型、高效型的大学生健康管理服务体系，能够全方位一体化为提高学生身体健康水平保驾护航，为国家未来建设呈健康状态奠定了坚实基础。在《“健康中国 2030”规划纲要》的文件精神下，建立完善有效的高校学生健康管理服务体系，深化体育教学改革，积极响应“健康中国 2030”的规划要求。

二、大学生健康管理服务体系构建的可行性

（一）优质技术平台的支撑

充分利用高校现有的资源和技术平台，构建全方位、专业化的大学生健康管理服务体系，全面关注对大学生身体和心理健康的管理并为其提供服务。目前，我国高校对学生健康的管理主要由校医院、心理健康中心和体质测试中心独立运营，而大学生健康管理服务体系旨在通过协同这些优势资源和平台，形成一个共享资源云空间，以服务学生。

作为信息技术领域的重要力量，电子科技大学在数据整合共享和后期数据分析评估方面提供了强大的技术支持。目前，该校已经实施了一套技术，用于记录学生的日常行为并形成学生画像。这项技术为构建大学生健康管理服务体系提供了实质性的推动作用。

（二）学生群体接纳度较高

社团活动、体育竞赛和院系运动联谊等的展开，在学校中营造了良好的运动氛围，有助于推广和构建高校内的健康管理服务体系。大学生健康管理服务旨在覆盖全体大学生，通过在校园内进行运动干预和健康教育干预，协助学生确立正确的体育观和健康观，掌握并运用科学的体育锻炼方法，培养良好的体育锻炼习惯，更好地保障学生的健康。

三、大学生健康管理服务体系构建的模式

大学经历是每个人生旅程的重要时期，无论是在知识水平提高还是在价值观塑造方面，都标志着他们进入社会前最后一次进行自我提升和改变。优异的学业成绩和高品质的生活需要一个健康的身体作为支撑。每位学生都是独立的个体，追求学业成绩的同时往往会忽视身体健康的重要性，这实际上从侧面反映了高校在学生健康管理方面的巨大作用。在这一关键时期，为他们提供正确的个人健康管理教育、培养终身运动习惯，必将使他们终身受益。

目前，高校对学生的健康管理过于单一，主要通过入学常规体检、教育教学和体质测试来实现健康管理的目标。收集到的学生健康数据仅用于建立学生的健康档案，而缺乏相关专业部门对庞大的多维数据进行评估和分析，导致后续缺乏有针对性的改善指导方案。这种单一的管理运行模式不仅不能引起学生对自身健康状况的重视，还导致了学校体育资源的浪费。长期以来，缺乏专业的事前健康预警机制，学生的健康风险不断增加，学生的体质逐渐下降，对其后续的学习和生活产生不利影响。建立大学生健康管理服务体系的目标在于突破当前高校面临的健康管理困境，通过多部门联动管理、高效利用和共享健康数据，实现健康信息的互动交流。根据学生的各方面数据信息，制订专业化的运动处方，打破学生过去被动参与的状态，提高学生参与体育活动的积极性。系统管理理论为这一理念提供了坚实的理论基础。

（一）大学生健康管理服务体系的流程

通过系统化的流程将各个部门的不同职能在运行逻辑上进行规范，主要体现在以下几个部分：

第一，健康数据的收集和建档。这是进行健康管理的第一步。搜集所有学生的个人健康信息，以深入了解他们的健康状况，从而有效地维护学生的健康。学校可以在学生个人信息数据库中新增学生健康管理一栏，将学生入学体检数据、每学期的体质测试成绩、在校医院和心理健康中心的就诊记录、心理健康咨询中心问卷调查等相关身体健康数据进行汇总，纳入学生健康管理档案中。这一系统对于学校而言有助于增强涉及学生健康各部门的联动性，全面多角度评估学生身体健康状况；对于学生而言，确保他们从更专业、更权威的角度了解自身身体健康状况，提高对自身健康的关注度。

第二，健康状况分析和评估。体育部可根据学生的体测成绩，进一步分析规划体育锻炼。校医院则结合学生的就诊记录和体测情况，分析评估学生各项体育锻炼项目的可行性与成效度，制订运动处方。心理健康中心综合分析学生心理状态，对学生心理健康做出全面评估。通过健康管理模型进行专业综合分析，对学生的健康状况进行评估，并根据各项健康评估指标建立相应的健康等级，使学校各部门和学生更清晰地认识到各自的职能。学生如果意识到健康风险，就会主动改变不健康的行为习惯。鉴于此，学校可为学生制订个性化的健康管理计划，为健康管理部门和学生个体之间的

沟通提供有效渠道。

第三，提供健康指导和干预。①体育部通过传授体育健康知识以提高学生的健康理论水平，并通过课外运动和课内体育项目的教学增加学生锻炼时间、拓展锻炼方式，从理论和实践两个方面进行干预和指导。②校医院随时定期进行数据的跟踪反馈，保证健康数据的更新，对某些有健康隐患的学生适时提出预警机制，提高学生的自我预防意识。此外，还可以与餐饮后勤部门多沟通交流，推出适合广大学生的营养套餐，增强学生的绿色健康意识。③学校的心理健康中心针对学生常出现的心理疾病，定期开展心理知识讲座，面对面咨询，向学生普及心理知识，对学生出现的心理疾病进行心理干预和指导，帮助学生预防和治疗心理方面的疾病。

从健康到疾病，需要经历一个发生和发展的过程。因此，在学生个体确诊疾病之前，学校可以通过多种手段，积极干预、阻断或减少导致疾病的主要危险因素，推迟甚至消除疾病的发生，从而达到维护学生健康的目标。这正是学校实施健康管理服务的理论依据——疾病危险因素积累理论。

（二）大学生健康管理服务体系的架构

大学生健康管理服务体系由学校作为总管部门，有效结合体育部、校医院、心理健康中心，充分调动各方优势，打破传统的单一部门独自运行模式，加强部门与部门之间、部门与学生之间的联动。同时，为了更好地保证该服务体系运行，提高服务质量，学校有必要设置相应的监管制度和激励机制。监管机制主要是对体测成绩真实性、心理健康中心调查问卷合理性、信息公开透明性等进行管理监督。激励机制主要是对部门和学生个体设置不同的物质奖励和精神奖励。其构成主要有附加分数奖励、证书奖杯锦旗奖励、物资和经济奖励。

系统论的基本特征就是整体性、关联性、等级结构性等。在大学生健康管理服务中，系统管理理论与信息论、电子计算机和现代通信技术等新兴学科相互渗透、紧密结合，使得健康管理服务更加系统化、标准化、量化和个性化，对每一位学生的信息进行搜集、评估，并进行个体健康干预，使得健康管理服务更是如虎添翼。大学生健康管理服务体系组织构架如图 4-1 所示[①]。

① 王临风．大学生健康管理服务体系构建研究 [D]. 成都：电子科技大学，2020.

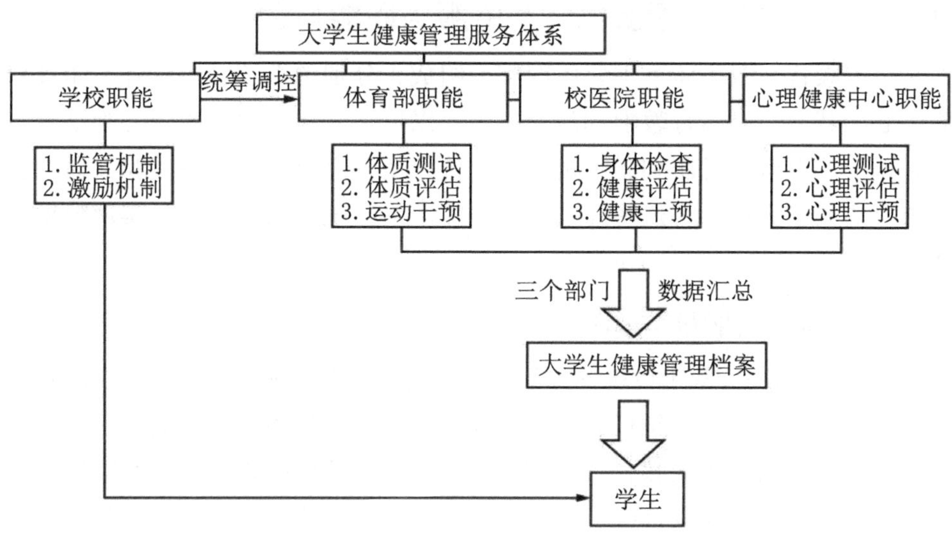

图 4–1　大学生健康管理服务体系组织构架

（三）大学生健康管理服务体系的运行

学校各部门根据大学生管理服务体系中的服务内容和运行机制有序地开展工作。将各项工作流程化、透明化，落实到从新生入学之后的每一项工作，让学生更清楚地了解整个体系的运行过程，切实感受到该服务体系带给自身的健康保障。

每年的新生报到之时，由学校以及校医院牵头，各学院组织新生进行常规项目体检，采集身体、心理健康数据。体育教学部门在学期中组织学生进行室内、室外的体质测试，收集学生身体素质数据，并将达标情况作为考核依据之一，纳入期末体育考核成绩中。之后由专门的健康管理部门对学生健康信息进行收集和汇总，为新生建立个人健康管理档案，并将体育教学部门、心理健康中心和校医院检测到的全方位的学生健康信息汇总在学生的个人健康管理档案中。之后体育教学部门、心理健康中心和校医院会对其检测到的学生个人健康信息进行专业的分析并做出科学的评估，将评估结果及时上传至学生个人健康管理档案系统，以便学生充分了解自身健康状况。

健康管理部门充分利用学生健康数据，一方面，对于健康水平在安全范围内的学生制定普遍行之有效的健康保障手册；另一方面，为每一位健康评估不达标的学生制订具有针对性的健康干预方案。

大学生健康管理服务体系对学生的健康服务不是一个一蹴而就的过程，该体系需要不断根据学生自身的健康变化进行调整完善，因此它必然是一个不断前进上升的过程。将学生个人健康信息收集汇总、分析评估、指导干预后，再进行第二次同样的流程操作，然后与首次信息进行分析比较，及时进行健康模型评估，根据学生的指导干预效果进行分析评价，进而再次制订有效的健康干预方案。

四、大学生健康管理服务体系的服务职能与运行

大学生健康管理服务体系主要由四部分组成，分别是学校、校医院、体育部和心理健康中心。其中，以体育教学部门为主体，以校医院和心理健康中心为平台，学校进行宏观调控，以监管机制和激励机制为辅佐，使各部门之间各司其职又通力合作，搭建一个资源共享平台，将这些高校的优势资源平台统一结合起来，实现数据共享，更好地管理和服务学生。

（一）学校服务职能与运行

在宏观管理层面上，我国传统的大学生体质健康管理机制呈现纵向结构，即实施“国家—地方—高校”的三级管理机制。教育部设立全国学生体质健康监测中心，省级教育行政部门设检测站，市级教育行政部门设检测点。学校在高校学生健康管理服务中负责组织和领导，通过建立标准、制定措施、综合评价等方式，对各学院及相关部门实施整体联动、协调控制，切实贯彻教育部和政府下达的关于进行体育教学、定期开展体质测试的通知。

学院在大学生健康管理服务体系中的职能主要体现在两个方面：①各项活动部署。学院不仅要优化教学安排，还要组织学生会和各社团以体育健康为主题展开多样化活动，积极营造学生热爱运动、积极锻炼的氛围。加强对运动会、篮球赛、排球赛等活动的关注，提高学生的积极性和参与度。在日常生活学习中也要促使学生定期运动，以保障个人体质健康。②统筹各学院信息。积极吸收各学院和各部门关于大学生健康管理服务体系的有益意见，加强不同学院之间大学生健康管理服务体系实施情况的交流，为体系进一步完善提供可靠依据。

监管机制是大学生健康管理服务体系中不可或缺的一个环节。激励机制是促进学校各部门和学生个体认真贯彻大学生健康管理服务体系的重要手段。在大学生健康管理服务体系中，监管机制和激励机制的职能主要表现在以下三个方面：

首先，完善服务体系监管机制实施细则。强化对体育部门教学安排、校医院与心理健康中心疾病防治与健康宣传等方面的监管。及时解决各部门出现的问题，并进行相应的责任问责，抓住问题根本，并对服务体系运作过程中易出现的问题制订预警方案。

其次，完善服务体系激励制度实施细则。体育教学部门在学期结束时评选工作突出的教师和锻炼效果显著的学生，设置不同等级，进行不同级别的奖励，如颁发荣誉证书、加分奖励、设立特定的单项奖学金等。校医院和心理健康中心定期展示学生体质健康成果，表彰身体和心理健康明显改善的学生，并在健康讲座中邀请学生代表分享经验。

最后，确保监管机制的落实和激励机制的公平公正。定期检查各部门监管细则的贯彻情况，严格监督各部门奖励的公正性，以保障大学生健康管理服务体系的切实有效运行。

（二）体育部服务职能与运行

体育部是大学生健康管理服务体系的核心，不仅负责传授学生健康理论知识，还负责设定体育项目、进行教学，并安排学生课外活动。各高校体育部门需充分发挥其运动和教学的基本职能。在运动方面，具体表现为体育教师根据学生身心健康与体育技能的相辅相成原则，制订专业化的教学方案，并根据学生身体素质和技能学习能力制定个性化教学，使学生在运动中学习掌握相应的技能；在教学方面，除传授相关运动注意事项和技能外，更重要的是改变“重智育轻体育”的观念，改善学生日常“低头族”的陋习，提高学生对体育运动重要性和终身运动的认知程度。

体育部对学生的健康服务主要体现在三个方面：①体质测试。根据“体测不合格学生不得毕业”的要求，体育部门需要合理安排学生体测工作，并加强对体测过程的监管，以确保体测成绩真实有效。②体质评估。将学生每学年的体质测试成绩上传至学生个人健康管理档案系统，并对学生体质状况进行等级划分，进行体质分析评估。③运动干预。体育教学部门对学生的健康干预主要体现在两个方面：一方面，通过课堂教学增加学生健康知识学习，包括体育项目锻炼的侧重点、注意事项、意外处理方法等；另一方面，通过课外活动和体育项目实践，使学生掌握专业体育运动技能。教师可根据校医院的运动处方进行有针对性的教学，提高教学水平。

体育教学部门应在体育课堂上普及专业的健康知识，强调体育锻炼的重要意义，帮助学生培养良好的锻炼习惯，形成健康的生活方式。此外，体育部内的教师还可通过高校之间的资源共享和互相交流平台，提升自身的教学水平。

（三）校医院服务职能与运行

校医院是高校健康管理的重要组成部分，作为大学生的定点门诊，不仅承担着疾病的预防诊治职责，还提供全面的健康服务。在遵循《学校卫生工作条例》的基础上，校医院奉行“以防为主”的原则，充分发挥其防病、治病和健康教育的职能。在大学生健康管理服务体系中，校医院对学生的健康服务主要体现在以下三个方面：

首先，进行身体检查。从入学初的健康体检到学期内的定期健康检查，这些任务均由校医院负责完成。同时，校医院需汇总整理学生每学年的疾病就诊信息，并纳入学生个人信息管理库。此外，校医院要加强健康预防工作，特别是在常见疾病、流感高发季节和某些突发疾病方面。通过增强宣传力度，扩大宣传途径，提高学生对不同疾病的关注度，如发放安全知识手册、开展健康知识讲座、利用新媒体平台进行宣传等，以增强学生的健康意识，预防高发疾病，特别是季节性群体易发疾病。协助学生培养正确的生活和饮食习惯，使其有意识地预防疾病，降低发病率。校医院对学生身体疾病的预防和治疗，不仅可以缓解疾病给学生带来的痛苦，还可以减轻学生在医疗方面的经济负担。

其次，进行健康评估。通过综合学生的定期体检数据、就诊记录以及体测相关数据，从医学角度对学生的健康状况和体质水平进行分析评估。

最后，进行健康干预。对学生的体质水平进行等级划分，根据不同等级为学生开具具体的运动处方。一方面，运用医学知识指导学生参与体育锻炼的方式和强度；另一方面，通过医学方法对学生在锻炼时可能出现的突发状况进行培训，以督导和协助学生进行安全科学的体育锻炼。

（四）心理健康中心服务职能与运行

学生的心理健康与身体健康同等重要。然而，随着社会环境日趋复杂，各类“持久而痛苦”的心理健康问题如瘟疫般在大学生群体中蔓延。在新形势下，全面推进大学生心理健康工作需要高校心理健康中心突破以往“外冷内热”的窘境，不再陷入只是讨论热度而实际运作虚设的状态。从教育开导者、治疗者、服务者三个角色层面分析学生心理健康状况，制订相应的实施方案，逐步完善心理健康中心的建设。此外，心理健康中心可以建立学生心理互助板块，设置一些有针对性的心理健康教育课程，开展丰富多样的心理健康教育活动，为学生提供心理咨询与辅导。心理健康中心的职能主要体现在以下几个方面：

首先，建立心理测试系统，实现线上线下自由进行，测试完成后对学生的心理健康情况进行评估。

其次，提高专业性，加强心理辅导人员的专业化建设。心理健康中心应根据不同的管理内容设立相应的咨询、辅导、跟踪调查等部门，并设置有针对性的心理健康教育课程，鼓励学生积极面对异常的心理状况。

最后，进行心理干预工作。通过心理调查问卷和测试系统，对学生的心理健康水平进行等级划分，针对不同程度和不同方面的心理健康隐患制订心理干预指导方案。这包括学生间相互交流开导、面对面的心理健康讲座答疑解惑、一对一心理疏导、心理健康中心老师介入治疗等。通过有针对性地心理健康预防和治疗，协助学生舒缓内心压力，减轻心理负担。将心理健康管理服务纳入高校健康管理服务体系，不仅是深化高校心理教育工作改革的需要，也是对心理健康教育途径的一次探索，有助于学生未来全面发展，帮助当代大学生形成卓越的思想品格。

第五章　大学生体质健康管理与训练

第一节　大学生体质健康管理机制分析

一、大学生体质健康管理机制的理论基础

（一）大学生体质健康管理的相关内涵

1. 体质健康

体质健康的定义包括人体的质量以及完整的身体、心理和社会适应状态。体质是人体的综合特征，既包括遗传和成长的基础，也涵盖形态结构、生理机能、身体素质、运动能力和心理因素等方面。而健康是指身体、心理、精神和社会适应的完好状态，是一个动态的过程，不仅是缺乏疾病和虚弱，更是一种全面的健康状态。

体质检测与健康检查之间存在明显的区别。健康检查主要通过医疗仪器进行检查和化验，以诊断疾病并达到预防和治疗的目的。而体质检测是通过一系列测试项目来评估个体的身体素质，从而给予综合评价，其目的在于唤醒运动与健康意识，提供科学健身指导，而非直接诊断疾病。

体质与健康之间存在密切的关系。体质作为健康的基础，直接影响着健康程度，可以说健康的实现离不开一个良好的体质。然而，体质虽然对健康有促进作用，但并不是健康的必要条件。即便拥有较好的体质，也并不意味着就一定能保持健康，因为健康是一个综合性的概念，除了身体健康，还包括心理、社会等方面的健康状况。

大学生体质健康的重要性不言而喻。《国家学生体质健康标准》的制定与实施直接指导着大学生的体质发展，为他们提供了科学的健康标准。同时，国家对大学生体质健康的重视也是为了国家的未来与发展考虑。大学生是国家的栋梁之材，他们的体质健康直接关系到国家的未来发展和建设。因此，提高大学生的体质健康水平，不仅是个人的责任，更是国家和社会的责任与使命。通过加强体质教育，普及健康知识，培养学生的健康意识，可以为国家培养更多、更好的接班人。

2. 管理机制

管理机制作为管理系统的核心，其结构和运行机理对于组织的效能至关重要。其创新旨在通过优化整体与各组成部分之间的关系，改变生产经营要素的组合，以提高

组织的效率和竞争力。机制这种创新包含对利益、激励、选拔、运转、发展和约束等方面的考量，可被分为宏观、中观和微观机制。宏观机制涉及整体的管理结构和战略规划，是为了确立组织的方向和发展目标；中观机制则包括各部门之间的协调与沟通，以确保组织内部各部分之间的有效配合与合作；微观机制则关乎个体员工的行为激励和约束，通过制定合适的激励机制和约束措施，来引导员工行为以达成组织目标。

3. 健康管理

健康管理作为一种有目的、有计划、有组织的管理形式，着眼于维护和促进个体及群体的健康。这种管理形式融合了管理学、预防医学和临床医学等多个学科，是对个体或群体健康进行全面监测、分析和评估的交叉学科。健康管理的过程包括解读健康、评估健康并预测健康风险，以及对健康进行监控、干预和管理。通过收集、分析健康信息并提供指导性意见，可以有效地预防疾病的发生和发展，提升整体健康水平。

（二）大学生体质健康管理的相关理论

1. 管理学原理

管理学原理旨在探究人类社会管理活动的规律，其发展受到现代生产条件以及自然、社会科学的影响。在大学生体质健康管理机制中，这一原理得到了充分运用。通过对计划的精心设计，管理者能够明确制定目标并确定实施路径。例如，制订健康促进计划，如定期体检、运动锻炼等，以提升大学生的整体健康水平。组织是实现管理目标的重要保障，管理者需构建合理的组织结构和健全的管理制度，例如，建立校园健康管理中心，配备专业医护团队和先进的医疗设备，提供全方位的健康服务。领导在管理学原理中扮演着引领和激励的角色，管理者应具备良好的领导能力，激发大学生积极参与健康管理活动的热情，促进全体成员的协同合作。通过控制手段监督管理过程，及时调整和改进管理策略，例如，建立健康数据监测系统，实时监测大学生的健康状况，及时采取有效措施应对潜在风险。

2. 新公共管理

新公共管理作为一种现代管理模式，强调政府与市场、社会组织之间的合作与互动，以更高效地提供公共服务。在政府模式的选择上，包括市场型、参与型、灵活政府型和非管制型等多种形式，每种模式都有其适用的场景和特点。例如，采用市场型模式可以引入竞争机制，激发公共服务提供者的创新和活力，提高服务质量和效率。而参与型模式强调政府、市民和企业之间的协作，共同解决公共问题，增强社会治理的参与性和民主性。灵活政府型和非管制型模式则更注重政府与社会组织之间的协作与共建，通过开放式、灵活的管理方式，实现公共治理的多元化和民主化。在实践中，新公共管理倡导以市场化、结果导向和顾客导向的方式提供公共服务，鼓励私人资本参与到原来由政府垄断的领域（如教育、医疗服务等），用以私补公的方式打破传统的政府垄断，促进资源的优化配置和服务的多样化。因此，新公共管理为改善公共服务的质量和效率，推动社会治理体系的创新和升级发挥了重要的作用。

二、大学生体质健康管理机制的构成

（一）宏观机制

宏观机制体现在国家层面的协调管控、传统的管理结构以及数据报送和统计公布。国家政府层面通过政令决策等形式，有效地协调各层级、对象；通过建立标准、制定措施、综合评价等手段，以引导整个管理机制。这种层层递进的管理体系旨在确保对学生体质健康的全面关注和有效管理。大学生体质健康管理机制呈纵向式，实行“国家—地方—高校”的三级管理机制，设立监测中心、检测站和检测点。这种传统的管理结构保证了管理层面的清晰划分和责任落实，有助于确保各级机构间的有效沟通和协作。各级各类学校每年将测试数据报送至教育部管理系统，教育部会对各地实施情况进行评估并公布。这一数据报送和统计公布的机制为管理者提供了必要的信息支持和决策参考，同时向公众传递了管理工作的透明度和责任感。

（二）中观机制

中观机制主要包括下属行政单位的管理监督、部门分工合作以及监管和评估机制。在国家政府领导下，各级教育行政部门设立机构与领导小组，实行岗位责任制，承担师资培训、测试组织、数据统计等工作。这种管理监督的机制确保了管理工作的有效执行和责任落实，有助于规范管理行为和提升管理效率。教育部门和体育行政部门合作，教育部门负责培训和组织测试，体育行政部门则负责指导、协调和监督等工作。这种部门分工合作的模式充分发挥了各部门的专业优势，实现了资源共享和协同推进管理目标。各地教育部门、体育行政部门监管本地学校对《国家学生体质健康标准》的实施，纳入政府教育督导和评估指标体系，对违规行为给予批评和处罚。这一监管和评估机制为管理者提供了有效的手段和工具，保障了管理目标的实现和管理体系的稳健运行。

（三）微观机制

微观机制与宏观机制之间存在一种辩证统一的关系，彼此相互作用、相辅相成。微观机制的质量直接影响着宏观机制的运行状态，而宏观机制的建构又会引导微观机制的运行方向，两者相互影响、相互促进。微观机制在个体层面呈现出明显的个体性差异，这是由于微观机制的构成要素不同。这些微观机制是构成宏观机制的基本组成部分，承载着关键的功能和作用，对整体的运行起着至关重要的作用。

在高校体测任务中，微观管理机制是保障任务顺利完成的基础。各高校通过学校领导，体育部门、教务部门、校医院等的合作，共同完成体测任务。领导层在其中扮演着领导与协调的角色，体育部门负责前期规划、操作与管理，教务部门与院系协助组织，而校医院保障测试的安全进行。这一微观管理机制的合作协调，确保了体测任务的有序进行，从而为宏观机制提供了稳定的运行环境。

微观监测机制则是确保体测任务质量的关键。高校的主要任务是完成体测任务并上报数据，其中一些高校会建立专门的机构负责监测任务的执行情况。这种监测机制可以帮助高校及时发现问题，保障任务的顺利进行。此外，一些高校还会向学生提供反馈并进行健康干预，使体测任务不仅是完成一项例行任务，更成为促进学生身心健康的重要手段。

三、新型大学生体质健康管理机制的实现

“大学生是社会未来的发展主力，而身体素质是大学生从事各项工作的基本要求，只有维持好大学生的体质健康，才能让他们以更加积极和健康的状态投入社会建设中。”①

（一）新型大学生体质健康管理机制的内容

在传统大学生体质健康管理政府机制的基础上，引入市场机制是一项关键举措，旨在对政府机制失灵进行调控。通过引入市场机制，可实现第三方健康管理服务的引入。这些服务可以由社会组织或企事业单位提供，以专业化、针对性和全程式的方式管理大学生的健康。这一举措旨在增强大学生的体质，促进其健康发展。尽管市场机制被引入，但政府仍然扮演着重要角色。作为服务购买方和标准制定方，政府仍然是管理主体，采用公开竞标方式购买服务。政府、健康管理市场机构和大学生之间可以建立以结果为导向的合作关系，无论是短期还是长期。这种合作关系的目的在于评价服务情况，确保服务质量和效果。为了规范运作，新型大学生体质健康管理机制需要在政府立法的基础上进行，以防止腐败，确保公开透明的流程和信息机制。此外，为了评价服务的质量，需要建立评价机制，由政府、高校、大学生等多方参与。利用市场竞争机制可以督促服务，提高质量，从而解决大学生体质下滑的问题。这种综合的市场化管理机制将政府的监管作用与市场的竞争机制相结合，有望且有效地应对大学生健康管理面临的各种挑战。

（二）新型大学生体质健康管理机制的依据

新型大学生体质健康管理机制的建立具有充分的法律和社会依据。

首先，该机制可依据国家相关法规，如《中华人民共和国体育法》等，以及国务院有关文件，明确规定大学生体质健康管理的责任主体和服务标准。这些法规和文件为大学生体质健康提供了明确的法律基础，倡导并支持社会组织、市场机构参与体质健康管理。

其次，新型大学生体质健康管理机制的建立还可以依据国家对公共服务购买的政策和支持。政府购买公共服务作为一种现代治理方式，强调政府引导、市场运作、社

① 任才，宋艳．浅析大学生体质健康管理模式的建立 [J]. 文体用品与科技，2020（5）：193-194.

会参与的原则，为各领域提供了广阔的发展空间。在大学生体质健康管理中，政府购买公共服务可以借助第三方健康管理社会组织和市场机构的专业力量，通过合同方式确保大学生得到高质量、个性化的体质健康管理服务。

最后，社会对大学生体质健康问题的关注与日俱增，形成了对相关管理机制的呼声。在社会层面，倡导和支持新型大学生体质健康管理机制的建立，有助于形成社会共识，提高对大学生体质健康的整体关注度。社会组织和市场机构的介入，能够为大学生提供更为专业和差异化的服务，满足不同学生的个性化需求。

（三）新型大学生体质健康管理机制的路径

“大学生在校进行学习和生活时，需加强对体质健康的重视程度，实现身心的良好发展。”[①] 新型大学生体质健康管理机制的构建是一项复杂而长远的任务，需要采取增长型战略，以更好地服务广大大学生群体。

首先，应该主动利用自身的优势，通过对政府部门和高校大学生群体进行健康管理宣传与普及，以提高对健康管理的认知度和重视程度。这一步骤可以通过举办健康讲座、发布健康知识手册等形式来实现，以确保信息传递的深入和广泛。

其次，对大学生健康管理服务进行市场宣传和渗透是构建新型机制的关键一环。通过制订详尽的市场推广计划，如开展健康体检活动、提供健康管理咨询服务等，可以吸引大学生群体主动参与健康管理机制，从而形成健康管理的良性循环。此外，结合数字化时代的发展，可以通过建设在线健康管理平台，提供个性化的健康管理方案，以满足不同大学生的需求。

最后，在外部机会方面，应该抓住政府出台相关政策的大好机会，加速开发和占领潜在市场。通过与政府部门密切合作，获取政策支持和资源保障，推动新型大学生体质健康管理机制的建设和实施。同时，对政策变化保持敏感，及时调整和优化机制，以适应不断变化的健康管理环境。

总体来说，新型大学生体质健康管理机制的路径应该是多方面的，包括自身优势的发挥、市场宣传与渗透、外部机会的把握等环节。只有综合考虑各个方面因素，采取协同作战的策略，方能构建出全面且可持续的新型大学生体质健康管理机制，为广大大学生提供更优质的健康服务。

① 王洋，佟钧，大学生体质健康管理的研究 [J]. 青少年体育，2020（9）：40-41.

第二节　大学生体质健康的云管理模式

一、体质健康云管理及其特征

近年来，移动互联网技术的高速发展使大数据、云计算、物联网等新兴技术更贴近百姓的日常生活。其中，云计算作为一种新型网络运算模式，以低成本、高效率的方式向各种网络应用提供计算、存储、网络、软件的资源共享与服务。云计算通过互联网提供动态、易扩展、虚拟化的服务，包括网络、服务器、存储、应用软件等，为用户提供可用、便捷、按需的网络访问，并且管理工作成本较低。从服务类型的角度可将云计算分为云应用、云平台、基础设施三部分，每个部分都实现一定的功能并相互关联，分别对应着软件即服务（SaaS）、平台即服务（PaaS）、基础设施即服务（IaaS）。

SaaS 是一种订阅模式，通过互联网提供应用程序，用户无须购买和维护软件，而是按需租赁所需的功能。这种模式的优势在于用户可以根据需要选择合适的软件，并根据业务需求灵活调整订购量，从而降低了初期投资和运营成本。相较于传统的软件购买模式，SaaS 模式具有更低的成本门槛和更高的灵活性。企业可以根据实际需求订购所需的功能，并在需要时随时增加或减少用户数量，从而实现成本的最大化利用。此外，SaaS 还可以通过持续的更新和维护来确保系统的安全性和稳定性，为用户提供更好的使用体验。

PaaS 提供了一个完整的开发和部署平台，用户可以在该平台上设计、开发、测试和托管应用程序，而无须关注底层的基础设施。PaaS 的主要优势在于其提高了应用开发的效率和质量，并降低了开发过程中的成本和风险。通过提供预先配置好的开发环境和工具，PaaS 使开发人员可以专注于应用程序的逻辑和功能，而无须花费时间和精力在基础设施的搭建和维护上。此外，PaaS 还可以根据用户的需求动态分配资源，从而确保应用程序始终能够获得足够的计算和存储资源，提高了应用程序的可扩展性和可靠性。

IaaS 提供了计算机基础设施，包括计算、存储、网络等资源，用户可以根据需要搭建和管理自己的系统。IaaS 的主要优势在于其提供了高度灵活的部署和管理方式，用户可以根据实际需求选择所需的硬件资源，并且可以随时根据业务需求进行扩展或缩减。通过使用 IaaS，用户无须购买和维护昂贵的硬件设备，而是可以按需租赁所需的计算和存储资源，从而降低了初期投资和运营成本。此外，IaaS 还可以通过提供弹性和自动化的资源管理功能，为用户提供更高的可用性和性能，从而确保了系统的稳定性和可靠性。

云平台服务是当今信息技术领域的重要发展趋势，其主要特征包括全面性、开放性和便捷性。云计算建立的服务平台具有低投入、高回报、易扩展、超大规模和通用性等特点，使各类企业和组织能够以较低的成本获得高效的信息服务。云平台能够快速、可靠、安全地统一部署各类信息资源，形成虚拟化资源池，并以统一界面动态智能地提供信息服务，从而实现了资源的高效利用和服务的智能化管理。

总之，在高校信息化建设与信息创新运用方面，云平台的应用将推动学生体质健康监测与管理的信息化集成平台建设。通过建立可视、即时、全面的信息化体质测试监控管理系统，可以提高数据可靠性、管理系统性、分析全面性与反馈即时性，从而增强监测与管理结果的实效性和应用指导价值。该系统将采用云平台服务的特点，实现全面信息资源的整合与共享，确保体质监测数据的准确性和时效性。同时，云平台的开放性将为该系统的不断完善提供广阔的空间，使其能够适应不断变化的需求和技术发展趋势。在实际运用中，云平台服务将为学校提供一个高效、安全的信息化管理平台，促进学生体质健康监测与管理工作的科学化、精准化和智能化。通过云平台的便捷性和易扩展性，学校可以灵活调整系统功能，满足不同层次、不同需求的用户，提升监测与管理的全面性和针对性。而云平台的高可靠性和安全性，将保障监测数据的安全存储和传输，有效防范信息泄露和篡改风险，为学校提供可靠的信息化服务保障。

二、体质健康云管理模式“云资源”构成与原则

体质健康云管理模式代表了一种全新的管理范式，与时代的信息化趋势相契合。云计算的兴起为体质健康管理带来了前所未有的商业服务模式，将传统的体育健康管理与现代科技有机地结合在一起。这种新模式对于学生体质健康资源来说具有天然的优势，体现在其分布性、异构性和动态性上。学生的体质健康数据分布在不同的地点、不同的形式中，涵盖了多种类型的信息，而且随着时间推移，这些信息还会不断更新、变化。因此，云管理理念为这些特性提供了解决方案，建立起相应的管理模式成为可能。将学生体质健康信息资源视为“公众资源云”，并通过云平台实现体质健康管理任务，既能够统筹利用各种信息资源，又能有效地管理和维护这些资源的更新和动态变化。

（一）体质健康云管理模式的云资源构成

体质健康云管理模式的云资源构成涉及多个关键环节，从用户提供信息到管理平台的数据处理再到服务提供，形成了一个完整的生态系统。用户通过注册账号登录平台，提供各种体质健康信息资源，包括政府文件、学校通知以及学生测试指标等。这些信息经过收集后被服务器进行数据分析和归纳，形成所谓的“云资源”，同时进行深层次的数据挖掘，以发现信息中蕴含的更深层次的意义和价值。体育教师和学生可以通过平台查看各项指标的得分、总分以及排名等基本信息，从而了解自身的体质健康状况。通过各功能模块对信息进行处理，根据用户需求提供相应的体质健康管理服务，例如，制订个性化的健身计划、提供营养指导等。这种资源构成的完整链条保证了信

息的及时性、准确性和可操作性，为体质健康管理模式的实施提供了坚实的基础和有效的支撑。

（二）体质健康云管理模式的构建原则

1. 大学生体质健康数据管理的全面性

学生体质健康工作在现代教育体系中具有极其重要的意义，其复杂性和庞大性使其监测和评估工作异常烦琐。传统的监测工作存在诸多问题，如数据处理工作量大、易出错、教师水平参差不齐等，这些问题直接导致了数据准确性和上报质量的下降。此外，大学生体质健康评价基于《国家学生体质健康标准》（以下简称《标准》），虽然其为评价提供了基准，但过度强调整体评价可能导致个体信息的缺失，从而无法准确地反映每个学生的实际情况。而且，学生体质发展的不均衡也是一个严重的问题，传统的四级评价模式难以全面反映个体的弱项指标，这不仅导致了学生对自身体质健康认识的不均衡，还影响了他们对健康的正确认知。

为消除传统监测模式的弊端，云管理平台应运而生。这种平台通过快速数据处理、直观显示成绩排名及趋势、自动生成报表等功能，极大地提高了工作效率和数据准确性。第一，快速数据处理功能使监测数据的整理和分析变得更加高效，大幅减轻了教师的负担，同时减少了数据处理过程中的错误；第二，直观显示成绩排名及趋势功能让教师和学生能够清晰地了解到每个学生的体质健康状况，有助于及时发现问题并采取相应措施；第三，自动生成报表功能不仅节省了教师大量的时间和精力，还确保了报表的准确性和一致性，为学校决策提供了可靠的依据。

2. 大学生体质健康信息评估的警示性

学生对自身体质状况缺乏关注和危机意识是导致各种体质问题的主要原因之一，也是我国学生体质健康水平下降的主要原因之一。这种缺乏关注和危机意识往往导致学生忽视了对自身健康状况的关注和监测，使潜在的健康问题得不到及时的发现和处理。在《标准》实施过程中，反馈与干预环节的紧密连接至关重要。体质健康的测试与评价应具备反馈、干预和预警监控功能，这意味着不仅要对学生的体质状况进行测试评估，还要及时将评估结果反馈给学生，并针对评估结果进行干预和预警监控。预警的建立能够评价学生体质健康测试数据，并具备监控功能，为学生提供体质健康状况的信息反馈，从而及早发现体质下降，并采取积极的防治措施是防止健康状况恶化的积极途径。对学生体质健康实施监测评估的“预警”是不可或缺的环节，它可以帮助学校和家长及时发现学生的健康问题，并采取相应的措施加以解决。筛选《标准》等级评价指标参数，确定学生预警指标，并利用云平台的数据快速处理功能，实施反馈、干预与监控，以提高学生主动锻炼的积极性，具体化《标准》的教育功能。

3. 大学生体质健康干预的针对性

实施《标准》对学生体质健康的积极影响是显而易见的。《标准》的实施激发了学生参与体育锻炼的积极性。这一点可以从学生参与体育课程和校园体育活动的情况中得到验证。由于《标准》的规定，学校和教师更加注重学生的体育锻炼，安排了更多的体育课程和活动，使学生在日常生活中接触到更多的运动机会，从而有效地促进了学生身体素质的提高。

尽管《标准》的实施取得了一定的成效，但也存在一些问题。一是强制性的规定可能导致学生缺乏自主锻炼的动力。学生对于体质健康评价的感受相对淡薄，可能会对于《标准》规定的锻炼目标感到漠不关心，从而缺乏参与体育锻炼的主动性和积极性。二是实施《标准》的评价反馈与干预环节存在脱节。学生往往无法清楚了解到自己的体质健康状况以及如何进行改善，缺乏有针对性的锻炼计划和紧迫感。针对上述问题，《标准》实施者可以通过建立"云管理平台＋学生体质健康"模式来解决。该模式可以制定个性化干预措施，提高学生体质健康水平。

三、云管理模式下大学生体质健康管理体系及路径

（一）大学生体质健康云管理体系的内容

基于云管理平台的学生体质健康管理模式是一种依托于移动互联网的实用性服务平台，其主要作用在于为广大师生提供便捷体育生活，侧重于实用性、服务性和互动性。这种管理模式主要包括两个方面：管理主体和管理模块。管理主体主要涉及学生、体育教师、学校以及主管部门，形成了一种"四位一体"的管理模式，从而促进了学生体质健康信息的管理与共享。在此基础上，基于《标准》评价体系，建立了"测试→评价→预警→反馈→干预→测试"的体质健康促进管理动态系统，从而确保了管理的连续性和有效性。

核心功能主要包括学生体质健康数据管理、评估（预警）、干预以及决策（档案）等。这些功能不仅可以帮助管理者了解学生的体质健康状况，还可以及时采取相应的干预措施，从而提高了管理的针对性和有效性。充分发挥云平台的数据信息处理功能，提升了整体体质健康测试和学生健康服务的及时性、高效性和便捷性。通过这种全新的工作方式，使学生体质健康信息管理变得更加全面，对学生体质健康弱项具有警示性，并提供了相应的干预措施。这种基于云管理平台的学生体质健康管理模式不仅提高了管理效率，还能更好地服务广大师生，为他们的体育生活提供便捷的支持和服务。

（二）大学生体质健康管理体系的构建路径

1. 大学生体质健康预警标准

大学生体质健康预警是一项重要的举措，旨在提前发现学生体质健康问题并采取相应的措施。这种预警方法的核心在于通过对学生体质测试成绩的评价来判断其整体健康状况及个体指标的不平衡性。预警的定义是在灾害或危险发生前，根据过往总结或观测到的前兆，向相关部门发出紧急信号，以避免危害发生，减少损失。在学生体

质健康预警方面，这意味着在学生体质出现问题之前，系统地评估学生的体质健康情况，并向相关人员发出警示，以便及时采取行动。预警机制的构建是该方法的关键部分。对学生体质健康总分进行预警是其中的一项重要步骤。这包括对学生的整体体质进行评估，将其分为“及格”和“不及格”两个阶段，并分别标记为一级预警和二级预警。除此之外，还对个体指标的不平衡性进行预警，包括身体形态、机能、素质等方面的单项指标。同样地，对于每个指标，将“及格”和“不及格”两个阶段分别标记为一级预警和二级预警，以便更加精细地了解学生体质的状况，有针对性地采取措施。

在参数设置及反馈机制方面，学校可以根据相关的标准来设定预警的参数。一旦学生的测试成绩低于标准界定值，预警机制将会触发，系统会通过适当的反馈方式将结果通知学生、教师和学校管理人员。这样的反馈不仅可以提高学生对自身体质健康的关注度，也能够促使学校和教师采取有针对性的措施，例如，制定更合理的体育课程或提供个性化的健康建议，以帮助学生提升体质水平。这一过程是持续的，意味着学生在未来的体质测试中仍将受到关注，并根据表现进行进一步的反馈和指导。

2. 大学生体质健康预警信息反馈量表

单一的等级预警提示无法充分达到学生体质健康预警的目的，因为学生只有了解自身体质状况及潜在风险，才能增强对自身体质的关注。为此，制定体质健康预警信息反馈表是必要的。这种反馈表的重点在于对学生预警等级进行详细说明，并以“档案”形式反馈给学生和体育教师。通过信息反馈表，学生能够了解自身体质健康指标水平，进而进行针对性练习以加强“弱项”，增强对体质状况的认知。这种认知能够产生紧迫感，促使学生重新审视并采取相应的体育锻炼行为。同时，体育教师可以根据学生的预警提示进行有针对性的辅导练习，实现分层教学，提高课堂效率。这样的举措不仅有助于学生个体的健康提升，也能够确保整体体质健康水平的提高，从而更好地实现教育目标。

3. 大学生体质健康运动干预处方

在云管理模式下，大学生体质健康成为国家体质健康政策关注的焦点。然而，体质测试并未在大学生中得到明显的改善。主要原因在于，尽管大学生在四年的大学生活中能够明确了解到自身在体质健康测试中存在的不足项目，但是面临着对这些项目进行有针对性的练习以改善自身体质的困境。有相当一部分学生由于对体育及相关运动知识的了解不足，难以正确选择适宜的运动项目来提升自身的体质。

（1）大学生体质测试的不足之处是缺乏有效的运动干预措施。在此方面，高校体质健康管理部门应当根据大学生体质健康测试的具体成绩，制订符合实际情况的运动处方。这种运动处方应当是有科学依据的，通过全面分析大学生的体质状况，明确存在的问题并提供相应的运动方案。通过这样的个性化指导，可以帮助大学生有计划、有针对性地进行体质锻炼。

（2）在云管理模式下的大学生体质健康运动干预处方应当充分利用现代信息技术。高校体质健康管理部门可以借助云管理平台，建立个性化的大学生健康档案，并结合体质测试结果，通过数据分析和人工智能技术，为每位大学生量身定制合适的运动处方。这样的信息化管理模式可以更加高效、便捷地提供个性化的运动建议，使大学生更容易接受并贯穿在日常生活中。

（3）大学生体质健康运动干预处方的制订应注重与学科专业的结合。不同专业的学生在体质健康方面存在差异，因此运动处方应当根据学科特点进行有针对性地调整。例如，对于需要长时间坐姿学习的文科专业学生，可以加强腰部和颈部的锻炼；而对于需要大量站立活动的工科专业学生，可以加强下肢肌肉的锻炼。这样的差异化设计能够更好地满足不同学科学生的体质锻炼需求。

在云管理模式下的大学生体质健康运动干预处方的制订需要在个性化、信息化和差异化三个方面进行深入考虑。通过这样的综合性管理，可以更好地引导大学生进行有针对性的体质锻炼，提升其整体健康水平，符合国家体质健康政策的推进方向。

第三节 不同训练对大学生体质健康的影响

一、健身登山训练对大学生体质健康的影响

登山运动作为一种独特的户外运动，在自然环境中徒手攀登山脉或山岭，使用专门装备挑战各种地形，成为其关键点之一。这种活动不仅是简单的体育运动，更是一种结合自然环境与身体锻炼的完美融合。登山不仅能陶冶情操、缓解压力、增强体质，也培养了参与者的生存能力、开阔了他们的眼界、增长了知识、磨炼了意志，并促进了交流。在社会和学校中，登山运动迅速得到发展，成为一种备受关注的体育运动项目。

（一）健身登山运动对人体健康的价值

健身登山运动作为一种综合性的户外活动，对人体健康产生了广泛而积极的影响。

首先，健身登山运动是一项全身性的有氧运动，能够有效提高心肺功能，增强心血管系统的健康。在攀登山脉的过程中，身体需要不断适应高海拔环境，促使心肺系统更为高效地运转，从而增强体内的氧气运输和利用能力，对预防心血管疾病具有显著的积极作用。

其次，健身登山运动对于提高肌肉力量和耐力同样有着显著的促进作用。攀登陡峭的山坡和崎岖的山路需要身体各部位的协同工作，特别是下肢肌肉的耐力和爆发力得到有效锻炼。这不仅有助于雕塑身体线条，增强身体的力量，还能提升全身的协调性，对预防和缓解骨关节疾病具有积极的效果。

最后，健身登山运动对于促进心理健康也有不可忽视的影响。置身于大自然的怀抱中，欣赏壮丽的山川风景，有助于释放紧张的情绪，减轻压力，提高心境。登山过程中所需的毅力和决心也培养了参与者的自律性和意志力，对于提升个体的心理素质有积极的塑造作用。

尽管健身登山运动对人体健康的益处多方面而广泛，但在参与时仍需注意安全，包括合理安排行程、携带必要的装备、保持良好的体能状况等。总体而言，健身登山运动作为一项全面促进身体和心理健康的活动，不仅有助于锻炼身体，还能提升生活质量，使参与者在自然环境中找到平衡与和谐。

（二）健身登山训练对大学生影响的分析

1. 健身登山训练对大学生身体形态指标影响的分析

健身登山训练对男女学生的体重指数有着显著的控制作用。这种训练包括一系列综合性动作（如俯卧撑、弓箭步、深蹲等），旨在强化上下肢肌肉，分解体内脂肪，降低脂肪厚度，从而有效地控制体重。在训练过程中，男生肩胛下角和女生肱三头肌部位出现了明显的变化，反映了训练对不同性别的身体产生了特定的影响。尽管初期腹部变化不明显，但随着训练时间和强度的增加，体重变化使得体重指数得以受到有效控制。特别是对于大学男生来说，他们处于身体发育后期，身高仍在增长阶段，因此科学合理的训练对于控制体重指数至关重要。

研究表明，人体脂肪含量呈现一定的规律性：大部分脂肪储存在皮下，随着年龄增长逐渐向内脏器官和腹部转移，这加大了肥胖的风险。而肥胖不仅影响个体的速度和灵敏性，还对健康造成不良影响。因此，大学生可以选择健身登山运动来塑造完美的身材，从而提高自身的健康水平。

持久的训练结合科学膳食同样是非常重要的。通过合理的营养摄入和持续的锻炼，可以有效地控制体重、塑造身材，并促进合理的身体发展。因此，大学生应当意识到保持良好的饮食习惯和坚持科学的训练是保持健康、塑造完美身材的重要途径。通过健身登山训练，男女学生都能够有效地控制体重指数，改善身体素质，从而迈向更加健康、积极的生活方式。

2. 健身登山训练对大学生身体机能指标影响的分析

（1）健身登山训练对大学生肺活量影响的分析。健身登山是一种全身性运动项目，其特点在于持续变换高度和强度，这种变化对呼吸和运动强度的协调起着重要作用。通过频繁变化的训练，胸腹压得到刺激，导致胸肋部的开合度增大，胸腔得以更好地扩张。这种全身性的变化不仅强调上下肢的全面发展，而且在训练中呼吸与运动相结合，使大量的呼吸肌参与运动，从而锻炼了胸肺间隔膜，增强了其弹性，提高了肺部通气能力，进而增加了肺活量。

在健身登山训练中，集体发声喊节奏是常见的训练方式之一。尤其在 10 000 m 跑、仰卧起坐和俯卧撑等项目中，这种集体喊声不仅给队友鼓励，还有助于提高个人的自信心和能力，体现了团队的力量，增强了团队的凝聚力，培养了团队意识。此外，这种喊声还有助于缓解精神压力，促进精神健康。

健身登山训练必须在适度的负荷下进行。只有在适度的前提下，持续系统、科学的训练才能达到促进健康、提高循环系统和呼吸系统机能的目的。通过全身肌肉的参与，健身登山训练不仅能增强人体心肺功能，而且能全面提升身体的健康水平。因此，健身登山训练是一种全面、科学而有效的体育运动项目，对个人的身体素质和健康水平都有积极的促进作用。

（2）健身登山训练对大学生血压、基础心率影响的分析。血压是血液在流动过程中对血管壁施加的侧向压力，这对于维持循环系统的正常功能至关重要。它受到多种因素的影响，如心脏的泵血能力、血管的弹性、血液的黏稠度等。正常的血压水平有助于器官获得充足的血液供应，维持正常的新陈代谢，过高或过低的血压则可能导致严重的身体功能障碍。

运动训练对心血管系统产生积极影响。它可以导致心率加快，心脏的耐受能力增强。收缩压反映了心脏在收缩时的工作能力，而舒张压反映了心脏克服外周阻力的能力。通过运动，血流速度增快，外周血管扩张，静脉血回流加快，这些都有助于改善心血管机能。

在进行运动时，心血管功能强大的人往往具有更高的心率上限、更强的心脏耐受力以及更快的心率恢复速度。这意味着他们可以在运动中保持更高的运动强度和更长的持续时间，同时在运动后更快地恢复到平静状态。

健身登山等运动项目通常要求学生进行有氧和无氧相结合的训练。有氧训练可以提高心肺功能，增强心血管系统的耐受力，而无氧训练可以增强肌肉力量和耐力。这种综合训练有助于提升学生的心血管功能，使他们能够更好地适应各种运动挑战，并在运动中保持身体的健康状态。

健身登山是一种结合有氧与无氧运动的综合性运动方式，其在训练过程中对心血管系统的影响显著。在有氧状态下，心脏负荷较小，收缩幅度不大，而在无氧训练时，心脏会急剧收缩，血压上升，这种刺激有助于促进心脏肌肉和血管平滑肌的发展。通过健身登山训练，循环血量增加，促进了心脏容积负荷的增大，加快了全身肌肉的血液回流速度，并且增强了心脏的收缩能力。

长期坚持健身登山训练使心脏逐渐适应大幅收缩，每搏输出量增加，心率减慢，从而使心血管功能逐渐向好发展。在训练中，快速转换的运动方式能够刺激心脏强力收缩，增加血管壁的弹性与韧性，清理血管壁，减少回心阻力，最终提高心肺功能。因此，科学、合理、系统的健身登山训练对大学生心血管功能和心肺功能有着积极的影响。

3. 健身登山训练对大学生身体素质影响的分析

健身登山训练对于提高身体素质在受训大学生中产生了显著影响。身体素质是评估个体运动能力的重要标志，包括速度、力量、耐力、柔韧性、灵敏性、平衡能力、爆发力和协调性等多个方面。实验组与对照组的对比显示，受训大学生在各项素质上均有不同程度的提高。一是速度得到了明显提升，尤其在女大学生中表现更为显著，而柔韧性没有明显变化；二是平衡性在大学生中显著提高，特别是男大学生；三是下肢爆发力得到了显著增强，男大学生的变化尤为明显；四是协调性明显提高，尤其在女大学生中表现更为明显；五是耐力素质有明显提高。

（1）健身登山训练对大学生下肢爆发力影响的分析。健身登山训练主要集中在上肢、下肢、腰部力量，协调与平衡以及核心力量的练习上。其中，上下肢力量是最主要和基本的素质之一，也是健身登山成功的基本条件之一。在所有训练项目中，上下肢力量训练约占 3/4，包括俯卧撑、弓箭步、蛙跳、深蹲、小推车和螃蟹爬等。这些练习有助于全面提高学生的身体素质，特别是在提升下肢爆发力方面表现更为显著。

长时间的健身登山训练不仅是一种锻炼，还是一项全面的身体塑造过程。这种训练能够充分锻炼四肢力量，通过反复的登山动作，肌肉得到了充分的拉伸和收缩，使肌肉纤维逐渐粗壮，大幅提高了肌肉的功能。健身登山训练通过不断的肌肉活动，促进了骨骼生长和代谢功能的调节，从而增加了骨密度。这一点得到了科学研究的支持，研究表明，参加运动训练的运动员骨密度相较于同龄人更大，而科学系统的健身登山训练可以进一步增加骨密度，预防骨质疏松和骨折的发生。此外，大量的力量训练不仅导致了上下肢脂肪含量的降低，还使肌纤维增粗，肌肉力量大幅增强，提高了骨密度和抗压性，增加了骨小梁的数量，从而进一步提高了关节的稳定性和灵活性。健身登山训练也能够显著提高大学生的立定跳远和 50 m 短跑速度成绩，表现出对下肢爆发力和速度的明显促进作用。

（2）健身登山训练对大学生柔韧性影响的分析。座位体前屈作为柔韧性指标在实验组中未显示出明显的提高，这表明 10 周的健身登山训练并未对柔韧性产生显著影响。产生这一结果的原因可能是健身登山训练过于注重力量训练，而忽略了对柔韧性的培养。在健身登山训练中，常常强调力量练习（如爬山、扛重物等），而较少关注柔韧性的培养，这导致两者之间的训练效果存在一定的矛盾。柔韧性在体能训练中同样具有重要意义，它能够增加肌肉的弹性，减少运动伤害的发生，并提高运动表现。因此，今后的健身登山训练中，应在保证力量训练的基础上增加柔韧性练习（如拉伸、瑜伽等），以提升大学生的综合体能水平。

（3）健身登山训练对大学生灵敏性影响的分析。在分析健身登山训练对大学生灵敏性的影响时，灵敏性被定义为机体迅速准确地改变运动方向的能力，这在健身登山运动中显得至关重要。然而，实验中以跳绳作为测试因子，未明确测试结果。尽管如此，健身登山运动常常在户外环境中进行，要求运动者具备良好的灵敏性，以应对山地中的复杂路况和突发状况。灵敏性的提高能够使大学生在登山过程中更加敏捷、灵活，快速作出反应，从而降低意外伤害的风险。因此，虽然实验结果并未明确反映出健身登山训练对大学生灵敏性的影响，但应当认识到灵敏性在健身登山运动中的重要性，因此，应当加强相关训练，并将其纳入未来的研究和训练重点，以提高大学生在户外活动中的安全性和运动表现。

（4）健身登山训练对大学生平衡性影响的分析。人体的平衡性能力在一定程度上是先天具备的，这种能力同样可以通过后天的训练得以加强。立定跳远作为一项常见的身体测试项目，能够在一定程度上反映出身体的平衡性水平。在健身登山训练中，保持身体平衡是完成训练项目的基本前提。健身登山作为山地代表性运动，对身体和心理的平衡都提出了较高的要求。机体的稳定建立在身体的平衡之上。在健身登山中，要求保持相对平衡和协调，因为平衡性越好，稳定性也就越佳。身体平衡性好的登山者具有较强的抗摔倒能力，这是因为动态平衡是整体稳定的基础。健身登山的训练内容包括静态三合一和燕式平衡等项目，这些训练能够显著提高大学生的身体平衡性水平。

（5）健身登山训练对大学生协调性影响的分析。健身登山训练作为一种全面的身体素质锻炼方式，对大学生协调性产生了显著的影响。协调性作为一项重要的生理指标，涉及肌肉、神经系统的协同工作，对于个体在各种运动和活动中的表现至关重要。通过深入分析健身登山训练对大学生协调性的影响，我们可以发现其积极的效果。

首先，健身登山训练注重身体的整体协调运动，包括手脚的配合、重心的控制等方面。在攀登过程中，登山者需要灵活运用肌肉和关节，不仅要维持平衡，还要应对不同地形的挑战。这种多层次、多方向的运动要求，促使大学生在协调性上取得显著的提升。

其次，健身登山训练还能够提高大学生的空间感知和视觉协调能力。在登山中，需要不断调整身体的姿态、判断地势的起伏，这对于培养大学生在复杂环境下的协调能力至关重要。同时，登山者需要时刻保持对周围环境的警觉，这有助于提高视觉感知和协调反应的水平。

（6）健身登山训练对大学生耐力影响的分析。耐力性训练作为一种重要的体能训练方式，在健身登山训练中发挥了显著的作用。耐力性训练的目的在于提高机体的持久力，使其在长时间内能够维持较高强度的运动。在大学生群体中，耐力性的提升对于促进身体素质和应对日常生活的体力需求具有重要价值。

首先，健身登山训练要求登山者在不同地形和气候条件下进行较长时间的爬升，这对于心肺功能的提升至关重要。通过长时间、中低强度的运动，大学生的心肺功能得到全面锻炼，有助于提高耐力水平。这对于应对日常生活中的长时间步行、跑步等活动具有积极的影响。

其次，在健身登山训练过程中对肌肉耐力的要求也相当高。在爬升过程中，需要不断用力推动身体，这对于提高大学生的肌肉耐力水平起到了显著的促进作用。肌肉耐力的提升不仅有助于日常生活中的各种体力活动，还对整体体能水平的提高具有重要意义。

4. 健身登山训练对大学生认知情感方面的影响分析

健身登山训练对大学生认知情感方面的影响是一个值得深入研究的课题。在普通高校中，大学生往往处于成长期与青春期的交汇阶段，其认知能力、情感处理能力以及分析能力尚处于相对不够完善的状态。这个时期的大学生普遍表现出对事物认知的模糊和情感处理的不稳定，容易在面对问题时表现出冲动和缺乏冷静思考的特点。

通过参与健身登山训练，大学生的认知和情感能力得到了显著的提升。一开始，训练参与者可能处于盲目的自卑或自负状态，对自己的认知存在一定的偏见。然而，随着训练时间的增加，他们逐渐形成了更为客观的自我评价。这种转变不仅反映在对自身能力的认知上，还表现在对事物更加理性的处理和分析能力上。

同时，通过健身登山训练，大学生的情感状态发生了积极的变化。从最初可能表现为急躁、情绪波动大、脾气暴躁的状态，逐渐演变为面对问题时沉着冷静，能够客观分析事情的情感状态。这种情感的调整不仅有益于个体的心理健康，还为他们在日常生活中更好地处理各种情境提供了支持。

更为重要的是，通过健身登山训练培养了大学生坚定的信念和顽强的意志品质。在攀登的过程中，他们学到了自救和互救的相关知识，培养了团队合作和自我管理的能力。这使大学生在面对挑战和困境时能够更加坚韧不拔，克服困难，展现出更强的抗压能力。

（三）健身登山训练促进大学生体质健康的建议

随着社会的发展和生活水平的提高，大学生群体对体质健康的关注逐渐增加，健身登山作为一种全面锻炼身体的方式，为大学生提供了良好的健身选择。为了更好地推动大学生体质健康，以下是对健身登山训练的一系列建议：

第一，调整健身登山训练计划。在制订健身登山训练计划时，应当注重全面发展大学生身体素质。除了加强力量和耐力的训练，还应增加对柔韧性素质的练习。这样可以确保大学生身体各项素质得到均衡提升，提高整体体能水平。

第二，加大宣传推广力度。在高校内，需要加大对健身登山的宣传推广力度。通过校园广播、海报、社交媒体等多种方式，向广大学生群体介绍健身登山的益处和乐趣。同时，要合理利用山地资源和现代化设施，完善团队建设，吸引更多学生参与。

第三，开设健身登山选项课。在课程设置方面，高校可以开设健身登山选项课，建立健身登山的课程体系。通过利用丰富的师资力量，进行系统的、科学的健身登山训练，为学生提供专业的指导和培训。

第四，采用科技手段搭建信息平台。利用科技手段，建立健身登山信息共享平台。通过手机应用或网站，学生可以获取健身登山的相关信息，分享经验和成果。这有助于营造良好的健身登山的氛围，提高健身登山社团在高校的感召力。

第五，强化训练与实践结合。在实际的健身登山训练中，应注重理论与实践相结合。利用在实际运动中总结的经验，及时调整训练计划，更好地指导大学生进行健身登山运动。考虑到健身登山易受自然环境变化的影响，应制订备用方案，保持坚持训练的态度。

通过以上建议的综合实施，可以更好地促进大学生通过健身登山训练达到全面提升体质健康的目标。同时，这有助于培养学生的团队协作能力、领导力和适应能力，为其未来的职业和生活奠定坚实的基础。

二、高强度间歇训练对大学生体质健康的影响

目前，我国大学生的体质健康水平呈下降趋势，主要表现在心肺功能恶化、体质降低、肥胖率上升以及运动频率减少等方面。产生这一现象的主要原因之一是传统运动形式的单一性和缺乏趣味性，导致大学生参与体育活动的意愿降低。高强度间歇训练的出现为解决这一问题提供了新的途径。相较于传统的运动方式，高强度间歇训练具有更高的趣味性和挑战性，能够吸引更多大学生参与其中。通过这种训练形式，大学生不仅可以提升自己的体质健康水平，还可以在锻炼过程中获得更多的乐趣和满足感。因此，高强度间歇训练被视为一种有效的方式，可以帮助大学生改善其体质健康水平。

（一）高强度间歇训练的机制

高强度间歇训练是一种运动训练方式，其特点是在短时间内进行高强度的运动，负荷强度高于传统运动。这种训练方式可以采用全力冲刺或者控制在个体最大摄氧量的 90% 左右进行。其训练特征由间歇方式、间歇时间和持续时间等因素决定，通过这种方式训练可以显著促进技能和体能的提升。

高强度间歇训练在耐力和速度项目中广泛应用。通过这种训练方式，运动者可以提升其体质健康水平，从而在比赛中取得更好的成绩。对于学生来说，这种训练方式也可以弥补他们由于学业压力等原因导致的运动时间不足。

除了在体育教学中的应用，高强度间歇训练也被广泛应用于社会大众和运动员的日常训练中。通过结合恢复阶段与运动阶段，可以提高训练的可持续性和合理性，使训练效果更佳。在训练机制上，高强度间歇训练能够促进心肌耦联运动，从而增强心肌的收缩能力。这对于提高运动员的运动表现和社会大众的健康水平都具有重要意义。

（二）高强度间歇训练的影响

1. 对大学生身体形态的影响

高强度间歇训练对大学生的身体形态、运动能力、疾病预防能力及心理抗压能力具有积极影响。在体质健康水平评价中，学生的身体形态匀称度、脂肪含量、心血管机能及心肺扩张能力等方面需要被考察，以明确高强度间歇训练的具体影响。研究表明，

高强度间歇训练能够显著改善大学生的身体形态，包括降低脂肪率、使体重维持在标准范围内，而且男生的改善效果明显高于女生。这是因为男生通常在运动强度和频率上更高，从而在体形改善效果上表现更优，而女生受到生理和体质等因素影响，需要更长的恢复周期，因此效果相对较弱。

在运动后期，高强度间歇训练的能量消耗对体脂减少有显著作用，这导致了在短期内体脂率和体重的降低。相较于传统持续的体育训练，高强度间歇训练在体形改善上效果更为明显。这是因为高强度间歇训练能够激活身体的代谢机制，促进脂肪的燃烧，同时增强肌肉的力量和耐力，从而达到更好的体形塑造效果。这种训练方式也能提高学生的心肺功能和心理抗压能力，有助于预防心血管疾病等慢性疾病的发生。

2. 对大学生身体机能的影响

学生的身体机能是体现其肌肉与神经协调性、爆发力、速度素质等要素的重要指标。教师通过评价学生身体机能的变化，可以更好地确定间歇性运动对学生的影响。研究表明，对于大学生来说，高强度间歇训练对心血管功能与心肺功能的发育有着积极的促进作用，并且在身体机能方面表现出明显的改善效果。特别值得注意的是，女生在经过高强度间歇训练后，其身体机能优于男生，呈现一种阶梯式的发展趋势。与传统体育训练相比，高强度间歇训练在相同时间内对身体机能的促进效果明显更高，尤其在心血管功能与心肺功能等方面表现出显著的优势。此外，高强度间歇训练还能在符合学生运动特点和规律的前提下，进一步改善和优化学生的身体机能。具体而言，通过高强度间歇训练，学生的摄氧水平、安静心率和肺活量都能得到提升，而这些优势明显地超越了传统的中等强度体育运动所能达到的水平。

3. 对大学生身体素质的影响

大学生的身体素质易受多种因素的影响，其中女生的身体素质一般低于男生。身体素质的评价主要包括协调、灵敏、速度、力量、柔韧等方面。高强度间歇训练对于大学生的身体素质提升效果较为显著，特别是在速度、力量、协调和灵敏等方面的改善更为明显。这是因为高强度间歇训练能够有效地提高学生的爆发力和反应能力。因此，无论是男生还是女生，都可以通过参与高强度间歇训练来提升自己的身体素质水平。这种训练形式不仅具有较高的可操作性，而且效果显著，因此备受大学生的青睐。

（三）大学生高强度间歇训练的建议和思路

高强度间歇训练在学生体育训练中的应用对提升学生体质健康具有显著影响。充分、全面、有效地应用高强度间歇训练可以发挥其真正的功能和作用。这种训练方法通过短时间内交替进行高强度运动和休息，有效激活学生的身体机能，提升心肺功能，增强耐力和速度素质。结合大学生的特点，提高训练的针对性、科学性和合理性尤为重要。

1. 普通学生的高强度间歇训练

普通学生的高强度间歇训练可以在大学体育教学中得到有效应用。目标是增强学生的体质健康，提高应对日常生活和特殊情况的能力。考虑到学生普遍缺乏运动，体质和心理健康水平低下的现状，需要科学的课程实践策略和方案。例如，在田径课上，通过为期两个月的高强度间歇训练，控制训练时间在 15 min 左右，以提升耐力素质和速度素质。采用变速练习和标志桶练习等方式，可以在有限时间内提高学生各项身体机能和素质。此外，体育教师应根据学生的机能状况和个体差异，灵活安排运动负荷，并及时调整休息时间。通过这样的实践，普通学生可以在高强度间歇训练中获得全面的体质健康提升，增强生活应对能力，促进身心健康发展。

2. 肥胖学生的高强度间歇训练

我国大学生肥胖率逐年上升，这一趋势引发了对提高体育教学活动质量的迫切需求，以提升整体体质健康水平。在这一背景下，科学引入间歇性训练被证明是改善肥胖学生身体形态和素质的有效方法。具体而言，通过足球教学中的间歇性训练，例如，进行 25 min 的训练后间歇 60 s，可以显著降低肥胖学生的体脂率。这种训练方式不仅能够有效地提升身体素质，还具备较高的趣味性，创新的课堂（如绕桶射门等）训练方式能够激发学生的参与度。此外，控制训练负荷也是至关重要的，采用逐渐增加训练组数和次数的原则可以帮助肥胖学生逐步提高体质健康水平，避免过度训练带来的身体负担。除了针对身体方面的训练，还需要分析肥胖学生与其他学生的差异，进行心理疏导和效果评估。通过鼓励肥胖学生持之以恒地参与高强度训练，可以逐步改变他们的身体素质和心理状态，从而提升整体体质健康水平。

3. 运动员学生的高强度间歇训练

运动员学生参与体育训练的主要目标是提升运动成绩。竞赛结果的不确定性受多种因素（如心理承受力、战术能力和体能等）影响。特别是在比赛僵持阶段，这些因素更加显著。目前影响竞赛结果的主要因素是学生的体能素质，尤其是在比赛进入激烈对抗的阶段。为了取得优异成绩，教练应采取一系列措施来提升学生的运动能力。

教练应通过高强度间歇训练和专项技术结合，提升学生的无氧能力和有氧能力。这种训练形式不仅可以增强学生的耐力和爆发力，还能提高他们的运动适应性和抗压能力。训练内容应结合学生的专项技能类型，选择多元训练形式（如俯卧撑、引体向上、交叉跳蹲和登山跑等）。这种多样化的训练可以全面提升学生的身体素质，增强他们在比赛中的应对能力。

训练后，教练需要进行针对性评估，以优化训练负荷，使身体机能训练与日常训练更好地融合。通过评估学生的训练效果，教练可以及时调整训练计划，确保学生的训练效果最大化。高强度间歇训练不仅可以促进学生身体形态、机能和素质的改善，还可以提升他们的体质健康水平，为长期竞技生涯打下良好的基础。

教师应根据学生群体的差异采取层次化的训练方法，制订科学合理的训练方案，以达到全面的健康发展目标。每个学生的身体素质和训练需求都有所不同，因此，教师应根据学生的特点和需求，量身定制个性化的训练计划，从而更好地推动学生的全面发展。

综上所述，为提升运动员学生的竞技水平，教练应采取一系列措施来提升他们的体能素质，包括高强度间歇训练、多元训练形式的选择和针对性评估等。只有通过科学合理的训练方法和个性化的训练方案，才能真正实现学生的全面发展目标。

第二部分
体育与健康课程设计及素质训练

第六章　体育与健康课程设计及评价

第一节　体育与健康理论视频课程的构建

一、体育与健康理论视频课程的构建理论

（一）体育与健康理论视频课程的教学目标

体育教学是由教师指导学生学习的过程，具有组织性、计划性和目的性。教师通过设计课程和活动，引导学生在体育运动中进行思维活动，以达到教育目的。体育教学以师生思维活动为基础，将身体活动作为主要手段，通过锻炼学生的身体，培养其各方面的素质。随着科技的发展，通过视频设备，传统的体育教学可以转变为网络教学，形成多功能的视频网络教学平台，为体育教学提供新的发展方向和可能性。在此环境下，体育与健康理论视频课程主要包括以下内容。

1. 教学目标

教学目标是教学活动的主体，对于网络平台下体育与健康理论视频课程而言，主要目标为向学生传授体育、卫生保健知识，教授体育技能、技术，促进学生全面、健康发展，增强体质，培养学生的运动能力，促使学生养成健康生活、终身锻炼的良好生活习惯。

2. 基础环境

体育与健康理论视频课程实现的前提条件是网络技术基础环境，同时受到校园网络、硬件设备性能和信息传输条件的影响，同传统体育与健康理论课程教学相比，可靠的技术环境能够有效促进体育教学活动全方位展开，其本身也是体育课程网络教学的一个重要特点。

（二）体育与健康理论视频课程的特点分析

体育与健康理论视频课程的出现为体育教学提供了一种新的教学模式，通过搭建视频网络教学平台，为学习者提供了一个具有丰富资源的知识平台，提供了更多的学习机会及更加全面的信息资源。体育与健康理论视频课程的出现使体育理论教学活动产生了新的转变，由单纯进行知识传授转变为对学生实践能力和创新精神的培养，同时为奠定终身学习、终身锻炼、快乐体育、主动体育模式营造了良好的氛围。体育与

健康理论视频课程的出现使体育理论教学突破了空间和时间的限制，使得学生不仅能在上课时间进行学习，更为其提供了多方位、多途径地对体育理论知识探索和学习的机会。对体育与健康理论视频课程的改革探索进一步促进了教育资源的共享，使设备和信息共享实现最优化，促进教学过程更加顺利地进行，有利于更好地实现学校体育教学目标。

当前，全球已进入互联网时代，通过网络，使用者可以有效地整合全世界范围内的教育资源，实现全球资源共享，从而使得本地教学与世界领先教学在资源上取得同步，达到教育的一体化。特别是对于一些相对落后的地区，通过网络这个巨大的平台有利于丰富当地教育资源，不仅便于教师不断提高自己的知识水平做到与时俱进，也方便了学生随时随地自主学习——网络成为取得最新知识的有效途径。

此外，网络平台下的体育与健康理论视频教学的特点还体现在以下四个方面。

1. 教学资源丰富

传统的教学模式往往受限于有限的资源，主要依赖课堂讲授、教科书资料以及教师的解释。这些资源的更新速度相对缓慢，难以跟上知识更新的脚步。相较之下，网络视频教学的兴起为教育带来了新的希望。网络视频教学整合了来自世界各地的多个资料库，为学生提供了前所未有的丰富资源。学生可以通过网络平台随时访问这些视频资源，自主选择最新的知识内容，拓展自己的思维。这种自主选择和个性化学习的模式极大地激发了学生的学习兴趣，使他们更加积极地投入学习过程中。

2. 教学时间灵活

传统的课堂教学往往受到时间和空间的限制，学生需要按照固定的课程安排前往学校上课。随着现代技术的不断发展，网络视频课程打破了这种限制。学生可以利用各种终端设备随时随地访问网络视频课程，实现了学习时间的自主安排。无论是在公共交通工具上、家庭环境中还是在户外场所，学生都可以根据自己的时间安排进行学习。这种碎片化学习的模式不仅使学生更加灵活地安排自己的学习时间，还有效地利用了碎片化时间，提高了学习效率。因此，网络视频课程的灵活性为学生提供了更加自由、便利的学习体验，为他们的学习带来了全新的可能性。

3. 师生互动性增强

师生互动性增强是现代教育的一个重要特点，其通过视频网络通信技术实现。视频网络通信技术包括即时通讯软件和直播讲座等工具，这些工具为师生提供了多渠道、实时的交流机会。通过这些工具，师生可以随时随地进行互动，解除了传统教学模式的时间和地点束缚。这意味着教师可以为学生提供更加个性化的指导，根据学生的学习情况随时调整教学内容和方式，从而确保学生能够获得满意的学习效果。这种增强的师生互动性，不仅提高了教学的效率，也使教学更加贴近学生的需求和实际情况，促进了师生之间更加紧密的联系和交流。

4. 多媒体性强大

通过结合图像、文字、动画、影音等多种视频教学软件，可以构建视频网络教学平台进行体育与健康理论教学。这种多媒体形式的教学内容呈现，不仅包括动画、声音、影像等多种形式，而且这些形式之间可以协同作用，帮助学生直观地理解、记忆和掌握知识。通过形象化、具体化、视频化的教学手段，学生可以更加直观地感受教学内容，调动多种感官，提高学习兴趣，培养形象思维能力。因此，这种多媒体形式的教学不仅使教学更加生动有趣，也提高了学生的学习效果。

（三）体育与健康理论视频课程的功能结构

网络教学模式是当今教育领域的一项重要创新，包括课程内容、资源中心、交流平台和网络考试等组成部分。其目的在于简洁明确、整合资源、提高互动，并利用多媒体提升教学效果。体育与健康理论视频课程的功能结构如下。

1. 课程内容模块

课程内容模块作为网络教学的主体部分，是学生获取知识的重要途径。该模块涵盖体育概念、体能与健康、心理健康、竞技运动等内容，为学生提供了全面且系统的学习指导，加深他们对体育领域的理解。

2. 资源中心模块

资源中心模块旨在为学生提供丰富多样的资源支持。这个模块包括体育保健、健身、休闲体育和体育信息等内容，为学生提供了广泛的知识、锻炼方法、休闲项目以及相关信息。通过资源中心，学生可以根据自身需求和兴趣，选择并获取适合自己的学习资料，从而促进其全面发展和兴趣培养。

3. 交流平台模块

交流平台模块的关键点着眼于为教师和学生提供一个实时交流的网络空间。该模块采用实时交流网络技术，为师生提供了一个便捷的交流平台。模块提供了师生网上讨论和答疑功能，使教师和学生可以随时就学习中的问题进行交流与探讨。这不仅促进了师生之间的沟通，也为探究式教学活动提供了便捷的平台。同时，该模块延展了体育与健康理论教学的时空，使学生不受时间和地点的限制，能够在任何时候参与学习和讨论。教师也能通过实时与异时交互进行答疑辅导，解决学生在体育与健康理论学习、实际运动锻炼中遇到的问题，从而提升教学效果和学习质量。

4. 网络考试模块

网络考试模块主要提供便捷的在线考试系统和评价机制。该模块制作了网络在线考试系统，使学生能够在无纸化的环境下进行自我测试。这一系统提供了标准化试题形式，能够全面评估学生的学习水平。学生可以实时自查学习效果，有助于他们及时发现和填补知识漏洞。教师可利用在线考试系统对学生进行体育与健康理论课程的考试，从而弥补传统考试形式单一的不足。这种方式不仅提高了考试的灵活性和效率，也为学生提供了更为丰富的学习体验。同时，教师能够在有效时间内把信息反馈给学生，实现良好的交互式教学效果，及时有效地评价学生的学习效果，促进学生的进步和成长。

（四）体育与健康理论视频课程的人机角色

人机角色关系是构成网络体育教学模式的一个重要因素，“人”主要是指学习者与教育者，“机”主要是指网络设备、视频设备等技术环境，人机角色关系主要包括师生之间的关系和师生同计算机网络之间的关系。在实施体育与健康理论视频课程的过程中，一个特殊的教学关系——“教师—网络平台—学生”构成了整个活动的主体，与传统教学模式中的“教师—学生”关系相比，教师和学生双方并未发生直接接触，教师通过网络将所需讲授的知识向学生传递，同时学生通过网络对教师发布的知识进行学习，并进行信息反馈。基于网络平台的特性，通过这一教学模式可以实现学生学习内容的多样化，便于不同空间区域的学生对相同知识内容进行实时在线交流，有利于加强学生对知识的理解掌握，拓展学生的视野。

（五）体育与健康理论视频课程的学习方式

1. 实时远程教学

实时远程教学是一种通过网络平台提供虚拟教室的教学方式。在这种模式下，师生和生生之间可以通过图像和语音进行实时交流。与传统远程教学相比，实时远程教学不仅在内容组织、存储和传输上有所不同，而且强调师生实时互动。这种互动性为学生提供了更为直接和有效的学习体验。学生可以及时向教师提问，与同学讨论问题，从而更好地理解和消化知识。

2. 按需点播教学

按需点播教学是一种远程教学模式，其主要学习资源是流视频课程。学生可以通过浏览器按需检索、观看教学视频资料。在教学过程中，学生具有较大的自主性，可以根据自己的学习进度和兴趣进行学习作业、测试、答疑和交流等。这种教学模式灵活便捷，适用于各种学习需求和时间安排。

3. Web 多媒体课件

Web 多媒体课件是一种非实时的教学资源，适用于较低端终端，学生可以自主选择时间和地点进行学习。多媒体课件包括动画、图片、文字等内容，通过浏览器浏览 Web 页面进行学习活动。这种教学方式具有一定的灵活性和互动性，学生可以根据自己的学习节奏和需求进行学习，并且可以通过多媒体形式更加生动地理解和掌握知识。

4. Think-Quest 网络学习

Think-Quest 网络学习是一种任务驱动的学习方式，参与者通过建设任务主题的网站来实现学习。在这个过程中，学生不仅可以学习与任务相关的知识，还可以通过建设网站的过程来提高自己的技能和能力。此外，学生可以利用网站资源进行网页构架与美化，实现教育资源的共享。这种学习方式鼓励学生积极参与学习过程，培养学生的团队合作意识和创造能力，有助于学生全面发展。

二、体育与健康理论视频课程的构建技术

（一）体育与健康理论视频课程的技术基础

1. 计算机辅助教学技术

计算机辅助教学技术（CAI）在教育领域发挥着越来越重要的作用。通过利用计算机辅助教学，教师可以以对话方式与学生进行交流，安排教学进程和训练方法。这种对话式的教学模式能够更好地提高学生的参与度和学习效果。通过与计算机的互动，学生可以更加主动地参与学习过程，提出问题、得到解答，从而更好地理解和掌握知识。同时，教师也可以根据学生的反馈情况及时调整教学内容和方法，实现个性化教学。电脑辅助教学技术整合了文本、多媒体、人工智能等技术，为学生提供了个性化学习环境，从而提高了教学效率和质量。通过多媒体技术，教师可以将知识呈现得更加生动形象，吸引学生的注意力；通过人工智能技术，可以根据学生的学习特点和水平，智能地调整教学内容和难度，使教学更有针对性和有效性。

2. 网页制作技术

网页制作技术的发展为信息传播和互动提供了新的途径。使用 Flash 软件制作网页能够实现丰富的交互效果。通过 Flash 技术，网页可以包括矢量图形、位图和音效，使页面更加生动有趣，用户可以通过点击、拖拽等操作与页面进行互动，提升了用户的体验感。利用 Flash 创建动态 Logo 和含同步音效的长篇动画，可以生成内容丰富的网页，同时可以保持页面的快速下载和存储。这对于用户来说意味着更快的加载速度和更好的使用体验，特别是在网络速度较慢的情况下，依然能够流畅地浏览和保有网页内容。因此，网页制作技术的不断发展，为互联网上的信息传播提供了更多元化和丰富化的可能性，同时提升了用户的交互体验和使用便利性。

3. 流媒体技术

流媒体技术是指通过压缩连续的声音和图像信息，放置在网络服务器上供用户即时观看的技术。在体育课程教学中，动作的连续性和一致性是至关重要的，因此适合利用流媒体技术，以确保动画稳定性。流媒体技术具有高压缩比，可节省带宽和存储空间，使大型体育课件也能压缩到较小，学生可利用有限网络资源实时学习。此外，流媒体技术可处理普通多媒体数据，通过压缩、加入流式信息，适合流式传输，可用于普通体育与健康理论教学课件。通过上传至服务器，并根据带宽情况采用单播、多播、点播、广播等方式，满足学生不同的学习需求。在学生作为客户端的学习过程中，他们拥有主动权，可以对流媒体课件进行开始、停止、前进、后退等操作，反复观看，

直到完全掌握课件内容。这对于体育课程教学尤为重要，因为动作掌握需要反复观察和实践。因此，流媒体技术在体育课程中的应用，不仅可以提高教学效率，还能够更好地满足学生的学习需求，促进他们对课程内容的深入理解和掌握。

（二）体育与健康理论视频课程的内容生成

传统式教学手段是教师在课堂上，根据课前准备的讲课教案，在黑板上书写板书；学生根据黑板板书和教师的讲解做好课堂笔记，理解课堂内容。教师处于学习和活动的核心位置，他们进行教学设计，并且负责提供各种教学资源和全部的课程内容。

在网络视频课程资源建设中，应注意以下五个方面：

第一，在选择资源内容方面，要重点设计并制作能够满足学习需要、促进学习效果的资源。

第二，在把握资源质量方面，要提高资源利用率，需要优质的、教学价值高的资源。

第三，在规范建设资源方面，要严格把关，遵守国家规范和要求。

第四，在存储资源方面，要将学科不同资源合理归类，实现更加快捷的检索、查询。

第五，在保持资源的开放性方面，要让教师能够重新整合已选资源，进行再次设计和制作，形成新的教学资源。

（三）体育与健康理论视频课程的拍摄技术

1. 拍摄器材选择

根据不同拍摄素材的需求和不同学校的资金投入，拍摄器材可选范围较广，既可以选择操作较简便的单反相机作为主要拍摄工具，也可以选择更专业的摄像机作为主要拍摄工具。

2. 镜头语言技巧

体育教学视频作为一种教学方式，集影响、技术、教学和艺术于一体，在每一场教学视频中，不仅需要与教学者进行沟通，还需要协调制作、录音、设备和摄像等。能否将教学内容完整地、精彩地呈现在观看者面前，主要取决于摄像的拍摄角度和技巧的使用，即镜头语言的使用。由于体育课程教学的复杂性和学生对视频质量的高要求，体育教学视频的录制不仅需要向学生展示体育课程教学的整体内容，还需要向学生完整地展示教学内容中的教学目的、学习方法、掌握重点。

（1）景别。

第一，大全景是影视作品中用于环境介绍的重要手段，其作用在于展示整个拍摄主体及其周围的大环境。这种画面不仅是一个简单的背景，还要为观众呈现出一个全面的、宏大的场景，使观众能够更好地理解故事的发展背景和情境。通过大全景，观众可以感受到作品所在的空间范围和整体氛围，从而更深入地融入故事情节。

第二，全景相当于话剧或歌舞剧场中的“舞台框”，是影视画面中一种重要的构图方式。这种画面可以捕捉到人物的全身或较小场景的全貌，使观众能够全面地了解人物的动作、表情和周围环境的布置。全景的运用不仅有助于展示场景的完整性，还能增进观众对故事情节的理解和情感投入。

第三，特写是一种摄影技法，通常指摄像机在极近距离内对对象进行拍摄，主要突出人物的某个局部或相应的物件细节。这种画面常以人体肩部以上的头像为取景参照，通过放大镜头的方式，将对象的细节表现得更加清晰生动。特写的运用可以使观众更加集中地关注人物的情感变化、表情细节或景物细节，从而深入地理解故事情节和人物性格。

第四，中景俗称“七分像”，是一种摄影构图中常见的镜头设置，指摄取人物小腿以上部分的画面或与此相当的场景。这种镜头常用于表演性场面，使观众能够更好地观察人物的动态和表情变化，同时能够保留一定的背景信息，有助于强化情节的表现和人物形象的塑造。中景的运用既能够突出人物形象，又能够保持一定的环境感，是影视作品中常见的一种重要镜头设置。

（2）摄像机运动方式。

第一，推拍是一种常见的技术，通过将摄影机朝前推动来改变画面，使取景范围从大到小逐渐收缩。这种推动可以快速进行（快推）、缓慢进行（慢推）或突然加速（猛推），与简单的变焦推拍相比，推拍能够更加灵活地控制画面变化，达到更好的视觉效果。

第二，移动摄像机放置在运载工具上，水平移动中拍摄对象，可以形成一种摇移的拍摄方式。这种方法不仅能简单地移动，而且能在移动过程中保持一定的稳定性，这样可以使画面更加平滑自然。结合摇拍技术，可以增加画面的动感和层次感，使观众在观影过程中更加身临其境。

第三，跟踪拍摄是通过各种方式追踪拍摄对象，包括跟摇、跟推、跟拉、跟升、跟降等。这种方式使观众的视线始终聚焦在被跟踪的人或物体上，增强了观影体验的连贯性和沉浸感。跟踪拍摄技术的运用，可以使镜头更加灵活多变，呈现更加生动的画面效果，为影片增添了不少视觉冲击力。

综上所述，摄影机的推、移、跟三种拍摄方式在电影制作中各有其独特的应用场景和效果。通过灵活运用这些技术，导演可以更好地实现自己的创作意图，为观众带来更加丰富和震撼的视觉体验。

（3）画外音是影视作品中一种重要的声音运用方式，该声音不是由画面中的人或物体直接发出的，而是来自画面外。主要形式包括旁白、独白、解说以及音响的画外运用。通过画外音，声音摆脱了对画面视像的依赖，使影视作品具有更强的视听结合效果。例如，在一部纪录片中，解说员的旁白可以带领观众深入了解画面中所呈现的场景、人物或事件，从而加深观影体验。

（4）声画不同步是影视作品中常见的现象，即声音与画面表现的内容相互贴近但速度节奏不同步。声音与画面各自按照自己的逻辑展开，互相补充，但若即若离。尤其是在音乐方面，声音常常与画面产生一种平行的关系，重复或加强画面的意境、倾向或含义。例如，在一部悬疑片中，紧张的音乐可以增强观众的焦虑感，与画面中角色的行动形成对比，从而更好地营造出紧张的氛围。因此，说明性音乐和渲染性音乐都属于声画平行的音乐类型，它们共同构成了影视作品中声画不同步的重要组成部分。

（5）影视画面处理技巧有淡入、淡出、入画、出画、蒙太奇等。

3. 视频拍摄实践

体育教学视频作为一种教学方式和影视艺术，以视听艺术为载体。有些体育项目节奏很快，有些节奏却很慢，这时的节奏需要依靠摄像通过对镜头语言的调整来进行合理的调控。节奏快的体育项目让学生感觉很刺激，可以充分调动学生的兴趣，使学生能够专注地观看教学视频，同时可能让学生感觉不适，跟不上节奏，看不清体育运动过程；节奏慢的体育项目让学生感觉舒适，清楚观看，同时可能造成学生毫无兴趣点，调动不起情绪，逐渐失去学习的兴趣，无法持续观看。因此在体育教学视频的制作过程中，合理地使用镜头语言控制教学视频的节奏显得尤为重要。

在视频拍摄过程中，充分实践镜头语言在体育教学视频制作过程中的应用技巧及特点，以足球教学视频的制作为例，运动员踢出的球球速在 100 kg/h 以上，在这种速度下，采用小全景或特写无法完全锁定运动员和球的角度，或者在锁定的情况下，整个教学视频中的景别过多，造成观看者的情绪过度紧张、不适，引起头晕目眩或兴趣骤减。因此在进行足球教学视频的录制过程中，采用大全景拍摄，不仅为锁定球，还放慢了运动员的速度，降低了攻防双方的节奏，以便观看者能够从最好的角度清晰、舒适地观看比赛。

除此之外，体育教学视频的重点在于学生通过观看视频掌握正确的运动技巧等内容，因此在提供一个完整、舒适、清晰的视角的同时，还需要采取其他镜头语言使观看者直观地学习体育运动技巧。教学视频所关注的不仅是教师的教学过程，更重要的是充分展示其教学手段，并达到预期的教学效果。例如在足球运动视频中，可对视频内容的顺序进行调整：①教师通过题板等方式展示本节课的重点内容（如运球、过人等）技巧展示；②教师进行相关动作的讲解，并进行示范；③学生进行实际动作示范，并通过镜头暂停和画外音、字幕等方式进行重点表示，按照此种顺序进行镜头安排。

（四）体育与健康理论视频课程的网页系统

1. 系统整体框架

系统整体架构总体上分为硬件层、基础平台层、数据层、业务支撑层、应用层、用户层六个层次。

（1）硬件层。该层提供应用平台的硬件支持，保证程序能够稳定、高效地运行，并且在网络条件的保证下，能够实现系统的远程访问。

（2）基础平台层。该层主要为操作系统、数据库管理系统、NGINX 反向代理服务、主机存储与备份系统、信息安全等。

（3）数据层。该层主要为根据系统需要设计的数据库，以及按照系统要求设计的视频文件和相关配置文件等。

（4）业务支撑层。该层主要提供一些通用的操作接口，包括数据库访问支持、表单服务支持、消息队列、视频处理库、Web Service、安全服务支持等。

（5）应用层；该层应用业务支撑层提供的支持，结合具体的需求，实现具体的系统功能模块，该层包含的内容有用户管理、系统管理、视频管理、日志管理等。

（6）用户层。该层为最终使用系统的人，主要分为学生、体育教师、系统管理员。其中教师兼任管理员的角色。

2. 系统功能模块

为了实现体育与健康理论教学视频的在线管理，整个选题包括管理员管理、学生管理、系统管理、视频分类管理、视频文件处理、视频播放管理、日志管理等大的模块，各个大模块又包括一系列子模块。

管理员管理模块，包括管理员信息管理、管理员权限管理等。

学生管理模块，包括学生信息管理、学生权限管理等。

系统管理模块，包括系统参数设置、系统功能管理等。

视频分类管理模块，包括视频分类、视频表情管理等。

视频文件处理模块，包括缩略图生成、视频压缩、视频存储等。

视频播放管理模块，包括视频播放控制、视频数据缓存、流量控制等。

日志管理模块，包括系统操作日志、视频访问日志、错误日志管理等。

第二节　体育与健康课程的跨学科主题学习

一、体育与健康课程跨学科主题学习的必要性

“设计跨学科主题学习，既是践行五育融合的必然要求，也是推动素养落地的重要措施。”[①] 跨学科主题学习主要是指通过某一综合性主题将两门或两门以上学科知识相互融合，以主题为中心、以问题为导向统筹学习目标、学习内容和学习评价，突破单一学科教学界限，旨在促进学生学习结构化知识并实现全面发展的教学实践模式。

① 杨伊，任杰．体育与健康课程的跨学科主题学习：必要性、可行性与行动路径 [J]. 武汉体育学院学报，2023，57（5）：88-94.

（一）增强体育与健康学科的影响力

受体育应试教育的影响，人们对体育与健康课的印象逐渐发展为“安全课、放羊课、单一技术课”，以致部分学生将体育与健康课程理解为自由活动或学习单一运动技能应对体质健康测试与体育考试的课程，不清楚体育与健康课程开设的真正用意。在体育与健康课程中进行跨学科主题学习，可突破学科界限，运用其他学科知识引导学生探究体育与健康知识和技术动作，从中感受体育运动的魅力，并将德育、智育、美育、劳动教育、国防教育等内容内化于心、外化于行，致力于学生核心素养的形成。

（二）弥补现有教育中缺失的德育

现有德育方式以“前喻式”方式为主，与各学科的教学活动相分离，学习效果不佳。各项运动项目发展至今，既有明文规定的行为规范，也有约定俗成的伦理道德，更有形成的价值追求和精神风貌。例如，在传统体育项目中，可运用跨学科主题学习内容对仁、义、礼、智、信、孝、勇等传统美德进行整合，形成不同的教学内容，悄然输送传统美德，以丰富教学形式，形成体育品德。

二、体育与健康课程跨学科主题学习的改革策略

（一）成立跨学科主题教学研究小组

在我国，跨学科主题学习是一种全新的学习方式，其所体现出的学习目标、学习内容、学习方式、学习评价与往常不同，焕发着新的生机。现阶段中小学体育教师在大学学习时，主要学习本学科知识，其他学科内容接触较少，表现为略有印象，不利于实施跨学科主题学习内容；另外，从教学角度来看，在体育与健康课中融入其他学科知识需要体育教师深层理解该学科知识的含义、作用等内容，并且需要对教学目标、教学内容、教学方式、教学评价做出重新建构。

学校应发挥统筹管理作用成立跨学科主题教学研究小组，具体如下：

首先，成立后要解决的第一个难关是寻求和确定跨学科主题，确定时需考虑学生的兴趣及学习能力，可考虑从地区特点、学生兴趣、生活常识、教师知识体系等角度寻求和确定主题。

其次，确定跨学科主题教学目标，应以学生的实际能力为核心，围绕核心素养构建与学生学习能力相匹配的学习目标。

再次，设计教学评价，由于长期受应试思维的影响，教学评价的设计与实施不可能一次就获得较好的改变，设计时需有意避免终结性评价、绝对性评价等片面评价方式成为主要评价方式，应积极探索增值评价和综合评价，注重评价方法、评价主体多元化，融合现代信息技术进行精准评价。

最后，应编写一份《指导手册》，为各学科组负责人展开工作和学科教师展开教学提供便利。体育与健康课中实施跨学科主题学习的最终实施主体是体育教师，体育

与健康学科组负责人应组织体育教师与其他学科教师展开合作，共同探寻学科融合点，进一步细化教学目标、教学内容、教学方式和教学评价，创设教学情境，不断激发学生的好奇心与求知欲，以期实现体育与健康学科的跨学科主题学习内容系统化。

（二）创新跨学科主题教学模式

受应试教育的影响，诸多学生家长与部分教师认为体育与智育是相对立的，参加体育锻炼会占用学习的时间，导致成绩低下。实际上，大量研究指出，适当的体育锻炼对提高记忆力、观察力、注意力、想象力等能力具有积极影响。相较于传统的体育与健康课程，跨学科主题教学模式不是以学习运动技能为目的，而是更突出育人的作用，在体育中融入智育，要求学生综合运用各科知识解决体育与健康课或生活中遇到的复杂问题，在无形中帮助学生形成各种优秀的品德。

学科学习内容的设计应充分考虑学生的身心发展特点，并注重与其他学科内容相联系。因此，跨学科主题教学与常规教学相比，其教学内容更加丰富，教学过程更加开放，更具有教学深度，而这需要各体育与健康教师、教研员等一线工作者共同探索。

（三）完善教师跨学科主题教学的学习机制

跨学科主题教学是将两门或两门以上学科知识进行融合教学的过程，能有效促进学生掌握结构化知识并实现全面发展。跨学科主题教学虽强调突破学科界限，但跨学科主题教学需要在学科教学的基础上实现，主要解决单一学科教学难以解决的难题，因此两者为互补关系，并非对立，没有必要重新培养“跨学科教师”，只需为在职教师提供跨学科主题教学的学习机会，完善跨学科教学的学习机制。

首先，修改体育专业学生的培养方案，逐步增加综合化课程，并在各核心课程中增添跨学科主题教学内容。

其次，为夯实新教师的教学基础，各地教育局在正式上岗前会开展入职培训，建议在入职培训中增添跨学科主题教学元素。例如，邀请经验丰富的老教师向新教师传授体育与健康学科中开展跨学科主题教学的宝贵经验，使新教师能快速熟悉跨学科主题教学的氛围、流程等内容。

再次，不能忽视已经入职的体育教师，因为他们是体育与健康课中实施跨学科主题教学主力军中的主力军，在此建议各省、市、县教育局或名师团队可考虑举办与跨学科主题教学相关的课程展示活动、教研活动，加强体育教师间跨学科主题教学经验的交流。

最后，教师继续教育是教师教育的重要组成部分，能提高教师的师德素养和教学业务能力，建议将教师继续教育 10% 的课时用于跨学科主题教学研究。通过建立跨学科主题教学的学习机制，为教师学习跨学科主题教学提供时间保障，以期实现体育与健康教师跨学科主题教学能力全面提升。

第三节　体育与健康课程的发展性学习评价

一、发展性学习评价的界定

“体育与健康课程发展性学习评价不是对微观意义上体育与健康课程学习过程的评价，也不是只注重体育与健康课程学习过程而不注重体育与健康课程学习结果的评价，而是对课程实施意义上的学习动机、过程和效果的三位一体的评价。”① 发展性学习评价是对课程实施意义上的学习的动机、过程和效果的“三位一体”评价。这种评价取向包括目标、过程和主体，并强调价值取向，即学习的动机、效果、过程以及非智力因素。评价的关键在于将评价过程与教学过程相交叉和融合，使评价主体与客体相互互动和整合。学生的融入是发挥评价教育功能的关键，因此评价主体与客体的融合至关重要。值得注意的是，学习评价不应局限于教师和管理者的角色，还应包括学生之间的互评和自我评价。这种综合性的评价不仅能确认学习效果和成绩，还是诊断和改进学习的途径，应成为教学的一部分。让学生经历评价过程是实现课程目标的重要手段之一，通过参与评价，学生可以更深入地理解自己的学习过程，并且可以根据评价结果调整学习策略，从而提高学习效果和实现个人成长。因此，发展性学习评价不仅关注学习成果，更注重学习过程中学生的发展和自我认知的提升，为教学的持续改进提供了重要的依据和支持。

（一）发展性学习评价的特点

第一，发展性学习评价是一个不断发现和提升价值的过程，通过规范性评价与超规范性评价的交互作用来实现对学生全面发展的判断。规范性评价以当前的学习状态为基础，注重对学生在知识、技能和态度等方面的表现进行评价。同时，超规范性评价更加侧重未来的发展潜力，关注学生在学习过程中展现出的潜力和可能性。这种综合的评价方式不仅能够客观地反映学生当前的学习水平，也能够为他们未来的学习和发展提供有效的指导。

第二，发展性学习评价设定的学习目标，重视学习的过程。它不仅关注学生是否达到了预定的目标，还关注学生在实现目标的过程中所表现出的学习态度、学习方法以及解决问题的能力。通过及时的反馈和指导，发展性评价能够促使学生在学习过程中不断地完善和提高，使他们在学习过程中不断成长。

第三，发展性学习评价不拘泥于目标，也不忽视结果。它认为学生的发展是一个动态的过程，目标只是学习的起点，真正的关键在于学习过程中的改变和提高。因此，

① 汤勤华．体育与健康课程发展性学习评价概述 [J]. 考试周刊，2014（23）.

发展性评价注重对学生学习态度和学习方法的培养，而非单纯追求结果的好坏。这种评价方式能够更好地激发学生的学习动力和兴趣，培养他们的学习能力和自主性。

第四，发展性学习评价重视被评价者的参与意识，鼓励他们主动参与评价过程。通过让学生参与评价，评价不再是一种外在的要求，而是变成了一种内部的需求和动力。这样一来，学生会更加主动地思考和反思自己的学习情况，提高自我评价意识和水平，从而更好地促进他们的学习发展。

第五，发展性学习评价是多主体的评价，包括家长、教师和学生等各方的参与。它重视评价主体之间的交流与磋商，形成共识，促进教学活动的发展和完善。多方参与评价可以更加全面地了解学生的学习情况，同时能够促进家校合作，共同为学生的发展提供更好的支持和帮助。

（二）发展性学习评价的功能

第一，导向功能。教学目标具有导向功能，然而，实现这一功能需要通过适当的学习评价来加以支持和确立。教育目的的具体化转化为评价指标体系是实现成功教学活动的关键。这个过程不仅是设立目标，而且应确保学生在实践中达到这些目标，并能够评价结果反馈到教学过程中。一个完善的评价体系不仅能衡量学生的学习成果，还能反映教学过程中的成功和失败，从而指导教学的调整和改进。

第二，诊断功能。体育与健康流程发展性学习评价的核心功能之一是揭示和分析教育活动中的问题。通过这种评价方式，教师可以识别问题的症结和原因，而不仅是表面现象。这样的分析为教学的改进和补救提供了方向。例如，如果评价显示学生在某个领域表现不佳，教师可以进一步分析，确定是否是教学方法、教学资源或学生个体差异等方面的问题，并采取相应的措施进行改进。

第三，调节功能。发展性学习评价不仅是为了给学生打分或者评价，还是为了通过评价结果的反馈，帮助学生了解自身发展的优势和不足，调整学习行为，促进自身进一步发展。评价结果应该以科学、恰当、建设性的方式反馈给学生，帮助他们建立客观、全面的认识，从而促进其发展。此外，发展性学习评价倡导评价者和被评价者在相互平等、尊重的基础上，通过协商、讨论、辩论等方式调控评价活动，使评价成为相互交流学习的机会，促进学生眼界的开阔和自身的发展。这种评价方式不仅是单向的信息传递，还是促进学生自主学习和成长的重要手段。

第四，激励功能。通过发展性学习评价方式，学生能够深入了解自己的优点和不足，从而在正反两个方面得到激励。积极的评价能够提升学生的自信心，激发他们进一步学习的兴趣和动力；适度的否定评价可能引发一定程度的焦虑，但这种焦虑可以成为促使学生更加勤奋学习的动力。此外，发展性学习评价将评价活动视为学生展示自己的平台，鼓励他们展示自己的努力和成就，从而通过他人的肯定获得激励。

第五，反思功能。发展性学习评价通过学生的主动参与促进学生的自我反思，使他们能够更深入地发现问题并采取更有效的改进措施。发展性学习评价强调学生的主动参与，认为这有助于调动其内在的动机，使其成为自觉的内省者和反思者。同时学生参与评价的全过程可以发展和提升其自我评价能力。

第六，记录功能。记录功能是传统学习评价往往忽视但在发展性学习评价中被强调的一个重要方面。发展性学习评价倡导使用多种评价方法和手段，尤其注重质性评价，并强调评价的日常化。因此，清晰、全面地记录下学生的发展过程变得至关重要，这为科学诊断和调整课程学习活动提供了充分的依据。这种记录不仅可以帮助教师更好地了解学生的学习情况，还可以为学生提供反馈，指导他们更好地提升自己的学习能力和技能。

二、体育与健康课程发展性学习评价的核心要素

体育与健康课程发展性学习评价的主要任务是收集学生课程学习中的确切信息，并以此为依据做出教和学的决策。体育与健康课程学习评价中应做到以下六个方面：

第一，明确评价目的。评价必须是满足特定的需要。因此要事先评估那些将要使用评价结果的决策者（主要是学生和教师）所需的信息——教师想了解整体的教学效果，学生要知道个体的进步情况和存在的问题。

第二，明确学生将要达到的教学目标（如目的、期望、标准）。学习评价必须围绕这些教学目标展开。把教学目标细化成为具体的评价练习和评分过程，提供有关学习状况的准确信息。

第三，事先告诉学生每次评价的教学目标、评分准则，以及如何在评价中更好地表现的技巧。

第四，选择合适的评价方法。把评价目的、评价内容和评价方法有机地结合起来，各种评价方法相互配合，全面地反映学生学习情况。

第五，事先考虑并排除所有可能产生的偏见因素。

第六，及时与评价结果的使用者进行有效的交流。利用评价过程和评价结果帮助学生树立学习的信心，并激发他们的学习动机。

评价目的是体育与健康课程发展性学习评价的灵魂，其影响和制约着评价内容、评价主体、评价方法和评价信息的交流等要素。评价内容由评价目的（依据评价做出的决策）和教学目标两个因素决定。教学目标基本划定了评价内容的范围——体育与健康课程发展性学习主要评价教学目标的达成和目标达成的过程；根据评价要做出什么样的决策为教师在评价实践中从众多的教学目标中确定具体的评价内容提供依据。在体育与健康课程发展性学习评价中评价主体由教师和学生共同构成。如果仅以教师为主体进行评价，学生对评价结果的接受就会有限，但学生自己没有能力单独完成学习的评价。因此，体育与健康课程发展性学习评价是由教师引导，学生全程参与的双主体的评价过程。

评价方法扮演的角色是搜集有用、准确的评价信息。评价方法没有优劣之分，在评价目的、评价内容和评价方法三者之中找到平衡点，就能体现出评价的艺术性，收集到准确、有益的评价信息。评价信息的交流是整个体育与健康课程发展性学习评价的关键步骤，因为评价最终能否起到促进学生学习发展的作用，关键要看评价的信息是否得到充分的交流以及学生对评价结果的接受程度。

第七章　体育与健康课程中的教学模式

第一节　启发式与合作式体育教学模式

一、启发式体育教学模式

（一）启发式体育教学模式的创设手段

“启发式体育教学模式应随着体育教学的发展不断进行完善，促进学生身心健康全面发展。”[①]

第一，体育教师在教学过程中需要善于创设问题情境，这有助于激发学生的好奇心、解决实际问题，并促使他们进行自主思考，从而提升逻辑思维和解决问题的能力。通过考虑教材难点和学生的实际情况，体育教师可以设计出引人深思的情境，让学生在解决问题的过程中积极参与，从而培养他们的逻辑思维和解决问题的能力。

第二，为了有效地传授知识和促进学生的认知与兴趣，体育教师应采用直观的教学手段。例如，利用图片、录像等直观方式呈现教学内容，避免使用过多的抽象概念，让学生能够直观地理解所学内容。这样做不仅能提高学生对知识的接受程度，而且能激发他们的学习兴趣，从而更好地投入学习过程中。

第三，为了达到更好的教学效果，体育教师应该采用多样化的练习手段。根据教学任务和目的的不同，选择适合的练习方式进行教学，既可以帮助学生巩固所学知识，又可以锻炼他们的身体素质和技能。同时，结合教材内容设计丰富多彩的练习，不仅能提高学生的学习热情和效率，而且能激发他们的学习兴趣，使教学更加生动有趣。

（二）启发式体育教学模式的应用要点

第一，教材的重点与难点在于有效确定体育教学中的关键内容，以及如何引导学生关注和掌握这些内容。教师需要明确教材中的重点内容，这可以通过对教学目标和课程要求的分析来实现。采用启发式教学模式是一种有效的方法，可以通过动作示范和口头叙述等方式引导学生关注重点内容。此外，直观教学方法（如模仿重点动作）有助于学生更好地掌握动作要领。教师需要根据学生的实际情况和身心发展特点选择

① 贾灿．多尔“4R”理论下启发式体育教学模式的创新 [J]．冰雪运动，2015（5）．

合适的教学手段，以提高学习效率，并确保学生能够理解和掌握重点内容。

第二，多元评价体系的构建是为了全面评价学生在体育教学中的表现，并提供有效的反馈。首先，需要明确评价标准，并创设相关评价情境，以确保评价的科学性和客观性。其次，选择合适的评价手段非常重要，可以充分利用不同的评价结果，包括定量和定性的评价方式。再次，评价要科学合理，不应仅执着于标准答案，而应考虑学生的个性发展和潜力。最后，教师应加强评价活动，鼓励学生进行自我评价和相互评价，以促进学生的自主学习和成长。通过建立多元评价体系，可以更全面地了解学生的学习情况，为其提供更有针对性的教学支持。

二、合作式体育教学模式

（一）合作式体育教学模式的构建实施

第一，教学目标的明确性对于教学过程至关重要。首先，它有助于教师准确地示范和交流所期望的学习成果，为学生提供清晰的学习方向。其次，明确的目标能够促进师生之间更有效的互动，通过师生之间的沟通和反馈，加速学生的学习进程。例如，教师可以在课堂上明确每节课的目标，让学生了解预期的学习成果，并激发他们的学习动力。

第二，集体授课是一种有效的教学方式。它通过压缩讲授时间为小组合作学习留出更多的时间和空间。这种方式可以提高学生的积极性和注意力，因为学生在小组合作中更容易保持专注，并且可以通过相互之间的交流和讨论更好地理解和吸收知识。同时，集体授课也可以促进师生之间的互动，让教学过程更加生动有趣。

第三，小组合作学习是一种重要的教学方法，它能够提升学生的积极性、主动性和沟通能力。通过小组合作，学生可以相互学习、交流和分享观点，促进意见交流能力和合作精神的培养。此外，小组合作也有助于培养学生的团队合作意识和解决问题的能力，为他们未来的学习和工作打下良好的基础。

第四，阶段性测验活动是评估学生学习成果和了解学生情况的重要手段。通过定期的测验活动，教师可以及时了解学生的学习进度和问题所在，及时调整教学策略和帮助学生解决困难。同时，阶段性测验活动也可以激发学生的学习动力，促使他们更加认真地学习和复习课程内容。

第五，及时有效的反馈对于学生的学习至关重要。教师可以通过综合评价学生的表现，引导他们进行归纳总结，并采用小组测试的方式提供有针对性的反馈。这种反馈方式既可以帮助学生更好地理解和巩固所学知识，又可以促使他们更加积极地参与学习活动，并不断提高学习效果。

（二）合作式体育教学模式的应用要点

合作式体育教学模式在教学中的应用旨在更新传统观念，让学生在学习中扮演更为积极的角色。通过采用合作模式，学生的主体地位得以提升，从被动接受者转变为积极参与者，进而激发了他们的学习积极性和合作精神。这种模式还能够更好地兼顾学生实际学习情况，因为它能够根据不同的学习能力和兴趣程度进行个性化的指导和支持。例如，在团体项目中，学生可以相互协作、相互学习，从而提高团队协作能力，增强集体荣誉感。这种合作教学模式不仅能提高学生的身体素质，还能培养他们的团队意识和自我管理能力，为其未来的成长奠定坚实的基础。

学生主体意识培养是体育教学中的一项重要任务，其目的在于激发学生的学习兴趣和思维活动，培养其自主发现和解决问题的能力。在这一过程中，教师扮演引导者的角色，通过提问和质疑来激发学生的思考，并保持他们的专注力。然而，教师并不是完全放弃对教学目标的主导性，而是在保持目标的基础上，通过灵活的教学方式和方法让学生更为主动地参与其中。例如，教师可以设计一些富有挑战性的任务，让学生自主探索解决方案，从而拓展其学习的深度和广度。这种方式使学生主体意识得以不断培养和发展，他们将逐渐成为能够自主学习和自我管理的学习者，为未来的学习和生活打下坚实的基础。

第二节 “三自主”体育教学模式

传统体育课教学的僵化模式对教学效率和学生兴趣造成了负面影响。在传统模式下，教师往往扮演主导角色，课程内容和安排相对固定，学生缺乏参与度，难以激发学习兴趣和积极性。为了提升效率、创新教学方式并增强学生体育素养，推动“三自主”体育教学模式是一种可行的方法。在这一模式下，教师的角色逐渐淡化，学生的自主权得到提高，课程安排也更加灵活。通过让学生更多地参与课堂活动和决策过程，激发他们的学习兴趣和自主学习能力，从而提高教学效果。

一、“三自主”体育教学模式的主要内涵

“三自主”体育教学模式的核心在于淡化教师角色、课程安排灵活化以及学生自主权增加。在这一模式下，教师不再是传统意义上的“灌输者”，而是扮演引导者和协助者的角色，鼓励学生发挥主体性，自主探索和学习。课程安排也更加灵活，可以根据学生的兴趣和特点进行调整，注重个性化教学。同时，学生在学习过程中拥有更多的自主权，能够参与到课程设计、评价和反馈中，培养自我管理和团队合作的能力。

“三自主”体育教学模式的“三个自主”体现在以下三个方面：

第一，传统体育课程往往存在一定的弊端，其中之一是缺乏自主性。在传统体育教学中，学生通常是被动接受课程内容的。他们往往没有选择权，只能按照教师预设的计划和内容进行学习。这种被动的学习方式不仅难以激发学生的学习兴趣和动力，

也限制了他们在体育学科上的深入学习。因此，传统体育课程往往难以满足学生的个性化需求和学习欲望，导致教学效果不佳。

第二，“三自主”体育教学模式为解决这一问题提供了新的思路。在这种模式下，学生被赋予更多的自主权，可以自由选择课程内容和教师，从而增加了他们的自主性。“三自主”体育教学模式允许学生参与课程内容的选择和教师的选择，能够更好地满足学生的个性化需求，激发他们的学习动力。因为学生有机会参与决策过程，所以他们更有可能对所学的内容产生兴趣，并且更积极地投入学习中。

第三，“三自主”体育教学模式还为学生提供了更多的自由选择上课时间的机会。传统的体育课程通常有固定的时间安排，而“三自主”体育教学模式允许学生根据自己的时间安排自由选择上课时间。这样的灵活性有利于调动学生的积极性，使他们更愿意参与到体育课程中。这种教学模式给予了学生更多的自主权，有助于激发学生对体育课程的热情，提高教学质量。因为学生可以在最适合自己的时间进行学习，所以他们更有可能全身心地投入课程，从而更好地理解和掌握所学内容，提升自己的体育水平。

二、“三自主”体育教学模式的价值

教育部门积极倡导“三自主”体育课教学模式，旨在激发学生的自主学习能力和参与精神。然而，在实践中，这种模式的实施缺乏充分的计划性和系统性，使教学活动难以有序进行。为了有效实施“三自主”体育教学模式，需要建立科学完整的实施方案，包括明确的教学目标、详细的课程设计和有效的评估机制。目前，体育课教学模式仍处于探索阶段，有些地区已经试图通过选修课程来替代“三自主”体育教学模式。然而，即便在这些选修课程中，教师也存在一种过度强调自己作用的倾向。他们往往按照自己的教学规划实施教学，导致学生缺乏对课程授课方式的自主性。这种情况反映出教师与学生之间的教学关系仍未能实现真正的平等和互动。要想在实践中有效开展“三自主”体育教学模式，教育部门和学校就需要认清存在的问题，并认识到这一模式的重要价值所在。这意味着需要认识到“三自主”体育教学模式所能带来的学习动力和学习效果，并积极解决实施过程中的困难和挑战。只有这样，才能真正地落实教育部门的规定，使体育课教学成为学生身心健康发展的重要保障，促进学生全面素质的提升。

第一，强调学生的自主选择，使学生在体育课程中能够更加自由地选择适合自己的项目和内容。这种选择权的赋予让学生感到更加被尊重和重视，从而激发了他们的学习动力和兴趣。通过“三自主”体育教学模式，学生在课堂上能够更多地参与决策和规划（如制订训练计划、设定目标等）。这种参与性不仅增强了学生的责任感和自主性，还培养了他们解决问题和合作的能力，从而使他们更加积极地参与体育课程。

第二，学生能够根据个人喜好和兴趣选择适宜的体育课程，并在自我意识增强的情况下更具目标性和原则性，从而促进个性化发展和兴趣的提升。首先，这种模式能够让学生更加清晰地认识到自己的兴趣所在，因为他们有更多的选择机会来接触不同的体育项目。这种个性化的选择使学生更加乐意投入自己感兴趣的活动中，从而提高了他们的参与度和积极性。其次，通过自主制定训练目标和计划，学生在体育课程中培养了更强的自我管理能力和目标意识。他们学会了为自己设定具体的目标，并制订相应的计划去实现这些目标，这种行为不仅增强了他们的自律性，还培养了他们的目标感和原则性，为个性化发展奠定了良好的基础。

第三，提升体育课程教学质量及教师专业素养。体育教师的专业技能和教学资格直接影响课程的质量。在传统教学模式下，教师难以根据学生的需求进行有针对性的教学，导致整体的教学质量偏低。通过落实“三自主”体育教学模式，学生得以自主选择教师和进行评价，从而促进了教师自我水平和专业技能的积极提升。这种自主选择与评价的机制不仅激励了教师不断提升自身水平，还使教学更加贴近学生的需求，从而提高了体育课程的教学质量。

第四，促进学生身心健康发展。通过让学生自主选择体育项目，他们能够更好地培养社交能力。在这个过程中，学生不仅能选择自己喜欢的项目，还能与同学进行合作、竞争，从而培养团队合作和竞争意识，促进社交能力的发展。另外，当学生选择自己擅长的项目时，他们更容易保持快乐的心态，并因此提升自信心。这种自主选择的权利不仅能提高学生对体育课程的兴趣和参与度，还能使他们在体育运动中获得更多的成就感和满足感，从而全面促进他们的身心健康发展。

三、“三自主”体育教学模式的实施

体育课程的教学模式应当紧跟教育部的要求，实施“三自主”体育教学模式，以激发学生的自主性和积极性，培养他们对体育的热爱和科学观念。自主学习能够激发学生的主动性和创造性。在体育课程中，学生应该有机会自主选择适合自己的锻炼项目和方式，以满足个性化的需求。例如，学生可以根据自身兴趣和特长选择篮球、足球、游泳等项目进行深入学习和探索，从而更好地发挥自己的潜能。自主训练可以培养学生的自律性和责任感。给予学生一定的自主权，让他们自行安排训练时间和内容，不仅可以提高他们的学习效率，还可以培养他们解决问题的能力和团队协作精神。自主评价有助于激发学生的学习动力和兴趣。学生应该被鼓励参与课程评价和反馈，以使他们意识到自己的进步和不足，从而不断调整和改进自己的学习方法和策略，提高自己的学习效果和综合素质。

（一）完善体育资源建设，挖掘现有资源潜力

为了完善体育资源建设，学校可以采用校企合作或校友捐赠等方式，满足学生学习和锻炼的需求。校企合作可以为学校提供更多的资金和技术支持，帮助学校建设更加先进和完善的体育设施和设备。例如，学校可以与当地的体育用品企业合作，引进

最新的体育器材和技术，为学生提供更好的学习和锻炼条件。校友捐赠可以发挥校友资源的优势，为学校的体育事业提供更多的支持和帮助。通过定期举办校友捐赠活动，学校可以筹集到大量的善款和物资，用于改善学校体育设施和资源，提升学生的体育教育质量和水平。同时，学校还应该挖掘现有资源的潜力，开发新颖的体育项目，为学生提供更加丰富和多样化的学习和锻炼机会。例如，学校可以组织举办各种体育比赛和活动，鼓励学生积极参与，培养他们的团队合作精神和竞争意识。

（二）提升体育教师素质，完善体育课程资源

在体育课程的教学中实施“三自主”体育教学模式是一项复杂而重要的任务，需要教师在多个方面进行专业素养的提升。教师需要深谙国家体育教学改革政策，并积极推动“三自主”体育教学模式的实施，包括对相关政策文件的深入理解，以及如何将政策要求与实际教学相结合促进学生的全面发展。同时，教师还需要提升综合素养，不仅包括教学技能，还需要具备心理健康咨询、社交礼仪等方面的能力，以更好地满足学生的需求，促进其全面发展。此外，教师还应具备熟悉改革过程、资源开发利用、教材变通、评价和研究能力，这些能力将有助于教师更好地适应新的教学模式，提高教学效果。

优质体育课程资源是实施“三自主”体育教学模式的重要依托之一。教师应结合社会发展需求和学生心理感知，树立终身体育科学观念，这意味着体育教育不仅是为了培养学生的体能，还要让学生养成健康的生活方式和体育锻炼的习惯，从而使他们受益终身。为此，教师需要积极利用各种体育资源，包括学校的设施、社区体育设施以及在线资源等，优化课程设置，满足不同学生的需求。这可能涉及设计多样化的教学活动，以及灵活运用各种教学手段，从而更好地激发学生的学习兴趣，提高他们的参与度和学习效果。通过这种方式，教师可以更好地实施“三自主”体育教学模式，促进学生全面发展，实现体育教育的目标。

（三）构建体育教学评价体系，培养体育观念

在体育教学中，实施“三自主”体育教学模式需要科学评价体系的支持，否则改革将面临巨大困难。构建完善的评价体系是体育课程教学的必要条件，包括对学生、教师和课程资源的全面精准评价。对于学生评价，应以全方面发展和身心协调健康为主要标准，采用个性化评价方式。这意味着不仅要评估学生的体能水平，还要考虑他们的协调性、团队合作能力以及体育精神等方面。对于教师评价，应采用学生评价、专家评价、教师互评等多种方式，避免因学生喜好不同导致不合理评价。这样的多元评价体系可以更客观地反映教师的教学水平和影响力，同时能促进教师之间的经验交流和共同成长。对于课程评价，需紧贴时代发展需求和学生未来发展方向，多角度评估。这包括评估课程设置的科学性、教材的实用性以及教学方法的有效性，以确保体育课程能够真正地满足学生的需求，并与时俱进。

实施“三自主”体育教学模式需提升学生的体育观念，确保其选择的体育项目能促进全方面发展。学生需培养科学的体育观，将兴趣与体育项目有机结合，以更好地迎接未来的社会挑战。这意味着不仅要培养学生对体育运动的热爱，还要引导他们理解体育运动对于身心健康的重要性，以及体育运动在人生发展中的作用。只有这样，学生才能在自主选择体育项目时更加理性和科学，避免盲目跟风或仅出于兴趣而选择项目。这也有助于实现体育教学的目标，即培养全面发展的人才，他们不仅应在体育运动中表现出色，而且应具备良好的身心素质和积极的社会责任感。

因此，建立科学的评价体系是推动“三自主”体育教学模式的关键之一。只有通过全面、客观、科学的评价，才能真正反映教学改革的效果，进一步激发学生的学习热情，提升教师的教学水平，优化课程设置，推动体育教育事业的发展。

第三节　俱乐部体育教学模式

一、俱乐部体育教学模式的主要特点

第一，明确的培养目标和指导思想。教育的目标在于培养学生的全面素质，而体育教育的目标更是要贯彻终身教育的理念。为此，教育者应明确培养目标和指导思想。体育教育应以终身教育为目标，这意味着不仅要注重学生在校期间的体育训练，还要培养其自我锻炼、诊断和评价的能力，以便他们在毕业之后能够持续进行自我管理和提升。体育教育要结合实用性、多样性、社会性和娱乐性，以终身体育为指导，使学生在体育活动中获得身体和心理上的全面发展。以“课内增知，课外强身”为指导思想，强调体育教育要紧密结合课堂教学和课外锻炼，体现“以人为本”的教育理念，使学生的体育活动真正贴近他们的实际生活和兴趣需求，以运动参与、技能培养、身心健康、心理健康和社会适应为中心，开展体育活动。

第二，新颖的教学组织形式。为了更好地实现以上目标和指导思想，教育者需要采用新颖的教学组织形式。传统的按年级、专业划分的教学方式可能限制了学生的发展潜力。因此，采用分层教学是一个可行的方案。教师可以根据学生的水平和需求，将他们划分为不同的层次，如 A、B、C 三个级别。这种分层教学能够更好地满足学生的学习需求，体现因材施教的原则，使每个学生都能够得到个性化的指导和培养。

第三，会员制度。为了更好地促进体育教育的实施，建立会员制度是一个有效的途径。通过学生交纳会费才能加入俱乐部并享受会员待遇，可以有效地引导体育消费观念的转变，培养学生的锻炼习惯。同时，会员制度也有利于教学和管理，提高教学质量。通过俱乐部会员制度，教育者可以更好地组织体育活动，精准地为不同层次的学生提供培训和指导，使体育教育更具有针对性和有效性，进而提高学生的体育素养和综合素质。

二、体育俱乐部教学模式的构建思路

（一）更新教学理念

“在国家政策、社会需求或学校学制等因素的推动下，体育俱乐部教学模式是大势所趋，成为具有强大生命力的一种体育教学模式。”[①] 在当前高等教育的发展背景下，更新教学理念显得尤为迫切。高校应当重视体育俱乐部的发展，并摒弃旧有的教学理念。这一变革意味着不仅要将体育视为课外活动的一部分，还要将其纳入教学体系的重要组成部分。管理人员和主管当局需高度重视高等教育机构的教育使命，同时需考虑国家和社会领导人对高等教育的关注程度。教育部门与高等教育机构需要共同努力，以创造良好的物质条件，增加对体育活动的投资。这不仅意味着更新设施，还需要提高对教师的培训和支持，以确保他们能够胜任新的教学任务。管理者的教育观念需与时俱进，增加体育经费投入，引进和培养高水平教师。

（二）建立管理系统

建立管理系统要建立完善、合理的运作体系，首先，必须明确各部门的职责和义务，同时要将管理人员和教师的身份和任务区分开。这意味着在管理结构上要进行调整和改革，建立起科学有效的管理机制，确保教学任务的顺利推进。其次，加强学校体育设施建设，完善高校体育课程选课方法，有助于提高学生参与体育活动的积极性和主动性。适时引进专业管理人才，确保俱乐部教学模式的有效运作，包括从管理层到教师队伍的专业化建设，通过引进具有专业背景和管理经验的人才来提升俱乐部教学模式的管理水平和教学质量。

（三）建立单项俱乐部

建立单项俱乐部是为了丰富校园体育文化，满足学生多样化的体育需求。学校可以建立多样化的体育俱乐部，包括民族传统体育、球类、健身健美等项目，以覆盖不同学生的兴趣和特长。同时，网络俱乐部的建设也是必要的，通过专业网站让学生自主选择课程，了解各俱乐部的条件和特色，从而提升校园体育文化的多样性与广度。学校应当公布体育教师队伍情况，并提供相关手册，以便学生更深入地了解各俱乐部的特点和教学团队的专业水平。此外，为了确保学生的安全和教学质量，学生在加入俱乐部前需填写申请表，以了解其身体状况和对项目的熟悉程度，并由专业教练进行评估。为了保证学生的自由选择权，学校应当建立转会制度，使学生可以根据个人需求和兴趣自由转会不同的俱乐部，从而获得更丰富的体育体验和成长机会。

① 何佳，简伟峰，胡明珠．高职院校开展体育俱乐部教学模式优势分析 [J]. 当代体育科技，2021，11（19）：149–151.

（四）分层次教学模式

分层次教学模式是为了更好地满足不同层次学生的学习需求和发展水平。体育俱乐部教学应分初、中、高三个层次，以为不同水平的学生提供相应的教学内容和训练计划。学生可根据自身身体状况和兴趣选择不同层次的教学方法，从而能更好地适应教学内容和训练强度，提高学习效率和兴趣参与度。教学目标应根据俱乐部的初、中、高层次进行合适的构建，既能满足学生的学习需求，又能保证教学质量和效果，使每位学生都能够在体育俱乐部中获得全面的发展和成长。

三、体育俱乐部教学模式的实施方案

（一）组织架构

学校汲取了成功的经验，并建立了基于体育俱乐部模式的体育教学。这一模式在各方面得到了验证，具有较高的实用性和适用性。学校根据校情和本地特色设立了符合实际情况的体育俱乐部教学模式，并制定了相应的政策法规，以确保其顺利实施。在管理层面，学校负责监督、管理俱乐部教学模式的具体执行情况，体育部负责制定决策系统，为体育教学提供有效的指导和支持。此外，体育部还负责处理管理和教学问题的反馈意见，并及时制定新的政策来不断完善体育教学模式。在教师和学生方面，他们积极向体育部汇报问题，学校和体育部则共同解决问题，形成了一种紧密的合作关系，为体育教学的顺利开展提供了有力保障。

（二）实施办法

体育俱乐部以体育部为中心，由单项体育俱乐部独立开展活动，确保了教学的统一性和协调性。针对不同层次的学员，学校采取了不同的教学方法。初级会员围绕课程计划学习，而高级会员可根据个性和需求制定学习大纲，以更好地满足其学习需求。在教学组织方面，中、高级学员在体育教师的统一领导下组织教学和训练课，确保了教学的质量和效果。通过学生在俱乐部的学习，学校营造了浓厚的体育文化氛围，激发了学生对体育运动的兴趣和热情，推动了学校体育事业的蓬勃发展。

（三）师资队伍

建立体育俱乐部教学模式的关键在于提升高校教师的整体素质。教师需具备正确的价值观，意识到体育教育的重要性，并将其视为学生全面发展的重要组成部分。教师应不断提高自身专业水平，包括深入了解体育教育理论、熟练掌握相关教学方法，并能够灵活运用于实践中。同时，教师还需善于学习新知识，随时跟进体育领域的发展动态，以保持教学内容的时效性和前瞻性。教师应具备引导学生自主学习的能力，激发学生的学习兴趣和主动性，创设更完备的活动空间，让学生在实践中不断探索、体验和成长。

第一，加强体育教师队伍建设对于提高教学质量和推动体育事业发展至关重要。引进高学历、高素质的体育人才是必要的。这些人才不仅具有深厚的专业知识，还能带来创新和活力，提升整个教学团队的水平。在新兴项目中引进具有专业素养的人才可以丰富学校的体育项目类型，满足学生多样化的需求，提高学校的体育教学水平。此外，合理安排体育教师职称并加强职后教育对于促进教师的继续成长至关重要，包括提供科研和教学方面的支持，使体育教师在教学实践中不断提升自我，提高整体水平。

第二，加强体育教师的职后教育。在职教师的继续教育是提升其综合能力的有效途径。通过规划和培训，提高教师的专业素质，使他们能更好地应对不断变化的教育需求。特别是对于新入校的教师，应该安排系统的在职培训，使他们尽快适应学校的教学环境。培训内容应当多元化，跟随社会发展的步伐。这意味着教师需要不断更新知识，掌握新的教学方法和技术，以应对体育教学的不断改革，使教学更具针对性和实效性。

第三，为体育俱乐部教师建立专门的培训计划。完善体育俱乐部教学的师资力量，要求教师具备较强的专业理论知识、技能和管理水平，以确保俱乐部教学的质量和效果。同时，教师的角色定位需要重新审视，其不再是传统意义上的课堂主导者，而是组织者和辅助者。因此，培训计划应摒弃以往的教学方式，重新制定适合俱乐部教学的新方法。这些方法应该注重实践操作和团队合作，使学生能够在愉快的氛围中学习和成长。开设俱乐部教学的学习培训，强化教师的专业素养和实践水平，有助于他们更好地适应俱乐部教学的特性，提升俱乐部教学的整体水平。

第四，完善教师的管理体系建设。聘任制和责任书是关键。根据教学需求和目标合理分配工作任务，并与体育教师签订责任书。这些责任书明确规定了教师的职责和任务，从而便于依据责任书给予合理的工作分配。此外，需要定期公开考核体育教师的工作表现，将考核结果运用到年终考核中，并与职称和绩效挂钩。这一举措能够激发体育教师的工作积极性，提高其教学质量和水平。合理设立教师岗位也是非常重要的。制定管理制度，公平公开地进行教师岗位设立和选拔，能够确保体育教师的岗位设置与实际教学需求相匹配。这有助于避免岗位冗余和工作任务重叠，提高教师队伍的整体素质和专业水平。完善考核方法是提高体育教学质量的重要举措。应推进公平的教师考核方式，重视平时评价和年终考核，并引入学评教、教评教等多种评价方式。此外，应适当听取领导干部、教授等专业人士的评价意见，以便全面客观地评估体育教师的教学表现。

（四）课程设置

完善体育课程直接关系学生的利益。建立体育俱乐部教学模式应摒弃传统体育课程的不足，更好地满足学生的需求。根据学生现状设置多样化、特色化、娱乐化的项目，包括但不限于篮球、足球、瑜伽等，以吸引不同类型学生的参与，提高学生的参与度和满意度。增设地方传统特色体育项目，将地域文化与体育教育相结合，激发学生对传统文化的认知和兴趣。重视课外与课内相结合的教学模式，可通过举办体育节、组织体育比赛等方式拓展学生的体育活动空间，使学生在课余时间也能够享受体育的乐趣。此外，实行单一性别制班级、减少班级人数和分层教学，有助于更好地关注每个学生的个性差异，为其提供个性化的教学服务。注重学生在身体、认知和情感等方面的全面发展，在促进学生身心健康的同时，培养其综合素质和社会责任感，使体育课程更贴近学生生活，更有利于学生的全面成长。

第一，在教育改革的背景下，学校决定重新组合班级，以更好地满足学生的学习需求。在教师的引导下进行网络或现场选课，打破专业班级的设定。这意味着学生可以根据自己的兴趣和学习需求选择课程，不再受限于传统的专业班级设置。例如，一个对文学和科学都感兴趣的学生可以在选课时更灵活地选择课程，从而更全面地发展自己的兴趣和技能。

第二，在新的班级组合下，学校将俱乐部分为普及班和提高班，学生可以根据个人条件和兴趣自主选择 1 ～ 3 个俱乐部。这样的分类和选择方式旨在更好地满足学生的个性化需求。例如，一名学生可能对音乐和体育感兴趣，因此其可以选择参加音乐俱乐部和体育俱乐部，从而在不同领域都有所涉猎。教师也会根据学生的选择安排不同水平的班级，并对教学计划和教学要求进行相应调整，以更好地适应学生的学习进度和能力。

第三，为了更好地管理教学和班级规模，学校决定男女分开教学，并将班级规模控制为 25 ～ 35 人。同时，学校还会适当调整高层次班级的人数，并实行动态管理体制，以确保每个班级的教学质量和学生的学习效果。这种管理和调整方式旨在最大限度地发挥教师和学生的潜力，提高教学效率和学习效果。

第四，为了增加教学时间和空间，学校将创造宽松的学习氛围，并将俱乐部教学时间延续至周末，增加体育教学俱乐部的活动时间和空间。这样的举措旨在让学生有更多的时间和机会参与各种俱乐部活动，丰富自己的课余生活，提高综合素质。同时，也为学生提供了更多的学习时间和空间，让他们在更自由、更宽松的环境中探索和发展自己的兴趣和才能。

第八章　体育与健康教学内容及体育精神的弘扬

第一节　体育与健康教学中的生命安全教育

一、生命安全教育的认知

（一）生命安全教育的意义

生命安全教育的重要性在于其“以人为本”的“素质教育”理念，将生命视为人类活动的根本载体。生命是一切活动的前提，没有生命，一切谈论都将成为虚无。自然灾害、意外事故以及体育事故等突发事件对学生的身心健康造成不可忽视的影响。因此，生命安全教育不仅是一项关乎个体的教育内容，还是关乎整个社会的基础。

生命安全教育也是社会发展的需要。学校体育教育必须将生命安全教育纳入教学内容，将其作为基础性的素质教育和综合性的社会适应教育的重要组成部分。现代体育课程需要遵循社会发展规律，超越传统教学的不足之处，使教育内容更加丰富多样。将生命安全教育融入体育课程，是对体育教育进行全面改革的新思路。这一做法不仅可以满足学生在教育和体育教学中对生命发展的强烈需求，还可以使学生在体育课程中奠定生命安全和成长的基础。

将生命安全教育融入体育课程中，应注重学生的生理特点，有助于生命教育理论的进一步发展。通过体育课程，学生不仅能丰富生存知识和实践技能，还能在锻炼中培养坚韧的意志品质，塑造坚韧的人格，以更好地应对突发威胁。这有助于实现学生的全面发展，不仅在身体层面上有所提升，在心理和社会层面上也得到加强。

因此，将生命安全教育融入体育课程不仅有益于生命教育的理论发展，也有助于体育课程的多元发展。通过这一途径，体育教育能够更好地满足学生的需求，将教育的内容和价值提升到更高的层次，为培养有能力、有担当的社会成员奠定坚实的基础。

（二）生命安全教育与体育的关系

生命安全教育与体育之间存在密切的关系，这种关系不仅表现在德育和智育方面，还涵盖了体育领域。“生命安全教育是高校体育课程的重要内容，高校体育课程又是高校课程极为重要和关键的环节，其顺利开展关乎到我国21世纪人才的培养和全面发展的高素质人才计划的实现。”[①] 生命安全教育的全面实施需要通过各种行为举措和意识体现来推动，而体育作为学校教育中的一个重要组成部分，为生命安全教育提供了具体而有效的平台。

首先，体育和生命安全教育相互渗透，彼此相辅相成。通过体育活动，学生能够培养团队合作、自我保护的意识和能力，这与生命安全教育中强调的应急处理、自救互救等内容相契合。例如，在体育课上进行紧急疏散演练，不仅能提高学生在紧急情况下的应变能力，还能培养他们对生命安全的重视。

其次，学校体育作为生命安全教育的教学平台，为学生提供了一个实践操作的场所。在体育活动中，学生可以通过模拟各种场景，学习和掌握危险情况下的正确行为和自救技能。这种实践性的教学方法不仅使学生更容易理解生命安全教育的知识，也增强了他们在实际生活中应对突发情况的信心和能力。

随着社会的不断发展，人们对生命的尊重和敬畏日益增强，这使体育的价值在教育中不断提升。体育不仅是锻炼身体的手段，也是一种培养学生全面素质的途径。通过体育课程，学生不仅能够提高身体素质，还能够培养团队协作、沟通交流等综合能力，这与生命安全教育追求培养学生全面素质的目标相一致。

二、生命安全教育融入体育课程的目标与影响因素

（一）生命安全教育融入体育课程的目标

1. 激发学生学习兴趣

激发学生学习兴趣是学校教育中尤为重要的一环。在这个过程中，学校需要不断创新和尝试各种方法来激发学生的学习热情。一方面，组织校外教育活动是一种非常有效的方式。例如，学校可以组织学生参观博物馆、科技馆、动物园等，让他们亲身感受知识的魅力和生活的多样性。通过这些实地考察，学生不仅能够更直观地了解课堂上所学的知识，还能够培养对学科的兴趣和探索精神。另一方面，安排一些冒险课程、户外求生课程以及灾难演练也是激发学生兴趣的有效途径。这些课程不仅可以提高学生的应急能力，增强学生的自我保护意识，还可以让他们在实践中体验到学习的乐趣和挑战，从而激发出更多的学习热情。

2. 帮助学生掌握生命安全素质技能

帮助学生掌握生命安全素质技能是学校教育的重要任务之一。学校需要通过科学合理的教学方法和手段来帮助学生掌握这些技能。一方面，教育者可以采用启发式教学方法，通过具体的案例和实践操作，引导学生逐步掌握生命安全技能的要领。例如，在进行灾难演练时，教育者可以利用角色扮演的方式，让学生在模拟的场景中学会正

① 刘志军．生命安全教育在高校体育教学中的应用研究 [J]. 文体用品与科技，2019（4）：98–99.

确的逃生和自救技能。另一方面，通过小组合作、互相体验与评价，可以帮助学生更好地理解和掌握技能素质。通过与同学合作，学生不仅可以相互交流经验，还可以共同分析问题，找到解决问题的最佳方法，从而提高学习效果。

3. 培养学生自主学习能力，形成良好意志品质

培养学生自主学习能力，形成良好意志品质是学校教育的根本任务之一。学校可以通过多种途径来培养学生的自主学习能力和意志品质。一方面，在教学过程中，教育者可以通过激励和引导，培养学生勇敢、坚韧和克服困难的意志品质。例如，在学习困难的数学题目时，教育者可以引导学生积极思考，鼓励他们克服困难，不断尝试，直至成功。另一方面，通过体育课程，学生可以学会理性面对胜利与失败，从而培养出积极的意志品质。在困难面前不气馁，在挫折中不放弃，这样的品质不仅可以帮助学生在学习上取得更好的成绩，也可以让他们更好地面对社会生活的挑战，为未来的发展打下坚实的基础。

（二）生命安全教育融入体育课程的影响因素

1. 人文环境的影响

在体育课程中融入生命安全教育的成功与否受到学校人文环境的深刻影响。学校整体环境对体育课程的认可程度以及对生命安全教育的融入态度将潜移默化地影响师生。若学校在大环境中能够充分认可体育课程，并对其中融入生命安全教育持支持态度，将有助于创造生命安全教育的积极氛围。这不仅使生命安全教育不再被视为额外的课程负担，而且促使教师成为学生的榜样，学生的态度和成效成为教师反馈的一部分。通过师生之间建立的良好关系，整个学校人文环境也将获得锦上添花的效果，从而促使学校人文环境的良好发展。

2. 物质环境的影响

物质环境的充分准备是决定生命安全教育能否更深入进行的重要因素。现有的体育器械能够满足传统体育教学的需要，但对于在体育课程中开展生命安全教育而言，存在一定不足。因此，学校在开展生命安全教育的同时，应该考虑引入适合的器材，以提供更深层次的教学。借鉴国内对学龄前儿童及小学阶段学生进行体适能课的经验，学校可以选择简单而丰富的器材，使生命安全教育在体育课程中得到更好的融合。这不仅有助于提升学生的知识和技能，还有助于发展学生的身体素质，贯彻终身体育的理念。因此，学校应该致力于提供相应的器材，以最大限度地优化学生的学习效果。

此外，室内场馆的使用与季节性安排也需要进行适当调整。不当的安排可能导致气候变化对生命安全教育实施的阻碍，因此学校在物质环境的安排上需要细致考虑。确保场馆的充足使用和合理的季节性安排可以避免因气候变化及安排不当而影响生命安全教育的顺利实施，从而避免给学校教育、教师和学生带来的不利影响。

3. 管理环境的影响

管理环境直接影响课程实施的顺利程度。管理者的理念与模式对此具有重要影响，他们的创新与鼓励态度以及权威性与结构性直接影响课程的有序实施。校级管理者应根据本校特色进行改动，支持生命安全教育的实施与发展。校本课程的研发与开展需要决策者认识到生命安全教育的重要性认识并大力支持其实施。因此，一个积极支持生命安全教育的管理环境是确保课程成功实施的关键之一。

4. 教师自身专业素质与能力的影响

教师的理论知识直接影响其教学效果。教师的理论知识扎实程度直接影响其对课堂事件的处理与引用，进而影响学生对生命安全知识的接受与理解。面对生命威胁情景时，教师需要合理运用体育技能来保护生命安全，其行动的规范性与适龄性对学生的学习接收至关重要。为了提升专业素质与能力，教师需要通过各种途径（如教材、互联网等）规范自己的教学动作。教师需具备扎实的理论基础和专业技能，以更好地引导学生学习并运用生命安全教育知识与技能，确保课程的有效实施。

三、不同区域中生命安全教育的构建

（一）不同区域对构建生命安全教育内容的影响

1. 不同区域环境对人们的生存影响

我国不同地区在地形、气候、河流流量和植被类型等诸多方面有明显的差异，受自然环境的影响，不同的自然环境对人们生存有显著的影响。我国北方多平原，适合农作物生长，所以人们多以谷类为生；南方多山川、丘陵及河流，多以水稻、狩猎为生；东南沿海濒临大海，多以海产类为生；西部地区多高原，以牛、羊肉为生。不同的地域给人们提供了大量的物质生活资源，以保证人们生存所需，但也给人们的生命安全带来了一定威胁，东南沿海经常遭受多种自然灾害的侵袭。例如，台风、洪涝、龙卷风、泥石流等地质灾害，严重威胁着该地区人们的人身安全。北方地区经常遭受低温冻害、雪暴、森林和草原火灾以及地震等自然灾害的侵袭，在这样的环境中，只有具备一定的生存技能，人们的生命安全才能够得以保证。

2. 不同区域与体育运动的关系

不同区域环境的差别带来了人们生活上的差异，生活方式的选择决定着体育运动方式的选择。因为在各种环境下生长、生活的人们有着与之相适应的身体结构，不同的身体结构需要与之相适应的体育运动形式，于是，在不同的区域内就产生了各种不同运动项目，从一定的意义上说，这些不同的体育运动项目就是各个自然环境的特殊性的表现。

例如，我国以黑龙江省为代表的东北三省在冰雪运动项目上有着绝对的优势，因为东北三省在冰雪项目上有得天独厚的自然条件，其是年平均气温全国最低、降雪量全国最大、降雪持续时间全国最长的地区。在这样寒冷多雪的环境下，人们为了生活和生存不得不和这种自然条件进行抗争，认识并利用自然规律是人类生存的前提，于是人类的体育活动就伴随生活和生产而产生，所以，在东北三省滑冰、滑雪等冰雪运动成为该地区的特色运动项目。

在我国南方尤其是东南沿海地区，濒临大海，属于海洋性气候，降水量比北方多，导致我国南方溪流湖泊众多，空气湿润。特别是到了梅雨季节，降水长达一个月之久，所以南方水资源十分丰富，丰富的水域资源在给该地区的居民提供丰富的物质生活资源的同时，也给人们带来了水灾，如洪涝、台风、海啸、泥石流等。为求生存，人们不得不掌握水上的生存技能（如游泳）。游泳既是生存的基本技能，也是该地区较为常见的体育运动项目。

我国地势呈西高东低态势，西部地区大多是高海拔的山脉、高原，西藏有“世界屋脊”的美称，在这样的地理环境下，形成了许许多多不同的运动方式，在高原区域人们大多喜欢骑马，所以，这里各种马上运动项目非常普及。大多数民族是游牧民族，他们以放牧为生，游牧民族的生活是离不开马背的，因为在广袤的大草原上远距离地放牧，马便是人们最好的代步工具，所以与骑马相关的运动项目（如马球、骑术、赛马、跑马射箭等）应运而生。

在山区地带，人们出行大多靠徒步行走，这就使得登山项目在这里开展得非常普遍。因为到处是连绵起伏的山脉，于是人们带着对大山的敬畏和向往之情走进大山，登山项目便开展起来。北京奥运会圣火传递到了世界最高峰珠穆朗玛峰的峰顶，而传递圣火的选手大多数是当地的专业登山者，这些地区海拔高、空气稀薄、温度极低，易发生雪崩等危险，这就要求登山者必须具备丰富的经验和较强的专业知识以及较高的攀登技术，否则便难以完成这项艰巨的任务，而这项伟大的体育运动是由该地区特殊的自然环境和条件成就的。

3. 不同区域对体育课程开设的影响

青少年是安全事故的主要受害人群，因此，对青少年进行生命安全教育尤其重要，但是不同的自然环境下开展生命安全教育的内容也是有所不同和侧重的，尤其是在体育课程中开设生命安全教育内容就更应该依据当地的自然条件和当地的体育运动项目。

近年来，在体育课程中开展生命安全教育已经引起了学术界的广泛关注，体育与健康课程较其他科目有一定的优势，毕竟生命安全教育问题不能只停留在理论研究的阶段，它更需要在实践中得到落实，这样才能更加有效地拯救青少年的生命。生命安全教育涵盖许多内容，例如，遇到自然灾害时如何避免伤害，遇到意外伤害时如何自救，遇到踩踏事件时如何逃生等问题，仅此是远远不够的，不同地区还要结合当地的自然气候条件和地理环境条件，以及当地的体育运动项目在体育课程中开展生命安全教育，只有这样才能彰显生命安全教育的区域性。

我国青少年学生的课业负担十分繁重，这是我国应试教育所具有的特点，除上课之外，学生没有自由时间去涉猎书本以外的知识，生命安全教育知识就更不用说了，这就是为什么一旦发生意外事件，青少年基本上没有应对灾难的能力，所以应加强对青少年的生命安全教育，但是在每周 2 ～ 3 节的体育与健康课程中开展关于生命安全教育的所有知识与技能是不现实的，这加剧了开展生命安全教育的严峻性。我国是一个地域十分广阔的国家，从南到北、从西到东都有很大差别，每个地区的情况也不尽相同，易发安全事件也会有所不同。

我国东南沿海频繁受到台风的侵袭，特别是海南省和广东省，造成了大量的财产损失和人员伤亡，对于这些沿海地区必须着重开展关于台风的生命安全教育内容，因为这些地区常年要和台风作斗争，只有掌握了大量的相关知识和技能，遇到台风时才可以减少伤亡的数量，如此，生命安全教育才能真正地发挥作用。

东北地区地处我国最北部，受到西伯利亚冷空气的影响，年平均气温是最低的，都在 0℃以下，特别是在冬季，气温约为 -20℃，有时更甚。在这样寒冷的环境里，就易发生冻死、冻伤的事件，所以生活在这样温度极低的环境里的人们，就应该将关于抵御寒冷的生命安全教育的内容作为重点放在体育课程中开展，有针对性地传授知识和必要的技能，使生命安全教育发挥自身应有的作用。

（二）不同区域构建生命安全教育的内容

1. 亚热带及热带地区生命安全教育内容

（1）高温酷暑防御知识类。亚热带及热带地区之所以被称为热带地区，主要是因为该地区全年大部分时间温度比较高，天气比较炎热，是人们生产、生活最大的障碍之一。那就必然会出现许多因温度过高引发的事故，导致人员的伤亡和财产的损失。因此，有必要开展一些关于降温、避暑内容的生命安全教育，这样就可以有效地避免因高温引发的各种意外事故，更好地保护该地区人们的生命安全。

（2）水上划船、游泳救助类。亚热带及热带地区是长江中下游以及秦岭—淮河以南的区域，该区域的雨季很长并且降水量也很大，使得这些地区的水系管网十分发达，所以该地区人们的生产和生活与水结下了不解之缘，水在给人们的生产、生活带来便利的同时，也给人们的生命带来了一定的威胁，因此，游泳和划船不仅是人们的日常生活能力，也是人们的生命安全救助技能。在水域广阔的亚热带及热带地区，游泳和划船成为人们不可或缺的生存技能。在该地区生活的人们如果缺失了游泳和划船技能，生命就会面临危险。因此，开展以游泳和划船教育为内容的生命安全教育就成了该地区重点关注的教育内容。

（3）攀爬救生类。过于丰富的水资源会造成洪涝，一旦发生洪水，那么人员伤亡和财产损失是难以估量的。当洪水来临时，大多数情况下财产损失是难以挽回的，但是人员的伤亡是可以有效避免的，通过生命安全教育传授人们洪水救助知识和攀爬技巧，迅速脱离洪水爬到高大的建筑物以及树木之上以等待救援，可以有效地降低死亡率。

除此之外，很多省份处于东南沿海，会受到海洋季风的影响，出现台风、雷电等强对流天气以及泥石流等次生灾害，这就需要在该区域开展关于抵御台风、泥石流等灾害的生命安全教育，保全人们的生命。

2. 中温带及暖温带地区生命安全教育内容

中温带及暖温带地区面积辽阔，包括准噶尔盆地、塔里木盆地、东北平原、内蒙古高原、华北平原、黄土高原以及黄淮地区北部等。这些地区既具有广阔的草原，又具有肥沃的土地，还具有干燥的沙漠。地势、地貌复杂多变，这为适应该地区体育项目的产生提供了自然条件，加之这里气候适宜，非常适合人类的居住，所以这里积聚了大量的人口，这也为各项运动的开展提供了人口保障。在一望无际的草原，居住着许多少数民族，其中以蒙古族为代表，蒙古族是以善骑射为特征的民族，他们的大部分运动项目与骑马有关，例如，赛马、马术、马球、骑射等项目，还有精湛的射术以及彪悍的摔跤术。但是，骑马也有一定危险性。在草原游牧地区开展生命安全教育一定离不开与骑马有关的教育内容。

3. 寒温带及高原气候带生命安全教育内容

（1）低温寒冷防御知识类。黑龙江省的东北部属于寒温带，东北三省常年气温比较低。青海、西藏两省（区）并称青藏高原，四川省的西部是连绵起伏的大雪山，有的山脉终年积雪不化。温度低就可能伴随大量的降雪，有的地区也会引发雪灾。在这样的环境下生存的人们，最大的敌人就是寒冷。长时间处在寒冷的环境下会出现冻伤，甚至是由寒冷引发猝死，对人们的生命安全有着极大的影响。这就需要在该地区着重开展关于抵御寒冷的生命安全教育内容。不仅如此，由于天气寒冷，人们会在生活中使用一些取暖的工具，这些工具也会出现一些安全隐患。例如，煤气中毒、取暖漏电致人伤亡等事件时有发生。这些都是开设生命安全教育不可或缺的内容。

（2）高海拔攀登防护类。高原气候带通常气温极低，还有令人望而生畏的高海拔雪山。当人们进入高原海拔 3 000 m 左右时，就会有明显的反应，例如，一些人会出现头痛、呕吐、心慌、食欲减退、乏力，部分人因含氧量少而出现嘴唇和指尖发紫、嗜睡或精神亢奋、睡不着觉等不同表现，严重者还会发生高原脑水肿和高原肺水肿，危及生命。如何应对高原反应，这就需要采取相应的生命安全教育，只有这样，才可以避免意外事件的发生。这样的情况往往是人们在高原地带旅游或在攀登高峰挑战极限时最为容易出现。因此，在高原地区从事活动的人们事前需进行生命安全教育相关准备，以防高原反应给人们带来的生命威胁。

（3）滑冰、滑雪安全类。寒温带及高原气候带地区常年气温低下，尤其是冬季，冰雪给人们的生产和生活带来了不便，与冰雪作斗争成了该地区人们生活的常态。所以冬季冰雪体育项目在这里非常流行，我国大部分冰雪项目运动员出自该地区。冰雪项目在给我们带来荣耀和快乐的同时，也给我们带来了许多危险。参与冰雪运动项目会出现许多损伤，包括擦伤、扭伤、拉伤、挫伤、骨折、冻伤、脱臼、切割伤、撕裂伤等。如何应对这类损伤？我们必须具备一定的运动损伤急救处理知识和技巧。因此，与冰雪运动相关的生命安全教育内容就成为该地区不可忽视的内容。

（三）不同区域构建生命安全教育的原则

1. 差异性原则

差异性原则是指在各区域开展生命安全教育时，应根据气候、地形和地貌的不同，传授生命安全知识与技能时所遵循的区别对待的原则。生命安全教育差异性原则包含气候差异性原则、地形和地貌差异性原则、人文环境差异性原则。

（1）气候差异性原则。气候差异性原则是指根据各区域气候条件的不同，开展生命安全教育时所遵循的不同气候不同对待的原则。根据气候差异性特点，可以分为不同区域之间和同区域不同时节两种情形。

第一，不同区域之间的气候差异。中华人民共和国成立后所记录气温最高和最低的地区分别是新疆的吐鲁番盆地和黑龙江哈尔滨市。对于气温而言，新疆地区和黑龙江地区产生了巨大的差异，所以这两个区域开展的生命安全教育内容应有所侧重，不能一概而论。例如，在吐鲁番盆地等高温的地方应该开设一些关于热射病、热衰竭、热痉挛、肾衰竭等疾病的防护和救助中暑人员的基本知识和基本技能的课程，在体育课程中教会学生快速、安全地运送中暑人员的基本方法，然后以游戏竞赛的形式锻炼学生使其掌握这种实践技能；在哈尔滨等低温地区应该开设一些关于局部冻伤、肌肉僵直等疾病的救助基本知识和技能，在体育课程中应教会学生如何做热身活动，并采取形式多样的方法，使学生在寒冷的环境下掌握预防冻伤和冻伤救助的基本知识和技能。所以，在不同气候条件下开设的生命安全教育内容的选择是有针对性的，目的就是更好地预防安全事故的发生。

第二，同区域不同时节的气候差异。同一区域因不同时节的变化，气候温度在一年内存在很大的差异。温度的巨大差异导致干旱地区降水量变化很大，而且极不稳定。同一区域内，甚至同一地点在不同的时间段内降水量均可能出现极为显著的差异，相差几倍甚至几十倍以上。时节不同，气候条件也存在巨大的差异，针对不同的时节开展的生命安全教育的内容也有所不同。在黑龙江省的冬季适合开展关于抵御寒冷的生命安全教育内容，而在夏季应开展关于预防中暑的生命安全教育内容。在吐鲁番的不同时节的开展生命安全教育内容也有所不同，在降水量比较小的时节传授如何保持体内水分及寻找水源的方法；在降水量正常的时节传授其他生命安全教育知识以及不同的救助技能。根据区域不同时节的特点选择不同的生命安全教育内容，为该区域的人民生命安全提供了双重的保障。

（2）地形和地貌差异性原则。地形和地貌差异性原则是指根据不同区域地形地貌的差别开展生命安全教育时应遵循的区别对待原则。

根据地形地貌特征的不同，生命安全教育的内容应该有针对性。例如，在西部高海拔地区应该把生命安全教育的着重点放在如何应对空气稀薄、高辐射、低气温上面，在体育课程中应传授预防高原反应、防范高辐射、应对低气温等相关知识和技能；在中部地区应该把生命安全教育的着重点放在如何应对沙尘暴、水土流失、干旱、雪崩上面，在体育课程中应传授防御沙尘暴、水土流失、干旱等相关知识和技能；在东部沿海地区应该把生命安全教育的着重点放在如何应对台风、海啸、暴雨、雷电、泥石流、地震上面，在体育课程中应传授抵御台风、海啸、暴雨等相关知识和技能，这是因为不同地区的地形、地貌有显著的差异。

（3）人文环境差异性原则。人文环境差异性原则是指根据不同区域共同体的态度、观念、信仰系统、认知环境等文化差别，开展生命安全教育时所遵循的不同文化不同对待的原则。

体育课程中开展生命安全教育应结合不同区域由风土人情、风俗习惯、传统观念等形成的典型的体育运动项目来进行。例如，藏族体育活动中赛马、射箭、跑马、射击等骑射类项目至今仍是民族体育中尤为重要的项目，反映的是高原文化和游牧文化的结合，即马背上的文化。在这样的文化背景下开展的生命安全教育内容应该是如何在骑马过程中保护自己，在坠马过程中用什么姿势可以降低受伤的概率，这些是在体育课程中需要解决的问题。云南省的藏族、普米族、纳西族、傈僳族、壮族、傣族、布朗族等少数民族集居在同一区域，以畜牧，稻作、热作、旱作农耕为主要生活方式，具有相近的文化传统，有爬树、爬竿、爬绳、攀岩、采集等文化特色。在这样的文化背景下开展的生命安全教育的内容是攀爬、采集保护的知识和救助技能等。所以在不同区域开展生命安全教育的内容必须遵守当地不同的人文环境。

2. 协调发展原则

协调发展原则是指要在发展过程中正确处理常规性生命安全教育与区域性生命安全教育之间的关系，以不断满足人们对生命安全教育的需求。协调发展原则是根据不同区域人们对常规性生命安全教育与区域性生命安全教育的不同需求，正确处理两者之间的关系，使两者之间和谐均衡发展所遵循的原则。

常规性的生命安全教育内容与区域性生命安全教育内容是一个不可分割的有机统一体。虽然常规性生命安全教育早已有之，但是常规性生命安全教育内容已经无法满足不同区域对生命安全教育的需求，于是，区域性生命安全教育内容就凸显了出来。区域性生命安全教育内容具有其自身的特殊性，在青少年生命安全教育中占有十分重要的地位，不可能为常规性生命安全教育内容所取代，反而成为常规性生命安全教育内容的重要补充。

但是，在构建生命安全教育的课程内容体系时，不能只考虑根据各区域特点选取的安全教育内容，即使这些内容更加适合本区域的实际情况，更具有实际效用。这些内容只是生命安全教育的一部分，乃至很小的一部分，不能取代常规性安全教育内容，否则就会犯下以偏概全的错误。因此，区域性生命安全教育内容与常规性生命安全教育内容在课程体系构建中应该遵循相互协调发展的基本准则。因为任何一个纰漏都可能导致生命的陨落，容不得半点儿马虎。生命安全教育和人的生命息息相关、紧密相连，这就要求常规性生命安全教育与区域性生命安全教育协调共同发展。

3. 知识传授与实践演练相结合原则

所谓知识传授与实践演练相结合的原则，就是把生命安全教育知识的传授与生命安全救助技能训练结合起来所遵循的理论与实践相结合的原则。

青少年学生正处在成长发育的关键阶段，他们大量的时间是在校园中度过的，他们的主要任务是学习文化知识。知识的力量是无穷的，但是，知识如果仅停留在书本上，不能有效地指导实践，那么就失去了它存在的意义。如果知识能够准确、有效地指导实践，那么也许就能改变我们的生活，乃至改变我们的命运。科学知识和实践是密不可分、紧密相连的。

在区域性生命安全教育内容体系构建的过程中，一方面强调传授科学的安全教育知识，另一方面突出安全救助技能练习。以往的生命安全教育中存在重知识传授，轻救助技能教育，导致青少年生命安全教育的收效甚微。生命安全救助技能的获得不是一蹴而就的，它需要长时间不间断地、有针对性地训练才能完成，所以，在青少年生命安全教育内容设置上，一定要结合青少年身心发展的规律，在各个年龄段传授适合青少年身心特点的安全教育知识和安全救助技能，使青少年生命安全教育课程内容建设既具有理论知识的系统性，也具有生命安全教育救助技能演练的科学性和可行性。

（四）构建区域性生命安全教育内容的途径

1. 构建区域性生命安全教育内容与学校体育课程相融合

（1）学校体育课程教学目标体现“安全第一”的思想。学校体育课程的教学目标包括运动参与、运动技能、身体健康、心理健康和社会适应五个方面。通过体育课程教学，学生大多变得喜欢参加体育运动、运动技能得到提高，长期坚持下去身体机能更加优化、人更加开朗阳光，也锻炼了处理与队友、对手关系的能力。在课程教学目标中突出“安全第一”的思想，通过融入生命安全教育内容的体育课，不仅增强了学生自我保护的安全意识，也提升了自救和救他的救助能力，在具有健全生命的基础上再去实现体育课程原本的教学目标，是构建区域性生命安全教育内容的基本任务。

（2）生命安全教育与体育课程有着密切的联系。体育课程不仅是锻炼身体的一种方式，还是生命安全教育的重要组成部分。这是因为体育活动本身涉及一定的危险性，例如，在进行激烈运动时可能出现受伤等情况。然而，体育运动的目的不仅在于维护人的生物属性，还在于培养学生具备自救、互救的知识与技能，以及灵敏的反应能力和应变能力，这些是生命安全教育的重要内容。通过体育课程，学生可以学会如何在意外情况下保护自己和他人，提高生存能力。因此，体育课程与生命安全教育的目的是一致的，都是通过锻炼身体来提高人们的基本运动能力，最终使人们掌握基本的生活与生存技能。

（3）体育课程教学评价的“二元化”。教学评价的“二元化”是指评价教学目标完成与否应参考两个不同的标准。体育课程教学评价的“二元化”是指评价体育课程教学内容应参考体育课程原本的评价指标以及生命安全教育内容的相关指标。体育课程的教学评价包括教师对体育课预先设定的教学目标是否达到，过程的控制情况如何，学生的学习积极性如何等很多方面，综合地评价这门体育课的效果。其中一条是学生是否掌握了教师所教授的体育运动技能。但是如果加入了生命安全教育内容，那评价的标准就应该有所不同，可以用两种方式来评价教学情况，一种用学生是否掌握体育技能来评价，另一种用学生是否掌握生命安全教育救助技能来评价，这两个评价的标准也应该加入关于生命安全教育救助技能的内容，如此一来，在原来体育技能的评价上再加上救助技能评价，评价指标就变得更加全面、合理，同时，“二元化”的评价指标也符合了素质教育的理念。

2. 构建区域性生命安全教育内容的方法

（1）以“三维一体”为基础，构建生命安全教育内容体系。在我国不同的区域构建生命安全教育内容，要以“三维一体”为基础。所谓“三维”，是指依据温度带划分的热带及亚热带、中温带及暖温带、寒温带及高原气候带三个不同维度下的三大区域;所谓“三维一体”，是指三大区域构成一个协调统一的整体。

“三维一体”的课程体系是指在热带及亚热带、中温带及暖温带、寒温带及高原气候带三大地区开设的生命安全教育内容要相互协调、相互借鉴，既各自独立又相互统一，在生命安全教育体系中各自成为一个不可或缺的有机部分。不能因为区域不同又各具特色而相互孤立，其间没有联系与沟通，在这样的情况下构建的生命安全教育内容体系是没有生命力的，是难以继续发展下去的。我国是一个幅员辽阔、民族众多及有着悠久历史文化传统的国家，因此，各区域的人们有着不同的文化背景及风俗习惯，也促使了我国体育的多元化。造就了各区域的体育项目花样众多。例如，北方草原地区以骑马、射箭、摔跤为主要的运动项目，而南方以划船、游泳等项目为主，那么构建生命安全教育的内容体系时就必须把这些内容凸显出来，使其成为生命安全教育的有机整体。

（2）以“普适性”为红线，贯彻生命安全教育内容体系始终。“普适性”从字面上可以理解为普遍适用性，也可以说是大众性。这里所说的“普适性”其实就是前文提到的常规性生命安全教育，如火灾安全、防震演练、饮食安全、交通安全、网络安全、人身防卫这些安全教育的内容在任何一个区域都能够开展且必须开展，换言之，常规性生命安全教育以主体的形式贯穿在整个生命安全教育之中。即便构建不同区域生命安全教育的具体内容，这条红线也是不能逾越的。因为生命安全教育的宗旨是保全生命，挽救生命，减少伤亡。所以，在任何地方都应该坚持开展常规性生命安全教育，这和我们构建的不同区域的生命安全教育内容并非互相矛盾，恰恰相反，是互相补充的。这样形成的生命安全教育内容体系既突出了地方特色，又彰显了生命安全教育的整体性。

（3）以“基础共享、核心分立”为前提，构建生命安全内容体系。“基础共享”是指在不同区域构建的生命安全教育内容，可以看作生命安全教育的一部分，这些部分是生命安全教育内容的基础，而且这些内容是可以共享的。各个区域不是一成不变的，再加上春、夏、秋、冬四季的变幻就使生命安全教育的内容也随之发生变化，只不过是各区域有着鲜明的特点，就突出了相应的生命安全教育内容。当其他地区遇到相似的状况时，就可以学习、借鉴。有成熟的内容体系之后，在教授生命安全教育内容时就更加高效直接。

“核心分立”是指不同区域构建的生命安全教育的核心内容是相互分离、独立的。各个区域的核心内容要体现出与众不同，区别于其他区域。例如，我国新疆地区有着“早穿棉袄午穿纱，围着火炉吃西瓜”的说法，描述的这种情况在其他地方很少有相似的，因为这是新疆地区所特有的现象，独特的地理环境决定着独特的生命安全教育内容。有时这只是极少数地区所面临的情况，但这恰巧也说明了生命安全教育的独特性，因为这毕竟关系到当地人民的生命安全。把“基础共享、核心分立”作为前提是构建生命安全教育内容体系行之有效的方法之一。例如，在我国寒温带构建的生命安全内容体系中的抵御低温寒冷的相关知识，可以在其他地区的冬季时运用，这就是“基础共享”的具体体现，但是运用的相关内容只是寒温带的生命安全教育内容的一部分，不可能全部得到应用，因为两地的差异较大，这就是所谓“核心分立”在实际中的运用。

（4）以安全知识和救助技能为依托，构建生命安全教育内容体系。生命安全教育内容包含安全知识和救助技能，两者是缺一不可的，构建生命安全教育内容体系时必须以此为依托。开展生命安全教育的目的就是救人于水火之中，是需要一定的实践能力的，实践能力是靠救助技能支撑的，没有任何救助技能，何谈救人的能力。任何事物都是有一定规律的，这些规律可以看作相关方面的知识。知识也是人类在实践中认识客观世界（包括人类自身）的成果，它包括事实、信息的描述或在教育和实践中获得的技能。

人们可以学习和掌握部分知识，该部分知识让人们了解即可。知识和技能是相辅相成的，只有知识而没有转化成技能，在遇到困难时只能是手足无措，沦为旁观者；只有技能没有知识则只能算是摸索出的经验，难以传授给别人，是不可能发展下去的。所以两者共同支撑起生命安全教育的内容体系。

例如，在我国的亚热带、热带地区具有十分发达的水系，天气比较炎热，尤其到了夏天，人们为了降温会选择去游泳，他们的游泳方式与北方人不太一样，基本上是就近到江、河、湖、溪中游泳，而北方没有先天性的条件，只能到水库、堤坝、室内游泳池游泳。但是不管在任何区域、任何场所游泳，都必须掌握一些关于溺水的相关知识以及心肺复苏的救助技巧，这样一来，无论遇到什么情况都可以自如应对，保护自己，救助他人。这样构建的生命安全教育内容体系才是真正地依托了安全知识和救助技能。

第二节　体育与健康教学中的中医文化教育

一、中医文化的指导思想

中医文化是一门深入研究生命活动和养生保健的学科，其理论和方法旨在促进个体健康、预防疾病，延年益寿，并提高生命质量。这一文化的基本思想受中国古代传统哲学思想的指导，具有整体观念和辩证思维。其主要理论包括精、气、神学说，阴阳学说和五行学说，认为健康受阴阳失衡、脏腑功能失调、精气神衰弱等因素的影响。

中医养生原则包括形神共养、协调阴阳、调脏腑、动静适宜、保养精气神、气血通调、培补正气、综合调理等。这些原则体现了中医文化以整体观念认识生命活动与自然、社会的关系，注重心理因素的作用，同时关注因时、因地、因人的养生方式。

中医文化融防病、治病、健身、修炼为一体，汇集了道、儒、佛、医、武等多元思想，具有广泛的实用价值和文化影响力。它不仅关注个体的身体健康，还关注人与自然、社会的和谐相处。中医文化的实践方法（如针灸、推拿、草药疗法等）不仅用于治疗疾病，也被视为一种生活方式，强调了人与自然、社会的交流与平衡。因此，中医文化不仅是一门医学学科，还是一种生活方式和思维方式的体现，为人们的身心健康和社会和谐做出了重要贡献。

（一）天人合一思想

天人合一思想源自中国古代哲学，被视为一种超越个体意识的理念。这一思想认为，个体通过与天地万物的联系，可以提升心灵，并以道德为指导。中医养生观便是此理念的实践之一，强调顺应自然规律，以维护健康。季节气候的变化对人体健康有着深远的影响，因此养生方式应随之调整，体现了人与自然的统一性。在春季，人们应早睡早起迎接阳光，以利于调整生物钟与环境同步。夏季则不应因热而关闭门户，而是应顺应气候变化，保持适度的活动与休息。秋季活动应逐渐收敛，以应对气候逐渐凉爽的趋势。冬季则应早睡晚起以避寒，学习动物冬眠的方式，以保存身体的阳气。气功及武术养生注重内外统一，旨在达到内在强壮、外在坚韧、精神振奋的状态，与自然环境的变化相应，以实现天人合一的境界。通过效法天道，使人道与天道和谐统一，人们努力顺应天道的变化，逐步达到境界。在这种理念下，个体不再被视为孤立的存在，而是与整个宇宙息息相关，通过与自然和谐共生，实现心灵的提升与道德的指引。因此，天人合一思想在中医养生、气功及武术养生等方面得到了深刻的体现，引导人们走向健康、和谐与全面发展的道路。

（二）整体观点

中医诊断以整体观点为基础，将人体视为有机统一的整体，并考虑其与外界环境的相互联系。这一观点体现了中医独特的治疗理念，即将人体视作一个完整的系统，其各个部分相互关联、相互影响。中医诊断不仅是简单地观察症状表现，还强调了对病因的整体分析和治疗的个体化。这意味着医生不仅要关注患者的具体症状，还要考虑疾病对整个身体系统的影响，以及患者与外界环境的相互作用。这种整体观念的重要性体现在中医治疗过程中，医生往往会根据患者的个体差异和环境因素进行个性化的调整和治疗方案的制订。基于元气论的影响，中医强调整体的分化性及不可分解性，认为机体病变会影响脏腑、组织、器官。这意味着中医治疗不是只针对单一的器官或症状，而是以整体健康为目标，通过调整体内各个方面的平衡来达到治疗的效果。

（三）阴阳平衡学说

阴阳平衡学说是中医的核心理论之一，源于自然观念，认为阴阳是自然界变化的基本规律。这一理论不仅适用于自然界，也适用于人体内外的各种生理和病理现象。在人体内，阴阳被认为是相对而言的，代表着相互对立而又统一的两个方面，如阴阳动态平衡。人体内外存在阴阳之分，维持阴阳平衡被视为保持健康的关键。中医认为阴阳失衡会导致疾病发生，强调内部“阴阳系统”与外界环境的“阴阳”保持平衡对健康至关重要。这意味着中医治疗不仅是对症治疗，还着重调整人体内部的阴阳平衡，使身体恢复健康。因此，在中医诊断和治疗中，医生往往会根据患者的阴阳失衡情况来制订相应的调理方案，以达到恢复健康的目的。

（四）形神合一学说

形神合一学说是中医心理摄生的理论依据，其根源于中国古代哲学，直接孕育了中医的形神合一理论，成为中医心理学术的基础。这一理论内容在中医学理论体系中占据重要位置，贯穿脏腑、经络、气血各方面的新陈代谢，是推动着生命活动的源泉和动力。其核心在于对立统一的阐述，主要涉及心理与生理、精神与物质、本质与现象等对立统一关系的说明。形体与生命息息相关，形体是人体生命存在的基础，因此保养形体至关重要。而运动养生作为一种动静结合的养生方式，实现了身体内外的运动联系，促进了形体的健康。此外，形神结合也是该学说的重要内容，神依附于形体，形神合一是保持健康身心环境的关键。外在形与内在精神的协调保养是实现形神具备的重要途径，通过外在形体的调养来影响内在精神状态，进而实现身心的健康平衡。

二、中医文化融入体育与健康课程的必要性和可行性

（一）中医文化融入体育与健康课程的必要性

为了大学生身心健康发展，传承发扬中华优秀传统文化，将中医文化引入高校体育课程尤为重要。中医文化不仅具有运动养生的功效，还具有十分重要的教育、育人作用。将中医文化引入高校体育课程，引导大学生认识了解中医文化，可以提高大学生心境、端正生活学习的态度、锻炼大学生的心理素质，帮助大学生协调身心的平衡，提高大学生文化自信，也可以通过大学生更好地向社会传播优秀的中华传统文化，促进中华优秀传统文化的传承和发展。

1. 中医文化的育人作用

将中医文化引入高校体育课程，可以促进大学生的教育发展，凸显中医文化的教育价值。将中医文化引入高校体育课程，在一定程度上可以提高大学生的文化自觉，中医文化中的德育价值、文化价值、健身价值、养生价值、审美价值、陶冶价值极大地影响着大学生的价值判断。将中医文化引入高校体育课程，有利于大学生传承和发展优秀的传统文化、弘扬民族精神、体现民族气节。中医文化是中华优秀传统文化的重要组成部分，是中华民族智慧的结晶，体现着中华民族的民族思想和民族精神。中医文化在中华传统文化的页面中留下了浓墨重彩的一笔，使我国的体育事业呈现出中华特色，展现出中医文化的特殊感染力和魅力。

（1）中医文化在现代高校体育教育中极具德育价值，将个人抱负与国家民族和人民的福祉紧紧结合在一起。中医文化蕴含着救世济民的人生理想和安邦定天下的强烈社会责任感。中医文化中以救济天下苍生为己任的道德理想，在一定程度上可以引导大学生树立崇高的人生价值理想，树立正确的人生价值观和培养深厚的爱国情怀。中医文化还倡导要守公德，守公德就是要在社会交往和公共生活中遵守公共道德要求和行为准则。在倡导守公德的同时提倡严私德，学习中医文化在一定程度上可以约束自己的操守和行为，不断提高大学生的思想境界和文明素养。中医文化重视慎独、自律、明理，为大学生的精神文明建设提供重要的启示和实践的方法。修身为本、反躬自省、久久为功，中医文化蕴含着丰富的道德价值，大学生在学习中医文化时可以加强自身道德建设、陶冶情操，为社会精神文明建设添砖加瓦。

（2）中医文化在现代高校体育教育中极具锻炼价值，中医文化中的运动养生不仅可以通过运动的形式增强心脏功能，改善血液循环，还可以强化肺部功能，提高摄氧量，增强肝脏功能，提高耐力等。适当的运动可提高机体免疫力、增强肝功能，而注意休息、保证良好的睡眠对肝脏解毒有帮助，也可减轻肝脏负担。掌握了中医文化中养生健身的知识，再配合其中描述的饮食方法，可以最大限度地起到健身保健的作用。中医文化具有丰富的健身价值，学生学习中医文化，能够从中了解健身养生的重要性，并且能够为大学生的锻炼提供理论指导，更好地促进大学生的身心健康。中医文化的学

习可以促进大学生形成稳定的心态，有助于更好地与同学、教师交流，对进入社会也有积极影响。

（3）中医文化具有丰富的文化价值。将运动养生引入高校体育教学中，不仅起到了一门课程或多学点知识的作用，其还肩负着传承和发扬优秀传统文化、提高人民的文化自信的使命。将中医文化引入高校体育课程中，可以很好地开发中医文化资源，是传承和发展优秀传统文化的重要途径，知识、技能和情感是课程的基本要素，通过体育教师在课上的引导，组织学生学习体育知识和中医文化，提高学生的知识储备、培养爱国情怀、学习体育知识技能，从而形成中医文化和体育文化兼得的价值观认同。中医文化是中华优秀传统文化的结晶，集中反映了我国文化的特征，在一定程度上可以规范学生的行为，影响学生的价值观判断。中医文化所强调的和谐统一、阴阳平衡、动静结合等观点也在和现代社会科学相融合，慢慢地形成符合时代特色的文化风格。中医文化在中华大地上孕育而出，经历上千年的发展完善，所代表的是中华民族的思想和要求。经历漫长的补充发展，中医文化现在已形成一个完备的体系，蕴含了属于中华民族独有的文化价值内涵和特征，因此中医文化是极具中国特色的。

2. 中医文化的社会价值

中医文化是中华民族优秀传统文化的结晶，在一定程度上推进我国社会主义文化的发展。中医文化作为中华优秀传统文化中的一朵奇葩，有着宝贵资源和无价财富，对中医文化的保护和传承，需要不断地将其与时代融合创新发展。将时代的特点与目前社会的需求相结合并不断地将中医文化放入时代的浪潮中洗涤，将新时代精神融入中医文化发展中，有利于更好地传承和弘扬中医文化。目前，我国正大力推进文化传承创新。作为中国文化形态传承的重要载体，中医文化肩负着重要的责任。随着体育强国战略的实施，中西方文化也在进行激烈的争斗，从体育大国向体育强国迈进和全面建设和谐社会赋予了中医文化新的历史使命，同时给中医文化带来了难得的历史发展机遇。作为中国传统文化中重要的一部分，中医文化具有传承教育与体育文化的作用。努力构建中医文化融入高校体育的课程体系，可以更好地传承和弘扬中华优秀传统文化。

（1）中医文化对于传承我国的传统体育文化具有经济价值。将中医文化融入高校体育课程中，是对中华优秀传统文化的传承，融入高校教育可以为中医文化创造更多发展的可能性。将中医文化引入高校体育课程中，能够借助学校的平台让更多高校师生认识中医文化，从而使高校师生对中医文化产生兴趣和学习热情。通过创新地将中医文化引入高校体育课程中，可以帮助师生更好地走近中医文化，更好地理解中华优秀传统文化的基本内涵。将中医文化引入高校体育教育中，可以让学生通过学习中医文化知识、锻炼其中的术式，亲身感受中医文化的博大精深、感受其悠久的历史，亲自揭开中医文化古朴神秘的面纱，感受其中魅力。通过这种方式，可以让有关中医文化的产品得到宣传推广，推动中医文化相关的产业发展，在一定程度上扩大了消费市场，打开了新的销售路径。将中医文化引入高校体育课程中，发掘其中的价值是非常具有经济作用的。

（2）中医文化对于创新传统体育文化具有政治价值。想要传承发展中华优秀传统文化，就需要致力于培养具有健全人格的人，也就是通识教育。具有健全人格的人，有着深厚人文底蕴和开阔的视野。中医文化历久弥新，内容丰富，在发展完善的过程中彰显了中华民族的精神气节。开展中医文化的教育可以培养学生的民族意识，提高文化自信，增强社会责任感。极具中国特色的中医文化，也是中国外交文化的一种形式，向外国传输中医文化常识，促进信息交流。中医文化中的健身养生、生活饮食等不仅可以帮助外国人更好地了解中国，也可以为外国人提供一定的养生指导。通过中医文化能够提高国民思想境界、培养爱国情怀、提高国民健康水平和增强社会责任感。通过中华文化与外国交流，向世界宣传和谐统一的思想，促进我国同世界互惠互信、和平友好的外交关系构建，深化中国同各国的合作交流。由此可以看出，中医文化是具有重要的政治价值的。

（3）中医文化对于传承和创新传统文化具有人文价值。中国一直是礼仪之邦，强调的是礼、义、仁、信，中华优秀传统文化中的人文精神是不可分割的重要组成部分，其中儒家所尊崇的修身、齐家、治国、平天下，更是被许多有志之士奉为信条。中医文化恰恰是中华优秀传统文化中对人文精神最好的注解，中医文化的思想核心就是不争、顺应，减少竞争、淡泊名利，平衡心态就是人文精神最好的体现。中医文化所强调的这种价值观宣扬的就是趋利避害、和谐友好。

（二）中医文化融入体育与健康课程的可行性

在科技发达和医学进步的今天，大学生生活质量虽然有所提高，但各种慢性疾病没有因此减少。随着精神和物质生活水平的不断提高，大学生也越来越渴望健康，因此中医文化融入高校体育顺应了时代的需求。中医文化本身具备完整的体系，并且内容丰富，其精神追求和价值判断是符合新时代发展潮流的，而且中医文化在中国有一定的群众基础，我们平时或多或少都听闻过一些中医文化方面的知识，群众认可度高，加之中医文化与大学生的生活日常十分贴切，这就给将中医文化引入高校体育教育提供了良好的条件。

1. 国家对高校体育的政策支持

随着综合国力的提高，国家越来越重视弘扬优秀的传统文化，提高国民文化自信。中医药文化源流更加清晰、内涵更加丰富，研究成果丰硕，精神标识基本确立，进一步发挥了对中医药事业发展的推动促进作用。国家政策为中医文化在高校体育中的发展提供了更多的支撑。将中医文化引入高校体育课程中，可以激发学生对中华优秀传统文化的自豪感和自信心，普及中医养生保健知识可以帮助大学生形成良好的健康意识，养成健康的生活习惯，促进中医药事业和高校教育事业健康发展。

2. 高校体育教育体系支撑

高校体育教育体系用一套完备的理论服务着高校体育教育。人才培养的关键环节是体育教育，高校体育教育也是高校教育中的重要一部分，在高校教育平台和体育体系的共同助力下开展以中医文化为指导的体育课程有利于丰富课程内容。以中医文化为指导的体育课程的开设是对体育教育的进一步完善，以中医文化为指导的体育课程能为实现学校的教育目标贡献一份力量。在高校体育教育体系的支撑下，中医文化可以开设相关的理论课程，真正做到理论课程和实践课程两手抓。中医文化的理论课程可以让高校学生更多地了解这种优秀传统文化。在高校体育教育体系的支撑下，以中医文化为指导的体育课程能很好地在高校中得到传播和发展。

3. 中医文化自身的完备性

中医文化在漫长的历史发展过程中，形成了一套完整的系统。中医文化本身是十分完备的，其由中华民族千余年的历史所总结发展，因此具有扎实的理论基础，其中的运动养生部分将运动养生保健知识与功法相结合可直接开设课程教学。中医文化中运动养生保健部分的实践操作性很强，是中医文化完备性的体现。中医文化从理论知识到术式锻炼的完整性，体现了将中医文化融入高校体育教学中的可行性，而中医文化具有深厚的文化底蕴，以及运动养生保健部分统一的动作标准，让中医文化在高校的开展更加可行。中医文化学习过程中动作技能的教学符合教育心理学原理。简单易学的中医文化和可操作性强的运动养生保健给大学生提供了一种“我可以学”和“我能学会”的暗示，让学生认为学习这门课程能够掌握自己用得到的保健养生知识，这和心理学原理中的“暗示效应”具有相通之处。

三、中医文化融入体育与健康课程的路径

（一）开设中医文化体育课程

开设中医文化体育课程需要结合本校的实际情况（如教师资源、场地设施、学生情况等），要根据学校的实际情况有针对性地开设中医文化体育课程。其中开设课程最重要的是教材，教材的好坏决定了教学质量、学生的学习效果，因此在开设课程前一定要设计好教材内容。首先要知道什么是中医文化，中医文化中的实用知识，如四季养生原则及适合的养生运动、九种体质养生法、身体特征及适合的养生运动与原则等。在开发教材时可以借鉴其他学科的教材开发，或者借鉴外国的教材开发，从中获取新的思路。开发一套结合相关理论知识、贴合校情的中医文化教材，有助于更好地把中医文化融入高校体育中，更好地传播中华优秀传统文化。

在开发出贴合学校情况的教材后，需要教师根据教材制定合适的教案。要对开发出的教材进行深层次的挖掘。在中医文化体育课程的开发上，要紧密贴合教材，根据教材的编写要求合理编排，可以由编写教材的专家或者权威、有经验的教师负责。然

后在此基础上编写教案。任课教师应根据教材教学大纲，认真完成教学目标和教学任务，在完成教学目标和教学任务的基础上加上创新措施。与此同时，教师要重视对教材的掌握，重视对教材的二次开发，也就是对教材的“现场开发”，让教材有实用价值。

对教材的开发解读可以从以下三个方面着手：

第一，成立科研小组，征询专家教授多方面的意见，也要考虑任课教师的意见，开发中医文化相关的理论资源，从理论到实际多方、多渠道地确定教材内容，做到科学可行。

第二，在编写教材的过程中，要做到理论与实践相结合，用理论指导实践，用实践提高理论，要把教材的制定分为初级、中级、高级三部分，可以给任课教师更多的选择，也对学生的学习能力做到合理划分，提高教学效果和学习效率。

第三，做好教材的评价和后续追踪工作。目前高校一般自己选择体育项目，高校体育授课形式以技能操作为主、知识理论为辅，采用学分制考核的形式。很多大学生担心中医文化体育课程过于难学，耽误自己的时间，对其他学业造成负担，为此高校需要不断地调整上课形式、上课内容和对学生的考评要求等。增加学生自主选择的信心。

在课程的实施方面，可以让学生先了解自身体质，然后根据不同的时间和季节选择相适应的运动。这里就需要在进行中医文化中运动保健的前期，做好相关理论知识的授课，在掌握理论知识后，结合理论知识进行相应的运动保健。后期也要做好相关的评价工作，收集、总结学生遇到的问题，整理汇总，完善课程体系。

（二）将中医文化知识融入各运动项目中

将中医文化引入高校体育课程中不仅可以单独开设中医文化体育课程，还可以将中医文化融入已有的体育课程中。中医文化历经沉淀和发展，拥有完备的理论知识体系，其中的“天人合一”“形神合一”“整体观”等都可为其他运动项目提供一定的指导。在篮球、足球、排球等项目中引入中医文化，可以在课程的最后利用中医文化中的保健知识进行放松的活动，也可以在体育项目的过程中阐述如何正确运动和饮食等。

中医运动养生在高校体育教育中的应用以课程的开设为主，主要是八段锦、五禽戏、太极拳等武术方面的形式。课程开设中存在各种各样的因素影响中医运动养生在高校的发展，如学生不理解不认同、教师的能力有所欠缺等。将中医文化知识融入各体育课程中的发展起着重要的作用。其中也可能存在一定的问题，例如，篮球任课教师自身不懂中医文化，有些任课教师可能懂一些但是无法向学生输出。为了解决这方面的问题，就需要加大对体育任课教师的培训，做到了解中医文化，知道如何应用并向学生输出中医文化知识。

学校也要做好相应的规划，可以向学生发放一些有关中医文化知识的宣传图册或类似于体育教材形式的文本资料。让中医文化和已有的体育课程项目有序地衔接，让学生在学习体育知识的同时掌握相应的中医文化知识。在运动过程中，慢慢提高学生对中华优秀传统文化的认同感，提高学生对中华文化的自信心和自豪感。学生在掌握运动技能的同时能掌握一定的中医文化知识，并能将中医文化知识运用到生活实践中，提高学生的健康水平和思想境界。

（三）加大对中医文化的宣传

中医文化作为优秀传统文化，其生命力非常强大，之所以经久不衰、历久弥新，是因为其能够随时代的发展而发展，中医文化的内涵始终是按照人民的需求变化的，它是一种具有实用性的知识。传统的东西不意味着一定要因循守旧、一成不变。要让传统的东西贴合时代发展，让其在新时代也有用武之地。之所以要把中医文化引入高校体育中，也是因为其具有很强的时代特征，符合当前社会发展所需的精神价值，而且中医文化知识具有很强的科学理论基础，可以为高校体育的发展提供新的思路，为其他相关知识融入提供参考和借鉴，指导后续的改革发展。中医文化被重视的原因就在于其本身的强大生命力，这也为其引入高校体育中提供更多可能性。

为了更好地将中医文化融入高校体育课程，就需要让学生更好地认识中医文化，改变其对中医文化的传统认知。对此，社会和高校需要加大对中医文化的宣传，宣传中医文化的精神内核，使学生了解中医文化的具体内涵，这样才能最大限度地让学生去接受中医文化。加大对中医文化的宣传有利于学生更好地传承和弘扬传统文化知识。鼓舞大学生了解中医运动养生的历史发展脉络，只有让大学生真正认识什么是中医文化、了解中医文化的精神内涵，才能让中医文化走近大学生的身边。实质上，中医运动养生不是不具有吸引力，而是人们对中医运动养生的认识不够全面，导致对中医运动养生的理解过于狭隘。通过中医文化的资源开发和整理，对大学生的文化素质进行挖掘和发展，引导大学生对中医文化精神内涵的传承与发展，让更多人对中医文化感兴趣，让中医文化走进千家万户。

（四）建设丰富校园文化生活

丰富多元的校园文化环境能够为中医文化融入高校体育课程提供一定的促进作用。在多元的校园文化熏陶下，学生更容易接受中医文化，不会产生排斥的心理。中医文化的引入需要一个良好的文化环境。要努力形成人人爱中医文化和人人学习中医文化的良好氛围。学校领导要加强中医文化思想的宣传和推广，教师要提高中医运动养生教学水平，学生要重视中医运动养生课程学习。真正做到全校师生认真学习中医运动养生，让中医运动养生真正在校园流行起来。中医运动养生课程需要一个好的环境，学校需要优化教学环境。

（五）构建地方大学文化与地域文化互动发展机制

构建一个文化互动发展机制有助于将中医文化从校园发展至地域，促进中医文化的传播，因此构建地方大学文化与地域文化互动发展尤为重要。加强高校与地域的文化交流，可以促进中医文化的发展，让个人更多地接触中医文化，起到以点带面的作用。大学是文化软实力的发源地，肩负着引领地域文化发展的重任。构建互动交流体系，有助于中医文化从校园走进千家万户。大学文化要以精英文化为主流，不断吸收优秀传统文化，形成自己的特色。以大学为圆心，将中医文化向外辐射，让更多人接受，认同中医文化，更多人接受和认同中医文化，又反过来推动校园中医文化的发展。中医文化的发展和交流不仅可以从高校与地域入手，还可以高校之间相互交流学习。通过高校与高校的交流互动，可以更好地推广中医文化，发展中医文化体育教学。

第三节　体育与健康教学中的中华体育精神弘扬

新时代中华体育精神是指中国体育工作者在多年的体育实践活动中积累并形成的主要精神价值标准，包括为国争光精神、团结协作精神、遵纪守法精神、顽强拼搏精神、科学求实精神、无私奉献精神。现阶段中华体育精神既有中华优秀传统文化的个性，又有西方体育精神的共性。

一、中华体育精神的本质与价值

（一）中华体育精神的本质

“中华体育精神是我国民众在体育活动或竞赛中形成的价值理念，它是中华民族精神的集中体现，弘扬中华体育精神就是弘扬我国优秀的民族精神和传统美德。”①

1. 为国争光精神

新时代中华体育精神的内涵体现为以爱国主义为核心的为国争光精神，将中华优秀传统文化中的民族精神和爱国主义境界推向新的高度。这一精神是每一位中华儿女所应具备的精神支柱和财富，对中华民族悠久而伟大的历史具有重要的铺垫作用。

为国争光精神作为新时代中华体育精神的主要内容，强调以国家荣誉为战斗目标，对当今社会大众和国家未来人才的共识形成具有重要的教育意义。将爱国主义教育融入大学生的精神教育中，能够唤醒并激发当代大学生的爱国热情，引发他们从内心产生的为国家繁荣而努力奋斗的决心。

新时代的体育精神要求参与体育竞赛时展现爱国主义行为，为社会和祖国争光。因此，新时代中华体育精神要求当代大学生具备爱国主义热情、与祖国相连的荣誉感、体育梦想以及责任意识。每位当代大学生都应怀有高度的社会责任感和民族使命感，勇敢地肩负起时代发展的使命，不辜负祖国和人民对他们的期望。

2. 团结协作精神

2021 年经国际奥委会投票表决后，奥林匹克格言改为更快、更高、更强、更团结。

① 刘虹. 新时代中华体育精神弘扬的路径研究 [J]. 文体用品与科技，2019（14）：199.

奥运并不止于奥运，体育让世界“更团结”。在世界百年未有之大变局背景下，全球治理局面时刻存在新的巨大挑战，人们更加需要携起手来，团结一致，齐心协力。

例如，在美国篮球运动等项目中，对球员个人能力的发挥要求更加严格，如果团队里的每个人都有出色的发挥，那么团队的整体成绩就会有一个较高水平。在我国的集体项目体育运动中，更加突出的是团队效应，而不是个人特长的发挥，团队所展现出来的力量一定要大于个人的能力，这就使中国的集体运动项目始终比较注重团队磨合，让运动成绩在保持稳定的基础上进行突破。因此各国文化背景不同，对团队精神以及集体主义等思想有本质上或者其他意义的区别。

新时代中华体育精神中的团结协作精神源于中华优秀传统文化，其内涵价值与西方的团队精神有几分相似，要求团队中每个队员、相应的位置都有所要达成的目标，队员在发挥站位功能的同时要充分展现自己的特长，为队伍夺取比赛优势。

新时代中华体育精神中的团结协作精神要融合中华文化当中“和”的精神文化要素，重视团队的整体发挥，要求团队利益高于个人利益，在实现团队价值的基础上展现自身的潜力。新时代中华体育精神中的团结协作精神要求当代大学生以集体为主导，团结一心、互相协作，在发挥个人才能的同时为集体尽心尽力做贡献，积极培养集体意识和合作意识。

3. 遵纪守法精神

以公平竞争为核心的遵纪守法精神源自中世纪的骑士精神，其根本理念是在斗争和竞技比赛中追求力量的平衡，强调公正、公平的原则。这一精神最初体现在骑士对手之间的竞技比赛中，通过力量的较量实现自由和公平。逐渐地，骑士精神被广泛引入其他领域，其中体育领域继承了“公平分配、公平交易”的原则，要求体育运动中的竞争必须是公正的，甚至出现为了捍卫体育公平而“坚持真理，不惜以生命捍卫”的现象。

“公平分配”的原则与社会竞争环境中的自由平等共同构成了整体，并因此产生了两个公平的前提条件，即竞争环境的自由和人对自由、尊严的追求。在现实世界中，遵纪守法和公平竞争的理念尚不能在所有领域完全实现，但作为体育运动或体育竞赛中的核心要求，其是实现当代体育运动蓬勃发展的必不可少之路。

将新时代中华体育精神中的遵纪守法精神和公平竞争精神融入大学生的体育思政和体育课堂教学中具有重要的教育意义，不仅能有效培养当代大学生遵纪守法、公平竞争的规则意识，还能端正他们的学习态度和体育行为，为其终身体育发展打下坚实的基础。这种教育方式旨在引导大学生树立正确的竞争观念和行为规范，使其在未来的体育事业中成为遵纪守法、秉持公平竞争原则的典范。这不仅有益于个体的成长，也为整个体育领域的健康发展奠定了良好的基础。

4. 顽强拼搏精神

英雄主义作为一个古老而悠久的价值观念，自古就存在，并以敢于拼搏、大无畏奉献的精神特征而著称。在体育领域，英雄主义的内涵与古代英雄的特质相似，代表着敢于挑战、不畏艰难、追求胜利、勇于奋斗的英雄精神。

奥林匹克运动会一直以来奉行的“更快、更高、更强、更团结”的进取精神成为体育赛事的核心理念。这一理念鼓励运动员在比赛中敢于攀登高峰，不断挑战自我，追求卓越。体育运动通过倡导坚持不懈地超越和顽强拼搏的精神，激发运动参与者的进取决心，推动他们创造更卓越的体育成绩。

在新时代中华体育精神中，顽强拼搏精神是指运动员在面对困难、失败和挫折时，敢于迎难而上，砥砺前行的拼搏、进取精神。中国奥运健儿在夺冠的过程中充分展现了顽强拼搏的品质。随着时代的变化，顽强拼搏精神的内涵也应与时俱进。在现代体育中，贯彻新时代中华体育精神的顽强拼搏有别于过去的物质匮乏和生活困难，体现为努力克服学习和生活中的困难、勇于挑战的精神以及坚韧不拔的品质。

对于当代高校大学生来说，顽强拼搏的精神应该体现为努力克服生活和学业中的困境，敢于迎难而上，并在挑战中锤炼坚韧不拔的品质。在迈向社会之前，他们需要提高社会适应能力和抗压能力，以适应当前激烈而残酷的竞争环境。顽强拼搏的精神将成为他们在社会发展中的强大支撑，帮助他们克服困难，不断进取，为社会的快速发展做出积极的贡献。

5. 科学求实精神

新时代中华体育精神中的科学求实精神建立在以求实主义为核心的基础上，包含立足于实际、实事求是和科学发展观的精神。就体育而言，科学求实精神是指我国体育工作者在不断的体育实践过程中严格按照我国体育事业的发展规律，坚持一切从实际出发，实事求是，在参加国际体育赛事的过程中大胆发现问题，无畏地去改正训练和竞赛中出现的问题。

中华体育精神中的科学求实精神具体表现为我国不断地在体育领域做出的科学决策、科学训练和科学论证，还包括运动员从实际出发，艰苦训练的精神。从 20 世纪 60 年代中期我国提出的“三从一大”（从严、从难、从实战出发，进行科学的大运动量的训练）开始，我国的教练员就十分注重训练的科学性和实用性，对我国体育健儿的实际情况和训练条件进行深入的研究，以严谨的教学态度对待每一个中国健儿的体育运动训练，包括为每个国家队运动员设置个性的周期性训练计划和恢复计划，从每个运动员的实际身体情况和特长出发，为其量身定做训练计划，以保证训练效果的达成和运动成绩的提高。不仅如此，对于运动员的生活后勤更是保证科学性、正确性，专门的食物和饮料供给保证了运动员身体素质的提高。

新时代中华体育精神中的科学求实精神要求当代大学生在体育运动中追求一切从实际出发，根据符合自己的训练情况和体育目标制订科学、合理的计划。以科学正确的训练保证良好的身体素质，展现出一代青年体育工作者的蓬勃生机与活力，这是当代体育人在迎接 21 世纪新的挑战中所必备的。要在当代大学生体育精神教育中贯彻落实新时代中华体育精神中以求实主义为核心的“科学求实”精神，使当代大学生以实事求是和大胆修正的体育心态去追求体育生涯理想和人生价值的实现。

6. 无私奉献精神

无私奉献精神作为中华优秀传统美德的一部分，源远流长，是我国各族人民的宝贵精神财富。在新时代，无私奉献精神更需要得到发扬光大，以促进社会和谐发展、实现长治久安的目标。在体育领域，这一精神具体体现在众多体育教练、陪练和默默为我国体育事业贡献力量的体育工作者身上。他们无私地为运动员、体育竞赛付出，心甘情愿、不求回报，默默地为我国体育事业的健康发展贡献自己的一份力量。

体育工作者的无私奉献精神展现出一种特有的体育形象，表现为心甘情愿、不求回报，默默为他人的成功和国家的荣誉而努力奉献。这种精神品质是中华民族优秀儿女所独有的，是为国家和人民奉献的真挚情感的具体体现。在新时代，党和国家在精神培养和助力的支持下，培养出许多以国家利益为中心，为国家在体育一线拼搏的优秀运动员。这些运动员中的大多数从小就离开家庭，为了训练而奋斗，有的已到适婚年龄但仍然坚守在体育一线，为国家争取荣誉。在压力巨大的体育训练环境中，他们时刻保持着专注和毅力，甚至在生病受伤的情况下仍坚持训练。年轻的体操运动员在平衡木上展示时，每一次稍有失误都可能受到教练领队的责备，但他们含泪咬牙坚持，只为追逐心中的体育梦想。人们看到的是他们在舞台上光鲜亮丽的一面，却很容易忽视他们在训练场上付出的辛勤努力。

无私奉献精神是我国当代大学生需要学习的，也是我国体育事业不断壮大的原因之一。这种精神激励着年青一代在面对困难和压力时能够保持坚定的信念，为实现个人梦想和国家荣誉而努力拼搏。正是这股奉献的力量，推动着我国体育事业不断向前发展，为国家的繁荣和发展贡献着积极的力量。

新时代中华体育精神中的无私奉献精神体现了我国无数教练员、运动员以及鲜为人知的体育工作者大公无私、默默奉献的良好品德。无私奉献精神也是我国贯彻体育强国战略过程中促进社会和谐、维护社会团结必不可少的伟大民族精神。

（二）中华体育精神的时代价值

1. 凝聚民族共识，增强国家认同

（1）有效凝聚民族共识。中华体育精神在宏观、中观和微观方面都呈现出独特而深刻的特征，凝聚了国家、社会和个人共识。在宏观方面，这种精神凝聚了国家共识，体现为“为国争光”和“祖国至上”的理念。这一理念强调国家归属感和国家责任意识，将国家放在首要位置，使国人明白国家兴亡与个人责任紧密相连，共同树立强国之志。在中观方面，中华体育精神凝聚了社会共识，表现为“科学求实”和“遵纪守法”。这一理念强调尊重事实、恪守诚实，以及严格遵守比赛纪律和法律法规。通过这种精神引导，个人素质得以提高，社会逐渐形成遵纪守法、诚实守信的良好氛围，共同建

设和谐社会。在微观方面，中华体育精神凝聚了个人共识，包括“无私奉献”“团结协作”“顽强拼搏”等品质。这些品质强调了个人在体育运动中的角色与责任，通过无私奉献、团结协作和顽强拼搏，凝聚了民族在个人层面的优秀品质共识。总体而言，中华体育精神在不同层面的凝聚作用使得国家、社会和个人在体育运动中形成了共同的价值追求和行为准则，在国家的繁荣、社会的和谐以及个人的成长等方面发挥了重要作用。

（2）有效增强民族、国家认同。中华体育精神在中国社会中扮演着重要的角色，其对国人的精神引领作用极其强大。中华体育精神具有凝聚国人共识的能力。这一点可以通过体育活动在国内外的普及和受欢迎程度来证实。无论是大型国际比赛还是基层社区的体育运动，都能激发国人对祖国的热爱和自豪感，从而形成一种共同的情感认同。

中华民族由 56 个民族组成，体育作为一种共通的语言，有助于促进各民族之间的交流与合作，推动民族融合和团结。体育活动不分民族、种族，每个人都能参与其中，共同追求胜利和进步，这种共同的努力和欢乐有助于加强各民族之间的情感，促进民族团结。

中华体育精神有助于中国现代民族主义的建设，因为它具有包容性和普遍性，能增强国人的民族认同。体育精神强调国家情感，增强民众对国家的认同感。在体育活动中，人们往往会为国家队加油助威，这种国家情感的表达使个体的认同感更加强烈。同时，体育精神还有助于指引体育活动坚持“一中政策”，强化对中国领土的认同。

中华体育精神有助于抵御和修正错误的社会思潮，树立爱国精神，强化法治意识，增进团结力量，加强对政府建设的认同。通过弘扬体育精神，人们将更加明确地认识到爱国主义、法治等核心价值观的重要性，从而更加自觉地与错误思潮抗衡，并更加团结一致地支持国家的建设和发展。

中华体育精神与建设体育强国相呼应，是全面建设社会主义现代化国家的文化立场。在实现国家的体育强国目标的过程中，中华体育精神为国人提供了精神动力和道德支撑，使国家建设得以更加有力、有序地推进。

2. 展现良好体育形象，提升中国国家形象

中华体育精神在展现良好体育形象方面扮演着重要角色。通过运动员们的精彩表现、比赛的公平公正以及运动场上的风格，中华体育精神展示了中国人民对体育的热爱与尊重。这不仅提升了中国的国家形象，也为世界展示了中国人民的团结、勇敢和拼搏精神。中华体育精神的来源根植于体育实践活动。从古至今，中国人民一直积极从事各种体育运动，这种实践不仅是为了锻炼身体，还是一种文化传承与生活方式。通过参与体育活动，人们学会团队合作、克服困难、追求卓越，这些是中华体育精神的重要组成部分。

体育活动展现了国人的行为举止和意志品质。在比赛中，运动员们展现出的自律、

坚韧和毅力无疑代表了中国人的体育形象。无论是胜利还是失败，都能看到运动员们镇定从容的态度，这种精神正是中华体育精神的生动体现。

中华体育精神所具有的精神品质不仅帮助运动员展现了良好的体育形象，并且深刻地体现了爱国情怀。在“为国争光”的口号下，中国运动员不仅是为了自己，还是为了国家荣誉而奋斗。他们在体育活动中展现出对祖国的热爱与报效精神，这种爱国情怀激励着国人不断追求卓越、超越自我。

“团结协作”是体育竞技中的制胜法宝。在任何一项团队项目比赛中，成功的背后都离不开团队成员的紧密配合与合作。这种协作不仅体现在运动员之间，还体现在包括教练、科研、医务、后勤等各个领域人员的共同付出。团队项目的比赛尤其需要团结一心和共同协作，因为每个人的贡献都是不可或缺的。这种团结协作的体育形象展现了国人在面对挑战时的凝聚力和团结精神。

“顽强拼搏”是中国人体育精神的重要组成部分。在面对困难和挑战时，中国运动员展现出了百折不挠、永不言弃的拼搏意志。这种顽强拼搏的体育精神不仅是运动员个人的品质，也是国人集体精神的具体表现。这种拼搏精神展现了国人在竞技场上不畏艰难、敢于奋斗的坚韧品质，彰显了国家在体育领域的强大实力和不屈精神。

国家形象在国际舞台上具有极其重要的意义。其他国家对一个国家的综合评价和总体印象，直接体现了该国的软实力。一个国家良好的形象有利于提升其国际竞争力、增强国际影响力，提高国家的国际地位和掌握国际话语权，而体育活动正是展现国家形象的重要途径之一。通过体育活动，一个国家的文化、精神风貌能够得到充分展现，从而影响国际社会对该国的整体印象。

中华体育精神扎根于中华民族的沃土，在传统文化基础上吸收西方文化而形成。它蕴含了中国传统文化的精髓，展现了中国深厚的文化内涵和坚实底蕴。在国际体育比赛中，运动员所展现的精神状态、意志品质和行为举止代表了祖国的整体精神风貌。中华体育精神与国家文化形象相辅相成，共同构成了中国在国际舞台上的独特魅力。它直观地展现了中国体育的精气神和国家的文化底蕴，为世界展示了一个充满活力、自信与力量的国家形象。

3. 助推社会主义核心价值观的培养

中华体育精神凝聚了我国体育工作者在体育实践中积累出的体育文化智慧，体现了我国体育领域的精神价值观，对我国社会各界发挥着重要的价值指引作用。

新时代中华体育精神结合了我国中华优秀传统文化和体育精神的共同特征，聚集了中华民族优秀智慧与力量，早已成为人类精神文明建设的重要一环。富强、民主、文明、和谐的国家层面价值理念对应新时代中华体育精神中为国争光、无私奉献内容；自由、平等、公正、法治的社会层面价值理念对应新时代中华体育精神中科学求实、遵纪守法内涵；爱国、敬业、诚信、友善的个人层面价值理念要求社会大众要坚持爱国奉献、遵纪守法的新时代中华体育精神。

当前大学生对社会主义核心价值观的认知与践行有待进一步提高，弘扬新时代中华体育精神中的为国争光、无私奉献精神有利于培养当代高校大学生的爱国意识，进一步树立社会主义核心价值观中个人层面的爱国价值观，同时培养大学生重视国家利益、为国家或他人牺牲自我的无私奉献精神，进而有利于培养社会主义核心价值观中的爱国、友善精神。弘扬新时代中华体育精神中的团结协作、遵纪守法精神有利于培养高校大学生的规则意识以及法律意识，有助于平等、法治的社会主义核心价值观的培养，建设平等、公正、法治的社会；弘扬新时代中华体育精神的顽强拼搏、科学求实精神有利于培养大学生社会主义核心价值观中个人层面的诚信、友善精神。因此，弘扬新时代中华体育精神在促进大学生培养良好体育行业精神的同时也可以在很大程度地助推了大学生树立和培养社会主义核心价值观。

4. 助力学校体育教育事业的改革和创新

现阶段我国高校体育教育通过多元化的教学手段和方式不同程度地向大学生渗透体育精神文化知识，但是程度较浅，效果不明显。精神文化内涵是学校体育教学过程的最高目标，对于大学生来说，其对体育情感、态度和对待生活的意志力以及塑造性格等方面有极大的促进作用。

新时期的“体育思政”理念是深化体教融合改革中的重要发展方向，也是切实推动新时代中华体育精神融入当代学校体育教育，影响当代大学生价值观的重要环节。学校体育方面想要将新时代中华体育精神融入大学生体育教学过程中，就要把握“体育思政”理念的内涵和融入方法，贯彻落实“体教融合”中的“以文化人”举措。学校体育要深刻理解体育精神元素和体育教育过程融合的重要性，充分发挥“体育思政”在体育教学过程中的关键作用，协同体教融合指导方针，通过体育思政课程的方式，共建积极健康的体育文化和校园文化内容，弘扬新时代中华体育精神，推进体育教育事业的改革和创新。

二、中华体育精神与大学生体育价值观的关联

（一）中华体育精神与大学生体育价值观的区别

新时代中华体育精神是体育领域的精神价值观，属于体育行业精神，反映了我国体育工作者在各种体育实践中的价值追求，是体育领域核心价值观以及个性特征的集中体现。从内涵来看，新时代中华体育精神蕴含着体育专业领域的特色精神价值观念，包括爱国精神、团结精神、竞争精神、道德精神和乐观精神等内容。

大学生体育价值观是指大学生主体对体育客观的价值认知和基本态度，是整个体育领域价值观的总称，包括个人层面和社会层面的价值观，从目前研究趋势来看，新时代中华体育精神在社会层面的定性比个人层面的要多，而大学生的体育价值观也在从个人层面向社会层面转移。

（二）中华体育精神与大学生体育价值观的联系

大学生体育价值观包括个人和社会两个层面，个人层面的体育价值观包括健康价值观、休闲娱乐价值观、教育价值观、人际交往价值观、精神价值观；社会层面的价值观包括爱国主义价值观、社会安定价值观、社会经济价值观。大学生健康价值观具体表现身体素质、身心健康、提高免疫力、增肌塑形和延缓衰老方面。休闲娱乐价值观具体表现为放松心情、身心愉悦、缓解压力、打发时间和培养心态。教育价值观的具体表现为学习体育专业知识、开发智力、了解健康知识和开拓视野方面；人际交往价值观具体表现为促进同学交流、培养社交能力、吸引异性关注和广交朋友；精神价值观具体表现为培养意志力、培养良好体育品德、利于个性发展和礼貌的态度和行为。在社会层面的爱国主义价值观具体表现为培养爱国热情、提升国际地位和提升国家凝聚力；社会安定价值观具体表现为社会和谐、民族团结、促进大众交流、缓解社会矛盾和增强社会责任感；社会经济价值观具体表现为拉动国民经济增长、促进消费和促进其他产业发展方面。

体育价值观是整个体育领域价值观的概括，属于共性，而中华体育精神是体育价值观当中的精神价值观，属于个性。从辩证法的角度来看，一般与个别辩证统一，共性寓于个性，两者相互依存。

从内容来看，新时代中华体育精神与大学生体育价值观也密切联系，新时代中华体育精神中的为国争光、无私奉献精神与体育价值观中社会层面的爱国主义价值观相关；团结协作精神与体育价值观中的休闲娱乐（社会交往）价值观目的追求相近，共同寓于集体主义内容中；遵纪守法精神与体育价值观中的教育价值观本质上是一致的，建设文明公平的体育行业公约离不开以规则主义为主的遵纪守法精神和以体育道德素养为约束的支持。顽强拼搏精神与体育价值观中的精神价值观类似，共同追求顽强拼搏、敢于竞争的进取精神；科学求实精神与体育价值观中的健康价值观目的类似，在体育运动中树立科学、正确的体育价值观，从实际出发，从体育的基本功能出发，促进身心发展。无私奉献精神与体育价值观中的社会安定价值观、社会经济价值观的类似，建设一个社会和谐、百姓安居乐业以及社会经济快速发展的现代化强国，离不开人人都需要继承发扬的无私奉献精神。

新时代中华体育精神与大学生体育价值观也有着互动互促的关系，中华体育精神与体育价值观同属社会主义核心价值观体系下的分支，中华体育精神是精神价值标准，体育价值观是对体育价值的主观看法。体育价值观是中华体育精神的前提，中华体育精神是体育价值观的集中体现。中华体育精神是中华优秀体育文化的高度概括和凝练，在不同的时期有不同的表现形式，在新的时期要利用好中华体育精神对大学生体育价值观的培育作用。相反，继承发扬新时代中华体育精神也要求大学生具有良好的体育价值观，因此新时代中华体育精神与大学生体育价值观两者之间相互促进。

三、中华体育精神对大学生体育价值观的教育意义

（一）培养大学生爱国主义教育的优质资源

新时代中华体育精神是中华优秀传统文化的重要传承之一，也是中国精神的具体表现之一，其核心是以为荣誉而战的为国争光精神。爱国主义精神是每一个公民都应该具备的精神之一，国家综合强盛是个人价值和梦想实现的基础，在学校体育中融入爱国主义精神教育内容有利于培养学生为国争光、无私奉献精神，有利于提高全民素质，促进体育强国战略的实施和全民族振兴。

中国奥运健儿以国家利益大于个人利益的信念，维护祖国、为国奉献，以实现祖国的梦想来实现个人的人生目标与理想。当代高校大学生作为我国体育事业的未来接班人，承载着我国体育强国的伟大梦想和社会责任，将新时代中华体育精神融入高校大学生爱国主义教育培养中，讲述过去我国优秀运动员的爱国主义事迹，有利于培养他们以国家利益为本位的爱国奉献精神，确立人生价值和梦想实现的高尚目标。

（二）培养大学生无私奉献精神的优秀典范

回顾中国体育历史，在体育竞赛和体育活动中，无时无刻不闪耀着无私奉献的光芒，从运动会到奥运会，都是我国体育工作者默默地努力，依靠团队的智慧和结果，小到运动员个体为团队的奉献，大到中国体育健儿艰苦训练为了有一天站在国际舞台上奉献自己的力量为国家争取荣誉。

激烈的竞争是竞技体育的基本属性，如果竞争力缺失，体育精神的继承与发扬便没有了意义。健康的人格应当是积极进取、顽强拼搏、遵守竞赛公平与诚信的，坚持不懈、迎难而上，面对困境能够冷静处理问题的，坚持国家利益大于个人利益的，大学生要适应社会竞争的发展需求，需要具备此类高尚的体育精神。高校积极培养大学生无私奉献精神对塑造其健全的体育人格具有不可忽视的作用。

（三）培养大学生艰苦奋斗精神的现实写照

许多大学生在大学期间参加运动训练或比赛时仍保持着艰苦奋斗、顽强拼搏的体育精神，但随着物质和生活条件的变好，部分大学生出现颓废，导致体育成绩下滑严重。当前社会竞争激烈，各行各业中机遇与挑战并存，如何合理地应用自身优势，迎接机遇和应对挑战是他们需要解决的难题。历史经验中的奥运健儿以他们自身的实际行动和在赛场中表现出的新时代中华体育精神内涵告诉我们：要想获得自身的竞争优势，就必须以艰苦奋斗的体育精神为支撑，否则就会被行业淘汰。新时代中华体育精神中的顽强拼搏精神正是当代大学生实现其个人体育梦想不可或缺的精神财富，既可以激发他们的顽强意志力，形成艰苦奋斗的学习和训练作风，也可以使其保持体育生的优势，迎接社会的激烈挑战。

四、中华体育精神在体育教学中的融合策略

中华体育精神作为中国传统文化的重要组成部分，承载着丰富的体育哲学和价值观念，其在体育教学中的融合策略具有深远的教育意义。在当今社会，面对全球化的潮流和跨文化的交流，如何有效地传承和融入中华体育精神成为体育教学中不可忽视的课题。

首先，融合中华体育精神要注重培养学生的体育文化意识。通过深入解读中华体育精神的内涵，引导学生认识其中的文化价值和道德规范，激发对传统文化的浓厚兴趣。通过课堂教学、体育活动以及文化体验等方式，使学生在体验中领悟传统文化对体育的深远影响，培养他们的文化自信心。

其次，融合中华体育精神需要将其价值观念融入体育课程的设计中。教师应当在课程设置中注重体育精神的引导，使学生在运动中体验到忠诚、团结、拼搏、守纪等中华体育精神的核心价值。通过有针对性的体育项目，引导学生在锻炼身体的同时，培养积极向上的精神风貌，达到身心并重的教育目标。

最后，融合中华体育精神需要在教学方法上进行创新。传统的体育教学方法可能无法完全满足当代学生的需求，因此需要采用多元化、互动性强的教学手段。结合现代科技手段，如虚拟现实、智能设备等，设计富有创意的体育教学内容，使学生在活动中既能感受传统文化的独特魅力，又能适应时代的变革。

总体而言，中华体育精神在体育教学中的融合策略是一个需要全面考虑的系统性工程。通过培养学生的体育文化意识、将体育精神融入课程设计以及创新教学方法，可以更好地传承和发扬中华体育精神，为学生的全面发展提供坚实的文化基础。这一过程不仅是对传统文化的传承，也是对当代体育教育的深刻反思和提升。

第九章 体育与健康课程中身体素质训练教学

第一节 体育与健康课程中力量素质训练

一、力量素质训练的方法

（一）发展最大力量

在力量训练领域，研究者们提出了多种高效的极限强度负重训练法，其中包括巴罗加式极限强度负重训练法、阶梯式极限强度负重法、静力性和电刺激力量训练法。这些方法不仅在理论基础上具备科学性，在实践中也已得到广泛应用。

第一，巴罗加式极限强度负重训练法，该方法通过极限强度负荷对机体神经系统进行刺激，主要适用于高水平运动员的力量训练。这种方法分为四种不同的负重训练方式，每种方式以训练课为单位进行变化。训练方式的选择依赖于运动员的练习效果，为高水平运动员提高相对力量提供了科学的训练方案。

第二，阶梯式极限强度负重法，即保加利亚“循序渐进”训练法，主要应用于精英运动员的最大力量训练。该方法通过逐步增减负重的方式，使运动员逐渐适应最大负重，达到最佳训练效果。这种“循序渐进”思想使训练更为科学、系统，对提高运动员的最大力量水平具有显著效果。

第三，静力性训练法，它是一种曾被广泛应用的力量训练方法，尽管后来逐渐减少，但其对发展最大力量仍具有积极作用。静力性训练包括在某一关节角度承受高负荷、特制的固定物用力推、拉以及一侧肢体用力，另一侧肢体相抵等方式。这种训练方法对最大力量的发展有显著效果，但需注意合理的训练强度和持续时间，以及停止训练后肌肉力量的保持问题。

第四，电刺激力量训练法，它是一种新的“非负荷”性的最大力量训练方法。通过电刺激，运动员的肌肉得到更强烈的刺激，两周后可获得约 20% 的肌肉力量增长。尤其是在训练后紧接着进行电刺激，其效果更为显著。这种训练方法为那些需要在短时间内提高力量水平的运动员提供了一种创新性的选择。

总体来说，这些极限强度负重训练法在理论和实践中都得到了充分验证，为运动员提高力量水平提供了多样化且科学的训练方案。不同的训练方法可以根据运动员的水平和需求进行选择，以取得最佳的训练效果。

“在高校体育教学过程中，体育教师可以引导并鼓励学生使用核心力量训练的基础方法，让学生在进行核心力量训练的过程中，切实体验到核心力量训练对于增强自己身体素质、增强体育运动技能的重要作用，以增加学生对于核心力量训练的兴趣与认同感，促使学生积极主动地参与到体育运动中，并将核心力量训练运用于体育运动实践中。”①

（二）发展速度力量

速度力量的要素在于肌肉的迅速收缩，它适用于众多运动项目，特别是那些需要在快速或爆发用力的情境下完成的运动。

1. 爆发力训练

爆发强度衡量了在极短时间内以最大加速度克服阻力的能力。打击力量取决于所有肌肉群协同作用。速度力量的决定因素是爆发力，其增长受到最大能量水平的制约，未充分发挥最大爆发力将限制其水平。爆发力训练关注主要的运动冲动，与锻炼类型和力量大小密切相关。例如，在跑步中，腿部力量冲动相当于体重的 3.5 倍。适应项目特性定制的爆发力训练是关键，尤其在非间歇运动（如跳远、投掷）和间歇性事件（如快速运行）中，以确保最佳表现。

发展爆发力的方法主要包括快速努力和等长练习。快速加载方法分为中等强度速度力量法和快速低强度力量法。中等强度速度力量法采用 70% ～ 85% 强度，4 ～ 6 组，每组 3 ～ 6 次，有效提高肌肉力量的爆发效率，特别适用于田径、体操、击剑、水肺潜水等运动。快速低强度力量法采用 30% ～ 60% 强度，3 ～ 6 组，每组 5 ～ 10 次，有针对性地发展爆发力训练，培养速度感知和传播快速运动反应。

等长练习法，又称超长训练法，结合了撤退训练和约束训练。在超长训练中，肌肉会在拉伸的状态下工作，触发拉伸反射，将纯粹的能量转化为爆发性能量。这种方法主要适用于培养纵跳、蛙跳、连续步等各种跳跃练习，以及跳过围栏、多级跳跃、全速跳跃等，可根据每位运动员的具体训练需求和条件进行选择。

这些训练方法的原理在于通过提高肌肉力量的爆发效率和速度感知优化运动员的表现。在田径、体操、击剑、水肺潜水等分体式运动中，这些方法的应用直接影响运动表现。其中，等长练习法通过拉伸反射和有效的井喷形成，更加注重将纯粹能量转化为爆发性能量，适用于跳跃练习。

这些发展爆发力的方法旨在通过不同的训练强度和模式，有针对性地培养运动员

① 吕艳丽．高校体育教学中核心力量训练的运用现状与方法研究 [J]. 当代体育科技，2019，9（36）：15-16

的爆发力。在选择合适的训练方法时，需要根据运动员的特定运动项目、训练要求和个体差异进行调整，以达到最佳的训练效果。

2. 反应力训练

反作用力是指在运动中，人体能够迅速制动并以加大速度朝相反方向运动的能力。肌肉链在人体运动中减缓速度，引起反射性拉伸。在非标准的约束距离下，活动肌肉被拉伸，随后在加速路径中快速收缩和缩短，形成收缩反应模式，是主动肌肉伸展和收缩的一种形式。

反作用力分为以跳跃为主的弹跳反应力和以击打、鞭打、踢踹为主的击打反应力两大类型。两者的区别在于不同刺激之间的关系。在典型的深跳跃响应模型中，伸展是因为身体受到重力推动而减缓向下运动，被称为等长运动。肌肉拉伸由相反肌肉的力量引起，被拉伸的肌肉在这一过程中不起作用。因此，伸展和收缩的循环比深跳要慢。在深跳中，肌肉受到重力推动时发生的伸展使反应模式的循环更为迅速。

二、力量素质训练的内容

（一）肩部力量训练

1. 胸前推举

胸前推举是一种重要的上半身力量训练方法。其方法是双手持杠铃，将其翻起至胸部，然后立即上推过头顶，屈臂将杠铃降低至胸部，反复练习。这个动作主要锻炼三角肌侧前部肌肉，也能增强斜方肌、前锯肌、肱三头肌的力量。通过这样的动作，身体能够得到全方位的上半身肌肉训练，不仅能塑造肌肉线条，还能提高肌肉力量和耐力。

2. 颈后推举

颈后推举的方法是站直，举起杠铃至肩后，然后滑到脖子后方，直到手臂伸直，重复动作。这种训练可以坐着进行，也可以尝试不同的握法。颈后推举与胸前推举类似，但主要针对不同部位的肌肉，同样能够有效地锻炼三角肌群和斜方肌力量，为上半身肌肉提供全面的训练。

3. 翻铃坐推

翻铃坐推是一种常见的上半身力量训练方法，其方法是双手握住杠铃前方，降低至胸部，稍微举过头顶，再轻轻降低至脖子后方，然后推至身体前方下胸部。这个动作同样主要锻炼三角肌群和斜方肌的力量，对于塑造上半身的线条和提升肌肉力量都有显著效果。

4. 两臂前上举

两臂前上举是一个有效的上半身力量训练动作，其方法是双手正握杠铃，与肩同宽，向头顶高举，肘关节外展，保持距离面部 30 cm。这个动作可以强化三角肌侧部的力量，为肩部的塑造提供了很好的训练方式。

（二）臂部力量训练

1. 上臂力量训练

（1）颈后臂屈伸。颈后臂屈伸是一项有效的肱三头肌训练动作。在执行此动作时，个体首先应保持身体直立，并反握杠铃至颈后，握距与肩同宽，然后进行臂的屈伸动作。这一动作的核心作用主要在于发展肱三头肌的力量。通过这一简单而直接的动作，可以有针对性地加强和塑造肱三头肌，为整体肌肉结构的均衡发展提供基础。

（2）颈后伸臂。颈后伸臂动作是一种注重肱三头肌上部和外侧部力量的训练方式。在执行此动作时，个体应以单腿直立，另一条腿在前的姿势，双手各握拉力器置于颈后，然后两肘外展，用力前伸臂直。这一动作的重点在于有针对性地刺激肱三头肌的上部和外侧部，使其得到更全面的发展，从而增强整体的肱三头肌力量。

（3）弯举。弯举是一项广泛运用于肱二头肌、肱肌和肱桡肌等多个肌群训练的动作。在执行弯举时，个体应保持身体直立，反握杠铃屈前臂将其举至胸前，也可采用哑铃等器械，并可以选择坐着或站立进行。这一动作的优势在于其能够有效地增强肱二头肌等多个肌群的力量，并且可以通过采用不同的变体练习来达到更加全面的训练效果。

（4）双臂屈伸。双臂屈伸是一种综合性的上肢训练动作，主要针对肱三头肌、胸大肌和背阔肌等多个肌群进行训练。在执行此动作时，个体应在间距较窄的双杠上进行，并可以负重或挂重物。这一动作的特点在于其能够全面刺激多个肌群，通过增加负荷（如沙袋或纱衣等）进一步提高训练强度，从而促进肌肉力量和体形的持续进步。

2. 前臂力量训练

前臂力量训练主要采用少组数（3 ～ 5 组），多次数（16 次以上），组与组之间间歇很短的练习方法。

（1）腕屈伸。腕屈伸执行时，个体身体保持直立，握住杠铃进行腕部屈伸动作，可将前臂固定在膝部或凳子上以保持姿势稳定。动作应确保腕部运动至最高点后再还原。这一练习有助于发展手腕和前臂屈肌群与伸肌群的力量。通过定期练习，个体可以增强手部和前臂的力量，从而提升日常生活和运动表现。

（2）旋腕练习。在进行这一动作时，个体同样保持身体直立，双臂前平举，握住横杠进行屈腕和伸腕动作，仿佛卷起重物一般。这一动作主要锻炼前臂屈肌群和伸肌群。通过旋腕练习，个体能够有针对性地增强前臂力量，从而提高握力和手部控制能力。这对于从事体力劳动或需要较强手部力量的运动项目的个体尤为重要。

（三）腹部力量训练

1. 仰卧起坐

仰卧起坐是一种常见的腹部训练方法。运动者通常在仰卧凳或斜板上进行，固定双足，双手抱头，屈上体坐起，然后反复进行。这一动作的主要作用是发展腹直肌和髂腰肌的力量。腹直肌是腹部主要的肌肉之一，而髂腰肌负责维持核心稳定性，两者的强化对于身体的整体稳定和运动表现至关重要。

2. 半仰卧起坐

半仰卧起坐是仰卧起坐的一种变体。运动者可以选择躺在地板或长凳上，双手握着哑铃，弯曲膝盖，上半身向前向上滚动，但要注意保持下背部和臀部贴地。这一动作主要针对腹直肌上部，能够更加专注地刺激该部位的肌肉，从而实现局部力量的提升。

3. 仰卧举腿

仰卧举腿是一种经典的腹部训练动作。运动者需要在斜板上仰卧，双手握住斜板，然后双腿伸直向上举起。这一动作也主要作用于腹直肌和髂腰肌，有助于提高腹部整体的力量和稳定性。与仰卧起坐相比，仰卧举腿更加强调对腹部肌肉的拉伸和收缩，对于塑造紧致的腹部线条十分有效。

4. 悬垂举腿

悬垂举腿是一种利用悬垂单杠进行的腹部训练动作。运动者需要握住悬垂单杠，双手与肩同宽，然后双腿伸直向上举起。这一动作与仰卧举腿类似，同样能够有效地刺激腹部肌肉，特别是腹直肌和髂腰肌。悬垂举腿对提高腹部力量和稳定性有着显著的效果，是许多运动员常见的训练项目之一。

5. 仰卧侧提腿

仰卧侧提腿是一种专注于腹部侧面肌群的训练动作。运动者需要仰卧在地面上，然后侧向提腿碰触对侧肘部，交替进行练习。这一动作主要作用于腹内外斜肌，有助于增强腹部的侧面力量和稳定性。腹内外斜肌的强化对改善体态平衡和防止运动伤害具有重要意义。

6. 屈膝举腿

屈膝举腿是一种较为简单但同样有效的腹部训练动作。运动者需要仰卧在地面上，屈膝，双踝交叉，双手放在臀部旁边，然后向胸部方向举起腿部。这一动作主要针对腹直肌下部，能够有效地刺激该区域的肌肉，提高整体腹部的力量和紧致度。

7. 举腿绕环

举腿绕环是一种较为复杂的腹部训练动作。运动者需要背靠肋木，双手握住肋木悬垂，然后双腿并拢轮换向左右两侧举腿绕环。这一动作综合了对腹直肌和腹内外斜肌的训练，能够有效地提高腹部的整体力量和稳定性，也有助于改善核心的平衡和控制能力。

（四）腰部力量训练

1. 山羊挺身

山羊挺身是一种有效的锻炼方法，它可以通过一系列动作来发展躯干的伸展和伸髋的肌肉力量。练习者需要仰卧躺在山羊或马上，双脚弯曲在肋骨之间。将杠铃锁在脖子后面，身体前倾并站立，或者仰卧在长凳上，双腿锁定以保持直立姿势。这个动作不仅能锻炼核心肌群，还能增强躯干的稳定性，从而提高运动表现。

2. 负重弓身

负重弓身主要针对骶棘肌、斜方肌、臀大肌、股二头肌、半腱肌、半膜肌、大收肌等肌群的力量发展。进行这个动作时，练习者双手握住杠铃放在颈后，站直，双脚分开与肩同宽，腰和腿向上伸展，慢慢向前倾斜上半身，向后摆动臀部以保持躯干高度，然后伸直身体，可以伸直双腿或将双腿弯曲成弓形。这种动作有助于增强核心稳定性，提高身体的灵活性和耐力。

3. 负重体侧屈

负重体侧屈是一种可带来全面力量发展的训练动作。在进行这个动作时，练习者需要身体直立，两腿开立约与肩宽，肩负杠铃做左右体侧屈，练习时速度不宜过快，反复进行。这有助于增强身体的侧向稳定性，预防运动损伤，同时能提高肌肉的协调性和耐力。

4. 俯卧两头起

俯卧两头起是一项能够有效发展躯干伸展和伸髋肌肉力量的训练动作。这个动作需要练习者俯卧在垫子或长凳上，两臂前伸，两腿并拢伸直，然后同时向上抬起，腹部与坐垫呈背弓状，然后积极还原。反复进行这个动作可以有效锻炼核心肌群，提高身体的力量和稳定性。

（五）全身力量训练

1. 窄上拉

窄上拉是一项常见的上半身力量训练动作。在执行时，个体站立与肩同宽，抓住单杠，进行深蹲并保持胸部和腰部，然后挺直身体，伸直双臂，抬起手肘。这一动作主要作用于骶棘肌、斜方肌以及前锯肌等多个肌群。通过该项运动，身体的核心稳定性得以加强，也有助于提高上肢的力量和稳定性。

2. 宽上拉

宽上拉与窄上拉相比，采用了更宽的握距。其执行动作包括蹬腿、伸髋、展体、耸肩、提肘、起踵等动作，与窄上拉相似。宽上拉的主要作用也与窄上拉类似，都是为了发展上半身的多个肌群。这种变化握法的训练能够更全面地刺激肩胛带及背部肌群，进而提高上半身的整体力量和稳定性。

3. 高抓

高抓作为一种上半身力量训练动作，其方法包括准备、提铃、力量和蹲下支撑等步骤。在执行过程中，重点在于提铃和力量的正确发力，并保持蹲下支撑的姿势。高抓主要锻炼伸膝、伸髋、伸展躯干及肩带肌群，也能够有效提高爆发力。这种动作适合需要增强下肢力量、提高全身协调性的训练者，尤其是对于需要爆发力的运动项目，高抓是一项非常有效的辅助训练动作。

4. 箭步抓

箭步抓是一项重要的举重训练方法，其方法主要包括预备姿势、提铃、发力同宽拉等步骤。运动者需做好预备姿势，双腿前后箭步分开，杠铃位于脚趾前方。通过提铃动作，将杠铃提拉过头顶，伸直双臂完成锁肩支撑。这一过程强调了前后箭步的动作，旨在发展爆发力，并在动作中加入了类似高抓的要素，使其更具挑战性和综合性。

5. 挺举

挺举是举重项目中的重要训练方式，其方法包括将杠铃举到胸前和提起两部分。运动者需完成将杠铃举到胸前的动作，这需要运用深蹲技术将重物举到胸部位置。通过力量训练、蹲起和起立等动作，完成整个挺举过程。这一训练方法涵盖了多个步骤，旨在发展各部位肌肉，提升全身协调力和爆发力，是举重训练中不可或缺的一环。

6. 高翻借力推

高翻借力推是一项重要的上肢力量训练方法，其方法主要包括用高空翻将杠铃抬到胸前，然后坐下，用力将杠铃推到手臂正上方。运动者可以选择在颈部或训练凳上进行。这一动作类似于挺举，但更强调借力推的动作。此训练方法为高空翻和推举动作的结合，可以有效发展上肢力量，提高运动员的力量水平和技术水平，对举重运动员的训练具有重要意义。

三、大学生力量素质的发展建议

（一）增强力量素质训练的意识

增强大学生力量素质训练的意识对于培养全面发展的高素质人才具有重要意义。随着现代社会不断提升对人才素质的要求，强调大学生力量素质的培养已成为教育界的热点话题。在这一背景下，培养大学生注重身体素质训练的意识尤为关键。

提高大学生对身体素质训练的认识是培养他们意识的基础。开展健康教育活动是一个有效的途径。学校可以定期举办专题讲座、健康知识竞赛等活动，向学生普及与身体锻炼相关的科学知识，强调锻炼对于身心健康的积极影响。此外，可以邀请专业的健康专家来进行健康指导，让学生深入了解身体各项指标的重要性，以及如何进行科学合理的锻炼。

通过举办体育比赛，激发大学生参与锻炼的兴趣。学校可以组织各类体育比赛，如篮球、足球、田径等，吸引学生积极参与。比赛不仅能提高学生的竞技水平，还能激发他们的锻炼热情。在比赛中，学生会深刻体会到体育锻炼对于身体素质的重要性，从而更加重视自身的锻炼需求。

定期的身体健康检查也是培养意识的一种有效手段。学校可以设立健康体检项目，定期对学生的身体状况进行检查和评估。通过测量身体各项指标，如身高、体重、血压等，学生能够清楚了解自己的身体状况，并在检查结果的启发下更加主动地投入力量素质训练中。

鼓励大学生积极参与各种体育活动，是增强他们锻炼意识的重要途径。学校可以提供丰富多样的体育课程和俱乐部活动，满足学生不同的兴趣需求。例如，设置瑜伽课程、登山俱乐部、游泳课程等，让学生可以选择适合自己的锻炼方式。通过参与集体活动，学生能够感受到集体氛围的凝聚力，从而更有动力坚持锻炼。

综上所述，增强大学生力量素质训练的意识是大学教育中不可忽视的重要任务。学校可以通过健康教育活动、体育比赛、定期健康检查以及丰富多样的体育活动引导学生树立正确的锻炼观念，使他们养成良好的锻炼习惯，为他们未来的发展打下坚实的身体素质基础。

（二）加大高校投入

加大高校投入以促进大学生力量素质的发展是一个重要且必要的举措。现代社会注重综合素质的培养，体育作为其中的一个重要方面，对大学生的全面成长和健康发展具有不可忽视的作用。在这一背景下，学校应当采取一系列措施来加强体育教育，提高学生的身体素质和综合素质。

高校可以通过加大资金和资源的投入，改善体育设施和健身条件。现代化的体育设施能够提供更好的锻炼环境，为学生提供更多元化的体育项目选择。投资先进的健身器材能够更好地满足学生的健康需求，让他们在锻炼中获得更好的效果。良好的体育设施和条件不仅能够激发学生的兴趣，还有助于培养长期坚持锻炼的习惯，促进他们的身体健康和心理健康。

高校还应该引进专业的体育教练。专业的体育教练具有丰富的专业知识和经验，能够为学生提供科学合理的锻炼指导，帮助他们制定个性化的锻炼方案，避免运动损伤，并在锻炼过程中不断激发他们的积极性和热情。专业教练的指导不仅能提高锻炼效果，还能培养学生的体育意识和健康观念，使他们在体育锻炼中获得更多的知识和收获。

高校可以通过设立专项奖学金或补助来鼓励在体育方面表现优秀的学生。这些奖励不仅可以激发学生参与体育锻炼的积极性，还可以树立体育成就在大学生活中的重要地位。优秀的学生不仅能通过获得奖励获得实质性的回报，还能在同学中树立榜样，影响更多人积极参与体育活动。

加大高校对体育教育的投入对于大学生力量素质的发展至关重要。通过提供现代化的体育设施、引进专业的体育教练以及设立奖学金等方式，学校能够有效地激发学生的兴趣，提高他们的身体素质和综合素质，为他们未来的发展奠定坚实的基础。这不仅是对个体学生的关爱，也是学校培养高素质人才的重要举措。

（三）优化教学模式

改变传统教学模式，将体育元素融入课程，是一种有益的教育创新。传统教学模式通常过于强调课堂内的知识传授，忽视了对学生身体健康和综合素质的培养。这种偏向单一学习方式的做法可能导致学生身体素质下降、缺乏团队合作能力和创造力等。因此，把体育元素引入课程有助于促进学生全面发展。

在课程设计中融入体育活动或小组竞赛，可以在多个层面上促进学生的成长。

体育活动能够激发学生的积极性和热情，使学生更具学习动力。通过体育锻炼，学生能够释放压力，保持良好的身体状态，有利于集中注意力，提高学习效率。

体育活动也培养了学生的团队合作能力和沟通能力。在团队竞技中，学生需要互相协作、协调动作，这有助于培养他们的团队意识和合作精神，为将来的职业和社会交往打下基础。

此外，将体育元素融入课程还能够激发学生的创造力和创新思维。体育活动通常需要学生在不同的情境下做出快速反应和决策，这锻炼了他们的问题解决能力和创新能力。在小组竞赛中，学生需要思考战略、制订计划，从而培养了他们的策略性思维。这些能力对于解决现实生活中的问题，以及应对面临未来的挑战都非常重要。

要成功地将体育元素融入课程，需要学校和教育者的共同努力。学校应该为体育活动提供足够的时间和场地，保证学生有充分的机会参与体育锻炼。教育者需要在课程设计中精心安排体育元素，确保其与学科知识有机结合，既不影响学术进度，又能达到培养综合素质的目的。

（四）创新体育课堂教学设计

改革体育课堂的教学设计，是为了更好地培养学生的身体素质、团队合作能力和领导能力，同时兼顾趣味性和挑战性。在这个过程中，教师扮演着关键的角色，需要综合考虑学生的兴趣、实际情况以及培养目标，以创造一个积极、富有活力的学习环境。

体育课教学设计应该注重学生的兴趣和实际情况。学生在不同年龄阶段和兴趣倾向下对体育活动的接受度会有所不同。教师可以通过问卷调查、小组讨论等方式了解学生的兴趣爱好，以便更好地制定教学内容。例如，如果学生普遍对篮球感兴趣，那么可以设计篮球比赛或练习，从而激发学生的学习热情。

教学设计需要注重活动的趣味性和挑战性。体育课应该充满活力，吸引学生积极参与。设计富有趣味性的活动可以让学生在锻炼身体的同时感到愉悦，从而提高他们的参与度。同时，适度的挑战性也能激发学生的竞争欲望和求知欲，促使他们不断突破自己的限制。例如，设计一个小团队间的比赛，要求学生通过合作解决问题，既增强了团队协作，又培养了解决问题的能力。

引入团队合作的项目是改革体育课堂教学设计的关键一步。通过分组活动，学生可以学会如何与他人协作，互相支持。这有助于培养学生的团队精神和合作能力，这些技能在日后的生活和工作中同样重要。例如，设计一个接力赛项目，鼓励学生共同努力，通过团队的协作完成比赛。

教学设计还应该关注学生的领导能力培养。在体育活动中，教师可以轮流指派学生担任队长，负责组织和指导团队成员。这样的实践有助于培养学生的领导才能和沟通能力，让他们能够在合作中更好地发挥自己的优势。

四、慕课模式在力量训练中的应用

（一）慕课的认知

慕课是计算机网络技术迅速发展的产物，它具有大规模性、在线性、开放性、高效性等特点。正因如此，慕课在教育教学领域得到广泛应用。近年来，体育慕课教学是高校体育教学信息化改革的重点，也是体育教学信息化改革的重要方向。体育慕课教学模式克服了传统教学模式单一的弊端，确立了学生的主体性地位，慕课作为在线教育的延伸和拓展，蕴含多种教育理念。

慕课虽然是一门网络在线课程，但是它与传统的网络课堂之间存在一些比较明显的差异，主要体现在以下五个方面：

第一，慕课的教学目标与课程计划非常明确。相较于传统网络课堂可能存在的模糊的教学目标和计划，慕课通常在课程开始之前就明确了教学目标，并提供了清晰的课程大纲。这有助于学生更好地理解课程内容的结构和重点，从而更有针对性地进行学习。

第二，慕课中的教学视频并非简单地对课堂教学或会议进行录制，而是专门针对慕课教学而制作的视频。这使慕课的教学视频更加紧凑和有针对性，能够更好地满足在线学习的需求。制作精良的教学视频能够增强对学习者的吸引力，提高其参与度，有助于更好地传递知识。

第三，慕课的教学视频采用了分割成多个小视频的方式，每个小视频的长度约为10 min。这种设计有助于分散学习者的注意力，使他们更容易将精力集中在一个特定的主题上。同时，这也为学习者提供了更大的灵活性，可以根据自己的时间安排选择观看哪些小视频。

第四，慕课中的教学视频设置了回顾性测试的环节。在视频的结尾或某个重要知识点之后，通常会有一些测验问题，旨在帮助学习者巩固所学知识。这种互动性的设计能够促使学习者积极参与，检验自己的理解程度，并在需要时进行回顾和补充学习。

第五，慕课根据学生的学习需求设置了专门的作业提交区和学习交流区。这为学习者提供了一个与同学和教师互动的平台，可以在这里提问、讨论问题、分享经验，促进学习者之间的合作与互助。作业提交区也使学习者能够及时获得反馈，了解自己的学习进度。

综上所述，慕课作为一种网络在线课程，与传统网络课堂相比，在教学目标的明确性、教学视频制作方式、视频长度、回顾性测试设计，以及学习交流平台等方面都存在显著差异。这些差异使得慕课具有更强的针对性、互动性和灵活性，能够更好地适应学习者的需求，促进知识的传授与学习效果的提升。

（二）慕课的特征

第一，大规模。慕课的一个显著特征是其有大规模的受众。传统教育形式受制于教室座位数量和地理位置等限制，而慕课通过网络平台将教育资源传播到全球范围内的无数学习者手中，无论是时间还是地点的限制，都能参与学习。这种大规模的教学方式为更多人提供了获取知识和学习的机会，促进了教育的普及和共享。

第二，开放性。慕课强调开放性，即对所有人免费开放。学习者不受学历、年龄、职业等限制，只需有一台连接互联网的设备，就可以自由选择感兴趣的课程进行学习。这种开放性不仅消除了传统教育的门槛，也为学习者提供了自主学习的机会，让更多人能够追求自己的兴趣和职业发展。

第三，技术性。慕课的实施离不开先进的技术支持。在线视频、互动式教学工具、社交平台等技术手段使得教育内容更加多样化、生动化，增强了学习的趣味性和效果。通过技术，慕课还能跟踪学习者的学习进度和表现，为教师提供及时反馈，从而实现个性化教学，更好地满足学习者的需求。

第四，自主性。慕课注重学习者的自主性和自律性。学习者可以根据自己的时间安排和学习节奏，自主选择学习内容，深入研究感兴趣的主题。这种自主性培养了学习者的自主学习能力和解决问题的能力，有利于培养终身学习的习惯。

第五，优质性。慕课的优质性是其持续发展和成功的关键之一。虽然慕课强调大规模和开放性，但质量始终是教育的核心。优质的慕课不仅在内容上要有深度和广度，还要注重教学方法、学习体验和评估方式。通过精心设计的教学内容、丰富多样的学习资源，以及有效的教学策略，慕课能够提供高质量的学习体验，让学习者能够真正获取知识、提升技能。

第六，以学为本。慕课强调以学习者为中心，追求个性化和定制化的教育体验。通过技术的支持，慕课可以根据学习者的兴趣、学习风格和进度，提供个性化的学习内容和学习路径。这种以学为本的教育模式有助于激发学习者的学习动力，提高学习效果。同时，慕课也可以鼓励学习者在学习过程中积极参与讨论、分享经验，从而形成一个以学习者为主体的学习社区，促进互动与合作。

第七，非结构性。慕课的非结构性特征强调了学习的自由度和灵活性。与传统教育模式不同，慕课通常不受固定的学年、学期和课时限制，学习者可以根据自己的时间和节奏自由选择课程进行学习。这种非结构性的安排使学习更加适应个体需求和生活实际，不再受到传统课程时间表的束缚。同时，非结构性也意味着学习者需要具备更好的自我管理和计划能力，以确保他们能够在没有明确时间限制的情况下有效地完成学习任务。

在这种非结构性特征下，慕课提供了更大的灵活性和选择性，使学习变得更加个性化，更具适应性。然而，也需要注意到，非结构性可能会给一些学习者带来挑战，特别是那些需要更强的外部引导和规划的学习者。因此，教育者和慕课平台需要提供一定的支持和指导，以帮助学习者在非结构性的学习环境中取得良好的学习成果。

（三）慕课模式运用于力量训练的建议

随着信息技术的不断发展，慕课（大规模开放在线课程）模式已成为现代教育领域的重要创新之一。在大学生力量训练领域，将慕课模式应用起来，有助于更好地提升学生的训练效果和自主学习能力。

1. 将“慕课＋实践”教学模式推广使用

在力量训练课程中，将慕课与实践相结合，可以取得更好的教学效果。慕课提供了理论知识的传授，而实践能够让学生将所学知识应用到实际操作中。学生可以通过在线课程了解基本的力量训练原理、方法和技巧，然后在实际训练中加以实践。这种结合使学生可以更好地理解和掌握课程内容，从而提升他们的训练效果。

2. 加强培养与管控学生自主学习的能力

慕课模式强调学生的自主学习，因此在大学生力量训练中，培养学生的自主学习能力至关重要。学校可以通过定期的线上讨论、作业和考试来引导学生进行学习，同时鼓励学生自主寻找相关的资料和资源。教师可以充当指导者的角色，帮助学生制订学习计划，监督学习进度，并及时解答他们在学习中遇到的问题。

3. 培养和提升教师信息化教学能力

教师在慕课模式下的角色也发生了变化，需要具备更强的信息化教学能力。他们不仅需要精通课程知识，还需要熟悉在线教学平台的使用，能够制作富有互动性的教学资源，设计有效的在线学习活动，并及时与学生互动和沟通。学校可以通过培训和交流，提升教师的信息化教学能力，使他们更好地适应慕课模式下的教学环境。

4. 加强学校优质体育慕课资源的开发

学校应当加强对优质体育慕课资源的开发，包括制作高质量的课程视频、教学材料、在线测验等。资源的开发应当注重理论知识与实际操作的结合，以及个性化和互动性的体验。这些资源不仅可以用于线上教学，还可以作为学习资料供学生随时查阅和复习。

5. 做好慕课制作及平台筛选

学校在选择慕课制作工具和在线教学平台时，需要认真筛选，确保其功能齐全、稳定可靠。制作慕课需要一定的技术支持，所选平台应当具备良好的用户界面和操作性，以减轻教师的制作负担。同时，平台也应当提供良好的学习体验，方便学生进行在线学习和互动。

6. 制定体育慕课课程学习步骤

为了使学生能够更有条理地进行慕课学习，学校可以制定体育慕课课程的学习步骤。例如，每个课程可以划分为预习、学习、实践和复习等阶段，每个阶段都有相应的学习任务和活动。这有助于引导学生按照一定的学习路径进行学习，更好地掌握课程内容。

7. 完善体育课堂评价体系

在将慕课模式运用于大学生力量训练的过程中，完善体育课堂的评价体系是至关重要的一环。评价是教学的反馈机制，能够帮助教师和学生更好地了解教学效果，进行持续的改进和优化。

（1）多元化评价方法。体育课程的特点决定了评价方法应当多样化，综合考量学生的多方面表现。除传统的笔试、实验报告等方式外，还可以引入体能测试、实际操作能力考核、课程作业、小组合作评价等形式，全面评价学生的知识、技能和态度。

（2）进行 ative 评价。评价是课程进行中的评价，可以帮助教师及时调整教学策略。通过定期的课堂测验、讨论、反馈调查等方式，教师可以了解学生对课程的理解情况，发现问题并及时做出改进。

（3）引入自评和互评。鼓励学生进行自我评价和互相评价，能够促进他们的自主学习和团队合作能力。学生可以通过完成作业、提交自己的训练计划、互相观摩评价等方式参与到评价过程中。

（4）设定明确的评价标准。在体育课程中，明确的评价标准对于公平公正的评价至关重要。教师应当明确说明每个评价项目的要求和标准，使学生清楚如何进行自我评估和努力提升。

（5）结合实际应用情景。体育课程的最终目标是培养学生在实际运动中运用所学知识和技能。因此，评价内容应当能够反映学生在实际运动中的表现，如力量训练的正确姿势、训练计划的合理性等。

（6）采用量化和定性相结合的评价方式。在评价体系中，既可以采用量化的方式（如分数、等级），也可以加入定性评价（如文字评语、建议等）。这有助于更准确地反映学生的表现和进步。

（7）及时反馈。及时的评价反馈对于学生的学习动力和教师的教学改进都非常重要。教师应当在评价完成后尽快向学生提供反馈，指出他们的优点和不足，并给予建议，帮助他们更好地提升。

通过完善体育课堂的评价体系，可以更准确地了解学生的学习情况和进步，同时能帮助教师优化教学内容和方法。这将有助于提高慕课模式下大学生力量训练的教学质量和学习效果。

第二节　体育与健康课程中速度素质训练

速度是运动员的基本素质之一，在他们的体能训练中起着重要的作用。一些运动（如 100 m 短跑）的目的是比较运动员的速度，虽然有些体育赛事并不比较速度，但速度对运动表现有直接影响。

一、速度素质训练的方法

（一）反应速度训练

反应速度主要利用各种信号（如枪声、掌声、口令等声响）刺激练习者，使其作出快速反应来实现。其练习的基本方法有以下三个方面。

1. 信号反应训练

信号反应训练是一项重要的训练方法，其目的是培养运动员对各种信号作出迅速而准确的反应。这种方法尤其适用于短跑项目以及初学者，因为短跑项目对起步反应速度的要求较高。通过信号反应训练，运动员可以在比赛中更加敏捷地应对各种情境，从而提升整体竞技水平。

2. 运动感觉反应训练

运动感觉反应训练是一种心理训练方法，其重点在于提高运动员的时间感知能力，从而增强其反应能力。这种训练方法更适用于中长跑项目，因为在这类比赛中，持久力和耐力同样至关重要。此法适用于中长跑项目，其具体步骤为：

（1）对信号快速做出应答后，教练员告知反应时间，以便运动员能够清晰地了解自己的表现。

（2）对信号快速做出应答后，教练员要求运动员自己报出估计的时间。随后，教练员告诉其准确时间并核对误差。这一步骤旨在训练运动员对时间的敏感度和准确度。

（3）学生被要求按照事先确定的时间完成特定动作或跑完一定的距离，从而在实际比赛中更好地掌握自己的节奏。

3. 选择性信号反应训练

选择性信号反应训练是一项更为复杂而综合的训练方法，要求运动员根据事先确定的信号做出正确的选择，或者按相反口令、相反动作完成选择性的反应训练。这种训练不仅考验了运动员的反应速度，还锻炼了其在复杂环境下做出明智选择的能力。在比赛中，这种训练将使运动员更具应变能力，能够在面对多变情况时做出明智而迅速的决策。

（二）动作速度训练

1. 重复法

采用规定最大速度指数的重复方法进行移动速度训练，其中包括一些必要的强制性重复动作，如轻杠铃推举的快速重复。通过使用哑铃进行重复跳跃，保持正确的运动姿势，反复进行快速跳跃。同时，进行重复的短距离跑步，采用各种沉重的金器进行最后的快速投掷。

此外，变化训练程序的重复方法是在横移速度训练中适度改变速度和加速度，并将其按适当比例结合到训练计划中。尽管在特定的最大速度下进行训练是提高运动速度的关键因素，但通过持续重复，会形成一种固定的动态模式。因此，在规定最大速度指数和进行重复练习时，应调整训练计划的方式，使运动员对练习速度感到不同寻常，以促进更为优越的移动速度的培养。

2. 比赛训练法

比赛训练法是一种通过竞争条件和要求，在开放的训练环境中创造竞争氛围的训练方式。显然，当使用比赛训练法训练动作速度时，练习者的心理和情感状态与其他训练方法有所不同。大多数参与者表现出高度的情绪激动。研究指出，采用竞技训练方法显著地增加了运动前的人体血糖和乳酸水平，有助于提升身体运作效能。此外，兴奋状态对交感神经系统产生积极影响，延缓疲劳的发生，使身体能够成功地以高速度进行训练。在比赛训练法中，神经系统保持在较为温和的兴奋状态，这有助于发挥兴奋和抑制神经过程的协同能力。

3. 游戏法

游戏法是一种以游戏形式进行速度训练的方法。通过“速度障碍”，在速度训练中不断反复进行某一动作，形成动作的动力定型。这种多次重复的训练使动作在空间和时间特征上（如幅度、方向、速度和频率等）相对稳定，形成所谓“速度障碍”。为防止“速度障碍”的形成，应突出速度力量的训练，采用多种手段，如游戏、球类等活动。例如，要达到 100 m 跑的预定成绩，可以进行专门的短跑训练，也可以进行全面身体练习，并将重点放在速度力量的训练上。游戏法在这一过程中提供了丰富的训练方式，促使运动员在更广泛的情境中培养和应用速度力量，有助于提高综合运动能力。通过这一方法，运动员可以更好地适应复杂多变的比赛场景，为其在比赛中取得更出色的成绩奠定基础。

二、速度素质训练的内容

（一）原地快速高抬腿跑

快速高抬腿跑是一项有效的训练方法。在这项训练中，个体站立于平坦场地，交替高抬腿跑 10 ～ 30 s。这种动作有助于发展动作速度和移动速度。为了达到最佳效果，执行者需要保持高重心和高频率，并且配合摆动双臂。通过这种方法，可以有效地提高跑步时的速度和灵活性。

（二）快速蹲起

在快速蹲起练习中，个体需要在听到信号后从蹲姿迅速起立。该动作要求尽可能快速地完成蹲起动作，因此对个体的反应能力提出了高要求。通过反复进行这项训练，可以有效地提高个体的动作速度和反应能力。

（三）快速站起

快速站起旨在提高反应速度和动作速度。在这项训练中，个体需要仰卧在草坪上，在听到信号后迅速站起。这项训练要求动作快速且连贯，从而有效地锻炼个体的反应能力和动作速度。

（四）快速“两头起”

快速“两头起”是一种挑战性的训练方法，旨在发展动作速度和腹肌力量。在这项训练中，个体需要俯卧在草坪上，在听到信号后迅速双手撑地站起。这项训练要求上体和腿部都能够快速做出反应，从而提高个体的整体运动能力。

（五）快速体前屈

快速体前屈是一项针对腰腹肌力量和动作速度的训练方法。在这项训练中，个体需要仰卧在草坪上，在听到信号后迅速进行体前屈。这项训练要求上体能够快速抬起，从而有效地锻炼腰腹肌群的力量和动作速度。

（六）仰卧高抬腿

仰卧高抬腿是一项特定的仰卧训练，旨在发展移动速度和动作速度。在这项训练中，个体需要仰卧在草坪上，在听到信号后快速高抬腿。这种动作要求高抬腿动作快速且足尖要勾起，从而提高个体的移动速度和灵活性。

（七）对号追击

对号追击是一项团队训练活动，能够提高个体的反应速度和动作速度。在这项训练中，两队相距 1 ～ 2 m，根据喊号选择追击或逃跑。这项训练要求个体全神贯注，能够快速做出反应，从而提高团队的协作能力和整体运动水平。

（八）快速起

快速起是一项简单而有效的训练方法，旨在提高个体的反应速度和动作速度。在这项训练中，个体需要听到信号后从仰卧姿势迅速起立。这项训练要求个体能够从仰卧状态迅速做出反应，锻炼个体的动作速度和反应能力。

（九）节奏跳

节奏跳是一项针对下肢快速力量和动作速度的训练方法。在这项训练中，个体需要在沙坑或草坪上按节拍用力高跳起。该动作要求个体能够快速蹬地，并在最后一个节拍用力跳起，从而提高下肢的爆发力和动作速度。

（十）转身跑

转身跑是一项训练反应速度和动作速度的方法。在这项训练中，个体需要在向前跑进中，听到口令后迅速转身跑。这项训练要求个体能够在听到口令后立即做出反应，并迅速转变方向，锻炼个体的动作速度和灵活性。

三、大学生速度素质的发展建议

（一）根据个体差异制定训练策略

在大学生的身体素质中，速度素质是其中一个重要方面，对个体的综合能力和日常生活都有重要影响。然而，不同大学生之间存在明显的个体差异，包括身体结构、生理特点、运动基础等，因此，在制定大学生速度素质的发展建议时，必须充分考虑这些个体差异，以制定更加合理和有效的训练策略。

个体差异在速度素质训练中的应用体现在训练内容的个性化上。不同大学生在速度素质方面的需求和潜力存在差异，一些可能已经具备一定的基础，需要进一步提高速度的峰值水平，另一些可能需要从更基础的层面开始培养速度表现。因此，训练内容应该根据不同大学生的起点和目标进行调整，从而更好地满足他们的个体需求。

个体差异还应在训练强度和频率的安排上得到考虑。一些大学生的身体素质相对较弱，如果一开始就进行强度过高的训练，可能导致受伤或产生不良反应。因此，针对这部分学生，应当从较低的强度和频率开始，逐渐适应，确保训练的安全性和可持续性。对于那些已经具备一定运动基础的学生，可以适当增加训练的强度，以促进其速度素质的进一步提高。

个体差异还涉及训练方法的选择。不同的训练方法对于不同类型的人可能产生不同效果。例如，一些人可能对间歇训练反应更佳，另一些人可能更适合连续性的训练方式。因此，在制定训练策略时，需要根据个体的特点选择适合他们的训练方法，以获得最佳的训练效果。

个体差异还需要在训练进度和调整上得到考虑。由于每个人的适应能力不同，训练进度的安排应该灵活，随着个体的进步进行相应的调整。一些学生可能进步较快，可以适当加大训练的难度，另一些可能需要更多的时间来巩固基础。因此，及时地评估和调整对于训练的效果至关重要。

（二）制订短期小目标，逐步提升

在大学生速度素质的发展中，制定短期小目标并逐步提升是一项重要的策略。这种方法有助于激发学生的动力、建立成就感，并促进他们在速度训练中的持续参与和进步。

制定短期小目标是将整个速度训练过程分解成一系列可量化的阶段。通过将大目标分解为更具体、可操作的小目标，学生可以更清晰地了解自己的进展，并在每个阶段末尾获得成就感。例如，对于一个大学生来说，初始目标可以是在一个月内提高 100 m 短跑的成绩 0.5 s，然后在接下来的几个月内逐渐提升。

逐步提升意味着在每个小目标达成之后，适度增加训练难度或目标要求。这可以通过逐渐增加训练的强度、增加训练时间或增加训练量等方式实现。这种渐进式的训练方法有助于避免过度训练造成的疲劳和伤害，并为身体适应更高水平的训练做好准备。

这种策略不仅可以激发学生的积极性，还可以帮助他们建立自信。每当一个短期小目标被实现，学生都能够感受到自己的进步，从而增强对训练的动力和信心。这种积极的情感体验有助于维持学生的长期参与和投入，使他们更有可能在速度素质的发展中取得持续的改进。

（三）注意在训练中的合理休息

要想在速度训练中取得良好的效果，合理的休息不可忽视。在大学生速度素质的发展中，注意在训练过程中安排适当的休息时间是至关重要的。

适当的休息有助于避免过度训练。在追求速度提升的过程中，有时候会出现过度训练的情况，这会导致身体疲劳、免疫力下降，甚至可能引发运动损伤。适当的休息可以帮助身体恢复，避免过度训练的风险。合理的训练计划应该包括周期性的休息，如每周安排一两天的休息时间，让身体有足够的时间来恢复和适应训练的负荷。

适当的休息可以提高训练效果。在高强度的速度训练中，肌肉和神经系统会受到较大的负荷，如果没有足够的休息，身体的适应能力可能会下降，训练效果也会受到影响。适当的休息可以帮助身体恢复，提高肌肉的恢复速度，从而更好地应对下一轮的训练，进一步提升速度素质。

此外，合理的休息有助于减少运动损伤的风险。过度的训练和缺乏休息容易导致肌肉疲劳和紧张，增加受伤的可能性。适当的休息可以降低这些风险，使身体在训练过程中能够保持稳定的状态，降低受伤的概率。

在制订速度训练计划时，需要根据个体的实际情况合理安排休息时间。年龄、训练经验、身体状况等因素都会影响休息的需求。另外，休息不仅指训练时的休息，还包括日常的睡眠和饮食，这些方面同样影响身体的恢复和训练效果。

（四）培养学生坚持品质，在训练中持之以恒

在大学阶段，培养学生的速度素质变得尤为关键。为此，建议从培养学生坚持的品质以及在训练中学会持之以恒两个方面着手，以促进大学生速度素质的全面发展。

培养学生坚持的品质是提高速度素质的重要基础。坚持意味着不轻易放弃，不畏艰难，始终保持积极向上的精神状态。在对大学生速度素质的培养过程中，难免会遇到各种挫折和困难。这时，坚持的品质可以让他们在逆境中保持冷静，保持对目标的执着追求，不因一时的困难而放弃努力。坚持不仅是一种心态，更是一种能力，它需要通过长期的积累和实践来逐渐形成。大学生可以通过设定短期目标和长期目标，制订合理的计划，并逐步实现这些目标，从而培养坚持的品质。

学会在训练中持之以恒是提高速度素质的关键。速度素质的培养需要长时间的锻炼和积累，不能一蹴而就。大学生在进行速度素质培养时，需要有持续不断的训练和反复练习。持之以恒意味着无论在何种情况下都不放松对速度素质的追求，不因为一时的进展而松懈。在训练中，大学生可以通过制订合理的训练计划，充分利用碎片化时间进行练习，结合科学的方法和技巧来提高训练效果。此外，他们还应该对自己的训练过程进行监控和调整，不断总结经验，不断优化训练方法，以确保训练的持续性和有效性。

综上所述，大学生速度素质的全面发展需要培养坚持的品质和学会在训练中持之以恒两个方面，这两者相辅相成，互为支撑，共同推动大学生速度素质的全面提升。坚持和持之以恒不仅是培养速度素质的手段，更是一种人生态度和价值观，它们将在大学生的成长过程中发挥深远的影响。因此，大学教育应当注重培养学生的坚持品质和持之以恒精神，以更好地引导他们在今后的学习和工作中取得成功。

（五）在训练后进行合理的营养补充

合理的营养摄入在大学生的速度素质发展中至关重要。训练后的合理营养补充可以帮助大学生更好地恢复体力、补充能量，进而促进速度素质的提升。

碳水化合物摄入：训练后的饮食应重点考虑碳水化合物的摄入，因为碳水化合物是恢复体力和补充能量的主要来源。适量的碳水化合物摄入可以迅速补充体内的糖原储备，帮助身体快速恢复，从而为下一次训练做好准备。

蛋白质摄入：蛋白质是肌肉修复和生长的关键营养素。训练后适量的蛋白质摄入有助于促进肌肉的恢复和增长，提高身体的耐力和爆发力。适量的蛋白质摄入可以防止肌肉损伤，并为身体提供足够的修复能力。

水分补充：训练后适当补充水分同样不可忽视。运动会导致身体水分流失，合理的水分摄入可以保持身体的水平衡，促进新陈代谢的正常运作，有助于身体恢复和效能的提升。

维生素和矿物质：合理的维生素和矿物质摄入对于身体的正常功能和恢复也至关重要。维生素和矿物质在酶的催化作用下参与能量代谢和肌肉功能，保持免疫系统健康，从而为速度素质的提升创造有利条件。

时间窗口：营养的时间窗口在训练后的营养摄取中也很重要。在训练后的

30 min ～ 2 h 摄取合适的饮食，有助于更好地促进糖原储备的恢复和蛋白质的吸收，进而提高训练的效果。

四、微课模式在速度训练中的应用

（一）微课及其特征

微课是一种全新的教学理念，从广义的视角进行分析，“微课”就是一种解说或者演示，这种解说或者演示是围绕某个主题的知识点展开的，同时微课视频通常比较简短，因而人们可以突破时空的限制利用微课开展碎片化的学习，学生的主要学习形式就是在线学习；从狭义的视角进行分析，“微课”设计的主要目的就是满足学生的实际学习需求，“微课”是以微课视频为主要载体的信息化教学活动。每个学生都是独立的个体，学生个体之间存在差异，而微课能够使学生根据自身情况开展学习，能够实现学习的个性化。需要强调的是，“微课”和“微视频”是两个不同的概念，两者之间有一定的差异。具体分析而言，微课包含很多部分，如微视频、微课件、微练习等，因此，微视频是微课的一部分，并不是微课的全部。

与传统的教学方式相比，微课具有很多显著的特征，主要包括以下五个方面：

第一，微课的主题更加明确。在传统教学形式中，一个主题可能需要几节甚至更多的课时来详细讲解，而在微课中，由于时间限制，教师必须更加精练和准确地传达核心知识。这种限制迫使教师聚焦于主题的关键要点，提高了教学的效率和针对性。学生能够在短时间内获取主题的核心知识，从而更好地掌握和理解。

第二，微课更加弹性便捷。学生可以根据自己的时间和节奏选择学习微课，无须受到固定的课程表限制。这种自主性使得学习更加灵活，有助于满足不同学生的学习需求。无论是在上下学途中、空闲时间，还是在家中，学生都可以随时随地访问微课内容，有助于提升学习效率。

第三，微课实现共享交流。微课通常以在线平台的形式呈现，学生可以通过评论、讨论区等方式与教师和同学互动交流。这种互动促进了知识的共享与碰撞，有助于学生深入思考和理解课程内容。同时，教师也能根据学生的反馈进行及时的调整和改进，有助于提升教学质量。

第四，微课的多元真实性。微课的制作可以结合丰富的多媒体元素（如图像、视频、案例等），使课程更加生动有趣。这种多样性不仅能吸引学生的注意力，还能模拟真实场景，增强学习的实用性和真实性。学生可以通过多种感官获得信息，更加深入地体验和理解知识。

第五，微课更加实践生动。微课往往强调解决实际问题和应用知识的能力。教师可以通过案例分析、实例演示等方式，将知识与实际情境相结合，使学生能够更好地理解如何在实际中运用所学知识。这种实践性的教学方式有助于激发学生的学习兴趣和动力。

综上所述，微课在现代教育中具有明确的主题、弹性的学习方式、共享交流的特点，同时注重多元真实性和实践生动性。这些优势使微课成为一种受欢迎的教学模式，能够更好地满足学生的需求，提升教育的质量和效率。

（二）微课的前提与分类

1. 微课前提

微课教学是一种创新的教育模式，旨在通过短小精悍的教学内容，促进学生的主动学习和深度思考。然而，要实现有效的微课教学，需要一系列前提条件的支持，其中包括学生的自学能力、科学化的教学理念以及成熟的信息技术。

（1）学生的自学能力。学生的自学能力是进行微课教学的重要前提之一。微课教学强调学生的主动学习，要求他们在短时间内通过观看微课视频等形式获取知识，然后进行思考、总结和拓展。如果学生缺乏自主学习的能力，他们可能会在面对相对独立的学习任务时感到困惑和无措，影响微课教学的效果。因此，学校和教育机构应当注重培养学生的自学能力，让他们具备自主获取、理解和应用知识的能力，从而更好地适应微课教学的要求。

（2）科学化的教学理念。科学化的教学理念对于微课教学的实施至关重要。微课教学并非简单地将传统课堂教学内容简化为视频形式，而是要根据学科特点和学生需求，有针对性地设计教学内容。科学化的教学理念强调教学内容的精练、逻辑性以及与现实生活的联系，能够激发学生的学习兴趣和思考能力。教师在设计微课内容时应充分考虑知识点的层次结构，合理划分和组织教学内容，使之既有系统性又有针对性，为学生的学习提供有力支持。

（3）成熟的信息技术。成熟的信息技术是微课教学不可或缺的前提条件。微课教学依赖于多媒体技术，包括视频制作、在线交互等，以实现生动、直观的教学效果。成熟的信息技术不仅需要硬件设备的支持，还需要网络带宽的保障、在线平台的稳定性等方面。只有在技术支持充足的情况下，教师和学生才能顺利地进行微课教学，避免因技术问题而影响教学效果。

2. 微课分类

（1）微课教学按照用户与功能划分。

第一，学生学习微课。学生学习微课主要针对学生这一主要用户群体。这类微课通过录屏软件将各学科知识点的讲解录制成短视频，每个知识点的视频通常在 10 min 内，从而便于学生分段学习和反复回顾。学生可以根据自身学习进度和需求，自主选择合适的微课视频进行学习，体现了个性化学习的理念。这种学习方式满足了不同学生的学习习惯和节奏，有助于提高学生的学习积极性和效率。尤其在翻转课堂教学模式中，微课成为重要的资源，学生可以预习课程内容，而在课堂上更多地参与讨论和实践，从而加深对知识的理解和应用。

第二，教师发展微课。教师发展微课主要针对教师这一用户群体。这类微课的内容包括教学理念、教学方法、教学评价机制等，旨在培训和提升教师的教育教学能力。教师发展微课可以作为教师培训的一种形式，其为教师提供了灵活的学习机会，帮助他们不断更新教育观念、丰富教学方法，提高课堂教学的质量。这类微课还可以作为教育研究的重要资源，促进教育领域的创新和进步。通过分享教育教学经验和最佳实践，教师之间的交流合作得以促进，进而提升整体的教育水平。

（2）微课教学按照教学方向划分。

第一，讲述型微课。讲述型微课作为微课教学的一种重要类型，通过口头传授知识的方式进行教学。在这种微课中，教师主要关注课程的重点和难点，系统性地进行知识讲解。这种形式的微课适用于基础知识的传授，能够在短时间内将复杂的知识内容梳理并传达给学生，有助于帮助学生建立起初步的知识框架。

第二，解题型微课。解题型微课突出了问题解析的教学方式。通过对一些典型的例题进行详细解析，教师可以引导学生了解问题解决的方法、思路和技巧。这种类型的微课强调实际问题的应用，培养学生分析和解决问题的能力。解题型微课在培养学生的实际操作能力方面具有独特的优势，能够提升学生在知识运用方面的能力。

第三，答疑型微课。答疑型微课主要针对学科中存在的疑点和困惑展开教学。教师通过分析学生可能遇到的疑问，提供清晰的解答和阐述，帮助学生消除困惑。这种类型的微课有助于提高学生的学习效果和学习动力，因为它能直接解决学生在学习过程中遇到的难点问题，让学生更有信心地面对学习挑战。

第四，实验型微课。实验型微课主要在自然学科领域（如生物、化学、物理等学科）得到应用。通过模拟实验步骤，教师可以呈现实验过程和实验结果，让学生在虚拟环境中进行实验操作。这种类型的微课能够增强学生对实验原理的理解，培养他们的实验技能和科学思维。

（3）微课教学按照录制方式划分。

第一，摄制型微课。摄制型微课是一种通过电子设备（如录像机、摄像机等）来录制课件的方式。这种方式允许教师将课堂上的教学内容以视频的形式记录下来，然后通过在线平台或其他途径供学生观看。摄制型微课的优势在于，教师可以反复录制，确保教学内容的准确性和完整性。此外，教学视频还可以通过剪辑和编辑来提高教学效果，加入图表、动画等元素，增强学习的趣味性和吸引力。

第二，录屏型微课。录屏型微课是另一种常见的微课录制方式，通过使用录屏软件将教师在电脑上的操作和讲解过程录制下来，形成微课视频。教师可以在 PPT、Word、画图工具等软件中制作教学内容，然后在讲解的同时使用录屏设备进行录制。这种方式的好处在于，可以直观地展示电脑操作过程，适用于涉及软件操作、演示和解说的教学内容。

第三，软件合成式微课。软件合成式微课是一种完整且系统的微课视频方式，其通过事先制作好教学视频和图画，然后根据微课的设计脚本，导入不同的内容，再重组形成。这种方式需要教师事先准备好各个教学要点的视频和素材，然后按照教学设计的脚本进行组织，形成一个连贯的教学视频。软件合成式微课强调教学的系统性和逻辑性，能够在短时间内传达较为深入的知识。

第四，混合式微课。混合式微课是将以上几种类型进行混合使用的一种方式。教师可以根据教学内容的不同特点选择合适的录制方式。例如，可以将摄制型微课和录屏型微课结合起来，既能呈现教师讲解的实际过程，又能展示电脑操作。混合式微课的灵活性使教师能够更好地满足不同教学需求。

上述提及的微课视频类型都是初级的资料，要成为可以教学的视频还需要进行后期制作。

（三）高校体育教学与训练中微课的价值与可行性

1. 高校体育教学训练中微课的价值

（1）微课促进高校教育教学模式改革。传统的教学模式主要依赖课堂授课，而微课短小精悍的视频形式能够更好地满足学生碎片化学习的需求。在体育教学中，微课可以将运动技能、战术训练等内容分解成多个短视频，使学生能够随时随地进行学习，提高学习的效率和灵活性。微课还能激发学生的学习兴趣，通过图文、音视频等多种形式呈现教学内容，增强了教学的趣味性和互动性。

（2）微课对教师的专业发展产生了积极影响。教师在制作微课的过程中需要深入思考如何将复杂的知识点和技能讲解清晰明了，这促使教师对自己所教授的内容进行更深入的研究和理解。通过制作微课，教师能够提升教学设计和表达能力，不断改进自己的教学方法，提高课堂效果。此外，微课的制作还鼓励教师积极探索教育技术的应用，提升自己的信息技术素养，从而更好地适应现代教育的发展趋势。

（3）微课改变了校外教育的形式。传统上，学生在校外进行体育训练往往受到时间、空间等限制，但通过微课的方式，学生可以随时随地进行自主学习和训练。微课使体育教学不再局限于课堂内外，为学生提供了更多的学习机会和方式。此外，微课还能够促进学校与社会资源的合作，通过与体育俱乐部、专业教练等合作，为学生提供更丰富的训练资源和机会，拓宽了学生的视野和发展空间。

2. 高校体育教学训练中微课的可行性

（1）微课教学的时间短，这对于体育教学尤为有益。传统的体育课程往往需要较长的时间来完成，但微课通过将内容精练、压缩，使得课程更加紧凑。这使学生可以在短时间内完成学习，有助于他们将注意力集中在课程内容上，减少了分散注意力的可能性。此外，由于微课的特点是短时间内呈现完整的教学内容，学生可以随时随地进行学习，不再受到时间和空间的限制。对于体育训练来说，学生可以在训练前通过微课对基本动作、技能要点等进行预习，从而提高训练的效率和效果。

（2）微课有助于明确体育教学内容。体育教学通常涉及丰富的动作技能和理论知识，而有时在传统课堂上这些内容可能因时间有限而无法清晰明了地呈现。微课可以针对每一个知识点或技能动作进行精准的分解和解释，使学生能够逐步理解和掌握。例如，在学习某项体育技能时，微课可以将动作分解成每个步骤，并附带文字、图像或视频进行详细说明，帮助学生更好地理解和模仿。这种精准的教学方式有助于提高学生的学习效果。

（3）微课可以提高学生的学习兴趣。高校体育教学往往需要学生积极参与，但有时传统的课堂模式可能显得单调，难以引起学生的浓厚兴趣。微课可以通过多媒体、互动性等手段，使教学内容更加生动有趣。例如，可以运用动画、音乐、游戏等元素，将体育知识和技能更加生动形象地呈现，激发学生的学习热情。此外，微课还可以通过在线讨论、互动测验等方式促进学生与教师、同学之间的交流，增强了学习的社交性和趣味性。

（四）微课模式在速度训练中的应用策略

微课模式在高校速度训练中的应用已成为教育领域的一个热门话题。随着信息技术的不断发展，微课作为一种新型的教学模式被引入高校教育中，并在速度训练方面展现出巨大的潜力。微课模式以其灵活性、个性化、高效性等特点，在高校速度训练中具有以下重要应用：

第一，灵活的学习方式。微课模式允许学生按照自己的节奏进行学习。在高校速度训练中，学生可以根据自身的学习进度和能力，选择适合自己的微课进行学习。这种灵活性有助于满足不同学生的学习需求，减少了学习进度不同而导致的教学落差。

第二，个性化教学。微课模式可以根据学生的学习风格和兴趣进行定制化教学。高校速度训练通常涉及不同的学科和领域，学生的背景知识和兴趣差异较大。通过微课，教师可以根据学生的需求提供针对性的教学内容，使学生更加投入并且能更好地理解和消化知识。

第三，快速的知识传递。微课的特点是短小精悍，通常时长较短，集中呈现一个特定的知识点。在高校速度训练中，这种特点非常适用，因为速度训练要求在有限的时间内传递尽可能多的知识。微课的紧凑性可以帮助学生快速获取核心知识，有助于提高学习效率。

第四，资源共享与合作学习。微课模式便于教师对优质的教学资源进行录制和分享，促进师生之间的资源共享。同时，学生之间也可以通过讨论微课内容展开合作学习，促进知识的深入交流和理解。

第五，及时反馈与评估。微课模式支持对学生学习情况进行及时的跟踪和评估。高校速度训练通常要求学生快速完成任务，及时的反馈对于纠正错误、调整学习策略非常重要。微课模式可以通过在线测验、讨论等方式，为学生提供及时的反馈，帮助他们不断优化学习效果。

微课模式在高校速度训练中的应用也面临一些挑战。例如，微课的内容设计需要精心策划，确保短时间内能够传递清晰的知识点；学生需要具备一定的自主学习能力，否则可能无法充分发挥微课的优势。同时，对于一些复杂的知识领域，微课可能无法取代传统教学模式进行深入探讨。

综合来看，微课模式在高校速度训练中的应用具有广阔的前景。通过充分发挥微课模式的优势，可以更好地满足学生的学习需求，提高高校速度训练的效果和质量。然而，教育者需要在应用过程中注意平衡微课和传统教学的关系，确保教学的多样性和全面性。

第三节　体育与健康课程中耐力素质训练

耐力是生物体长时间工作以克服工作时疲劳的能力，是运动身体素质的关键指标之一。在运动中，持久的耐力是确保持续高效表现的关键因素。在中长跑和竞走等田径项目中，运动员的技术水平和比赛成绩往往直接受到耐力水平的影响。高水平的耐力训练不仅能提升身体对疲劳的抵抗能力，而且能延长运动员在比赛中的持续表现时间，为他们在长时间的竞技过程中保持高水平的竞技状态提供支持。因此，耐力的培养不仅是个体运动素质的关键之一，也是提高竞技成绩和赛场表现的必要条件。“科学实验表明，长期进行耐力素质训练可以使神经兴奋与抑制，传导与反应等机能都得到明显加强与改善；可以使人的精力充沛，精明果断，动作迅速，准确有力；同时还可以使人体对外部刺激的反应能力得到明显提高。”①

一、耐力素质训练的方法

（一）间歇训练法

间歇训练法对速度耐力水平和短跑耐力水平具有显著的影响。周期性的间歇训练包括各种休息方法，如慢跑或步行，其中放松练习占据重要地位。该训练法通过在高强度运动和相对低强度休息之间交替进行，以维持一定的心率水平，使运动员在疲劳状态下进行锻炼。

第一，间歇训练法有效提高了人体每分钟的生产力。这表现为增加心肌收缩力和心排血量，从而增强心血管系统的工作效率。

第二，间歇训练法显著改善了人体的呼吸功能，尤其是最高摄氧量。通过逐步提高运动强度和时长，促使呼吸系统适应更高水平的氧气需求，使最高摄氧量水平得到有效提高。

① 马骉．有关高校体育训练中提高耐力素质的研究 [J]. 品位·经典，2020（12）：158–159.

第三，间歇训练法在长跑或中长距离跑方面具有显著的适用性。此方法通过提高有氧消化能力和糖原的有氧耐力水平，使运动员在压力时间相对较长、压力强度相对较低的情况下取得显著效果。

第四，对于中距离跑步，尤其是负重时间相对较短、强度相对较高的运动，以及较长时间的跑步，间歇训练法也是一种适用的训练策略。

（二）持续负荷法

许多耐力运动（如划船、游泳、骑自行车和中长跑）常采用连续负重的越野训练方式，取得显著效果。这种变速训练通过逐渐提高运动速度来改善耐力水平。例如，在训练中的前 1/3 距离可以以相对较慢的速度完成，然后逐步提高到略低于中等强度的水平，在最后 1/3 距离以中等强度速度进行。此外，训练强度还可以在中间到较高水平之间连续变化，以确保身体适应度在负荷增加前得到适度调整。

具体而言，训练中可以采用交替的强度变化，如每 1 ～ 10 min 进行一次最大运动强度，然后交替进行中等强度的运动，以确保适度的身体调整，为下一次负荷增加做好准备。最高速度时心率可达 180 次 /min，而恢复时间减少至约 140 次 /min。通过脉动波状强度的交替排列，这种连续变速训练对于负重训练具有显著的益处，有效改善心脏和中枢神经系统的功能。这种综合性的训练方法旨在提高运动员的速度和耐力水平，为他们在竞技场上取得更出色的表现提供支持。

（三）重复训练法

重复训练法是一种通过在给定的距离、持续时间和一定强度下反复进行锻炼的方法，以提高运动员的耐力水平。该方法主要应用于短跑和中距离跑运动员，分别针对无氧代谢和混合代谢系统进行优化。

重复训练法在短距离跑项目中（如 200 m 和 400 m）被有效地运用，旨在发展和提高乳酸动力供应系统的水平。这些项目对高速耐久性的要求使身体在短时间内产生负氧量，从而在项目中保持高强度的运动。

对于中距离比赛 (如 800 m），其无氧代谢比例较高，因此在 150 ～ 500 m 的距离内进行重复训练，可以提高身体对缺氧的耐受性，并促使大量乳酸的积累，满足比赛的特定要求。

长跑训练侧重于负荷的提高，通过每分钟的氧气含量和循环系统的充分调动，使循环系统和呼吸系统逐渐适应工作水平的提高。通过反复长跑，运动员可以提高循环系统和呼吸系统的机能水平，以满足长时间的训练负荷。

在比赛期间，重复训练法被视为主要的训练方法，主要用于比赛开始前的准备。根据运动员的实际情况，刺激的量和强度可以在一定范围内变化。然而，通常情况下，刺激的量和强度是相对恒定的，以确保稳定的训练效果。

该方法的一个显著特点是在运动时间内，当心率恢复到 100 ～ 120 次 /min 时，进行下一个运动。同时，运动距离、运动重量和动作都具有明显的特点，以确保在有规律的重复中达到期望的训练效果。这种有针对性的重复训练有助于煅炼运动员的身体适应性和耐力水平，为他们在比赛中取得更为出色的表现提供支持。

（四）循环训练法

循环训练是一种基于特定训练任务构建多个或多个练习“站”的系统，每个“站”包含与一般耐力发展相关的多个链接。这种训练方法旨在使运动员按照规定的顺序和路线，通过每个站设定的练习次数、方法和要求，完成一轮或数轮的循环。该循环训练周期可以为一周或数周，因为下一个站的锻炼建立在上一个站锻炼对身体产生的刺激的基础上。

每个站的锻炼量几乎总是超过前一个站的负荷，因此形成了逐步递增的训练强度。这种方法确保了心血管训练对循环系统和全身功能的全面改善和发展，还能够有效刺激运动员不同部位的肌肉，实现局部肌肉拉伸和恢复的有序轮换。循环训练所具有的连贯性和逐渐升级的特性，不仅在提高整体耐力方面发挥显著作用，而且激发了运动员对训练的兴趣，为运动员的综合发展提供了良好的动力。

此外，除了循环训练，还有许多其他综合性的速度游戏、轻重练习等训练方式，同样是提高综合耐力的有效途径。这些多样化的训练方法不仅能增加运动员的运动选择，也能综合性地刺激各个系统，促使运动员在不同方面取得更全面的进步。因此，综合速度游戏和轻重练习等方法与循环训练相辅相成，可以为全面发展和提高运动员的综合耐力水平提供多样化且有效的途径。

（五）高原训练法

高原训练法是一种在海拔较高且空气中氧含量较低的高原地区进行的训练方式，如我国的青海多巴和云南昆明等地设有高原培训基地。在海拔 2 000 m 左右的地方进行高原训练有助于培养运动员的有氧代谢能力，提高运动员在高原环境下训练和参与激烈比赛的适应能力。

在高原训练期间，由于高原地区空气中的氧含量较平原低，增加了身体对心血管系统和呼吸系统的需求。因此，运动员在训练和适应的过程中提高了通气和呼吸效率。这一改善增强了呼吸和循环系统的功能。

高原训练结束后，运动员血液中红细胞和血红蛋白的含量会增加。这提升了身体向血液输送氧气的能力，并使肌肉毛细血管扩张和增厚。因此，高原训练显著改善了肌肉细胞的能量代谢和有氧能量供应，为提高运动员的持久力和适应高原环境提供了有力支持。

二、耐力素质训练的内容

（一）间歇跑

间歇跑的基本原理是在快速奔跑之后进行间歇性的慢跑或步行。这种训练方法要根据个人的训练目的确定速度、距离和次数。通常，快跑时的心率应保持在 170 ～ 180 次 /min，而慢跑或步行时应控制在约 120 次 /min。这种训练方法的主要作用是发展专项耐力水平，有助于训练者提高在特定运动项目中的耐力水平。快速奔跑与间歇性的慢跑或步行相结合能够有效地激发心血管系统和呼吸系统，从而提高身体的耐力水平。

（二）持续慢跑

持续慢跑的主要特点是以相对较慢的速度持续奔跑较长的距离。这种训练方法旨在发展有氧耐力，提高身体的有氧供能能力，同时发展一般的耐力水平。在持续慢跑过程中，训练者的心率通常会维持在约 150 次 /min，这有助于确保身体在适当的心率范围内进行有氧代谢，从而达到最佳的训练效果。

（三）重复跑

重复跑是一种重复多次固定距离的跑步训练方法，其速度、距离和次数也是根据个人的训练目的确定的。这种训练方法的主要作用是发展专项和一般耐力，并提高无氧代谢能力。在进行重复跑训练时，间歇时间应足以使心率恢复到 100 ～ 120 次 /min，以确保适当的休息和恢复，从而为下一次高强度奔跑做好准备。

（四）变速跑

变速跑是一种结合中等速度和较慢速度交替奔跑的训练方法。这种训练方法的主要目的是提高有氧和无氧代谢能力，同时发展一般和专项耐力。变速跑的具体要求是根据训练者的目标确定的，包括交替跑的距离和速度变换的次数。不同速度的交替奔跑可以有效地激发身体对不同负荷的适应能力，从而达到全面提高身体耐力水平的目的。

（五）越野跑

越野跑是一种在自然环境中进行的长距离、低强度的跑步活动。运动者可以选择个人或结伴进行，关键在于保持正确的姿势，并善于利用地形进行练习。这种跑步方法对发展一般耐力水平和提高有氧代谢能力有着显著的作用。在进行越野跑时，穿着软底鞋能够更好地适应自然地形，而距离和时间需根据个人的特点确定，一般情况下，心率维持在 150 次 /min 左右效果最佳。

（六）追逐跑

追逐跑是一种有趣而有效的训练方法，运动者在此活动中相互追逐一定距离，然后慢跑或走，并重复这一过程。追逐的距离和速度可根据训练目的进行调整，主要目的在于发展速度耐力以及提高无氧代谢与有氧代谢水平。在进行追逐跑时，同伴间需保持 5 ～ 10 m 的距离，追逐速度适中或较快，并在慢跑时保持心率不低于 100 次 /min，以确保训练效果的达成。

（七）匀速持续跑

匀速持续跑是一种以中等速度持续跑较长或一定距离的训练方式，其目的在于发展专项耐力水平，并提高混合代谢能力。运动者在进行匀速持续跑时，需控制速度在中等水平，并保持心率约 150 次 /min 的节奏，以确保能够匀速地跑完规定的距离。这种训练方法对长时间运动能力的提升具有重要意义，也是许多运动员在训练中经常采用的方法之一。

三、大学生耐力素质的发展建议

大学生阶段是个人成长和发展的关键时期，而耐力素质的培养对于他们的综合素养和未来职业发展至关重要。耐力素质不仅包括身体的耐力，也包括心理、情绪、学业等方面的耐力。因此，为大学生的全面发展提供建议应该涵盖多个层面。

首先，身体素质的培养是大学生耐力素质发展的基础。大学生在繁忙的学业中应该合理安排时间，进行适量的体育锻炼（如有氧运动、力量训练等）。这不仅有助于提高身体的抗压能力，还能促进身心健康，增强免疫力，为更好地应对各种压力打下基础。

其次，心理素质的培养同样至关重要。大学生面临学业压力、人际关系压力等多方面的挑战，需要具备较强的心理韧性。建议大学生通过参加心理健康培训、咨询服务等方式，学习有效的应对压力的方法，培养积极的心态和面对困难的适应能力。同时，通过参与团体活动、社交实践等方式，提高社交能力，增强人际关系的处理能力。

再次，学业上的耐力培养也是至关重要的一环。大学生应该制订科学的学习计划，培养持之以恒的学习习惯。在面对复杂的专业知识和繁重的学业任务时，需要具备坚持不懈、持续努力的品质。同时，培养解决问题的能力，通过不断的学习和实践，提高在各个领域的应变能力。

最后，职业发展规划也应成为大学生耐力素质培养的一部分。在职业发展的过程中，可能会面临挫折、竞争等各种压力，因此需要具备坚韧不拔、持续努力的耐力。建议大学生在大学阶段就对自己的兴趣和优势进行深入思考，制定明确的职业目标，并通过实习、社会实践等方式积累相关经验，为未来的职业发展打下坚实的基础。

第四节　体育与健康课程中柔韧素质训练

柔韧性涵盖了不同关节的运动范围，包括人体关节活动的灵活性及与软组织（肌肉、肌腱、韧带等）相关的弹性。弹性的两个方面包括关节运动范围的大小和软组织的柔韧性，它们共同促使关节达到更广泛的运动范围，确保身体各部分能够灵活协同工作。肌肉、肌腱和韧带等软组织的柔韧性可以通过适当的训练来提高。

在运动中，灵活性是至关重要的。它不仅是提高技术水平的基本要素，也是有效技术改进的前提。缺乏灵活性会导致学习运动技能的过程变得缓慢且复杂，有时甚至无法学会某些关键技术以参与比赛。关节灵活性的不足会限制力量、速度和协调性的发挥，降低肌肉协调性，影响其他运动素质的发展，并且其通常是肌肉和韧带损伤的根本原因。

因此，通过适当的柔韧性训练，运动员能够优化关节活动范围，提高软组织的柔韧性，增强肌肉和韧带的协调性，从而在运动技能的学习和执行过程中取得更好的表现。灵活性的提高不仅对体育技术的进步至关重要，还对预防运动伤害和维护整体身体素质产生积极影响。

一、柔韧素质训练的方法

（一）动力拉伸运动法

动力拉伸运动法是一种有规律、迅速地重复相同动作的伸展方法。其独特之处在于，与静力拉伸相比，动力拉伸中肌肉力量的最大变化约为其两倍。这一方法广泛应用于各类运动，包括弯曲和伸展等多种活动，结合个体特征进行挥杆和柔韧性练习。

通过动力拉伸运动，可以激发牵张反射，从而改善运动区域肌肉群的伸展和收缩。这种方法有助于增加运动过程中的血流量，提升肌肉、肌腱以及其他局部组织的营养供应，进而有助于提高肌肉的灵活性，产生更出色的运动表现。动力拉伸运动的特性在运动训练中的应用，可以帮助运动员实现更好的运动效果。

（二）静力拉伸运动法

静力拉伸运动作为一种通过缓慢运动使软组织（如肌肉和韧带）拉伸到一定程度的运动方法，具有其独特的定义和特征。这种运动的核心概念在于采用冷静的方式，通过维持静态的动作来持续刺激肌肉和肌腱的伸展。其显著特点在于能够延长一定时间内对肌肉和软组织的伸展产生的效果。

在进行静力拉伸运动时，肌肉和软组织经受一定程度的拉伸，保持静止的时间通常为 8 ～ 10 s，而重复次数为 8 ～ 10 次。这种伸展运动对肌肉和肌腱灵活性的培养有积极的影响，是培养弹性的主要手段之一。其强度相对较低，但运动范围较大，有助于保持身体的力量，同时具备轻松操作、无须特殊健身设备的特点。

静力拉伸运动可分为主动拉伸和被动拉伸两种主要方法。主动拉伸法是指练习者主动进行各类练习，涵盖单项或多项练习、摆动或静止练习、负重或非负重练习等。这种方法在各种条件下保持稳定姿势，通过静态练习达到肌肉和软组织的伸展。被动拉伸法是指采用外力（如设备、辅助设备、重量等）的移动性锻炼，以更全面地促使肌肉和韧带的伸展。这两者共同构成了静力拉伸运动的多样化训练方式，为运动者提供了有效的柔韧性培养手段。

二、柔韧素质训练的内容

（一）肩部柔韧训练

1. 压肩

压肩是一种常见的肩部锻炼方法，其主要目的是增强肩部及上背部的力量与稳定性。首先，进行站立腿部，身体前屈的动作，双手扶握肋木或跳马，挺胸低头，上半身上下振动，这一动作能有效地刺激肩部及上背部肌肉。其次，采用背对横马的姿势，仰卧在上面，由另一人在后方扶住肩下进行压肩，逐渐增加压力，这有助于进一步加强肩部的稳定性和耐力。最后，进行体前屈，交叉握手后向上振动的动作，双臂、双腿伸直，幅度逐渐增大，这一动作能够有效地拉伸并锻炼肩部肌肉，增强其柔韧性和力量。

2. 拉肩

拉肩是一种有效的肩部锻炼方法，有助于增强肩部肌肉的力量和稳定性。首先，背对肋木站立，双臂上举，握住肋木，挺胸抬头向前拉肩，逐渐增大幅度，这一动作能够有效地刺激肩部及上背部肌肉，并增强其力量。其次，面对低山羊，一人采用左手倒立的姿势，另一人帮助进行前倒搬肩拉肩，逐渐增大幅度，这一动作能够更全面地刺激肩部肌肉，增强其稳定性和耐力。

3. 转肩

转肩是一种综合性的肩部锻炼方法，不仅能增强肩部肌肉的力量和稳定性，还能提高其柔韧性和灵活性。首先，在单杠或吊环上进行收腹举腿，双腿穿过双臂，落下后悬垂，再还原，注意在后悬垂时放松肩部，这可以有效地刺激肩部肌肉并提高其灵活性。其次，在单杠悬垂的基础上，收腹举腿，双腿穿过双臂落下后悬垂，一只手转体 360° 悬垂，然后另一只手转体 360° 悬垂，注意肩部转动由被动到主动，由顺时针到逆时针，这一动作更加复杂，能够全面锻炼肩部肌肉的力量和稳定性。最后，利用棍子或绳子做转肩练习，逐步缩短握距，同时注意转动肩部，结合主动和被动的练习，这有助于进一步提高肩部肌肉的力量、稳定性和灵活性，使肩部更加健壮。

（二）胸部柔韧训练

第一，仰卧背屈伸是一项简单却有效的训练动作。在自主或协助下进行时，重点在于主动抬起上体，同时保持挺胸，这有助于拉伸胸部肌肉，增强其柔韧性。

第二，虎伸腰是另一种可选的训练方式。跪姿下双手前置地面，下压胸部，并注重主动伸展臂部，保持挺胸下压，这有助于拉伸整个胸部区域，放松紧绷的肌肉。

第三，面对墙站立也是一项简单易行的训练动作。通过双臂上举扶墙，逐渐使胸部贴近墙面，动作幅度由小到大，有助于扩展胸廓，增加胸部的柔韧度。

第四，背对鞍马头站立是一项有效的训练动作。通过身体后仰，臂部充分伸展，拉开肩部，并保持挺胸的姿势，可以有效地拉伸胸部和肩部的肌肉，使其更加柔韧。

（三）腰部柔韧训练

第一，甩腰是一项常见的训练动作，可以有效地增加腰部柔韧性。通过进行体前屈和体后屈的甩腰动作，逐渐增大动作幅度，并注重背部和腹部的伸展，有助于放松紧绷的腰部肌肉，增加其柔韧性。

第二，仰卧成桥是另一项有效的腰部柔韧训练动作。从仰卧开始，双手反掌支撑挺起胸腹，逐渐形成桥状，并逐步过渡到独立进行，调整手脚距离，这有助于增加腰部的灵活性和柔韧性。

第三，体前屈是一项简单而有效的训练动作。通过双腿伸直并拢，身体前倾，双臂抱拢在双腿后，并保持姿势静止，胸部贴近大腿，可以有效地拉伸腰部和背部的肌肉，增加其柔韧性，提升身体的灵活性。

（四）腿部柔韧训练

腿部柔韧训练，主要发展腿部前、侧、后的各组肌群伸展和迅速收缩的能力，以及髋关节的灵活性。

第一，压腿是一项常见的训练动作，其目的在于增强下肢力量和柔韧性。正压腿是指站立时向前方伸展一条腿，重点在于保持髋部位置稳定，同时保持身体姿势端正。侧压腿是向一侧伸展腿部，需特别注意保持髋部稳定，避免身体向侧面倾斜。后压腿是向身后伸展腿部，这时需要注意保持身体平衡，尽量不让上半身前倾。

第二，开腿动作有助于增加髋部柔韧性和肌肉拉伸。在进行正开腿时，个体应尽量放松肌肉，不要用力对抗伸展动作。侧开腿是向一侧伸展腿部，重点在于保持身体平衡和髋部的稳定。后开腿是向身后伸展腿部，同样要保持身体姿势端正，避免上半身前倾。

第三，踢腿动作可分为扶把踢和行进中踢。扶把踢包括正踢、侧踢、后踢和十字踢等方式，重点在于控制踢腿的力度和角度，以及保持身体平衡。行进中踢是在行走或跑步的同时进行踢腿动作，需要身体具有更多的协调性和平衡感。

第四，踹腿动作与正踢腿相似，但是要注意膝关节的伸直。手势与腿动作配合是关键，可以增加动作的力度和稳定性。重点在于控制踹腿的力度和频率，以及保持身体的平衡。

第五，弹腿动作是一种快速的腿部运动，重点在于控制大腿的位置，然后迅速用力将小腿向前踢出，并确保膝关节伸直。这种动作需要较高的爆发力和协调性，可以有效提高下肢的力量和速度。

第六，劈叉是一种前后劈开腿部的动作，可以通过同伴的协助或压力来增加挑战。在进行劈叉时，需保持脚垫高并下压，同时保持身体的平衡和姿势端正，以避免受伤。

（五）踝关节和足背训练

增加脚踝柔韧性对提高跳跃能力至关重要。这是因为当小腿肌肉、比目鱼肌和足跟肌腱经过拉伸后，其肌肉收缩会变得更为强壮。练习者可以采取多种方法来增加脚踝的柔韧性。一种方法是通过支撑肋骨，将前脚放在椅子边缘，然后上下推动重量并在脚踝最高角度停顿，这样可以拉长肌肉和肌腱。另一种方法是跪在垫子上，用体重推动脚尖或抬起脚趾，然后向下推增加力量，这有助于增强脚踝周围的肌肉。此外，坐在垫子上，将重物放在脚趾上按压脚背也是一种有效的方法，它可以帮助增加脚踝的柔韧性。另外，站在墙壁旁边进行脚腕运动，挤压脚趾以增加脚背的柔韧性也是一个有效的方法。这些练习有助于增加脚踝周围的灵活性和力量，从而提高跳跃能力。

三、大学生柔韧素质的发展建议

大学生柔韧素质的发展对于其全面素质的提升至关重要。柔韧素质不仅关系到身体健康，还直接影响学生在学业和生活中的表现。因此，制定科学合理的发展建议，有助于大学生全面提升柔韧素质，更好地适应社会需求和未来发展。

首先，大学生应注重日常锻炼，特别是柔韧性训练。定期进行拉伸、瑜伽、体操等柔韧性活动，有助于增强肌肉弹性和关节灵活性。建议大学生每周进行 3 ～ 4 次、每次 30 min 以上的柔韧性锻炼，以促进身体各部分的柔韧度提升。

其次，合理的饮食习惯对柔韧素质的发展也至关重要。摄入足够的蛋白质、维生素和矿物质对于肌肉和关节的健康至关重要。特别是一些富含胶原蛋白的食物（如骨汤、鱼类等），有助于提高关节的柔韧性。培养良好的饮食习惯，有助于大学生在学业和生活中保持更好的身体状态。

再次，正确的姿势维护也是大学生柔韧素质发展的关键。长时间保持相同的姿势容易导致肌肉僵硬和关节不灵活。因此，大学生在学习和工作中应时刻注意调整姿势，避免长时间保持同一姿势，有助于预防和解决柔韧度不足的问题。

最后，心理健康同样是柔韧素质发展中不可忽视的方面。紧张和焦虑不仅会影响肌肉的紧张度，还会对关节的灵活性产生负面影响。大学生应注重心理健康的维护，通过适当的休息、放松技巧和心理咨询等方式，减轻心理压力，全面提升柔韧素质。

第三部分
不同项目的运动教学与实践训练

第十章　球类运动教学与实践训练

第一节　大学体育篮球运动教学与实践训练

"篮球运动既有大众性的一面，成为广大爱好者的业余健身、娱乐活动；也有专业性的一面，成为专业学习中学生或学员的运动训练项目。无论作为哪一面存在，篮球运动都能为人的健康助力，因而能够在时代发展下，始终成为热门运动训练项目的存在。"①

一、篮球运动的技能教学与实践训练

（一）篮球运动的移动技能教学及训练

1. 起动

从基本站立姿势出发，起始动作涉及后脚或异侧脚（侧向起动），迈出的前脚脚掌需短促而有力地蹬地。同时，上半身要快速前倾或侧转，将重心移向跑动的方向。手臂需要协调摆动，充分利用蹬地时产生的反作用力，以迅速而有力地迈出步伐。起始动作的关键在于有效地移动重心，并在前两三步中确保前脚脚掌短促有力的蹬地动作。这一系列动作协同进行，使运动者能够在起始阶段迅速转化力量，从而为整个运动的顺利进行奠定基础。

2. 侧身跑

侧身跑是球员在前进中为了观察场上情况、进行攻守动作的一种技术。在进行侧身跑时，球员将头部和上半身转向球的方向，脚尖朝向前方，内侧腿弯曲，而外侧脚则用力蹬地。这种动作的核心在于转动上半身以朝向球的方向，同时将内侧腿深屈，外侧脚用力推动。这一动作使重心内倾，形成了一种侧向移动的姿势。通过这样的侧身跑动作，球员能够在保持观察场上情况的同时，采取更灵活的攻守动作，为比赛中的应变提供了一种有效的技术手段。

3. 变向跑

变向跑是球员在奔跑中灵活应对方向变化，完成攻守任务的一种技巧。以从右向

① 张浩．篮球运动训练中的若干问题与对策研究 [J]. 冰雪体育创新研究，2022（14）：163.

左变向为例，最后一步使用右脚前脚掌内侧有力地推动地面，同时轻微内扣脚尖，快速弯曲膝盖降低重心，腰部左转，上半身前倾向左，使重心迅速移动。接着，左脚向左前方迈步，脚掌用力蹬地，确保蹬地脚及时跟上。整个变向跑的关键在于在方向瞬间屈膝、降低重心，通过内侧脚的有力推动和迅速的步伐调整，完成快速、灵活的方向变化，为成功完成攻守任务提供了技术支持。

4. 急停

急停技巧可分为跨步急停和跳步急停两种方式。

（1）在跨步急停中，运动员在快速奔跑时，迅速迈出一大步。腿部轻微弯曲，脚跟首先着地，上半身稍微后仰，使重心向后移动。随着第二步的进行，重心逐渐下降，运动员利用脚掌内侧有力地蹬地，完成急停动作。此技巧要求第一步的幅度较大，而第二步的速度要快，特别需要注意脚掌内侧用力蹬地，以确保急停的效果。

（2）在跳步急停中，运动员在移动过程中使用单脚或双脚进行起跳。上半身稍微后仰，着地时全脚掌着地，同时双腿弯曲，双臂屈肘微张以保持身体平衡。关键在于将重心放在双脚之间，保持双腿弯曲，同时双臂屈肘并贴近体侧，以确保身体保持平衡状态。这种急停方式在快速移动中充分展现了灵活性和迅速调整方向的能力。

5. 滑步

滑步技术主要包括后滑步、侧滑步和前滑步，是进行防守移动的重要方式。例如，侧滑步，要求进行滑步之前，运动员将自己的双脚左右分开站立，脚距和肩距保持一样的宽度，膝盖稍微弯曲，身体向前面倾斜一点，两条手臂朝着侧面伸开，眼睛平视前面，朝着左边的方向进行滑步时，使用右脚前脚掌的力量向内侧使劲蹬地，左脚随之朝着左边跨出去，右脚在左脚落地的瞬间立即进行滑行，接着不断重复这些动作，身体在滑步时要尽量稳定。滑步动作的关键是稳定重心，无论朝着哪一侧滑步，另一侧的脚率先蹬出去，再立即跨出同一方向的脚，最后跟上另一侧的脚。

6. 移动技能培养方法

（1）在明确各项移动技术的基本动作要领后，进行模仿练习，着重体验重心转移和脚部用力的关键区域。

（2）随着熟练度的提高，逐渐增加移动速度，确保达到实际比赛需要的水平。

（3）进行各种移动技术的组合练习，强调动作之间的顺畅过渡，以提升动作的流畅性和协调性。

（4）引入对抗元素，结合对抗性训练进行移动技术的练习，以增强在真实比赛场景中的适应能力。

（5）在实际比赛中要深刻领会移动技术的关键要点，以提高动作的实用性和适应性，确保在竞技中能够灵活运用各项移动技术。

（二）篮球运动的传球技能教学及训练

传球在篮球比赛中扮演着至关重要的角色，是进攻队员之间有意识地传递球的关键方式。传球作为球队内部联系的纽带，不仅可以提高队员间的默契度，还可以作为实现战术配合的具体手段，为整体进攻提供了战略性的支持。

1. 单手肩上传球

以右手传球为例，双手握球于胸前，双脚平行站立。传球时，迈出半步，将球引至右肩上方，右手托球，左肩朝向传球方向，重心压在右脚上。随后，右脚蹬地，身体迅速转向传球方向，利用大臂主导小臂挥摆，肘部外展，前臂以食指和中指拨动球，实现传球。传球完成后，身体保持基本站立，右脚迈出半步，保持平衡。单手肩上传球动作强调转体、挥臂和手腕的协同发力，形成自下而上的连贯动作。

2. 双手胸前传球

双手自然分开，以八字形拇指相对，指根以上持球，手心留空，屈肘将球置于胸前。传球时，后脚蹬地，重心前移，前臂快速向传球方向伸展。拇指下压，手腕前屈，中、食指用力拨球传出。这一双手胸前传球的动作强调蹬地、展体、伸臂、扣腕，手腕急速由下而上、由内向外翻。同时，拇指下压，中、食指有力拨球，完成传球过程。

3. 传球技能培养方法

（1）通过明确传球的动作要领，进行原地手部模仿练习，以提高对传球技术的理解。

（2）通过面向墙进行原地传球练习，注重手臂、腕和指的协调动作，同时关注传球路线和目标点的准确掌握。

（3）进行原地传球给正在跑动中的队员，感受在移动状态下传球的提前量和准确落点的技巧。

（4）在面对被动的防守情况下，训练传球的准确度，特别关注传球的落点和对手的位置。

（5）在实际比赛中，灵活应用不同的传球技术，以调控球速和路线，提高传球的实用性。

（三）篮球运动的运球技能教学及训练

运球是一项重要的进攻技术，是通过掌握球权、协调战术配合以及突破对方防线，实现整体进攻的重要手段。

1. 低运球

在做低运球动作时，运动者需采取双脚前后开立的站位，同时屈膝降低重心，上半身前倾。通过用远离对手的手向下用力推压篮球，使其从地面反弹起的高度维持在膝部以下。此过程需要协调大小臂的发力，以确保动作的流畅和力度的适中。手腕的用力要保持柔和，以便更好地控制篮球的反弹高度，从而在运球过程中确保球的掌控和灵活性。

2. 高运球

在做高运球动作时，运动者的双腿微屈，目光平视前方。运球手用力地向前下方推压篮球，使篮球的落点位于身体的侧前方，确保篮球反弹的高度在腰腹之间。在此过程中，手与脚的协调配合显得尤为重要，以确保篮球以有序的节奏向前运动。高运球的动作要领包括运球手的虎口朝向前方，同时需要关注篮球的落点，以保持运球的准确性和连贯性。

3. 运球急停急起

在进行快速运球中，当需要突然急停时，运球者将手以拍的方式迅速按压篮球的前上方。在运球疾起时，运球者需要快速启动，并以相同的手势在篮球的后上方迅速进行拍按。在这一过程中，特别需要注意运用身体和腿部来保护篮球，确保对球的控制。运球急停急起的动作要领包括确保急停时的稳定性，同时在急起时迅速反应，以保持灵敏度和做出快速响应。

4. 转身运球

以右手运球为例，变向时，以右脚为轴心，进行后转身的同时，右手迅速将篮球移至身体的左侧前方，接着切换手掌运球以加速前进。转身运球的关键在于在动作执行过程中降低重心，确保拉球和转身动作的流畅衔接，以保持动作协调一致。这样的运球技术旨在通过迅速的方向变换来躲避对方防守，同时保持球的控制。

5. 背后运球

以右手运球为例，向左变向时，右脚位于前方，右手将篮球拉至身体的右侧后方，紧接着通过迅速转腕的方式拍击球的右后方。接下来，将球从身后拍击至身体的左侧前方，然后由左手接球，同时左脚向前迈步，以实现加速前进。在进行背后运球时，关键在于右手将球拉至右侧身后时，需以肩关节为轴心，并以迅速的腕部转动方式完成对球的拍击，以确保动作的流畅。这种运球技术旨在通过巧妙的身体协调和手部动作，达到变向和控制球的目的。

6. 运球技能培养方法

篮球运球技能的训练包括多个阶段：首先，在原地进行各种运球练习，以培养手臂、手腕、手指的协调性；其次，进行左、右手的直线运球，强调在前进中对运球的掌控；再次，通过组合不同的运球动作，提高运球技术的综合应用能力，并在此基础上，引入防守元素，训练运球时的应变能力；最后，将各种运球技术在实际比赛场景中进行应用，体会并加深对各种运球技术合理运用的认识。这种系统性的训练方法旨在全面提升运球技术水平，使球员能够在比赛中灵活自如地应对各种情况。

（四）篮球运动的投篮技能教学及其训练

投篮是篮球运动中的关键技术、唯一的得分方式，其得分数量直接决定比赛胜负。这一技术的熟练程度对球队的竞技表现具有深远的影响。

1. 单手肩上投篮

以右手投篮为例，运动员的动作要领涵盖了全身协调和手部细致控制。右手五指自然分开，手腕向后屈，将篮球保持在肩部，左手用于稳固。站姿要求右脚稍前，左脚稍后，确保身体的平衡和稳定。上体前倾，腰腹伸展，准备进行投篮动作。

在实际投篮时，动作更显精细。运动员用力蹬地，通过伸展腰腹来转化为上肢力量。同时，抬起肘部，手臂上伸，形成投篮的基本姿势。手腕和手指的前屈起到了控制和调整投篮方向的作用。最终，通过中指和食指的精准操作，运动员能够将篮球准确投出，并保持手臂在投篮动作完成后向前上方自然伸直。

这一投篮动作的要领强调了全身协调和手部技巧，确保了投篮的准确性和力度的合理调控。

2. 双手胸前投篮

在双手胸前投篮的动作中，站姿和姿势的合理配置是实现准确投篮的关键。双脚前后站立，与肩同宽，确保了身体的平稳和支撑。持球于胸前，双手的肘关节自然下垂，上体稍微前倾，两膝微屈，目视球筐，形成了一个合理的站姿。

在投篮过程中，动作更趋于精细。两脚蹬地，通过屈膝蹬地的力量来启动投篮过程。腰腹伸展，使身体转化为上肢投篮力量。同时，两臂上伸，拇指向前压送，手腕和手指的外翻是调整篮球方向的关键。在最后的投篮瞬间，通过拇指、食指、中指的协调动作，将球准确地投向篮筐。

3. 行进间单手低手投篮

右手投篮的动作在运动中注重步伐的协调和投篮瞬间的动作精准性。在接球瞬间，右脚迅速腾空，落地后进行步伐的调整，第 1 步稍大、第 2 步稍小，为起跳做准备。起跳时，左脚向前上方迈出，带动身体的上升。

在腾空过程中，持球手巧妙地伸展手臂，五指分开托住篮球，确保对球的完全掌握。接近篮筐时，手腕柔和上摆，食指、中指、无名指的动作配合精准，通过向上拨球实现投篮。这一过程注重动作的流畅性和控制身体平衡的稳定性。

在行进间的单手低手投篮中，步伐的变化和腾空高度的控制是关键。第 1 步稍大、第 2 步稍小，持续加速，确保在起跳瞬间能够腾空较高。投篮时要注意细致的动作，如手腕柔和上摆和指尖的准确拨动，以实现低手投篮的准确性。

4. 运球急停跳起投篮

在快速运球中，采用跳步或跨步急停的技术，突然进行上升跳跃，同时携带篮球上举。随着身体接近最高点，前臂迅速伸直向前上方，手腕前屈，食指和中指施加力量拨动篮球，通过指尖精准投篮。这种运球急停跳投的关键在于急停步伐的快速而稳定，起跳技术与急停的步伐要协调一致，确保身体在腾空时与投篮的出手动作无缝衔接，实现动作的协调和精准性。

5. 投篮技能培养方法

（1）在掌握投篮动作的基础上，进行原地投篮的模仿练习，注重手部协调动作。

（2）持球进行原地投篮练习，可选择对墙或队友，通过目标练习精准度和力度。

（3）面对篮筐进行投篮训练，逐渐变换距离和角度，提高投篮技术的适应性。

（4）在防守者消极的情况下进行投篮练习，增加对抗性，提高投篮的适应性。

（5）在实战中，深入体会投篮动作的要领，灵活运用不同投篮技巧，准确把握出手的力量、角度和时机，以提高投篮的实战效果。

（五）篮球运动的抢球、断球、打球技能教学及训练

在篮球运动中，抢球、断球、打球是防守中具有攻击性的技术，是积极的防御思想在防守过程中的体现。这些技术不仅是防守的手段，也是积极防守战术的基础，通过主动干扰对手的传球和控球，达到有效限制对方进攻的目的。

1. 抢球

抢球动作可细分为两种技巧：首先是转抢，即在防守队员抓住球的瞬间，迅速运用手臂后拉和双手转动的力量，巧妙地夺取球权。其次是拉抢，防守队员要准确判断对手持球的空隙位置，迅速用双手紧紧抓住球，然后猛力拉拽，成功地将球夺回。在实施抢球动作时，准确的判断和迅速的反应至关重要，确保出手及时而有效。

2. 断球

断球方法主要分为横断球和纵断球两种。横断球时，防守者需要降低身体重心，迅速跃起，用一只脚或两只脚蹬地，同时双臂伸展，巧妙地阻截传球路线。而在纵断球时，防守者要在接球队员的右侧迅速侧身，迈出半步，然后迅速用右脚蹬地跃出，利用伸展的双臂有力地将球截下。无论是横断球还是纵断球，关键在于找准断球时机，迅速展开动作，以取得成功。

3. 打球

在防守持球队员时，应根据对方持球的位置灵活运用不同的打球动作。当对手持球较高时，防守者的动作要小而迅速，掌心朝上，主要用手指和手掌攻击球的下部；而当对手持球较低时，防守者的动作同样要小而迅速，此时掌心朝下，利用手指和手掌打击球的上部。总体而言，打球的动作需小巧灵活，切忌过于张扬和过度用力。

4. 抢、断、打球技能培养方法

在进行防守训练时，可以从以下四个方面入手：

（1）通过徒手练习，体会抢、断、打球时的手部动作，注重手部的灵活性和做出迅速反应。

（2）进行抢、断、打球的脚部动作练习，重点培养脚步灵活、准确迅猛的特质。

（3）针对对手持球的不同高度，练习抢、打持球队员手中的球，注重掌握动作的精准度。

（4）在实战中，应灵活运用抢、断、打球技术，根据比赛情况合理选择并展现出制胜对手的手段。

（六）篮球运动的防守对手技能教学及训练

在防守过程中，防守队员通过灵活运用多样步法和手臂动作，积极争夺有利位置，有针对性地干扰和瓦解对手的进攻计划。以争夺控制球权为目标，采取主动措施，有效地制约对手的进攻意图和行动。这种防守策略旨在通过巧妙的动作和位置占领，为球队创造有利的比赛态势。

1. 防守无球队员

在防守时，防守队员需要保持位置处于对手和球篮之间，偏向有球的一侧。他们根据球和对手的移动灵活运用上步、撤步、滑步、交叉步、并步和快跑等步法，结合身体动作，巧妙地抢占有利的防守位置，阻挠对手的摆脱和移动路线。在与对手发生身体接触时，防守队员要降低重心，弯曲双腿，屈肘外展，扩大站位面积，上体适度紧张，以提前发力进行有效对抗。此外，防守无球队员需要在防守时抢占“人球兼顾”的有利位置，要做到内紧外松，近球密，远球松，随时准备协防和补防，防止对手通过空切摆脱防守。

2. 防守有球队员

在进行防守时，队员应合理站位，在平步防守中，双脚平行站立，双臂侧伸，并持续挥摆，这适用于对抗运球和突破的情况。而在斜步防守中，前后脚站立，前脚同侧手臂向前上方伸展，另一只手臂侧伸，更适用于对抗投篮。在防守持球队员时，关键在于及时占据有利的防守位置，并根据进攻队员的技术特点选择平步防守法或斜步防守法。这样的灵活站位和合理步法可以有效应对不同的进攻动作，以提高防守效果。

3. 防守对手技能培养方法

在面对对手时，防守的关键在于针对对手的状态选择合适的位置和距离。当对手静止时，要确保站在正确的位置和合适的距离；在对手移动时，则需要灵活地调整位置和距离。通过结合移动技术的练习，进行消极对抗下的防守练习，可以更好地适应实际比赛的情境。在实战中，根据场上的具体情况，灵活运用技术动作，是取得有效防守的关键策略。

（七）篮球运动的抢篮板球技能教学及训练

1. 抢占位置

在争夺篮板球时，无论是进攻球员还是防守球员都需要根据对手和投篮球员的位置，迅速判断球的反弹方向。通过快速地移动脚步，目标是抢占在对手和篮筐之间、靠近内线的位置，力求将对手挡在自己身后。抢占位置的关键在于准确判断，及时移动，以及巧妙地争取有利的站位。

2. 抢球动作

在争夺篮板球时，要迅速伸展双臂，将手伸向球反弹的方向，确保在身体和手达到最高点时能够紧握球体。同时，用腰腹的力量在空中快速屈臂，将球拉到身前。若采用单手抢篮板，需在身体达到最高点时，伸直手臂，用指尖触碰球，然后通过屈腕、屈指和屈臂的动作将球拉至胸前，并用另一只手保护球的安全。当面对身材较高的对手而难以直接争夺球时，可巧妙地运用手指点拨的技巧，将球传递给队友或点拨至自己有利的位置，以便进一步进攻。成功抢到球后，要迅速将球带到有利位置，并采取下一个进攻动作。

3. 起跳动作

站位保持两腿屈膝，重心降低，上体稍微前倾，两臂略微屈曲自然垂于体侧。起跳时，用力蹬地，同时双臂上摆，向上伸展，协调运用腹部和腰部的力量。在防守方面，通常选择转身跨步起跳，而进攻方面则更倾向于采用助跑单脚起跳或跨步双脚起跳的动作。至关重要的是，起跳的动作要迅速，掌握好最佳的时机。

4. 抢篮板球技能培养方法

培养抢篮板球技能的方法有很多，可通过徒手模仿起跳和抢球动作，或者进行自己向上抛球的练习，分别练习单脚和双脚起跳时的抢球动作。在两人一球的练习中，站在篮圈两侧，轮换跳起将球托过篮圈，通过碰板后传给同伴，培养跳起时的协调性。在三人一组的练习中，一人投篮，另外两人则专注练习抢进攻篮板球或防守篮板球的动作。这样的多样性练习能更好地结合实战，提高抢篮板球的技巧。

二、篮球运动比赛的场地与规则

（一）篮球运动比赛的场地铺设

篮球比赛场地的构建具有一定的规范和标准，以确保比赛的公平和安全。篮球场地通常为长方形，要求地面坚实平整，无障碍物。篮球场地的材质有多种选择，如土质、水泥、沥青和木质等场地。其中，木质场地相对理想，但土质、水泥和沥青场地更为经济，尤其在基层单位的使用中更为常见。无论场地材质如何，都要确保地面平整，以防发生意外事故。

篮球场地上的各种线条具有重要的功能和标识作用。场地中长边的界线称为边线，短边的界线称为端线。这些线条必须清晰可见，线宽一般为 0.05 m。场地的中心通过边线的中点向两侧各延长 0.15 m，形成中线。以中线的中点为圆心，以 1.80 m 为半径，画出中圈，用于某些比赛规则的执行。三分投篮区则由两条拱形线限制，投篮在此区域外可得 3 分。罚球区是限制区加上以罚球线中点为圆心、1.8 m 为半径的半圆区域，用于执行罚球。

特别值得注意的是，罚球区和限制区在比赛中有具体的限制作用，例如，球由本队控制时，限制队员在对方限制区内停留的时间不得超过 3 s。这种规定有助于维持比赛的秩序和公正性。

总体来说，篮球比赛场地的标准规划和线条设置是确保比赛公平进行的基础。各种线条和区域的设定，旨在规范比赛过程，同时为运动员提供了执行比赛规则的明确标志，使比赛更加有序、安全。

（二）篮球运动比赛的规则类型

1. 时间规则

篮球比赛分为 4 节，每节持续 10 min。若比赛进入决胜期，则每个决胜期的比赛时间为 5 min。比赛中每一节结束后和每个决胜期之前，都有 2 min 的休息时间。上半时和下半时之间的休息时间为 15 min。为进行下半时比赛，球队需要交换球篮。在所有决胜期中，球队继续朝向第 4 节中相同的球篮进行比赛。在第 4 节和每个决胜期的最后 2 min，一旦有投篮命中，比赛计时钟将停止。这一设置旨在确保比赛的公平性和紧张感，同时给予球队适当的休息时间。

2. 违例罚则

在篮球比赛中，违例是指违反规则的行为，而相应的罚则是将球判给对方队员，并在发生违例的地点进行掷球入界。在时间方面，存在多个违例规定。

首先，3 s 违例。此违例有两个必要条件，即球必须位于前场，同时计时钟在运行。然而，在某些情况下存在默许，例如，当队员试图离开限制区时，或者在限制区内接球但在 3 s 内开始运球试图投篮时，或者在限制区停留超过 3 s 但外线队员正在做投篮动作。

其次，5 s 违例，当球员在被严密防守时、掷界外球、罚球等情况下，超过 5 s 未传球或投篮则构成违例。

再次，8 s 违例，当球员获得控制球后从后场推进到前场不得超过 8 s。这个规定需要特别注意，中线被认为是后场的一部分，球触及前场地面或队员、裁判员即认为球进入前场。

最后，24 s 违例，指一次完整的进攻时间不得超过 24 s。在这段时间内若未进行投篮且球未触及篮圈或进入球篮，将被判定违例。需要强调的是，若 24 s 回表则 8 s 违例的计时将重新开始。

在球的方面，违例主要包括两次运球、带球走、携带球、球回后场、脚踢球（拳击球）、干扰球、球出界和队员出界、跳球违例、故意将球投入本方球篮、掷界外球时持球移动超过 1 m 或不止向一个方向（左右）移动等。这些规定旨在确保比赛的公平性，防止球队通过不正当手段获取优势。在比赛过程中，裁判员将根据这些规定判定违例并进行相应的处罚。

3. 暂停与替换规则

在篮球比赛中，每支球队在上半场可以获得 2 次书面记录的暂停机会，而在下半场则增加到 3 次。在任何决胜局的时刻，每支球队都有资格获得 1 次书面记录的暂停。每次暂停的持续时间为 1 min。当比赛中球成为死球、计时钟停止时，可以进行球员替换。此外，在第四节或决胜期的最后 2 min 内，如果发生得分，那么非得分队有权请求替换球员。这些规定旨在为球队提供在比赛中调整战术、恢复体能的机会，同时确保比赛的公平和有序进行。

4. 犯规规则

在篮球比赛中，犯规是指违反规则，包括非法身体接触和违反体育道德的行为。作为对犯规的惩罚，对方球队将获得掷球入界的机会，或者执行罚球等处罚。每名球员累计 5 次犯规将被罚出场。当一支球队在一节比赛中已经发生了 4 次全队犯规时，该队将陷入全队处罚状态。

犯规的形式包括侵人犯规，即非法使用手、非法掩护、阻拦、推人、撞人、拉人、过度挥肘、背后非法防守等。另外，还有双方犯规、违反体育道德的犯规、取消比赛资格的犯规、技术犯规以及打架等违规行为。这些规定旨在维护比赛的公平性和秩序，确保球员在比赛中遵守规则和体育道德。

第二节　大学体育足球运动教学与实践训练

足球运动起源于中国，是一项以脚支配球为主体的球类运动。运动员通过踢球、运球、停球、顶球、守门等基本技术，在两队互相攻防对抗中，以射门得分为目标，比赛胜负由射入球的数量判定。足球的激烈对抗性培养了顽强拼搏精神、团队协作精神和坚韧意志品质。这项运动通过全面提高和改善身体素质，促使运动员在竞技场上展现出技艺和战术的精湛水平。

一、足球运动的技能教学与实践训练

（一）足球运动的踢球技能教学及训练

踢球是有目的地将球传给队友或射门的行为，是足球战术配合的核心手段，也是

基本技术之一。踢球的方法多种多样，包括脚内侧、脚背正面、脚背内侧等。通过踢球，球队能够实现更高效的战术协作，展现球员的个人技术水平，推动比赛的进行。无论采用何种踢球的方法，其动作过程都由以下部分组成。

1. 脚背正面踢球

在直线助跑中，最后一步步幅略大，支撑脚积极着地，踏于球侧 10 ～ 12 cm 处，膝关节微屈，脚尖正对出球方向。踢球时，腿以髋关节为轴，大腿带动小腿由后向前摆动，脚面绷紧，脚背绷直。小腿加速前摆，以脚背正面部位瞬间击球的后中部。击球后，身体及踢球的腿随着球前移，完成传球或射门的动作。

2. 脚背内侧踢球

在斜线助跑中，与出球方向约呈 45° 角，最后一步步幅略大，支撑脚外沿积极着地，踏于球的侧后方 20 ～ 25 cm 处，膝关节微屈，脚尖指向出球方。身体稍向支撑方一侧倾斜，踢球腿以髋关节为轴，大腿带动小腿向前摆，大腿摆至与支撑腿接近同一平面时，小腿加速做鞭打动作。踢球腿击球时，脚尖稍外转指向地面，脚趾紧扣，脚背绷直，脚跟提起。以大腿带动小腿加速前摆，根据传球的目的、击球的后中部或中下部，传出的球会出现高、中、低不同的效果，击球后继续随球前移，完成传球或射门的动作。

3. 脚内侧踢球

采用直线助跑时，最后一步步幅略大，支撑脚踏在球侧 12 ～ 15 cm 处，膝关节微屈，脚尖正对出球方向。踢球脚屈膝外展，脚底与地面平行，脚尖略微上翘。小腿加速前摆，采用脚内侧部位击球的中后部，通过推送或敲击的踢法将球踢出，实现传球或射门的动作。

（二）足球运动的控球技能教学及训练

1. 拖球

拖球是利用脚底上部，将球由前向后或由左（右）向右（左）拖拉的动作。完成拖球后，通常使用脚的内侧挡住球，然后进行下一步动作。

2. 拨球

拨球是球员用脚腕抖拨的动作，通过脚背内侧或脚背外侧触球，使球侧向或侧后（前）方滚动。内拨是指用脚背内侧拨球，外拨是指用脚背外侧拨球。通常在与对手对抗时，当对方试图伸脚抢截球时，球员会迅速应用拨球技术，巧妙地避开对方的抢截，从对手一侧带球越过对手，以保持对球的控制。这一技术在避免对手干扰的同时，为球员提供了更多灵活的运球选择。

3. 扣球

扣球是球员迅速变向的技术，通过踝关节急转压扣，用脚背内侧或脚背外侧触球，迅速停住或改变球滚动的方向。内扣是指用脚背内侧扣球，外扣是指用脚背外侧扣球。

扣球可在转变方向后，通过推拨动作实现突然加速，巧妙地越过对手。扣球技术的灵活运用有助于球员在比赛中展现变幻莫测的运动方式，为团队争取进攻机会。

4. 颠球

颠球是球员运用身体各个有效部位连续击球，尽量不让球落地的技术动作。通过经常练习颠球，能有效提升人体对球的各种特性（如弹性、重量、旋转等）的熟练掌握，同时深化练习者对触球部位和击球力量的感觉。颠球的技术要求涵盖脚背、脚内侧、脚外侧、大腿、头部、胸部、肩等多个身体部位。这一技术的精通不仅有助于提高球感和身体协调性，还为球员在比赛中展现更多的技巧和创造性提供了可能。

（三）足球运动的运球技能教学及训练

运球技术是指持球队员在奔跑中有目的地用脚的某一部位推拨球，实现连续触球动作，确保球始终受控。这一技术范畴包括运球和运球突破，常用的运球方法如下。

1. 脚背内侧运球

持球队员在运球时，保持身体自然松弛，上半身前倾并顺着运球方向旋转，步幅紧凑，双臂摆动自如。运球时，膝关节轻微弯曲，脚跟提起。在迈步着地之前，用脚背内侧巧妙地推拨着球。

2. 脚背外侧运球

持球队员在运球时，要确保身体保持自然松弛，上半身略微前倾，双臂摆动自如，步幅适中。运球动作中，膝关节需轻微弯曲，同时要注意提高脚跟，脚尖内扣，并运用脚背外侧巧妙地推拨球的后中部。

在进行运球训练时，有三个关键方面需要注意：首先，采用反复练习的方法，包括无对抗、消极对抗、积极对抗以及小组比赛等形式，练习难度可以根据个体水平进行调整；其次，保持小步幅，确保身体重心随着球的移动而灵活调整；最后，时刻保持注意力，抬头观察周围环境，以便及时做出决策。

（四）足球运动的接球技能教学及训练

1. 大腿接球

在大腿与球接触的瞬间，应迅速做出撤引缓冲动作，以大腿中部接触下落的球，使其落于更有利于衔接下一个动作的位置。在接球时，需要注意四点内容：首先，接球练习可采用多样化的重复练习方法，以确保技能的牢固；其次，在练习中应注重实战和战术配合，使接球技术更贴近实际比赛场景；再次，以 2 ～ 4 人为一练习组，可以促进团队协作；最后，教师应根据学生的基础水平，制定切实可行的练习内容和方法，以提高学习效果。

2. 脚内侧接球

脚内侧接球包括接地滚球、接反弹球和接空中球三种关键技术。

（1）接地滚球，动作要领包括：①支撑脚正对着来球，膝关节微屈；②接球脚屈膝外转，脚尖稍微翘起，主动前迎来球；③接触球的瞬间，迅速后撤缓冲，将球控制在有利于衔接下一个动作的位置。

（2）接反弹球，动作要领包括：①支撑脚踏在球的落点侧前方，屈膝上体稍微前倾；②接球脚放松提起，用脚内侧对准球的反弹角度；③当球反弹离地时，用脚内侧部位推压球的中上部。

（3）接空中球，动作要领包括：①根据来球的高度，接球脚迅速举起前迎，对准来球路线；②球与脚内侧接触的瞬间，后撤缓冲；③将球控制在有利于衔接下一个动作的位置。

以上三种关键技术分别适用于不同的球场情境，通过灵活运用，球员可以在比赛中更加自如地掌控球权。

3. 脚底接球

脚底接球包括接地滚球和接反弹球两种关键技术。

（1）接地滚球，动作要领包括：①支撑脚踏于球的侧后方，屈膝，脚尖正对着即将到来的球；②接球脚提起，自然屈膝，脚尖上翘高于脚跟，踝关节放松；③用脚掌前部触球的中上部，确保球能够顺利滚动。

（2）接反弹球，动作要领包括：①支撑脚踏在球落点的侧后方，对准来球的反弹角；②当球触地瞬间，用脚掌前部对准球的反弹路线，迅速推压球的中上部，以便有效地掌控球的方向和速度。

以上两种关键技术均在比赛中扮演着关键角色，通过不断地练习和磨炼，球员可以更加灵活地应对各种比赛场景，保持对球的出色控制力。

（五）足球运动的抢截球技能教学及训练

抢截球是一项积极的转守为攻的策略，充分综合了防守技术的各个方面。它包括抢球和截球两个主要内容。抢球是指在符合足球规则的情况下，把对手控制的球抢夺过来或破坏掉；截球是指在对手球员之间传递球时，通过巧妙的堵截和破坏，有效地中断传球链条。

1. 侧面合理冲撞抢球

在防守队员与对手并肩追球的情境中，通过降低身体重心，运用靠近对手一侧的手臂，将肩以下、肘以上的部分贴近身体，有力地推撞对手相同部位，使对手失去平衡，从而夺取球权。这一抢截技术要求在实际练习中注意三个方面：首先，最好在对抗性条件下，并结合简易的攻防战术进行，以更好地体现实战效果，同时，通过与游戏结合，能够提高练习的趣味性；其次，抢截时机的准确性和合理性至关重要；最后，执行抢球动作时要迅速果断，确保在对手失去平衡的瞬间夺取球权。

2. 正面跨步抢截球

迈开双腿，膝盖微曲，身体稳定并集中在双足之间。一旦对手触球，迅速用后脚蹬地，用脚内侧挡截球，另一只脚紧随其后。若双方同时触球，灵活地提拉抢球脚，使球滚过对手脚背，迅速调整身体重心，巧妙掌控球权。

（六）足球运动的头顶球技能教学及训练

球员有意识地用前额正面或侧面将球击向目标，这便是头顶球。在足球比赛中，头顶球是传球、射门和抢截的有效手段之一。球员可以在原地、起跳、跑动或鱼跃等方式中运用头顶球技术。这项技术作为在比赛中争取时间和争夺空间的有效手段，被广泛采用。

1. 原地前额正面头顶球

身体正对，双眼紧盯着来球。两脚自然分开，膝盖微屈，上半身后仰，双臂自然展开。当球垂直上升时，后脚用力蹬地，身体快速向前屈，重心迅速由后脚转移到前脚。击球时，颈部肌肉紧绷，用前额正面顶球的后部，上半身与球同步前摆。这套动作旨在精准击打来球，确保能够控制球场。

2. 起跳前额正面头顶球

在原地起跳时，双脚用力蹬地，两臂屈上摆自然张开，身体呈反弓形，上体后仰，集中注视来球。当球运行到身体正上方时，收腹，上体快速前摆，颈部紧绷，用前额正面顶出球，随后屈膝缓冲着陆。

头顶球的训练需注意三个方面：首先，运用自抛自顶的反复练习法，或者借助墙面，有目标、有意识地提高头顶球技术和准确性；其次，在顶球时不能闭眼或缩颈，要主动迎球，确保颈部保持紧张；最后，要准确判断起跳时机、来球速度以及落点位置，以便更好地执行头顶球技术。

二、足球运动的战术教学与实践训练

（一）足球进攻战术教学

1. 足球局部进攻战术教学

局部进攻战术是指在进攻中，两队或多个队员之间展现的协同配合方法，构成集体合作的基石。这种战术包括二过一配合、传切配合、三人配合等多种形式。其中，二过一配合在局部区域扮演关键角色，通过两个进攻队员之间连续的多次传球，巧妙越过一个防守队员，展开精彩的合作行动。

2. 足球整体进攻战术教学

在阵地进攻中，球队采用多种战术手段以突破对方防线，创造射门机会。

首先，边路传中是一项有效的策略，即在对方半场两侧展开进攻，利用传中方式创造射门机会。这策略充分利用了对方边路防守薄弱、空间较大的特点，通过突破防线，进行传中，并由中路或异侧的队友包抄完成射门。

其次，阵地进攻中的中路渗透有三种形式：后场发动进攻、中路发动进攻、前场发动进攻。这意味着球队可以通过各个区域的球员协同作战，通过中路的渗透来打破对方的防线，制造射门机会。

再次，中路转移是应对中路防守密集的一项战术。当比赛时中路聚集双方队员较多，中路渗透难以奏效时，球员选择将球从中路转移到边路，分散对方防守力量，然后再通过边路突破或传中进行攻势。

最后，快攻是一种高效的进攻战术，主要特点是在守转攻时对方防守未及时到位，通过迅速的传递与配合创造射门机会。快攻可通过守门员踢球或手抛球发动、在中前场抢截到对手球时快速展开、在中后场获得任意球时迅速发球等方式实施。这种战术在对方未能组织好防线时能够迅速形成进攻机会，是一项高效的得分手段。

（二）足球防守战术教学

1. 足球基础防守战术教学

在防守战术中，选位和盯人是基础。队员站位应在对手和本方球门中心构成的一条直线上，对有球队员及可能接球者实施紧逼，对离球较远者采用松动盯人策略。这确保了防守队员有效地覆盖对手，限制其活动空间。

局部防守配合是防守的核心，要求队员之间保持适当的斜线站位。当一侧被突破时，立即进行有效补位，确保被补位队员能够快速回到原来的位置。这种集体防守战术通过保护和补位的协同作战，有效地应对对手的进攻，提高了球队在局部区域的防守能力。这样的战术部署不仅强调个体的防守技能，也注重团队的默契合作，以应对各种进攻威胁。

2. 足球全队防守战术教学

在防守战术中，有人盯人防守、区域盯人防守和混合防守三种常见的方式。

首先，人盯人防守要求每个队员盯住一个指定对手，随着对手移动进行密切盯防，除拖后中卫负责区域防守和补位任务外。这确保了每个球员有明确的责任，全场形成紧密的个人盯个人防线。

其次，区域盯人防守下，每个队员在自己负责的防守区域内紧盯进入该区域的对手，不越区盯人，同时由拖后中卫负责补位任务。这种方式保持了整体防守结构的稳定性，确保了对手难以在特定区域内轻松发动进攻。

最后，混合防守结合了人盯人和区域盯人两种方式。拖后中卫执行补位任务，后卫盯人，而前卫和前锋进行区域盯人防守。此战术注重全场的攻守平衡，要求队员在防守时延缓对方进攻，快速回防到位，紧逼盯人，严密守住球门前 30 m 区域。这种战术在现代足球中得到广泛应用，强调整体性的防守，以有效地应对对手的各种进攻威胁。

三、足球比赛场地与规则

（一）足球比赛场地铺设

足球场地长 100 ～ 110 m，宽 64 ～ 75 m，各界线宽度不超过 12 cm。球门宽 7.32 m，高 2.44 m，角旗高 1.50 m。球场划定的重要线包括球门线、中线、罚球区等。球门线是判断进球的标志线，守门员在点球时需两脚站在球门线上不得移动。中线平分球场，开球时双方球员需站在本方半场内，球越过中线进入对方半场方可开始比赛。

球门区是靠近球门的矩形区域，守门员手中无球或在空中持球时，对方球员不得冲撞。发球门球时，守门员将球放在出界侧的球门区内。罚球区在球门前，守门员可用手触球。罚点球时，其他队员需退出罚球区和罚球弧外，只有守门员和罚球队员可在此区域内。踢球门球或守方罚任意球时，球员必须将球踢出罚球区，比赛在此之前对方队员必须离开罚球区，并保持距离至少 9.15 m。这些规定确保了比赛的公平性和秩序性，规范了球场上的各项活动。

（二）足球比赛规则设置

在足球比赛中，犯规和不正当行为属于严格规范的领域，其细则如下：

第一，直接任意球是一种明显的违规行为，包括但不限于踢或企图踢对方队员、绊或摔对方队员、跳向对方队员、冲撞对方守门员、打或企图打对方队员、推对方队员、在铲球时触球前触到对方队员、拉扯对方队员或向对方队员吐唾沫、故意手球或用手臂部携带、击打或推击球（守门员在本方罚球区内除外）。防守队员在本方罚球区内犯规时，将面临点球判罚。

第二，间接任意球是另一种违规行为的后果。此类犯规包括队员有危险动作、不合理冲撞、阻挡、守门员接回传球、有意延误比赛时间。对方队伍将在犯规地点踢间接任意球，为对方提供一次良机。

第三，黄牌警告是对比赛中不当行为的一种惯常处理方式。比赛开始后，队员擅自进出场地、持续违反规则、对裁判员的判罚表示不满、延误比赛时间、故意离开比赛场地等情况都会受到黄牌警告。此时，对方将踢任意球。

第四，红牌罚出场是一种更为严厉的惩罚，通常用于恶劣行为、严重犯规、暴力行为、用污言秽语辱骂对方队员等情况。经过黄牌警告后，如果再次发生可警告的犯规，裁判员将给予红牌罚出场，对方将踢任意球。

在掷界外球和角球方面，队员在掷球时需要面向球场，两脚有一部分必须站在边线上或边线外。掷球动作中，不得全部离地，同时应用双手将球从头后经头顶掷入场内。至于角球，当球被防守队员踢出本方端线时，对方将踢角球。踢角球时，不能移动旗杆，必须将球放在角球区内执行，踢角球可以直接射门得分。

第三节　大学体育乒乓球运动教学与实践训练

乒乓球是一项设备简单、容易上手的运动，其灵活性和适应性使其成为一项不受年龄、性别等限制的全民运动。乒乓球小巧轻便、速度迅猛、变化多端，要求运动者具备高度的准确性、灵敏性和技巧性。其竞技性强，可培养运动者的心理素质。相较于足球、篮球等身体对抗明显的运动，乒乓球的非直接身体接触使运动者能够更好地掌握运动量，这在推动普及方面具有优势。乒乓球运动符合我国国情，深受国人喜爱，因而在国内得到了广泛推广。其简便性、适应性以及无年龄性别差异的特点使其成为一项普及广泛的体育运动，为全民健身做出了积极贡献。

一、乒乓球运动的基础知识

（一）乒乓球运动的基础站位

乒乓球运动的站位是指在准备击球时所占据的基本位置，而这个基本位置的划分主要是根据身体躯干与球台的距离来进行的，包括近台、中近台、中远台及远台四种基本站位。

在应对每一个来球之前，迅速移动身体以选择合适的击球位置，是确保及时、准确地还击球的关键。通过提前准备，运动员能够更恰当地应对各种复杂的局面。一般而言，身体较为矮小或以快攻为主的运动员适宜选择离台较近的站位；而身体较高大或进攻速度较慢的运动员则适宜选择离台较远的站位。对于正手攻击性强且步法较好的运动员，可以适当偏向反手位站位；而两面都能进攻的运动员，则可适当选择靠中间的站位。

在应对每一个来球之前，维持正确的姿势是关键，以便迅速启动，及时、准确地还击球。正确的基本姿势包括：两脚略比肩宽，左脚稍微在前，膝盖微屈，前脚掌着地，上体自然前倾，背部略呈弧形，同时含胸收腹，重心前移。下颌略微收缩，两眼注视着来球。持拍手臂自然弯曲，置于身体右侧，肘部稍微外张，手腕保持松弛，球拍放置在腹前并离身 20 ～ 30 cm。

这种基本姿势的维持，不仅有助于迅速启动和灵敏地应对来球，也为有效的击球提供了基础。通过正确的站位和姿势，运动员能够更好地控制击球的方向和力度，提高应对各种情况的灵活性和成功率。

（二）乒乓球运动的握拍方法

学习乒乓球技术的首要步骤是握拍方法。正确的握拍方法对未来技术的发展至关重要。目前，主流的握拍方法包括直握和横握两种。这两种方法各有优劣，导致了不同的打法。初学者可根据个人习惯和喜好选择适合自己的握拍方式，从而奠定技术发展的基础。

1. 直拍握法

直拍握法的特点在于出手迅速，正手攻球迅猛有力。其优势在于攻击时变化不大，难以被对手判断，从而有助于在速度、球路和力量上取得主动。手腕动作灵活，发球时可变化多端，通常不需要频繁转换拍面。然而，反手攻球时受到身体阻碍，较难掌握，不易起重板。在攻削交替时，手法变化较大，可能影响击球的速度和准确性。此外，防守时需要更加精准地照顾拍面。对于直握拍法，有三种不同的握拍方式适用于不同的打法：

第一，攻类打法的握拍法：正面握拍时，使用拇指第一关节和食指第二关节夹住球拍，虎口贴住拍柄；背面握拍时，其余三指弯曲斜形重叠，中指第一关节抵住球拍背面的 1/3 上端，即中钳式握法。

第二，弧圈类打法的握拍法：正面握拍时，拇指紧贴在拍柄的左侧，食指扣住拍柄形成一个大环状，紧握拍柄；背面握拍时，其余三指自然弯曲，中指第一关节顶住球拍的中部。

第三，削球类打法的握拍法：正面握拍时，大拇指弯曲，紧贴拍柄的左侧并用力下压；背面握拍时，其余四指自然分开托住球拍的后面。在正手削球时，尽量使球拍后仰，减少来球冲力；反手削球时，拍后四指灵活地把球拍兜起，使拍柄向下。

2. 横拍握法

横拍握法的主要特征是照顾面较直握更大，握拍手法在攻击和削球时变化较小。相较之下，反手攻球不受身体阻碍，有利于更有效地发力；削球时使用力量更方便，有助于充分发挥手臂力量和掌握旋转变化。然而，在应对左右两面来球时，需要灵活变换击球拍面；在攻斜线和直线球时，调整拍形的幅度较大，容易被对手察觉；而在台内正手攻球方面也相对较难掌握。

横拍握法的基本握法被称为“八字”式，其中虎口轻微贴拍，中指、无名指、小指自然握住拍柄，拇指放置于球拍正面靠近中指，食指自然伸直斜于球拍的背面。此外，横拍握法可分为浅握和深握两种，握法基本相同，唯一的区别是在深握中虎口紧贴球拍，而在浅握中虎口稍微离开球拍。无论采用何种握法，正手攻球时食指都需要加力，并稍微向上移动以协助压拍；而在反手攻或快速拨球时，拇指需要施加力量，并稍微向上移动以帮助压拍。

在应用横拍握法时，需要注意以下三点：首先，握拍时不可过紧或过松，过紧会使手腕僵硬，影响手腕动作的发力，而过松则会影响击球力量和准确性；其次，握拍不宜过浅，在横握时，食指和拇指构成的钳形不宜过大或过小，以保持手腕动作的灵活性；进一步，在变换击球拍面和调整拍面角度时，需要充分利用手指的作用；最后，不应频繁变换握拍方法，特别是对于初学者，以免影响技术动作和打法类型的形成。

（三）乒乓球运动的基本步法

在乒乓球练习和比赛中，来球的着地点会经常变化，为了能够准确还击每一个来球，不仅需要正确的技术动作，还必须具备敏捷的步法。步法是指为了选择合适的击球位置而采用的脚步移动方式。乒乓球运动技术包括手法和步法，它们之间密切相连，缺一不可。随着技术的不断进步，步法的重要性也变得越发显著。步法是及时、准确地执行各项技术动作的关键，也是实施各种战术的强大保证。因此，从初学乒乓球技术开始，我们就应该高度重视步法的训练。

1. 步法的类型

在乒乓球运动中，运动员常常根据不同的比赛情境和战术需求，采用多种步法来灵活移动身体，以更好地应对不断变化的球路和击球点。

（1）单步是一种基础步法，以一只脚为轴，另一只脚向前、后、左、右不同方向移动，保持重心平稳。它适用于小范围内的移动，如接近网短球等情境。

（2）跨步是一种用于左右移动的步法，其中一只脚蹬地，另一只脚向移动方向跨出一大步。这种步法常被进攻型选手用于迅速调整位置，然后进行有力的击球。为了避免失去重心，蹬地的脚应迅速跟上半步或一小步。

（3）并步是一种适用于左右移动的步法，其中来球异方向的一只脚先向另一只脚移半步或一小步，另一只脚在并步脚落地后即向同方向移动。这种步法具有身体稳定、重心起伏小的特点，常被进攻型选手或削球选手使用。

（4）侧身步是根据来球逼近身体的情况而采用的步法，分为左脚先向左跨出一步再右脚随即向左后方移动，以及左脚先向前插上，右脚向左后移动。这种步法有助于在局势紧张时灵活躲避来球。

（5）交叉步是一种复杂而灵活的步法，通过脚尖先向前转向移动方向，再跨一大步，身体呈交叉状态，随之向来球方向移动。这种步法适用于移动范围较大，需要快速调整位置的情况。

（6）小碎步是一种高频率的小垫步，主要用于步法的微调。在步法移动到一定位置时，通过小碎步来调整，以争取更好的击球点。这种步法在比赛中起到精准调整的作用，确保运动员能够在最佳位置进行击球。

2. 步法的练习

（1）徒手模仿练习是培养运动员熟练个人打法中经常采用的方式。通过模仿练习，运动员能够在没有球的情况下专注于步法的细节，提高对步法的感知和掌握。

（2）有针对性地安排步法练习内容是确保步法练习有目的、有重点的关键因素。通过分析个体的步法问题，有计划地进行练习，能够有针对性地解决主要步法问题，提高步法的技术水平。

（3）采用多球进行步法练习是一种有系统、有层次的训练方式。通过提供多个球进行练习，可以让运动员在跑动到位的同时逐渐适应不同的球速和难度，从而提高对步法的适应性和应变能力。

（4）规定组数和次数，或在规定时间内完成一定组数和次数的练习，有助于控制训练强度和量化练习效果。这种有计划的练习方式能够使运动员更加有序地进行步法训练，确保达到预期的练习效果。

（5）将步法练习与专项体能练习结合起来，以增强下肢的起动速度和力量，对于提高整体运动水平至关重要。通过结合专项体能练习，不仅可以强化步法的执行力，还可以提高身体的协调性和爆发力。

在练习步法时，应该注意以下五个方面：第一，准备姿势的良好是步法快速移动的基础，因此需要养成每打一板球都能迅速还原的习惯；第二，判断和反应的迅速性对于步法的快速移动至关重要，因此运动员需要培养对局势的敏感性和快速反应的能力；第三，两脚蹬地时要有力，力量的释放将直接影响身体移动的速度；第四，重心交换与腰的灵活性同样是步法练习中不可忽视的因素，合理的重心交换和腰的灵活性能够使步法更具变化和灵活性；第五，步法移动的正确性是确保在最短时间内达到移步选位击球目的的前提。

二、乒乓球运动的技术教学与实践训练

“乒乓球教学是体育教学中不可缺少的重要组成部分，对我国体育教育事业的发展具有积极的推动作用。乒乓球教学中基本技法的训练是乒乓球教学的主要内容，不仅可以提高学生的身体素质，还具有很重要的健康价值。”①

（一）乒乓球运动的发球技术及训练

发球作为比赛中的先手环节，是力求占据主动、先发制人的重要阶段。这一环节的关键在于不受对方制约，可以自由选择最合适的站位，并根据个人意图将球发至对方球台的任何位置，以制造对方难以应对的局面，为自身进攻创造有利条件。一个出色的发球不仅能令对手感到紧张，还能促使其在接发球时产生失误，从而使自身在比赛中赢得先机。

在发球技术方面，需要注意以下四个关键要点。首先，抛球的稳定性至关重要，抛球的高度和球在抛出后上升与回落的轨迹必须保持稳定。其次，触球点的高度需要根据发球类型进行调整，发急长球时触球点较低，而发近网短球时触球点则相对较高。再次，球在本方台面的第一次着台点也需适当安排，发长球时第一跳要靠近球台的端线，而发短球时第一跳则应在中台位置。此外，手臂或手腕的向前、向下发力必须适度，确保球不至于下网或反弹过高出界。摩擦球的部位和用力方向要准确，以实现在相似动作下产生不同旋转的球。最后，要注意腰部、臂部和腕部的协调配合，以提高发球的整体质量。

① 潘朝霞，张瑞勇．乒乓球教学中基本技法的训练研究 [J]. 当代体育科技，2017，7（14）：44.

通过对这些技术要点的细致把握，运动员可以有效地提高发球的水平和成功率。

1. 正手发奔球

正手发奔球是一种发球技术，其特点在于球速迅猛、击球角度大、突然性强，同时具有向对方右侧偏拐的趋势。这一技术常被用于直拍推攻打法中，以迅速占据比赛主动。

正手发奔球的动作要点主要包括三个方面：①在持球手将球向上抛起后，持拍手迅速向右后上方引拍，手腕自然放松，拍面较垂直。当球自高点下降时，大臂带动前臂由右后方向左前方挥摆，同时腰部也完成由右向左的转动。②在拍面触球的瞬间，拇指用力压在拍的左肩上，同时手腕从后向前迅速抖动，使球拍沿着球的右侧中部到中上部进行摩擦。③发球的第一落点应该靠近端线，以确保发球的准确性和迅猛性。

2. 反手发急上旋长球

反手发急上旋长球是一种发球技术，其特点在于速度迅猛、弧线低、线路长、冲击力大，通常被快攻型打法选手广泛使用。

反手发急上旋长球的动作要点主要有四个方面：①在发球时，持球手将球轻轻向上抛起，同时持拍手迅速向后引拍，上臂自然靠近身体右侧；②当球自高点下降时，持拍手以肘部为轴，前臂横摆发力，向右前方击球；③在触球瞬间，拍面略微前倾，通过摩擦球的中上部，使球快速前行并带有上旋；④球离开拍后，其第一落点通常位于球台端线附近。

3. 平击发球

平击发球一般不带有旋转。这是初学者最基础的发球方式，也为后续掌握其他更为复杂的发球技术奠定了基础。

平击发球的动作要点包括：①持球手在发球时轻轻向上抛球（高度需符合规定），同时持拍手向后引拍，大臂自然贴近身体右侧；②当球从高处下降时，持拍手以肘为轴，前臂向右前方横摆，击球；③在向前挥拍的同时，拍面稍微前倾，击球的中上部；④完成击球后，球的第一落点应在球台的中区。

（二）乒乓球运动的接发球技术及训练

接发球是乒乓球运动中至关重要的技术环节。由于发球方能够在规定的范围内任意选择发球方式，包括力量、速度和旋转等多方面的变化，这增加了接发球的复杂性和难度。不同打法的运动员掌握的发球技术各异，使发球的变化性成为接发球者面临的挑战。在对方将球发向本方台面时，接发球者必须在极短时间内准确判断球的旋转和落点，并迅速做出相应的步法和挡拍动作。因此，快速而熟练的反应速度是接发球的基本要求。尽管接发球是一种被动的技术动作，但通过巧妙的技术运用，接发球者常常能够在被动中寻找主动，使其成为比赛中取胜的关键因素。

接发球技术包括点、拨、拉、推、搓、削、摆短和攻球等技术。因此，要想在比赛中减少被动，化被动为主动，接发球者需要全面掌握各种接发球技术的方法。

1. 接发球的动作要点

（1）接发球者需要根据对方发球时的站位来决定自己的站位。针对对方使用正手、反手或侧身发球的情况，接发球者应相应地调整站位，以更好地回接对方发来的球。站位的左右调整通常考虑到回接斜线球时的角度，以确保在处理对方发来的斜线球时更加得心应手。此外，站位的远近选择也需根据个人习惯打法来决定，以便在照顾接长球的同时，能够迅速处理对方发来的短球。

（2）观察对方发球前的引拍方向及球拍触球瞬间的摩擦方向。通过分析对方发球时挥臂的动作幅度和手腕用力大小，接发球者能够更准确地判断球的落点长短和旋转强弱。此时，接发球者需保持冷静，不受对方的假动作迷惑，以准确判断来球的旋转性质。

（3）观察发球的第一落点来判断来球的长短。如果第一落点较短，且弧线较长，则意味着对方发来的是长球；如果第一落点较长，且弧线较短，则意味着对方发来的是短球。这种判断有助于接发球者在第一时间做出正确的反应。

（4）观察球在空中的飞行弧线判断来球的旋转情况。一般来说，先快后慢的弧线表明下旋，而先慢后快的弧线则为上旋。球在空中的飞行弧线曲度大时，往往是上旋或侧上旋，而曲度小的情况则可能是下旋或侧下旋。通过这些观察，接发球者可以更全面地了解来球的性质。

（5）观察对方发球后落至本方台面后的弹跳情况确认来球的旋转情况。向前走得慢的弹跳可能表示下旋，而向前走得快的弹跳则可能是上旋或无旋球。同样，向左或向右偏飞的弹跳情况也有可能对应左侧旋或右侧旋的情况。

2. 接发球的主要方法

（1）在面对上旋转（奔球）时，运动员应采用正反手攻球或推挡的方式回接。这要求拍面适当前倾，以便更好地调节向前的力量，确保球的控制和准确性。

（2）对于下旋转长球，搓球、削球、提拉球是合适的回接方式。在搓球或削球时，应注重向前用力，以保证回接时球的穿透力和方向控制。

（3）针对左侧上旋球，采用攻球或推挡（搓球或拉球）的方式回接。拍面稍前倾并略向左偏斜，着重击球位置在右中上部位，旨在抵消来球的左侧上旋转，从而实现有效的回击。

（4）对于右侧下旋球，同样可以采用攻球或推挡（搓球或拉球）的方式回击。拍面稍前倾并向右偏斜，击球位置偏左中上部位。回接时的要点和方法与接左侧上旋球相似，强调了灵活运用拍面动作来针对旋转方向进行合理回击。

（5）接近网短球时，运动员应采用快搓、快点或台内突击的方式回接。此时主要依赖手腕和前臂的力量，以迅速而准确地应对对方发来的近网短球，增加制胜的机会。

（6）在面对转与不转球的情况下，可以轻轻地托一板或撇一板，但需要注意弧线和落点的变化。

（7）对不同性能（如长胶、生胶、防弧胶等）球拍的发球，其发球基本属于不转球。回接时需要根据相应的方法进行处理，以确保有效应对对手的发球。

（8）对于接高抛发球的情况，运动员应在球着台后拐弯的程度大时，提前引拍，以更好地适应高抛发球的特殊轨迹。

（三）乒乓球运动的攻球技术及训练

攻球在乒乓球比赛中扮演着争取主动和赢得胜利的关键角色。其特点是快速有力，展现出积极主动和迅猛进攻的特质。熟练运用攻球技术不仅能够使对手陷入被动，还能够创造有利条件，因此，乒乓球运动员必须全面掌握各类攻球技术。

1. 正手扣杀球

（1）正手扣杀球是比赛中的重要得分技术，通常在技术上取得主动和优势的情况下运用。这项技术以动作大、力量强、球速快、攻击性强为特点，主要用于还击半高球，能有效发挥击球力量，是获取分数的重要手段。

（2）正手扣杀球的动作要点包括站位、持拍手臂引拍、击球动作及击球点的选择。在站位上，选手需以左脚为前站立，持拍手臂在击球前向右后方引拍，略高于台面，使球拍呈半横状。当球弹起至高点时，上臂引领前臂由后向前挥动，击球时，前臂快速向左前挥击，手腕紧随其后。在高点期击球中上部，拍面略前倾。触球点通常在胸前 50 cm 左右。在击球后，重心由右脚转移到左脚，完成扣杀动作。此外，成功扣杀后，选手需迅速还原动作，以备随时连续扣杀。

2. 正手近台快攻

（1）正手近台快攻是一种站位近、动作小、球速快的技术，通过迅速靠近台边、小幅挥拍，以借助球的反弹力还击。此技术有助于缩短对手准备回击的时间，争取主动权，同时为扣杀创造机会，甚至直接得分。

（2）正手近台快攻的动作要点包括击球前的站位和持拍手臂的准备动作。在击球前，持拍手臂需向右前方伸展，前臂保持自然松弛，球拍呈半横状。当球从台面反弹时，前臂和手腕共同向前上方挥动，随着内旋转腕的动作，使拍形前倾，确保在球上升期间以中上部击球。触球时，要利用拇指施加压力，同时提速手腕内旋，使拍面呈弧形挥动。击球后，挥拍至头部高度，随即迅速还原动作，松弛手臂，为下一次击球做好准备。

3. 攻球技术训练

（1）通过徒手挥拍练习，结合步法训练，可提高运动员的动作协调性和步伐敏捷性。

（2）在台上进行多球练习，从自抛自攻开始，逐渐引入两人协作的练习。陪练者连续送出单个球，练习者以正手连续攻球。初阶时轻击，以体会动作的正确性，逐渐增加力量，提高练习者的技术水平。

（3）进行推挡与正手攻球的练习，初阶时固定点和线路，渐渐变化落点，最终进行无规律的攻击，旨在培养运动员对不同落点的应对能力。

（4）进行对攻训练，初始阶段从 1/2 台右方斜线对攻，后转为直线对攻。从轻击开始，确保控制好球的落点，然后逐步增加力量。在对攻过程中，从近台逐渐过渡到中台或中远台，同时保持一定的击球数量和速度，以全面提高技术水平。

（四）乒乓球运动的推挡、拨球技术及训练

推挡球是中国直拍快攻战术的基础技术之一，以站位近、动作小、球速快、变化多为特点。在比赛中，通过巧妙运用推挡，可以牵制对手、调动比赛节奏，争取主动局面。此技术在被动时同样能有效转入积极防守，使比赛状态从被动转变为主动。

1. 推挡技术

（1）平挡。

平挡技术以球速慢、力量轻、动作简单为特点，适合初学者入门练习。练习平挡可熟悉球性，感受拍形变化，提高对球的控制能力。在防守对方攻击时，平挡是一种有效的防御手段。

动作要点包括双脚平行或略前，身体距离球台约 50 cm。在击球前，前臂平行于球台伸向来球。拍触球时，前臂和手腕轻微向前移动，主要利用来球的反弹力将球挡回。

（2）快推。

快推的特点在于回球迅速，速度快，且具有斜线和直线的变化。在对攻和相持中，通过迅速推击对方两侧角或突袭对方空当，能够有效争取时间，使对方应接不暇，导致其失误或留下可利用的空隙，为自己的正手或侧身进攻创造有利条件。这一技术通常用于对付旋转较弱的拉球、推挡球以及中等力量的突袭。

快推的动作要点主要包括：①击球前，上臂和前臂适度后撤，引拍动作保持较小；②击球前，手臂以快速的方式迎向球，在来球上升的阶段时触球；③触球瞬间，前臂稍微外旋，辅以手腕外展的动作，使拍面在球的中上部触球，手臂的主要运动方向是向前略微向上。

2. 推挡、拨球技术训练

（1）进行徒手模仿推挡练习。

（2）在墙前进行推挡击球练习，开始时不限定击球位置，随后逐渐转为定点击球。

（3）陪练者将球供到练习者的反手位置，练习者进行连续推挡，力量适中，击球着地位置无限制。

（4）陪练者用平击球发球到练习者的左半台，使练习者在移动中进行推挡练习。

（5）两人在球台上进行推挡对练，不限制击球着地位置，只要动作正确且能过网。

（6）进行两人对推，开始时沿中线推挡，随后逐渐过渡到直线和斜线推挡，逐渐

提高推挡速度，感受快速推挡的动作。

（7）逐渐练习一点推挡两点或在不同落点进行推挡。

（8）陪练者进行攻球，练习者进行推挡，先定点后逐渐引入规律变化的击球位置，最终进行不定点推挡。

3. 横拍反手快拨技术

（1）横拍反手快拨是横拍进攻型打法中常用的一项相持技术，其特点在于站位近、动作小、球落点变化迅速。尽管其速度较快，但在力量方面相对较弱，因此通常需要与其他攻球技术相结合使用，以提高综合进攻效果。

（2）在进行横拍反手快拨时，运动员将右脚稍微提前，与球台的距离保持约 40 cm，持拍手臂自然弯曲，将球拍移至腹前偏左的位置。在击球时，前臂和手腕向右前上方迅速挥动，同时进行外旋转腕的动作，使拍面前倾。在球上升的过程中，以中上部为击球点，完成击球后将球拍挥至右肩前。

第四节　大学体育羽毛球运动教学与实践训练

羽毛球运动是一种在室内外均可进行的小型球类活动。现代羽毛球比赛包括男子单打、女子单打、男子双打、女子双打和男女混合双打 5 个单项。比赛以得分定胜负，而无时间限制。这项运动深受大众喜爱，其器材简单，技术要求和运动量可由运动者自主控制。羽毛球运动既充满乐趣又能促进身体健康，因此易于推广。

一、羽毛球运动的基础知识

（一）羽毛球运动的握拍方法

握拍正确与否直接影响各项击球动作的基础。准确握拍对技术的发挥和提高至关重要，正手握拍与反手握拍为两种基本握拍法。

1. 正手握拍

握拍时，先左手握住拍腰，使拍面垂直。右手自然张开，虎口对准拍柄内沿，拇指与中指相近，食指稍分开，其他三指轻松自然地握住拍柄。

2. 反手握拍

在正手握拍的基础上，将拍柄稍微向外转，食指自然后移，拇指的第二节内侧顶在拍柄内沿。其他三指轻松握住拍柄，手心与拍柄保持适当空隙，以确保手腕和手指能够灵活运动。

无论采用何种握拍法，击球前握拍要保持松弛自然，在球拍与球接触瞬间再进行紧握。

（二）羽毛球运动的基本步法

1. 上网步法

站在球场中央，上网步法的站位非常关键。当对方发出网前球时，迅速调整身体重心，轻轻提起脚跟进行跳跃。若采用两步上网，则左脚先进行小步蹬地，紧接着右脚大步向前迈进，脚掌外侧与脚后跟着地后进行滑步以减缓冲击。左脚接着向前迈进，帮助右脚回蹬。上半身向前倾斜，形成弓箭步，右脚脚尖朝外。击球后，以并步或小跑步回到原位。若采用三步上网，右脚进行小步迈出，左脚垫上一步或从右脚后交叉迈出，并伴随蹬地。右脚再迅速向前迈进一大步，左脚跟随向前，协助右脚回蹬。成功击球后，通过并步或小跑步回到中心位置。

2. 后退步法

后退步法在羽毛球比赛中扮演着关键的角色，其中包括正手后退步、头顶交叉后退步和反手后退步三种变体。这三种步法的运用应根据来球的落点和速度来进行灵活的调整。

（1）正手后退步法采用并步后退的方式，特别适用于对方快速击球至后场的情况。运动员在对方发球后，通过轻跳调整重心，快速右脚蹬地，向右后撤一小步，同时上身带动转体侧身向网方，接着左脚并步靠近右脚跟，右腿移至击球位置。在移动的同时，做好挥拍击球的准备，等待来球在右肩上方下落时，通过正手动作原地或跳起进行击球。击球后，运动员可以通过并步或小跑步回到中心位置。

（2）头顶交叉后退步法与正手后退步相似，但特点在于第一步右脚蹬地后撤向左后方，上身随着右腿向左后方转体的同时，上体向左后仰，左脚后退一步体后交叉，右腿再移至来球位置，以头顶高度进行击球。

（3）反手后退步法是在对方发球到反手底线时使用的步法。右脚并步移向左脚后跟，身体随之向左后侧转，然后右脚蹬地，左脚向左后方撤一步，背对球网，右脚从左脚前向左后方跨步到击球位置，完成反手击球动作。

二、羽毛球运动的技术教学与实践训练

（一）羽毛球运动的发球和接发球技术及训练

1. 发球技术及训练

发球作为羽毛球击球技术中的基本技术，分为正手和反手两种。正手发球中，以发高远球为例，站位左肩侧对球网，身体重心落在右脚上，右手挥动球拍，以臂力、腕力和拍弹力使球在空中呈高远的曲线飞行。完成发球后，球拍迅速回到发球前位置。反手发球主要用于双打比赛，动作小、速度快、隐蔽性强，易于迷惑对方。站位靠近发球线，身体重心前倾，右手握拍反手姿势，左手持球，通过前臂带动腕、手指横切推送球，使球在对方场区前发球线附近落下。这两种发球技术分别适用于不同的比赛

情境，正手发球以远距离为特点，而反手发球则注重速度和隐蔽性。在实际比赛中，运动员需要根据比赛需要和对手的情况选择合适的发球技术，以取得更好的效果。

2. 接发球技术及训练

接发球是羽毛球技术中至关重要的基本技术，对于战胜对手具有决定性的影响。在接发球时，站位很关键，需位于本场区中间附近，左脚在后，身体侧身对球网，后脚跟略微提起，身体前倾。右手握拍在右侧身前，目光专注对手。

（二）羽毛球运动的击球技术及训练

击球是羽毛球运动的一项重要技术，熟练掌握此技术方能有效掌握球速和落点，充分展现其威力。根据动作特点，击球技术主要包括网前击球、高手击球和低手击球三类。

1. 网前击球技术及训练

网前击球主要分为搓球、推球、钩球和扑球四种类型。每种类型都具备独特的动作特点，且适用于不同的比赛情境。以正手网前搓球为例，击球者需通过特定的站位和动作，利用蹬地和跨步形成合理的身体协调，重心集中在击球脚上。在击球瞬间，手臂前伸，手腕和手指保持放松状态，通过迅速的腕部运动，将球以斜切的方式滚过网。推球则侧重于拍面与球网的平行，通过手腕和手指的迅速“闪”动，将球送至对方底线。钩球则在击球瞬间通过拍面的内倾和手腕、手指的勾动，形成一种勾切的击球动作。扑球主要针对对方的高球，通过举拍和手腕的力量，将球向下压，争取在较高的击球点触球，避免触网犯规。这些网前击球技术的巧妙运用，需要击球者具备灵活的身体协调性和准确的技术动作，以在比赛中获得制胜的机会。

2. 高手击球技术及训练

高手在羽毛球击球中展现出的技术特点，主要表现在击球点的高、速度的快以及变化的多，具有显著的威胁性。这一技术特征在羽毛球比赛中占有重要地位，尤其是后场击球动作的基础，被广泛运用于比赛战术中，是快攻打法的基本技术。

高手在后场运用高远球技术时，可以采用正手击高远球、反手击高远球和头顶击高远球三种方式。正手击高远球要求击球者在迅速调整站位和步法的同时，通过上臂和前臂的协调运动，迅速挥拍将球击出。反手击高远球则在对方球落到左后场区时，通过适当的步法和反手握拍的方式完成击球动作。头顶击高远球则是，当击球点在左肩上方时，通过侧身对球网并后仰，以头顶位置为击球点完成击球。

吊球技术在羽毛球运动中比较重要。吊球有轻吊和劈吊两种，通过巧妙的切削动作和用力的不同，可以落点离网较近或超过前发球线，具有很大的战术威胁性。吊球技术要求站位和击球准备姿势与高远球基本相同，但在挥拍时要形成半弧形，并通过手腕的快速“闪”动，使球以特定的切削方式飞越球网。

扣杀球技术是高手在羽毛球比赛中的主要得分手段之一。正手扣杀球、反手扣杀球和头顶扣杀球分别适用于不同击球点的情况。这些技术要求准备姿势与其他动作基本相同，但在挥拍时要迅速伸直手臂，用前臂和手腕的力量，完成向下猛扣的动作，以迅速而有力地将球扣压至对方场区。

3. 低手击球技术及训练

低手击球技术是羽毛球运动中一项不可或缺的防守性技术，其难度较大，但在正确运用的情况下，具有以守为攻的效果。低手击球主要包括挑球、平抽球和挡球三种技术。

首先，挑球的动作要领与网前推球相似，不同之处在于挑球时挥拍动作较小，球拍紧握，以肘关节为轴，通过手腕和手指的快速动作向前上方击球。在反手挑球时，则采用反手握拍法，以肘关节先行，快速挥动小臂闪动，完成击球动作。

其次，平抽球的动作要领与挑球基本相似，区别在于击球时拍面与地面几乎垂直，靠前臂带动手腕向前“闪”动，使拍面朝前方，完成平抽球的动作。

最后，挡球的动作要领包括半蹲姿势、身前举拍、紧握球拍、把握用力和方向。在挡球的瞬间，通过手腕和手指的力量迅速回击。挡直线时，拍面朝正前方；挡对角线时，拍面朝对角方向。若来球较近身体，可以采用转身动作进行挡球。

第十一章　田径类运动教学与实践训练

第一节　田径运动及教学设计

一、田径运动的特点与价值

（一）田径运动的基本特点

1. 技能基础性强

运动与野外技能的基础形式在人类基本技能中展现为一种竞争方式。田径运动源自人们的生产和日常生活，是从人类的基本技能中发展而来的。田径涵盖了人类的基本运动技能，是最为重要、最为简单、最为自然的人类活动之一。

田径不仅在历史上具有悠久的传统，而且对于从事其他运动的人们来说，具有至关重要的地位。现代体育运动的形式和内容几乎都离不开跑、跳等基础的田径运动。因此，可以认为田径是各项运动的基石。

2. 技术要求严格

田径运动虽然看似简单，但对技术水平有极高的要求。这种高度的技术性要求迫使运动员必须掌握科学而智能的运动训练方法。从田径运动的结构来看，它具有间歇性和混合性运动的特征。不同类型的田径运动具有各自独特的规格和技术要求。即使是运动结构相似的项目，也拥有与其他运动独有的属性。这使田径运动的学习和实践变得丰富多彩，挑战性十足。

3. 比赛竞争激烈

田径比赛涵盖了多种赛事，要求运动员充分发挥身体潜力以取得优异成绩。在短短的 1 s 内，运动员必须展现出比单纯依靠心理、战术和基础能力更高的竞技实力。作为奥运会的重要组成部分之一，田径比赛是全球各国角逐金牌的重要竞技场。其众多项目的丰富性使其成为体育赛事中最具竞争性和最受欢迎的赛事之一。田径项目细分为多个具体项目，这些项目不仅是竞技水平最高的，也是任何大型体育赛事中参与人数最庞大的项目。

4. 追求自我超越

田径运动中许多较小的活动（如跑步、跳跃和射击），以“更快、更高、更强、更团结”的奥林匹克格言为指导，彰显了对个人能力的不懈追求。自我超越在田径运动中主要体现在运动员之间激烈的比赛中。这种追求主导地位的精神在竞技层面表现为：①超越自我，不断挑战个人极限，不断提高自身能力；②超越对手，通过激烈竞争赢得优势，展示个体的竞技实力；③超越比赛纪录，推动整个体育运动不断发展。

从文化的角度来看，现代田径运动的根本目标是在个体成长的基础上实现个人目标。田径运动的独特文化特性通过个体的生物改造，不仅达到社会生活的目的，也实现其对社会生活的积极影响。因此，田径运动具有深远的文化创造力，对社会文明发展产生重要影响。这种文化的传承与发展不仅体现在个体竞技过程中，也影响着整个社会文明的进步。

5. 群众基础广泛

田径运动具有多样的可选择项目，涵盖了丰富的内容，为运动员提供了广泛的运动机会。运动员可根据自身的特点（如年龄、性别、兴趣爱好、体质等），自由选择并练习适合自己的田径项目。这种项目多样性使田径运动的参与性极强。不同年龄、性别和健康状况的人都能找到适合自己的运动项目，而且在同一项目的训练中，也能根据个体差异进行不同强度的训练，增加了田径运动的多样性和参与度。

田径运动的灵活性也体现在其受限制条件较少的特点上。在田径比赛中，参赛者可以在各种场所进行训练和比赛，例如，道路、田野、广场、公园、草原和海滩等。而且，田径运动的器械设备要求简单、易操作，受天气影响较小，只要不是极端恶劣的天气，就可以进行各种形式的田径运动。此外，田径运动的技术要求相对较低，田径运动走跑健身和训练不需要运动者具备高超的技术水平。另外，田径运动受时间影响也较小，参与者一年四季都可以进行锻炼。

（二）田径运动的重要价值

“随着国民经济的不断发展，全民生活水平不断提升，人们对于国家经济的需求已经从以物质生活需求为主转变为物质需求与精神需求并举的状态。健康生活成为国家和人们的共同追求。田径运动作为一项普及性强的体育运动项目，具有众多爱好者。”[①] 田径运动对于促进我国田径运动发展，提升全民身体素质有着非常重要的作用。

1. 益智价值

体育对于智力发展至关重要，而田径运动作为一种体育活动，同样对挑战个人极限、灌输信念和价值观具有显著影响。在创造丰富的人类体育文化时，人类依赖自身四肢的运动创造力。田径运动不仅对运动员的身体素质有基本要求，还需要合理安排

① 魏佐涛．高校田径运动的训练方法与改革方向研究 [J]. 当代体育科技，2020，10（25）：40.

训练计划，使其身体素质得以持续发展。运动时间、运动压力等因素是塑造完美身形、释放身体潜能的关键，为运动员提供了挑战自我、锤炼意志的机会，使其在运动中得以全面发展，享受运动的乐趣。

2. 健身价值

田径运动具有多重益处，其中包括对运动员肌体能力的完善、身体素质的提升、运动技能的改善、运动寿命的延长以及回归自然的特征。首先，田径运动强调运动员的协调性，通过反复进行步行、跑步、跳跃、投掷等活动，培养运动员的协调能力，促进大脑发育，并提高运动员的决策能力。其次，田径运动通过多样的技能要求，促进运动员的身体素质全面发展，包括力量、速度、耐力和柔韧性。这对提高运动员的心理稳定性和中枢神经系统的灵活性都具有积极作用。再次，田径运动作为一项高竞争性的活动，对运动员的运动技能提出更高的要求，因此备受重视。随着休闲运动和健身的兴起，田径运动逐渐成为健身活动的一部分，其多样的项目和丰富的内容吸引了众多运动员。最重要的是，田径运动有助于延长运动员的运动寿命。系统的运动训练可以改善运动员的身体素质，提高机体免疫力，从而减缓身体能力的恶化。最后，田径运动起源于人类的生产生活，是回归人性的一项重要运动。通过在自然环境中进行田径运动，运动员不仅能取得积极的健身效果，还能减少环境污染对身体的伤害，满足现代社会对回归自然的愿望。因此，田径运动在多个方面为运动员的整体发展和生活质量的提升做出了积极的贡献。

3. 健心价值

在运动的过程中，特别是田径运动，人体的本体感觉得到显著的强化。此现象在长时间运动后表现得尤为明显，运动员需要迅速而准确地识别和判断外部事物，以确保动作的准确性和完整性。为了实现这一目标，锻炼者必须在训练中充分利用不同的感官，从而提高其感知能力。动作的形象化对于创造准确和完整的运动至关重要。

首先，田径运动对认知能力的提高具有双重影响。田径运动中涵盖的步行、跑步、跳跃等体育活动通过简单或复杂的重复练习，有助于个体认知能力和运动思维的发展。这种重复性的训练不仅提高了运动员对动作的认知，也使其能够更有效地执行这些动作。另外，长期坚持田径运动有助于调节大脑皮层的神经，从而提升大脑皮层对环境的评估和分析能力。这种神经调节使大脑皮层在平衡性和灵活性方面得到改善，为运动员更精准的运动表现提供了基础。

其次，田径运动对培养个体意志品质起到了重要作用。运动被认为是传达人们意志和品质的高效途径。在运动过程中，个体常常面临身体压力的挑战，需要在高强度和物理极限的情况下坚持。这种挑战不仅考验个体的毅力，还需要不断克服精神疲劳。因此，通过运动，个体的意志和素质可以得到显著提升。

再次，田径运动能够增进个体的情感体验。情感在个体心理活动中扮演着核心的角色，直接影响教育、工作和生活。田径运动通过丰富的体验，使个体能够深刻地感受到成功与失败、进步与挫折、快乐与痛苦、悲伤与渴望等各种情感。在个体的体验过程中，这种快速变化的情感体验有助于促进情绪的成熟，并提高个体长期控制情绪的能力。

最后，通过田径运动进行体育锻炼，有助于培养运动员的纪律性和责任感。田径运动通常以一对一的训练为主，这要求运动员不断发展和提高自己的运动水平，以取得良好的成绩。这种个体化的训练方式有助于塑造运动员的良好人格，并提高其心理素质。田径运动的特点在于微小的技术变化，因此，参与者必须拥有强大的毅力和耐力，以适应这些微妙的技术要求。

4. 竞技价值

田径训练在选拔竞技人才中占有重要地位，因其要求不高，扩大了人才选择范围。在竞技体育中，田径项目备受关注，成为选才的焦点。很多基础训练项目将田径运动纳入重要训练手段，将其作为测试指标，以评估个体的训练水平。这种灵活的选拔方式为培养多元化的竞技体育人才提供了有效途径。

二、田径运动教学设计

（一）田径运动课程目标设计

1. 田径课程目标的准备

（1）田径课程目标设计的依据。课程设计的基本要素包括社会与学生，就专业的田径课程而言，它的教育目标的设计还会受到体育教育的培养目标的影响。

第一，体育教育的培养目标。自改革开放以来，田径一直是学校体育课程中的主要部分之一。随着经济的发展与社会的进步，越来越多的体育项目与学科理论计入田径运动教学的培养方案中。这样就导致了在日常的田径运动教学中，田径项目的课时被其他体育项目抢占，且学生在课堂中所能学到的内容也大幅减少。但田径运动教学对教师的综合素质的要求却在逐步提高，这就使教师的高素质与课程的精简化之间的矛盾日益凸显，这就要求学校的田径课程目标要与体育教育的培养目标相一致。

第二，学生的需求。所有的教育目标都是能够促进学生的全面发展，而其中的载体就是各式各样的课程。其中体育教育专业的学生，他们之后的职业倾向是以体育教学为主，并且专注于将体育的技能发扬并传承下去。因此关于这些学生的全面发展，是指在学生能够有一定的体育专长的前提下的。虽然田径课程应该是体育教育专业的学生在日常的学习生活中的重要组成部分，但由于地域与种族的不同导致的成长环境不同，使学生在个性与兴趣方面也有极大的区别。在制定田径教学的课程目标时，一定要对每个学生有充分的了解，这样才能制定出既适合不同的学生又能满足学生需求的田径课程目标。

第三，社会的需求。学生在学校学习期间的主要目标就是获取知识，从表面来看，这一目标与社会的需求之间似乎并没有什么关联。但人具有社会性，人们所有学习到的知识都会与社会存在直接或间接的关系。而对于田径运动教学来说，由于已经有了明确的培养对象和培养目标，因此体育课程的目标就需要与社会的需求相符合。这种符合有两种内涵：①学生所学的田径技能能够为社会提供有条件的服务，而这种条件指的是田径技能的大众化与国际化；②学生在学校的体育课中所学到的田径技能要具有一定的前瞻性，也就是要保证能够完全满足社会需求，甚至能够领先于社会需求。综上所述，田径课程中的目标与社会的需求是息息相关的。

（2）田径课程目标设计的差距。差距分析主要是为了确定学生、社会和学科专家对田径课程所应达到目标的期望，以发现三者之间的真正差距为基础，从而为田径课程目标的设计提供现实依据。

第一，言语信息类目标的差距。在田径课程中，语言信息主要分为三部分。分别是学习名称或符号、学习事实以及学习有组织的信息。而这三种信息都是通过记忆习得并表现为教师的语言表达能力和编写教案的能力。

无论是学生、社区，还是学科专家，都对“需要记住更复杂的体育知识”抱有非常一致的期望值，且多方所表现出的态度也是积极的。无论是在知识掌握、事实理解方面，还是在教案设计技能、言语表达技能等方面，多方均抱有非常高的期望值。然而，实际上，多方之间也存在非常明显的差异。从学科专家和学生的角度来看，在“记忆必要的体育术语和简单的体育知识”方面，两者的期望值很高。从社区的角度来看，在“记忆必要的体育术语和简单的体育知识”方面，不同于前两者，其自身抱有的期望较低，这就说明，三者之间是存在差异的，且非常明显。从学生和社区的角度来看，在言语技能和教案技能方面，两者的期望值很高。从学科专家的角度来看，在言语技能和教案技能方面，其自身抱有的期望较低，其中的差异性也是非常明显的。

无论是“需要记住更复杂的体育知识”，还是“言语技能和教案技能”等方面的技能，学生想要得到这些技能，就需要进行实践，它们是体育教师技能的一个重要组成部分。一般来说，学生对所有言语信息类的项目都抱有非常高的期望值，而学科专家注重的却是如何让学生理解理论上的知识，社会被关注的点是学生的言语技能，这方面的期望值非常之高，那么，高校体育田径教学的目标设计，应包括基本知识和技能的获得，以及口头表达能力和教案撰写能力的培养。

第二，动作技能类目标的差距分析。在田径运动中，技术动作和运动的水平是各个项目中完整的技能体现，而一些健身的项目则是相较之下比较简单的动作。相较于田径项目的学习，学生更喜欢的是其他能够提高身体素质的方式；专家学者们也更倾向于学生在提高身体素质的过程中使用多种方法；而在社会中，掌握多种练习方式的体育教育人才也更受欢迎。在耐力素质方面，社会总体更倾向于田径运动教学专业的学生能够掌握多种教育方式。

学生在了解和熟练掌握田径运动的技术动作和提高身体素质的练习手段之后，并且拥有了一定的运动水平，能够在经过了一段时间的专业田径教学之后将最终的技术动作完美地展现出来。在田径运动教学中与技术动作有关的能力有很多，其中包括教师的示范能力，在学生自由活动的时候对学生进行训练的能力，以及在社会实践的过程中指导学生进行健身的能力等。而对于教育专业的学生在田径的技术动作方面，学生、社会和专家学者们的期望都比较高，其中也有一些比较明显的区别。在示范能力方面，专家学者与学生的期望值较高，而社会则相反。在所有的能力中，学生对自身训练、指导训练的能力期望较高，而专家学者则相反。总体来看，学生、社会与学科专家对不同能力的期望值有很大的区别。

第三，智慧技能类目标的差距。田径项目涉及的智慧技能可以从五个级别来看：区别、具体概念、定义概念、普遍规则、高级规则。无论是学生、社区还是学科专家，在“区别、定义概念”上均具有非常高的期望值，并且抱有高度的一致性，三者之间没有任何差异性因素的存在。从学生、学科专家的角度来看，对“纠错能力”具有非常高的期望值。从社区的角度来看，具有非常低的期望值，这就说明，三者之间的差异是存在的，且非常明显。但是，在“分析材料的能力和应用教学法的能力”方面，三者给出的态度是非常一致的，也抱有非常高的期望值。综合来讲，三者比较看重“能力”，对其看重的程度甚至要多于“智慧技能”，甚至对这方面的关注要高于“一般智慧技能”。三者比较重视的还有“低级智慧技能”与“高级智慧技能”，并没有过多地重视在发展过程中的“中级智慧技能”。

（3）田径课程目标设计的学生特征。在找出学生、社区和学科专家对不同类型的体育教育目标的期望值所存在的差异性之后，为了更好地让学生理解运动员在田径运动中的技能和行为，就需要以学习者的特点为核心，进行深入的分析，这是非常必要的。

第一，体育教育专业学生一般特征。体育教育专业学生在 18 岁左右进入这一专业学习。男女均有，男生比例可能略高。这些学生的认知水平相对成熟，思维逐渐转向辩证逻辑，具有系统性和目的性。他们通常对体育教育充满浓厚兴趣，可能出于自我实现、社会贡献或专业发展的动机而选择这一领域。个人学习期望方面，他们期待通过专业学习提升技能和知识水平，为未来职业做好准备。在工作和生活经历方面，一些学生可能具备一定的体育或相关领域经验，或曾从事相关工作。经济状况因人而异，一些学生可能经济条件较好，而另一些学生可能需要助学金或工作支持。此外，学生来自不同的文化背景，可能具有不同的价值观和行为习惯。家庭、地区、社会环境等背景差异也会影响他们的思想观念和行为方式。这些特征共同构成了体育教育专业学生的整体特点，塑造了他们的学习动机和行为方式。

第二，体育教育专业学生田径前期学习结果特征。体育教育学生的先前学习成果集中在这些学生在接触普通田径课程之前，自身所拥有的基础特征主要包括：①运动技能；②语言信息；③智力能力；④认知策略；⑤对田径的态度。

2. 田径课程目标的关系与分类

（1）田径课程目标的层级关系。

第一，田径课程目标与一般教育目标之间的关系。对体育教育中的运动项目目标的研究，包括培养目标、课程目标、教学目标及其相互关联的概念。

培养目标是指在各级学校的不同教学阶段，都需要具体实现的教育目标，这一目标是基于教育目标来制定的，实际上要高于课程的整体目标。它通常由各级学校的性质所决定，也会受到不同级别院校、不同教学阶段的教育任务所影响，一般都不作为课程的直接目标，所以不完全通过课程来实现。整个教育的目的是满足社会的需要、国家体育发展的要求和学习者素质的塑造。其特点主要包括：①具有层次性；②具有等级性；③具有多样性。对于下级目标而言，“培养目标”也具有指向性、概括性两个非常显著的特点。

田径运动的课程目标是田径课程教育本身要实现的教学目标，是学生在某一教育阶段在全方面发展的程度的一种预估，其中包括德、智、体与其他方面，它是制定、实施和评估课程的主要准则，也是制定所有课程的逻辑关键点，这些课程是在教育目标和学习目标的基础上制定的，并反映了这些目标对学生具体的培养意图。课程目标通常分为一般目标和次要目标，课程目标以规范性目标、操作性目标和可持续目标的形式呈现。

从不同层次教学目标的纵向角度进行分析，课程目标的上层是“教学目的”“培养目的”，下层是“学习目的”，若将教育目标看作一个完整的体系，那么，它在体系中发挥的就是维系上下层的作用。高层目标决定了低层目标的基本性质，而低层目标是高层目标的渐进式规范；高层目标是“政策规定”，而低层目标是“操作规定”。若想要实现教育目标，就需要把课程作为中介，最终的教育目标需要通过实施若干课程（学习单元）来实现。

从不同层次教学目标的横向角度进行分析，四个目标均基于人的全面发展，在这一方面制定的具体目标，其中应包括德、智、体、美、劳、认知、技能、情感态度。

第二，田径课程目标与体育教育专业相关目标的关系。体育学生的田径课程目标被分为整体目标、具体目标。

整体目标涉及的内容主要包括：①学生需要理解田径类课程中的基本理论；②学生需要掌握田径类课程中的基本知识；③学生需要灵活运用田径类课程中的方法；④学生需要具备田径类课程中的基本技能；⑤学生需要通过田径课程的学习达到一定的运动能力；⑥学生需要具备教授田径课程的基本能力；⑦学生需要具备组织管理课外田径课程的能力；⑧学生需要具备职业精神、加强心理素质，不断优化自身的社会适应能力。

田径课程整体目标对学生的“成功”提出了要求，即知识、技能及素质，以及其中包含的具体目标，指的就是体育课程总体目标的体现。

田径运动的体育课程目标都会在课程中说明，大多数办学机构的课程目标与教科书中所列的一般课程目标几乎相同，而其他一些办学机构的课程只包含教学任务，没有制定教学目标。以教学相关理论为基础，可知教学目标的具体分类包括：①学段教学目标；②学年教学目标；③学期教学目标；④单元教学目标；⑤课时教学目标。所以，教学目标本身被区分为概括与具体两类：整体教学目标是最普遍的，课程目标是最具体的。

（2）田径课程目标的分类。

体育教师教学技能的发展要基于几门课程协同教学的结果，田径课程只是田径运动教学系统中非常基础的部分。然而，现阶段田径课程是高校体育主要课程之一，在高校体育技术课程体系中的占比非常大，田径运动本身的特性是根本性与普遍性。所以，它在培养学生的教育和教学能力方面发挥着重要作用。为了做到这一点，研究者需要以“田径课程学习成果”为主题进行研究。

根据对教育学、体育学中运动技能的分类研究，可以总结出教育学中的运动技能分类的研究，侧重点是心理学角度，从心理去渗透运动技能，具有一定的渐进性，而体育学中的运动技能分类的研究，侧重点是以运动的执行形式展示运动的特点。在田径体育课程的学习成果中，将这两者作为运动技能目标是有些不合适的。所以，基于学习结果理论来看，将田径课的运动技能分为以下层次：

第一，简单运动技能。简单运动技能主要是指个别技术的单一或者单项运动技能。例如，短跑运动项目中的“跑”，铅球运动项目中“最后的用力”、标枪运动项目中的“助跑”。

第二，综合运动技能。综合运动技能是指两个或更多技术综合在一起的运动技能。例如，跳远运动项目中“助跑”“跳”两个技术动作的组合，跳高运动项目中“助跑”“跳”两个技术动作的组合。

第三，复杂运动技能。复杂运动技能是以多个环节的技术动作合成为核心的运动技能形式，而且强调各环节技术动作保持一定的完整性，本质上是指每个环节上的单一技术的完整程度。根据这三个不同的层次，学生的运动技能学习成果可以通过观察田径体育课后运动技能的变化来确定。另外，每个级别还可分为四个等级：优秀、良好、一般、差。总体来说，田径课程中不同类型的学习成果为课程目标的分类提供了一个相对系统的体系。

3. 田径课程目标的陈述

在明确了田径项目的目标体系后，有必要准确制定不同层次和类型的目标，以规范田径项目教学的学习目标，衡量并观察不同类型目标的实现程度。所以，对田径课程目标实现的程度的研究，是非常有必要的。

（1）课程目标陈述中的四种取向。

课程目标陈述取向一般分为以下类型。

第一，普遍目标取向。从经验、哲学或道德观点、意识形态以及政治需要中产生的，具有普遍性特征的教育目标或教育原则，所以，普遍目标取向通常以规范性的价值形式存在，其自身的特点是具有普遍性、模糊性、规范性。

第二，行为目标取向。以可测量的行为、可观察的行为、可实现的行为来制定课程目标，确定学生在完成课程和学习后发生的行为变化；其自身特点：具体性、精确性、可实施性；行为目标取向在以往的课程目标的制定中占主导地位。

第三，生成性目标取向。在学习过程中自发或者自然产生的一种目标，生成性目标取向能够考虑到学生在田径学习过程中的各项因素：①兴趣变化；②技能的形成；③个人的发展。但这些因素的考量过于理性，难以在课堂上实现。

第四，表达性目标取向。考虑到学生在学习过程中能够表现出独创性、主动性，需要突出的是学生在学习中的多样化、个人成就等，所以，这些目标通常是开放式的。这四种课程目标陈述取向各有优缺点。因此，体育课程目标的制定应在结合体育课程本身特点的同时，利用课程目标的不同取向，只有这样才能对不同类型的体育课程目标做出科学的表述。在课程目标陈述取向的选择上是至关重要的，目标的制定要尽可能具体，同时具有可实现性。通常情况下，制定一个目标需要四个要素：对象、行为、标准、条件，动词的选择（行为）是这四个要素中最主要的一个。

（2）田径课程动作技能类目标的陈述。

田径运动的教学目标是以学习运动技能目标为基础的，所以最终的运动技能目标通常由运动技术（技术评估）、技术水平（成绩）来表达，通过观察学生在田径项目学习前和田径项目学习后是否可以独立展所学的简单、复合以及复杂动作技术，来衡量学生的整体能力水平。

学生的运动技术水平反映在学生的速度测试中，也能够从田径项目中的远度与高度上反映出来。所以，运动技能目标的制定反映了对行为目标的明确关注。要做到这一点，课程目标制定者必须首先确定学生在学习田径后是否能表现出特定的动作或技术，由此便可以解决目标制定中的动词选择问题。然后，必须确定该动作或技术的实现程度或水平，这是制定目标的标准；在有必要的前提下，必须确定上述动作是基于什么条件下才可以进行的；最后以学生为目标、以学生为主体来制定目标，而不需要说明教师方面的内容。将上述的内容进行有效串联，就能够实现动作技能目标陈述。

（3）田径课程言语信息类目标的陈述。

学生对田径体育课程的言语信息类目标陈述是以学生口头形式、书面语言形式为主进行输出的。田径体育课程的言语信息通常包括运动员姓名、体育事实、有组织的体育活动信息某些短语，而学生是否可以正确表达这些体育信息，就是学生语言目标达成某一指标的标志。所以，通过语言信息目标能够表现出的是行为目标的取向。在言语信息类目标中有一些比较常见的动词，如“告诉”“写”“描述”和“陈述”等，其他三项的基本要求可以参照动作技能，具有非常大的相似性。

（二）田径运动课程内容设计

我国高校田径课程应紧跟学校体育思想发展趋势，指导和规范高校体育各要素和环节的改革，构建竞技性与健身性相结合的田径教学内容体系。

1. 田径课程内容的组织

（1）田径课程内容的组织原则。

现阶段，田径课程的内容通常都是以基础理论、基础技术训练两部分来组织，基础理论的内容包括田径概述、田径技术原理、田径训练的理论和方法、田径比赛的组织、体育设施、科学研究。

第一，知识与技能相结合原则。

陈述性知识包括：田径名称、专有名词、概念、项目演进过程与趋势、项目特点、价值；程序性知识包括：技术原理、动作规格或技术要求、教学方法、教学步骤、常见错误产生原因及纠正方法、训练方法、竞赛的组织与编排方法、场地的设计、布局方法；战略性知识包括：教学方法的选择战略、教学组织战略、示范战略、讲解战略、分析教材战略。

第二，知识序与认知序相结合原则。田径项目结构与体系中知识、技能的结合原则，实际上，田径教学中不容易实现的是，按照陈述性知识、程序性、策略性知识的顺序来进行学习。要做到这一点，必须从多个角度阐明田径课程内容设计的原则。所谓认知序，是指田径课程本身所固有的特性：逻辑性、系统性、顺序性、适当秩序。

从田径课程内容组织结构来看，认知序表现以不同类型田径知识内部的逻辑性、系统性、顺序性和关联性，与三类知识之间的逻辑性、系统性、顺序性和关联性的顺序为主。认知序代表的是学生在认知发展的过程中表现出来的程序性和顺序性。

从课程内容角度来看，认知序表现的形式是学生对不同类型的体育内容的认知规律，其中包括：从已知体育内容到未知体育内容、从简单体育内容到复杂体育内容、从具体体育内容到抽象体育内容、从感性体育内容到理性体育内容等。

因此，知识序与认知序在体育项目内容的组织上是从不同的角度来看的。那么，田径课程设计者在组织课程内容时，不仅要考虑田径课程内容本身的排序，还要考虑学生认知能力的排序，实现知识排序和认知排序的有效结合，就可以更好地组织田径课程内容。

第三，理论与实践相结合原则。理论是从理性认知的角度，系统化概念理论的体系，其自身的特征是系统性、全面性以及逻辑性。实践可以被看作一种感性物质活动，用于基于某种目的的，用来改造世界的一种活动形式，其自身的特征是历史性、客观性以及能动性。所以，田径课程中由知识和技能结合形成的完整的、体系式的、逻辑性的内容可以概括为“田径理论”，学生对所接受的理论的实际应用，则是指实践。

田径课程的教学更注重理论的学习，相对来看，实践环节的课时安排和研究都不够，可能存在的原因是，现阶段田径课程的内容缺乏实践单元，但从培养学生的田径教学能力、未来田径教师的专业教学需要来看，实践的意义非常重要。

课程开发者在组织田径课程内容时，不仅要考虑田径理论的整体特点，还要开发一些实践单元，提高学生在未来专业上的教学能力。那么，这一目标想要积极落实在田径教学工作中，就需要以理论与实践相结合为基本原则。

（2）课程与单元内容的组织方法。

"范围"就是针对体育学生的整个田径课程内容上的纵向与横向深度，即选定的田径课程内容的主体。确定课程内容的广度时应遵循四条规则：①课程的纵向与横向深度以教学水平为核心，随着教学水平的提高而增加；②课程的纵向与横向深度的变化会影响田径课程内容，可能增加一些课程内容，或者删除一些课程内容；③关于课程广度的决定性因素，实际上是取决于课程的纵向与横向深度；④课程的纵向与横向深度要考虑到课程所包含的技能。田径课程内容的一致性主要是指教学内容演示的顺序，一般来说，更具体的是指课程内容安排的时间与顺序。

现阶段体育教育中的普修课程内容包括陈述性知识、程序性知识、策略性知识三个类型，也有另一种说法，叫作"五类学习成果"（语言信息、智力技能、认知策略、运动技能、态度），它们之间又存在某种程度上的一致性。所以，所有满足学生专业需求、能让学生感兴趣、能够体现体育课程特点的知识都属于课程内容的基本范围，从而确定了体育课程内容"宏观范围"。田径体育内容的序列可以分为两类：纵向序列和横向序列，其中纵向序列主要指课程中单一单元内容的顺序，横向序列主要指整体教学单元之间内容的呈现顺序。然后，学习成果主要从不同内容的角度，试图尝试培养学生的能力。通过这种方式，从体育课程内容的范围、内容的相互顺序以及学习成果，形成一个三维矩阵。

2. 田径课程内容的选择

田径运动在不断发展，以至于田径课程的内容变得越来越丰富，但是，实际上体育学生的田径普修课程的学时很少。那么，如何在非常短的时间内向学生传授田径课程中最有用的内容，这是一个大问题，也是田径课程研究者一个亟须解决的问题。实际上，想要解决这个问题，主要的办法在于如何选择田径课程的主要内容。体育课程内容的选择涉及确定哪些田径项目应该作为教学所用材料，那就意味着需要在课程内容的选择上，明确哪些内容对学生来说是最有价值的。实际上，在课程内容的选择过程中，要确保课程内容与目标的一致性，还需要考虑综合方面的内容。

（1）田径课程内容选择的原则。

田径课程内容选择的原则是选择田径课程内容时必须遵循的准则，遵循课程内容选择的原则有助于提高课程内容的有效性。因此体育课程目标的选择需要遵循以下原则：

第一，一致性原则。选择田径课程内容时，必须体育课程的教学方案相一致，从专业角度来看，这就是田径课程内容在选择上要遵守的规范。体育课程的教学方案是高校田径运动教学工作中比较重要的“制度型文件”之一，其组成结构有体育课程的学习目标、学习规范、课程参数。在体育课程的教学方案中，田径课程也是一项重要的组成部分，在内容选择上要与体育课程的教学方案保持高度的符合性。

第二，现实性与前瞻性相结合原则。选择田径课程内容时，不仅需要考虑当下社会的需要，也需要考虑社会发展过程中的需要，换言之，选择田径课程内容时要以社会需要为视角，进一步确定田径课程内容。

第三，职业需要与兴趣相结合原则。这一原则是以学生为主体，进一步规范田径课程内容。在课程方面，所有的计划和行动都必须以学生为主体。所以，在选择课程内容时，不能脱离学生在学习期间的基本需要，不能是单独存在的。就体育专业的学生来说，职业需要结合兴趣的原则需求主要来源于两个方面：①社会，社会对田径专业学生的期望，在学生的职业素质方面就能表现出来这种期望；②学生本身，在学生自身的兴趣方面就能够表现出来这种期望。就田径项目而言，对学生的专业要求主要体现在能够在体育课堂上教授和指导田径内容，也可以通过指导社会成员进行田径项目健身的行为来表现。

（2）田径课程内容选择的方法。

第一，分类选择法。选择田径课程内容时，把选择的内容以既定的分类标准给予分类，而后，以类别的形式来选择课程内容，这样的方式叫作分类选择法。在具体选择时，通常是在比较宏观的分类基础上，对田径课程内容给予分类，形成初步的选择依据，接下来，在相对具体的分类基础上再给予分类，反复重复分类这一过程，便构建出田径课程内容结构。以分类选择法得出的田径课程内容，可以各种形式呈现。这种方法具有一定的优势，它从宏观角度就能掌控体育项目的整体内容，能够突出内容的本质，为选择章节和某一单元课程的教学内容奠定了基础。在使用分类选择法时，应注意要以科学的分类为依据。

第二，流程图选择法。流程图选择法是以田径体育课程最终的目标为核心，通过对内容进行细化研究与分析的过程，进而落实田径课程内容的一种方法。这种方法来自“流程图分析”，“流程图分析”常见于企业单位的风险分析。企业单位的规模、形式越大，就会涉及越复杂的生产过程，利用“流程图分析”，能够突出这种方式的优势。同样地，田径课程内容不是一个单一的运动项目，而是由多个运动项目、多种田径理论知识构建而成的复杂结构，课程内容包含的是程序性知识、技能，所以，田径课程内容的选择也可以参照“流程图分析”。

“流程图分析”方法的优点是能直观地显示田径课程内容与内容上的关联性，田径内容结构是庞大且复杂的，“流程图分析”方法比单纯的文字结构更容易让教师和学生掌握田径内容，“流程图分析”方法构建的田径课程内容，特性是完整、清晰、逻辑性强。

第二节　田径运动训练的基本理论

“田径是运动之母，田径是每项运动中不可缺少的元素，是我们练习每项运动的基础。”① 田径是一项历史悠久的运动，为了培养人们终身体育的观念，高校就需要培养学生具备终身体育的能力，田径运动则是最适合培养学生终身体育的项目，能够更好地让学生适应全民体育。

一、田径运动训练的负荷理论

体育锻炼在运动训练中扮演着主要角色，其中训练负荷不可或缺。通过刺激身体的运动负荷，促使身体迅速做出反应，从而推动运动员身体机能和心理能力的全面提升。体育运动是引发身体变化、锻炼成果、提高运动效果的核心要素。在这一过程中，训练与负荷相互交织，没有压力就无法谈论有效训练，没有适度消耗就难以实现身体的增长。田径运动作为体育锻炼的一部分，其优异表现取决于对运动员身体潜力的充分利用，因此，高强度的田径训练成为确保运动效果的重要保障。

在田径训练的过程中，不同的训练负荷混合和混合因素可能导致相同的训练方式呈现出截然不同的训练效果。每一步训练过程都对运动员提出了独特的结构、有效载荷和负荷方面的要求。随着体育赛事的增多，田径训练逐渐成为整体训练的重要组成部分，从而使整体训练负荷的构成发生了质的显著变化。通过对世界优秀田径运动员的评选，训练的变化，尤其是负荷的变化，在负荷强度方面表现尤为明显，这被认为是最为关键的方面。这些变化值得深入研究和讨论，以获得更为出色的培训成果。

（一）运动负荷的特点

田径运动的本质在于解决体能问题，其成功与否在很大程度上取决于运动员是否能充分展现其身体潜力。现代竞技体育呈现出对抗性强、竞争密度高的特点，运动员需要在高强度下连续战斗，这对持续战斗能力提出了极高的要求。为了在竞技场上取得更出色的成绩，运动员必须通过高强度的运动训练来提高身体素质。

当前运动训练方案的显著特点是强调重负荷的强度，尤其注重增加负荷的特定强度。从热身、特殊练习到体能训练，各个环节都旨在集中注意力，并逐渐演变为高强度专项训练法。这明确地体现了运动负荷发展的趋势，即朝着高强度专业负荷的方向迈进。这种强度上的额外压力训练方式与现代田径运动的发展需求高度契合，符合专家和科学家们关于训练强度是培养运动员精神的共识。

① 李闯．体育强国战略下高校田径运动发展的作用 [J]. 田径，2020（11）：9.

田径运动中的举重特点在于高强度的额外负荷，通过对人体的适应过程来实现训练效果。结构性变化的发展需要适当的锻炼设计，而对于高个子运动员来说，低质量训练的积累几乎对提高运动效果没有影响。唯有通过增加负荷的高强度训练，才能有效地提升运动效果。

运动负荷的组成包括负荷量和负荷强度。运动员的神经和肌肉会对负荷产生自然和自动的反应，通过重复负荷刺激，使运动员逐渐适应。长时间内多次的压力刺激将形成适应性强且稳定的结构。在田径训练中，通过设计内容、方法和训练手段，使运动员在实际竞技中获得特定训练重量的刺激。运动员逐渐适应这种强度，从而产生适应性改变。神经肌肉适应性结构的稳定性与竞技强度及其在比赛中的表现密切相关。因此，高强度的运动负荷是塑造运动员竞技水平的关键因素。

（二）运动负荷的度量

运动效果是训练负荷综合作用的产物，反映了负荷对训练的综合影响。在训练过程中，训练负荷源于训练的方法和手段，充当作用于运动员身体的中介。仅通过负荷和体重强度分析运动体重，并不能全面揭示其特征。对于大多数运动训练方法，难以对其进行准确分析和测量。科学定义运动负荷需综合考虑定性和定量两个方面。先明确定性训练方法，然后进行定量分析，方能真正理解训练方法的本质。这一过程不仅有助于深入了解负荷对训练的影响，也为科学且有效的训练提供了基础。只有通过综合定性和定量分析，才能全面把握训练的复杂性，从而更好地指导运动员在训练中实现身体潜力的最大发挥。

1. 运动负荷的定性

训练中的运动负荷定性方面涵盖了多个关键内容。

首先，训练负荷的特殊性是重要考虑因素之一。特定负荷满足运动员比赛和训练水平的需求，是直接提高某些运动表现的组成部分。相较之下，非特定负荷则是一种间接因素，其作用较为综合。在现代高水平运动员的培训中，特别强调特殊培训是唯一的选择，强调训练是成功的先决条件，特殊培训水平应不断提高。

其次，运动负荷的方向决定了肌肉在运动时工作的供能系统类型。这涉及三种能量来源，即磷酸原无氧能源、乳酸性无氧能源和有氧性能源。科学设计的负荷应变是确定供电系统运行方向的重要任务。目前，血液乳酸测定成为指导供能系统运转的有效手段，但其限制在于血液中乳酸浓度的恒定性。为实现特定性能改进的目标，必须确保所使用的方法和训练方式与特定性一致。

最后，动作协调的复杂性是训练中的另一个定性特征。动作越复杂，身体所承受的负荷越大。在周期性体育赛事中，动作协调相对简单，对运动的影响较小。然而，练习越复杂，其效果越显著，身体面临的压力也相应增大。因此，训练中需有针对性地区分和控制训练负荷，以更有效地提升运动员的综合素质。这些定性方面的考虑将有助于优化训练方案，提高训练的科学性和有效性。

2. 运动负荷的定量

训练中对重量的量化是对特定运动的重量进行度量的过程。在大多数练习中，负荷的量化涵盖了负荷量和负荷强度两个方面。负荷量包括负荷持续时间及一项或多项运动的负荷量等因素。负荷强度则取决于负荷量，该强度评估通常仅限于特定项目和个体或团体练习的容量和强度。

训练负荷是对距离、时间、频率等物理量的度量，综合反映了一次训练的负荷。负荷的高低可以通过两个方面来确定，即“外部指标”和“内部指标”。外部指标常常采用广泛使用的测量参数，这是成交量的“外在指标”。而负荷的“内部指标”则是身体对完成的运动的反应。通过使用内部指标来评估负荷的大小，可以利用各种指标来判断负荷的效果。这种方法不仅提供了对训练负荷的全面了解，还为评估练习的实质性效果提供了科学而准确的手段。

3. 负荷量与强度的关系

运动负荷涵盖了负荷强度和负荷量两个核心因素。负荷强度反映了上肢训练动作的刺激强度，而负荷量则体现了在长时间内练习的次数。这两个方面相互交织，相辅相成，负荷量和负荷强度在训练中密不可分，相互制约和相互依存是它们之间有机、紧密联系的表现。这种相互关系既反映了两者之间的紧密联系，也揭示了人体发挥特殊功能的相互制约机制。增强负荷能力为提高强度奠定基础，而增加强度则为增加负荷创造了条件，形成了一种互补且逐渐增加的趋势。通过这种有机结合，训练者能够更全面、有效地提高运动负荷，实现训练效果的逐步提升。

（三）合理管理训练负荷

合理管理训练负荷的目标是根据运动目标取得卓越成绩，要求在训练中根据各项运动的特点科学地分配训练负荷。选择培训内容和压力负荷方法应直接或间接地对具体表现提高和适当结果实现产生影响。

首先，了解运动员的准确负重能力。培训计划因人而异，世界领先运动员采用体重测量定制，得到国际运动训练界广泛认可。运动员的个人特征包括性别、年龄、比赛水平、身心特征、身体状况等，这些因素使运动负荷的协议具有差异性。

其次，了解负荷和休息之间的关系。在一定范围内，运动负荷的增加引发更剧烈的消耗，导致恢复过程的延长，过度训练的风险也因此增大。因此，运动负荷既能促进运动员的表现，也需要合理调整时刻，包括合理安排休息、及时调整疲劳状态，这些必须在训练中得到准确记录。

二、田径运动周期性训练理论

（一）田径运动周期训练的依据

运动训练周期理论主要指导年度训练计划的制订。它以负荷量、负荷强度、一般身体训练和专项训练为关键要素，在不同的训练周期中以不同的比例安排，形成了周期训练理论。田径运动竞赛系统也明显具有年度周期性特征，因此人们通常以年度周期作为组织运动训练过程的基本单位。每年的周期分为常规年和重大比赛年，取决于是否有奥运会、世锦赛等重大赛事。此外，年度周期还可以细分为恢复训练年、基础训练年和年度改进训练年，这有助于更精细地规划和调整训练重点，最大限度地提高运动员的整体表现水平。定期培训的主要依据如下。

1. 比赛形成的规律

运动员最佳的竞技状态是通过在每个新的比赛水平上持续训练而达到的。比赛状态的主要评价指标是比赛中的运动表现，其优越程度直接关系到竞技状态的品质。整个竞技状态的周期性阶段被自然地分为获取阶段、维持阶段（相对稳定期）和暂时消失期三个交替的部分。相应地，训练周期被划分为三个关键阶段：准备阶段，致力于创造竞争状态；比赛间隔，旨在保持竞技状态并展现竞争力；过渡期，确保运动员获得活动性休息以维持特定运动水平。

竞技状态的形成主要通过控制训练过程来实现。最佳竞技状态意味着为卓越的运动表现做好准备。运动员必须在比赛时间内达到最佳比赛状态，这也是运动训练的最终目标。良好的竞技状态表现为恢复过程缩短、显著改善特殊活动所需的运动感、技术扎实、动作协调、发力充沛、情绪高涨、比赛欲望强烈。当运动员在一定时期内保持这些特征的高水平时，他们被认为处于最佳竞技状态。这强调了在训练中精确掌握各个阶段的重要性，以确保运动员在竞技状态中达到最佳表现水平。

2. 竞赛项目的安排

科学合理地组织并有效控制运动训练过程，以促使运动员在专项比赛中取得卓越成绩，是周期训练的根本目标。运动训练的终极目的是创造优秀的专项运动效果，因此，竞赛项目日程的安排对训练周期的划分具有关键的参考价值。比赛计划能够直接影响训练的具体时长，因为它决定了正式比赛的日期。因此，在组织训练时，必须考虑到时间间隔，并在全年的田径和野外训练中将其他训练课程的时间限制在一定范围内。

比赛按照其重要性进行分类，并根据训练时间的性质进行分配。准备期间的训练应该有清晰的目标，以确保有针对性地提高运动员在特定比赛项目中的表现水平。这涉及在不同训练周期内调整和优化训练内容，以适应比赛的性质和需求。

（二）田径运动周期训练的安排

每次举办体育赛事时，世界各地的优秀运动员都积极参与，这表明精英运动员的训练周期始终以关键的比赛目标为中心来组织。比赛和训练相互结合，以检验他们的训练成果，发现错误，并在下一轮培训中有针对性地进行调整。追求在重要比赛中取得出色成绩的同时，每一轮的训练内容都融入了比赛元素，形成了有机的训练组合，提高了训练的相关性，并与下一轮建立了良好的衔接，促进训练的系统性、有节奏和周期性。

在具体技能训练方面，重点发展与特定项目密切相关的体能和技术训练内容，以确保训练的有效性和可行性。训练与比赛相结合的目的是提高比赛的水平，通过比赛作为一种训练方法，增加特殊事件的强度，从而在接下来的比赛中更具竞争力。同时，应注意周期之间的收敛性，确保训练的连贯性和递进性，使运动员能够在不同周期内保持最佳状态。这种有机的结合和有针对性的训练方法有助于运动员素质的全面提升，实现在比赛中的卓越表现。

三、田径运动的专门训练理论

（一）田径运动专门训练理论的确定

1. 专门训练的训练因素

专项运动效果直接受专项运动速度影响，因此必须根据影响速度的关键因素，确保训练方法符合专项训练的要求。运动员在训练中获得的力量或速度水平最终将应用于专项运动。因此，训练时需谨慎选择训练手段，以确保其有助于提高运动员的水平。

2. 专门训练的能量供应

在周期性运动项目（如田径）中，专项训练的确定常基于运动中的能量供应特点。运动时的能量供给主要分为无氧、无氧和有氧混合及有氧三种方式。不同运动采用不同的能量供应方式，而糖的无氧酵解在激烈的 400 m 和 800 m 比赛中占主导地位。因此，提升这两项比赛的效果对增强运动员的糖酵解和身体代谢至关重要。与提高无氧糖酵解能力相关的因素包括糖的摄入、训练重量、训练次数以及休息间隔等训练负荷。通过合理的负载搭配，可以有效提高运动员的短期糖酵解供能，而训练重量的选择则取决于特定训练类型。

3. 肌肉工作与技术动作的特征

在各种运动中，特殊训练需考虑肌肉表现与特殊技术动作的差异。这是特训设计的基础，必须与实战结合。特殊训练的成功在于与特殊动作相匹配。训练不仅是一种方法，也是一种锻炼方式，有助于优化特殊技术动作。

（二）田径运动专门训练的理论依据

专项训练理论是指在运动训练中，所有目标、任务、方法、手段和负荷等都应以专项竞赛为中心考虑和安排。这是现代田径运动发展的必然趋势。

1. 运动生理学依据

从运动生理学角度来看，对供能系统进行专业培训的目标之一是提高人体自身供能系统在特殊锻炼中的能力。整体速度和能量数量在运动期间取决于特定项目的性质，尤其是活动的强度和额外时间。对于周期性项目运动员，当训练过程中特定技能、速度和强度保持不变时，能量消耗保持稳定。因此，只要训练强度、时间和肌肉活动模式在训练期间保持一致，生理和生化机制也将维持稳定。从生理学角度来看，骨骼肌的收缩完全受神经控制，而神经肌肉连接在运动过程中也会发生变化。

2. 生物适应性规律

人体生物适应性规律是专门训练理论的基石，决定了运动员在训练中的核心需求。根据适应规则采用特殊训练方法，有助于在训练中最大限度地引导生理适应。运动员通过逐渐适应这种身体运动形式，对肌肉的适应性结构和特定需求的稳定肌进行逐步改变。如果运动员在常规训练中未触及专项训练内容或训练时间不足，就无法建立稳定的生理结构，也难以在比赛中获得一定的竞技表现。因此，密切关注训练，并根据比赛需求调整日常训练结构至关重要。

第三节　田径运动训练项目的教学与实践训练

一、田径运动教学的理念

（一）以人为本

1. 以人为本教学理念的解读

在高校田径运动教学工作中，教师一定要坚持以人为本的基本原则，为学生提供全面的教学内容，实现高校体育教育事业的可持续发展，从现阶段社会发展新形势来看，我国高校在田径体育教育工作的改革与创新中，要不断落实以人为本的理念。“以人为本”一词当中的“人”，不仅是指个体，也可以代表群体，那么其自身不仅拥有自然属性，还具备社会属性。现阶段政治教育事业改革创新的新时期，要将以人为本作为改革创新工作的基础，要将科教兴国战略坚定不移地落实到高校田径体育教育改革创新当中，以实现人才强国这一战略。因此才能使不断提升的人民群众日益增长的发展需求、教育需求以及生活需求得到满足。在教育领域中的以人为本，不仅涉及教师，更多的是指学生。

2. 以人为本教学理念的培养

以新课程改革为背景，在高校田径运动教学过程中，需要不断落实科学发展观，同时要以社会主义和谐为构建基础，将以人为本的教育理念，渗透在教学内容当中。在高校教育体系中，作为重要组成结构之一的田径体育教育内容，要从教育目标、教育内容等教育工作上，认真落实以人为本的教育理念，这对于高校田径体育教育工作的改革与创新具有非常重要的意义。

（1）在高校大学体育教育工作中，一定要落实以人为本的教学理念。每一名学生都是独立存在的生命个体，无论是在校园生活中还是在社会环境中，都需要得到认可与尊重。所以在大学教育过程中一定要树立以人为本的教学理念。基于这样的教学要求，就需要高校在办学之初，能够整合有效的田径运动教学资源，为人才培养工作奠定基础，以此才能为学生在田径体育课程的学习过程中提供优质的学习条件和学习环境，同时也能够大力发展田径体育教师队伍。高校田径运动教学应遵从的原则是对学生高度负责，为其提供尽量充足的田径运动教学资源，使学生能够在学习期间得到与自身发展、自身需求相匹配的田径知识内容以及理论知识内容和技术动作能力等。

在田径运动教学中，教师需要了解每一位学生的身心发展情况，要将个体差异与个性发展作为教学工作的重点，同时以学生个体差异为核心，制订并完善现有的田径运动教学培养方案，从科学的角度构建田径课程体系。同时教师还需要注重在田径运动教学过程中，基于现代技术教学方法的变革，使学生能够通过新型的教学方式发现田径课程内容中的号召力以及感染力，让学生对田径体育学习充满主动性和积极性。以人为本教学理念倡导的是时刻关注每一位学生身心发展情况，要在教育教学工作中树立为学生提供服务的相关概念，使学生在田径运动学习过程中既能够得到全面的发展也能够得到个性化的培养。

（2）在高校田径运动教学工作中，还需强调教师的主体位置。虽然学生是受教育的主体，但无论是从教育培养的角度，还是从实现学生全面发展的角度来看，教师是促使学生培养以及学生发展实现的落实者。所以在田径运动教学过程中也要强调以教师为本，这就需要高校在办学之初，能够从教师的角度来考虑，为每一名教师提供良好的工作环境和工作氛围，对教师的工作量做出合理的规划，同时科学合理地制定教师评价体系，还需要为每一名教师提供一定的科研支持以及体育教育基础设施资源等。在教师教育工作管理制度中不能一味强调强制性和防范性，还应该注重人性化的管理措施，引导教师在等职工作岗位上能够自觉且积极地履行自身的教育义务和责任，给予教师充分的理解、信任和尊重，在工作管理条例中不要用过多的规则和制度将教师固定在条框之中，使其教育行为受到约束。

（二）健康第一

1. 树立健康第一理念的依据

（1）从教育事业的发展来看，健康教育思想与体育教育发展是相符合的，体育健康教育理念是从心理、生理以及社会三个角度来定义健康的。现阶段，健康教育思想已经普及到各地，这一思想与世界卫生组织提出的指导思想是相一致的，因此应秉承健康第一的理念进行体育教育指导和田径运动教学工作。实际上无论是哪一个阶段的体育工作，都应该以健康第一的教育理念来进行调整。

目前，各大高校田径运动教学工作的改革应以健康教育为主将大学生体育健康教育放在教育工作的首位，在学生的学习与训练过程中，逐渐渗透健康教育的理念，让学生养成终身体育的意识与习惯，无论是在校园中还是在今后的就业环境中，都能够保持体育锻炼的习惯。我国相关部门也对高校提出了田径运动教学的要求，要秉承健康第一的指导思想，在教育工作中给予学生身心健康方面足够多的关注。

（2）体育健康教育指导思想与现阶段社会发展需求是相辅相成的，从目前社会科学技术的发展来看，我国的综合实力在不断加强，原因是专业人才与劳动者素质的相结合。从我国教育事业发展的角度来看，体育健康教育理念既是体育事业发展遇到的机遇也是一项挑战。现阶段社会市场经济的竞争是非常激烈的，如果想要培养出高质量的专业型人才就需要使这类人才具有明确的政治思想，也需要具备扎实的科学知识以及过硬的技术能力。与此同时，专业性人才还必须具备强健的体魄与坚定的精神。所以，高校田径运动教学要以学生的身心发展为核心，在教育工作中秉承教育健康第一的思想，摒弃传统教育中与现代社会发展不相符的教学模式、教学思想以及田径运动教学内容。

2. 体育与健康教育的目标

（1）在高校体育田径教学中，要将健康标准渗透在教育工作的各个环节，也要将其融入教学内容当中。教师需要为学生普及关于田径运动项目的锻炼知识，让学生真正了解到健康体育的目的，由此便可以培养学生终身体育的意识以及终身健康的行为。在高校田径运动教学中，学校应该以最新的学生体质健康测试标准为核心，结合院校所处地区的自然条件、教育资源以及体育院校本身的办学特点，来对学生体质健康测试标准进行调整。与传统的学生体质、健康检测标准不同，新型的学生体质健康检测标准，不再强求学生各项运动是否能够达标，而是对学生是否能够树立终身的锻炼意识，给予更多的关注。

（2）高校的体育健康教育体系需要进一步完善。相较于其他学科来说，体育学科自身的知识面与文化底蕴是非常雄厚的。所以高校田径运动教学应增加体育人文学方面的内容、运动人体学方面的内容和健康教育学方面的内容。因此，才能够使高校田径体育课程不仅具有科学性、人文性，还能够提高高校田径课程的教学意义，同时学生对田径体育课程的兴趣也会有所提升。与此同时，在高校体育健康教育体系中，还应该增加关于学生身心健康发展的基础性知识和常识性内容。通过健康教育体系中的内容培养学生科学的生活与学习习惯，塑造健康的心理状态。

（3）在高校田径运动教学中渗透“健康第一”的教育指导思想。从目前教育事业的发展来看，知识的更新以及边缘学科的发展是非常迅速的，同时大学生需要面对社会市场经济中非常激烈的竞争。那么大学生仅凭强健的身体、综合的素质以及复杂的知识结构，并不能满足当前社会发展的需求。以此为背景，我国提出了健康第一的指导教育思想，这就意味着在田径运动教学中或教育部门下发了更高的教育指令，在培养学生身心健康、思想意志的同时，也要注重新型高素质人才的塑造与培养。高校田径运动教学要将健康第一的指导思想作为教育工作中光荣的使命。对比以往，从以增强体质为主的体育教育工作来看，现阶段将健康第一的指导思想作为工作首要目标的新型教学模式，符合社会新型发展观。

（三）终身体育

1. 终身体育教学理念的解读

终身体育可以从两个方面进行阐述：①在生命过程中，进行所有的、有效的身体锻炼，被称作终身体育；②在生命过程中所接受的所有关于体育教育的内容的总和，被称作终身体育。

终身体育可以理解为随着生命的开始而开始，随着生命的结束而结束，也就是说，终身体育是渗透在人们一生当中的整体体育活动形式。也是整个生命过程中外延性的、持续性的体育教育的整个过程。从生命的每一个阶段来划分，那么终身教育可以分为三个不同的教育层次：①学前体育教育；②学校体育教育；③社会体育教育。在这三个不同的层次中，高校体育教育是学校体育教育中非常重要的一部分。

21 世纪后，大多数高校在教育工作上发生了一些观念、思想、方式上的变化。田径体育教育工作不再强调以往一味追求竞技水平的测评方式，转而更加注重大学生在田径运动项目中的参与度以及体育课程内容是否具有教育性。在体育课堂上，教师更加注重与学生之间的沟通和互动，通过两者的合作能够精心策划出具有教育性的田径体育课程内容，能够帮助学生在未来的职业规划中，突出个人的人际交往能力，还可以帮助学生缓解心理上的压力，使学生更好地与社会需求相匹配。

在高校田径体育教育工作中，教育者一定要帮助学生树立终身体育的锻炼理念，帮助学生塑造健康的身心和体魄，要帮助学生塑造正确的精神面貌。以此才能有效提升大学生现阶段在校园中的生活质量，也能为大学生未来的从业奠定一定的基础。如果学生在田径体育运动中能够逐渐意识到体育运动项目对于个人身心发展具有的重要作用，学生就会更加积极主动地参与到田径体育项目当中，进而将体育锻炼作为终身的习惯。

2. 终身体育教学理念的培养

（1）教师要在田径体育教育过程中逐渐帮助学生养成终身体育的相关意识。以学生为主体，对其逐渐渗透终身体育教育的含义以及重要性，教师要做的工作就是帮助学生增强对体育运动的认知，从心理学的角度能够看出，认知事物是行为的前提条件，而行为是基于个人的动机和兴趣才能够产生的一种心理表现形式。所以教师需要注意的是帮助学生在田径体育学习过程中保持积极正确的态度，让他们在了解体育的目的之前，能够对田径体育学习产生正确的动机，教师需要激发学生参与体育锻炼的兴趣，在日常的练习过程中，为学生讲授卫生保健方面的相关知识和相关技能。

与此同时，教师还需要注意，在田径运动教学过程中，既不要一味追求理论也不要一味追求实践，而是要将理论与实践相结合，才能使学生具有终身体育的正确认知，学生自身的体育价值才能得到体现。同时教师还需要引导学生将终身体育这一认知逐渐延伸到校园生活之外。将田径体育社会化以及体育化的特征作为最根本的目标，学生能够正确认识到全民健身的重要性，才能够实现终身体育这一认知的社会价值。以田径体育项目教学来说，教师应该在具体的教学过程中让学生树立终身受益这一体育目标，然后在每单元的课程中，对课内以及课外的活动做出相应的要求和标准。还需要从多个方面去渗透，终身受益包括综合素质、动作技能、理论知识与个人能力。

（2）高校田径运动教学目标应及时做出调整。终身体育思想是现阶段高校体育教育工作发展的核心内容之一。从现阶段社会发展的形势来看，在教育工作中，若只追求学生有机体的纯生物学改造，并不能满足学生在体育学习过程中自我价值与自我要求的实现。从终身体育这一观念来看，现阶段的高校体育工作已经注入了新的活力，学生们能够在自我认知、自我完善、自我反思等方面有大幅的提升，这就说明学生的在终身教育的理念下已经得到了改造和完善，高校体育教育工作是为学生实施终身体育教育的主要基地，换言之，终身体育能够帮助学生实现全面发展，其中包括学生的身体素质、精神素养等，也可以塑造学生的思想道德品质以及各方面的再教育等。

学生会在终身体育这一观念下，通过对体育课程内容的学习，实现终身受益的学习目标，从现阶段教育事业的发展来看，高校田径运动教学已不再是以往传统中以校园生活为主的田径运动教学形式，而是逐渐转变成学生提供终身体育锻炼的主要阵地和主要场所。所以高校田径运动教学工作要以强身育人为最基本的目标，将终身教育贯穿到日常的田径运动教学工作中，为学生提供终身受益的教学内容，并且结合高校自身办学的特色以及体育教育工作实施的情况来改善现阶段的高校田径运动教学教育任务。

二、田径运动教学的目标与步骤

（一）田径运动教学的目标

高校体育田径课程的教学目标包括以下内容：

第一，充分发展基本的运动技能，如行走、跑步、跳跃、投掷和生存技能，以提高学生的身体素质，这样才能奠定田径和其他技术课程的基础。

第二，了解并熟知田径课程的基本理论知识和基本技术，同时，运动技能也要达到一定的水平。

第三，掌握田径课程教学的基本技能，针对组织比赛、重大赛事评判也需要具备比较专业的技能，同时，还需要具有领导、管理田径健身的技能。

田径类课程的指导思想主要包括适应体育与健康课程改革、淡化竞技元素以及增加户外活动内容。在普通高等学校体育教育本科专业中，体育教育专业学生需具备学校体育教育、教学、训练和竞赛能力，其中田径运动教学能力是核心、要素，也是未来从事教学工作所必备的能力之一。田径运动教学的核心目标是通过发展学生体能、掌握基本理论知识和运动技能来支持教学训练、科学研究、学校体育管理和社会体育指导等工作。

田径课程设计必须以适应体育与健康课程改革的要求为导向。这意味着将课程内容和目标与促进学生身体健康、全面发展相结合，强调健康生活方式和运动习惯的养成。因此，田径教学不仅是关于竞技性的比赛，也应关注学生的身体素质和整体发展。此外，田径教学也需淡化竞技元素。虽然竞技性是田径运动的一部分，但过分强调竞争可能会排斥一些学生，降低他们参与运动的积极性。因此，在课程设计中应该注重合作精神、个人成长和团队合作，而不是单纯追求比赛成绩。

田径运动适合户外进行，这不仅提供了更广阔的空间，还能让学生亲近自然、锻炼身心。户外活动也有助于培养学生的团队合作、领导能力和适应能力，这些都是田径课程应该关注和培养的素质。

因此，在田径教学的课程设计中，应当以促进学生的身体健康和全面发展为核心目标，淡化过分的竞技元素，注重学生个体的成长和团队合作精神，并充分利用户外活动的优势，通过科学设计、选择合适的练习方法，实现课程教学目标，为学生提供全面发展的机会和平台。

（二）田径运动教学的步骤

1. 讲解和示范

在运动技能教学中，需要先确定学生面对的运动技能是简单还是复杂，并基于此选择适当的教学方法。随后，寻找最简洁明了的说明，并在讲解过程中运用辅助物，如表、图、电影或录像带。这些辅助物被展示在墙上或告示板上，能够在学生学习技能后为其提供参考，从而最大限度地发挥其作用，同时有助于学生回忆示范的细节。

示范是运动技术传授中常用的手段，结合讲解有助于学生对运动技能有更全面的了解。在示范时，选择受过专业训练的高水平专业学生或技术熟练的体育教师作为示范者，以确保正确规范的技术动作，建立学生正确的动作表象，增加学习信心。示范的时机也是影响技能学习效果的重要因素，需要在学生体验动作后进行，有助于学生理解动作要点和纠正错误技术。

在示范时，应选择适当的队形，确保所有学生都能清晰地看到和听到教师的讲解和示范。教师在示范时要考虑学生观看的最佳角度，使用不同角度的示范，保证学生全面理解技能动作。声音也可以作为帮助学生学习技能的模型，通过口令或拍掌发出的声音表示和强调正确的节奏，特别在需要注重节奏的技能训练中，如三级远跳、跨栏栏间的三步跑以及标枪的最后五步。

此外，要注意示范和讲解的总时间不应过长，通常不超过 3 ～ 4 min，以避免过多的重复或过细的讲解。这样综合运用多种教学手段，将有助于学生更有效地学习和掌握运动技能。

2. 运动技能练习

学生在接受示范后，应迅速开始练习，确保练习队形使尽可能多的学生能够安全有效地练习技能。这种组织结构有助于营造一种学生不怕犯错的氛围，因为在学习过程中，错误动作是不可避免的。练习开始时，学生应保持不处于疲劳状态，以免影响动作完成的效果。一旦疲劳开始影响技能的执行，就应及时停止练习。然而，高水平学生有时需要在疲劳状态下练习技能，以模拟比赛时的真实条件。

运动技能的形成是在多种感觉机能参与下，在大脑皮层运动中枢建立起的暂时神经联系的过程。其中，肌肉本体感觉对于形成运动技能具有特殊的意义。在田径运动技能学习中，通过各种专门性练习，不仅有助于迅速掌握正确技术，建立正确的动力定型，还能克服学习过程中的单调乏味，激发学生学习的兴趣，提高练习的积极性。

田径技能学习的练习形式多种多样，包括引导性练习、专门性练习、辅助性练习和专项练习等。在教学中，需要根据具体情况选择和运用。选择专门性练习时，首要标准是促进运动技能的形成和发展。专门练习的量应根据其性质和学生的掌握程度而定，一些专门性练习可能需要贯彻整个运动技术学习过程，而有些可能只需要练习几次即可。这种差异化的选择有助于更好地满足学生的学习需求。

在日常的教学过程中，为了能够很好地掌握一项技术，必须进行一系列的练习。但在对这些练习进行具体的选择和运用的时候，想要完全地掌握技术动作并得到有效的提高，就必须注意技能之间迁移的问题，以避免出现一些不必要的问题。在教学中，如何选择最为有效的专门练习，是能够让学生学会一些复杂技能的关键所在。而在进行专门练习时，最主要的就是要注意技术与练习之间的共同点，这些共同点既包括技术动作的外形和视觉效果方面，也包括在技术的练习过程中，学习者只有将完整的技术动作完全掌握才能够说明技术的专门练习是有成效的。并且技术的各项练习之间存在迁移的问题。在田径运动教学中，如何安排练习的先后顺序，也是一项十分重要的工作。

3. 教学反馈

在运动技能形成的过程中，反馈是一种将产生的输出信息传回到控制部分，并影响其功能的机制，从而使传出的信息更加精确的过程。该过程涉及感觉器官、神经中枢、脊髓神经元和效应器，共同形成一个信息反馈通道。无论采用何种教学方法，仅依靠练习是不足以使学生正确掌握技能的。因此，反馈在学习过程中具有至关重要的作用，分为内部反馈和外部反馈两种。

首先，内部反馈是学生通过各种感觉器官接收到的信息，如视觉、听觉和触觉等。这类信息提供了对动作完成情况的感知，对学生的学习过程产生重要影响。内部反馈的一个重要来源是大脑接收的有关动作感觉的信息，从肌肉、肌腱以及关节传达到大脑，告知大脑肌肉的情况、收缩速度以及关节和肢体的位置等。这种通过“肉眼”获取的信息称为运动本体反馈。运动本体感受器在感知位觉能力方面起着重要作用，通过不断返回中枢并经过中枢调整，使动作得到不断校正和完善。在学生进入技能学习的中级阶段，运动本体反馈的作用逐渐增强。

然而，许多学生的运动本体感觉发展尚不充分，他们主要通过视觉获取学习技能的反馈。因此，在教学中，教师有责任教育学生认识和充分利用内部反馈。在训练课的技能部分，教师需要不断提问学生，让他们了解动作结果的原因，从而纠正错误动作而不仅仅关注之前的动作。

其次，外部反馈则是来自学生外部的信息，包括教师、其他学生、镜子以及摄像机等。与内部反馈相结合，外部反馈更有利于学生技能的学习。外部反馈简单明了，通过获取学生外部所做动作的信息，有助于学生更好地掌握动作。这种对特定技能的正确理解方式有利于动作的定型和大脑对动作的记忆。动力定型是学习所有技能的基础，因此，教师应充分利用各种来源的外部反馈，为学生提供准确而有用的信息，以加速学习过程。正确使用外部反馈对于提高学习效果至关重要。

三、田径运动教学的模式与方法

（一）田径运动教学的模式

1. 简单技能的教学模式

简单的运动技能是指通过些许的练习就能够学会的技能，这些简单的运动技能在进行学习的时候是十分容易的，通过直接的观察就能够学会。有些初学者在学习简单的运动技能时通过现场或从电视上观看就能够直接学会。但是判断一个技能是简单还是困难并不是一件容易的事情，只有初学者在学习这项技能时，在短时间内能很轻松地学会，才能称这项技能为简单技能。而如果有些技能对于某些人来说很容易，但是学生在学习和练习的过程中却感到很困难，那么就不能称为其简单技能，而应该将它分类为复杂技能。

简单技能教学通常采用模仿模式。要求学生将注意力集中在要模仿的动作上，如果模仿是准确的，应当给予肯定，当需要做小的纠正时，要用清楚的方式指出。

2. 复杂技能的教学模式

在教授复杂技能时，一般采用两种学习模式：塑造法和链接法。

（1）塑造法教学模式。塑造法教学模式是一种简化技能的教学方法，例如，在教授复杂技能时降低技术复杂程度。这种方法能够以降低技术整体要求的形式来实现，也能够以更换体育器材、外部保护的形式来实现，从而使学生能够真正通过教师的教授学会运动技能。塑形方法的基本过程如下：

第一，示范并简要解释学习所教技能的过程。

第二，通过简化技能的形式或纳入全技能中主要技术动作的形式，使学生能够很好地完成学习。

第三，学生要多加练习简化后的主要技能。

第四，逐步修改教学工作中的任务要求，整体技能的联系，达到大致成熟的阶段。

（2）链接法教学模式。链接法教学模式是一种有效的教学方法，其核心在于将复杂的技能分解为简单的部分，通过早期联系各部分，逐步形成完整的技能链。在技能链接的过程中，教师将复杂技能分解为简单易懂的部分，使学生能够逐步理解和掌握。例如，在学习弹钢琴时，教师可以将弹奏曲目分解为手指的基本动作（如按键、转移、扫弦等），然后通过练习逐步联系各个动作，形成连贯的弹奏技能。在中级阶段实践中，学生经过分解练习后，进行完整技能练习，将各环节连接起来，从而进一步巩固和提高技能水平。例如，在学习编程时，学生可以先学习掌握基本的语法和逻辑结构，然后通过编写小程序来实践，最终逐步完成复杂的项目。链接法教学模式通过逐步、系统的方法，帮助学生建立起扎实的技能基础，提高学习效果。

（二）田径运动教学的方法

教学方法是多种多样的，不同的划分标准就有不同的教学方法分类。根据一定的标准和各种方法所具有的共同特点，可将众多的教学方法分为具有逻辑联系的序列，构成教学方法体系。根据我国教学论中以学生认识活动的不同形态作为分类标准，将田径运动技术教学方法划分为以下七种。

1. 问答法

问答法作为一种常用的教学形式，在教师与学生之间进行口头问答，可采用有引导性、启发性和复习知识性的问答形式。首先，教师可以通过有引导性的问答，引导学生思考和探索问题的解决方法，激发其学习兴趣和思维能力。例如，在学习数学时，教师可以通过提出问题，引导学生自己思考解决方法，从而增强其学习主动性和参与性。其次，启发性的问答可以帮助学生发现问题的本质和规律，促进其深层次的理解和思考。最后，复习知识性问答是巩固学生已学知识的有效方式，通过不同形式的问题，帮助学生回顾和巩固所学内容，提高学习效果。因此，问答法在教学中具有重要的作用，能够激发学生的学习兴趣，提高学习效果。

2. 讨论法

讨论法是体育教学中一种重要的教学方法，其关键在于通过教师的引导，学生在讨论中解决问题，获取体育知识和运动技能。教师在这个过程中扮演着引导者的角色，需要以吸引人的方式引发学生的兴趣，同时做好讨论总结，确保学生得以全面理解。通过讨论，不仅能够增强学生学习的积极性和合作精神，还能够提高其对知识的理解深度和独立思考能力。特别是在田径运动教学中，可以组织学生小组进行技术要点的讨论，促进学生之间的交流与合作，达到共同提高的效果。

3. 讲解法

讲解法是一种常见的体育教学方法，其核心在于通过口头语言传授体育知识和运动技能。在这种教学模式下，教师主要通过解释概念、技术原理、要点和规则等，向学生传递知识。为了确保教学效果，教师需要灵活运用合逻辑分析、生动描绘、启发诱导等方法，使学生获得全面系统的知识。此外，讲解法也强调将知识、技能教学与思想教育有机融合，讲解的过程不仅能传授运动技能，更重要的是能塑造学生的良好品格和积极态度，促进其全面发展。在田径运动技术教学中，运用讲解教学法应注意以下问题：

（1）教师的讲解要细致、准确，教学重难点要突出。其中技术课的教学特点是练习要多于讲解，讲解的时间不能过长，因此教师在进行讲解时的针对性要强，要根据课程的任务，讲解其中的重难点。教师在讲解的过程中不仅要清楚、准确，讲解的语言也要简单精练、通俗易懂，这样有助于学生的理解与记忆。在讲解时，对动作的过程与部位的描述要准确，让同学能够清楚地理解技术动作。

（2）教师的讲解要遵循由表及里、深入浅出的原则。教师在进行田径课程教学时，根据之前制订的课堂计划循序渐进，从基础概念到技术的细节，到细节与细节之间的关系，再到技术的原理和标准。教师的课堂讲解要注意内容的新颖，而且要规划好每节课要讲解的内容。这样既能使学生保持学习的兴趣，也不会几节课就把全部的教学内容讲完。

（3）讲解要生动形象，口诀化。讲解要注意语调和用语。例如，想让学生能够对一些关键性的技术有深入的了解，就需要用类似的东西做教学参照或者类比，用于说明这些关键性技术动作的特点和本质。教师需要在课上讲解技术动作的要点时更加精练，必要的情况下可以用口诀的形式帮助学生记忆。

4. 演示法

教师可以通过展示运动模型、技术挂图以及其他直观教具，帮助学生通过观察获得感性认识。这种直观的展示方式可以使学生更加直观地理解技术动作的要领和结构。此外，辅助性教学方法也需要与讲解教学法、问答法等结合使用，以达到更好的教学效果。通过综合运用不同的教学方法，可以更全面地帮助学生掌握田径项目的动作技术。

在田径运动技术教学中，教师可以采用多种手段进行演示（如运动模型、技术挂图、录像等）。特别是教师能合理地应用简单教具演示田径项目动作技术基本原理，能够以清晰直观的方式传达知识和技能，从而加深学生对知识和技能的掌握。这种直观的演示方法不仅可以帮助学生理解动作技术的要领，还可以激发学生的学习兴趣，提高他们的学习积极性。

5. 示范法

动作示范要求学生通过观察示范动作，形成动作的运动表象，了解结构和要领，从而建立正确的动作概念。这种直观的示范方式有利于提高学生掌握动作要领的效率，形成正确的动力定型，为后续的练习打下良好的基础。此外，根据动作结构的不同，示范方法可分为完整动作示范、分解动作示范、正误对比示范、相似区分示范等。而根据示范的位置不同，又可分为镜面示范、侧面示范、背面示范等方法。在田径运动技术教学中，运用动作示范法应注意以下问题：

（1）明确演示的目的。教师进行田径技术动作演示的目的是帮助学生更直观地了解这项技能，对这项技能有一个具体的印象。但是，根据课程安排、不同学生的不同阶段以及每个班级每堂课的特定任务，教师进行技术动作演示的目的也不尽相同。一般来说，在刚刚接触技术动作时，教师的演示是为了让学生能够大体了解技术动作的形式，在这个阶段以教师示范动作为主。在学生的技能掌握阶段，教师进行技巧的演示是为了让学生能够认清并改正他们在平时的练习过程中一些技术细节上的错误。在这个阶段一般以教师的分解示范为主。而在学生的技巧提高阶段，教师进行技术动作演示的目的既是纠正学生不正确的动作，还要使学生能够掌握完整的技术节奏与速度，使学生能够完善自身的技术基础。在这个阶段教师一般以通过完整和分解演示相结合的方法为主。

（2）保证演示的正确性。教师在组织示范教学时，要确保每个学生通过示范教学都可以清楚地看到教师所示范的动作，这就需要学生观察演示教学的位置和方向也是正确的。

第一，在直道“途中跑”的演示教学观察中，后蹬及蹬摆配合这几项技术动作的最佳观察位置是侧面，在跑步过程中，直线性、落脚点的位置以及蹬摆过程中的方向性，都需要以正面观察的形式来完成演示教学。

第二，在直道跨栏跑的栏间跑中，技术动作上的演示教学观察位置也分为正面和侧面，在侧面进行观察的技术动作有：由起步到跨栏的全身技术动作的配合、重心高度等。在正面进行观察的技术动作有：栏间跑的直线状态。

第三，在背越式跳高中，技术动作上的演示教学观察也分为正面和侧面，在侧面进行观察的技术动作包括：①起跳放脚位置；②着地技术；③摆臂；④摆腿技术；⑤挺髋技术。

第四，在跳远中，技术动作上的演示教学观察也分为正面和侧面，在侧面进行观察的技术动作包括：①助跑的节奏；②倒数三步步长之间发生的变化；③起跳脚的着地；④蹬伸；⑤摆动腿与两臂摆动幅度；⑥上体姿势。在正面进行观察的技术动作包括腿部姿势、两手臂姿势以及上身姿势。

第五，在推铅球、掷标枪中，技术动作上的演示教学观察分为正面、后面及斜侧面，在后面进行观察的技术动作是技术动作的直线性。在正面进行观察的技术动作是技术动作的整体性。

6. 分解练习法

分解练习法是指通过将一套完整的技术动作分解成几个部分，并按顺序逐步将各个部分的技术动作教给学生的方法。这种方法的优点是能够通过将困难的动作分解，使学生对技术动作的要点有个更深刻的理解，便于学生掌握、提高学生的自信心。但其中也存在不足，例如，学生对动作的分解形成了依赖，这样就会导致学生在对动作的完整理解上存在阻碍。分解练习法适用于那些十分困难又可以将动作分解的复杂技术动作，或者某些重要部分需要细致学习的地方。

7. 纠错法

纠错法是一种针对学生错误动作的教学方法，尤其在田径运动教学中显得至关重要。若这些错误动作不及时得到纠正，很可能会造成错误定型，影响学生的技术水平和竞技表现。因此，采取积极的措施来纠正错误动作是必不可少的。为了有效防止和纠正错误，需要对错误的产生原因进行深入分析。这些原因可能包括学生对动作要领不清、个体能力的差异，以及教学安排的不当等。在实施纠错法时，教师应根据错误动作的具体原因选择适当的预防和纠正方法。此外，纠正错误动作的过程中需要注意分清主次，优先处理主要问题，以确保教学的效果。在纠错过程中，需要教师耐心、细心、热心，在教师讲解时要亲切易懂，以促进学生的理解和接受。通过这样的教学方法，可以有效地帮助学生改正错误动作，提高其技术水平和竞技能力。

四、田径运动训练的原则与任务

（一）田径运动训练的原则

1. 系统负荷原则

学生要取得优异成绩，需要经历一个长期、系统和全面提高身体素质、技术、心理和运动智能的训练过程。该过程是一个多层次、多因素、结构复杂的系统工程，其中任何中止训练都可能导致训练效果无法积累。恢复训练后，学生需要付出更多的精力和体力，因此，学生创造优异成绩的基本要求是坚持多年不间断系统性的训练。田径运动训练涉及启蒙训练、专项初期训练、专项深化训练以及创造或保持优异成绩等阶段，这些阶段有机衔接，构成学生竞技能力的全面培养。因此，无间断的训练在学生成长过程中至关重要。

学生的竞技能力综合表现多种能力，涉及生理和心理等多个方面，并同时受到先天因素和后天因素的影响。为了实现训练对竞技能力的有效影响，需要经过长时间的训练，涉及人体内部机能的改变。这些变化包括中枢神经系统的调整，这是一个需要耐心和持续努力的过程。通过系统的训练，学生的竞技能力得到不断提高，体能、技能、心理和运动智能等各个方面都在持续变化。技能动作的协调和配合是在长时间反复给予负荷强化的基础上建立的，从而避免技能的消退。

为了克服训练效应的不稳定性，有效地发展学生的身体素质、技术、心理能力和运动智能，必须坚持系统的、不间断的训练。学生竞技能力的内部结构呈现层次性，高低受到多方面因素的制约。因此，应用系统负荷原则，以有效、层次性的方式发展学生的技能。在训练中，要根据层次性和学生训练程度的差异性，全面考虑训练内容的选择和训练手段的采用，确保它们之间有内在联系，以不断提高运动训练水平。这种系统性、层次性的训练方案才能有效地支持学生在竞技中获得持续的优异成绩。

2. 适时恢复原则

适时恢复是指及时消除学生在训练中所产生的疲劳，通过生物适应使机体产生超量恢复，提高机体能力的过程。在训练过程中，学生达到一定程度的疲劳时，教师应根据训练计划，及时安排恢复性的训练，采用有效的恢复手段，以帮助学生迅速恢复机能，提高训练效果。这个过程是为了保障学生在训练中能够达到理想的疲劳水平，从而激发生物适应，提升机体能力。

在适时恢复的过程中，了解不同负荷性质对机体产生的疲劳特征至关重要。速度性质的负荷刺激导致神经细胞缺氧，力量性质的负荷刺激消耗大量蛋白质，无氧耐力性质的负荷刺激导致代谢产物堆积，有氧耐力性质的负荷刺激导致肌糖原消耗过多。这些负荷性质的差异要求有针对性的适时恢复方法。

此外，了解不同负荷强度产生的疲劳特征也是必要的。中小负荷强度、持续时间长的负荷刺激会引起轻度疲劳，而极限负荷强度刺激则导致急性疲劳。根据这些特征，可以更准确地制订适时恢复的计划。

适时恢复的科学方法包括通过变换训练内容和环境、交替安排负荷、调整训练间歇时间和方式，以及在训练中引入轻松愉快、富有节奏性的练习或游戏性的练习。这有助于肌肉经受轻微的活动，帮助肌肉和血液中的血乳酸更快被消除。此外，适时恢复也需要关注营养、物理和生物学等方面。能量补充不仅要考虑数量，还要注意营养的科学搭配，同时采用水浴、蒸汽浴、按摩、电兴奋、紫外线照射和红外线照射等方式，帮助学生尽快消除疲劳，恢复机体能力。这种全面、科学的适时恢复方法有助于学生在训练中持续提高竞技水平，最大化地发挥潜力。

3. 适宜量度原则

在运动训练过程中，运动负荷是由运动负荷量和运动负荷强度两个因素构成的。运动负荷量反映了运动负荷对机体刺激的大小；运动负荷强度体现了运动负荷对机体刺激的深度。适宜量度原则强调在训练负荷的不同情境下，必须处理好运动负荷量和运动负荷强度的比例关系，以确保学生的训练负荷处于平衡状态。这意味着在适宜的情况下，运动负荷量和运动负荷强度的调整是灵活而必要的。

适宜量度原则的核心思想是要根据不同的训练时期、运动项目和学生的个体特征，合理调整运动负荷量和运动负荷强度的比例。这是为了确保训练负荷的平衡，因为不同的搭配所产生的效果是各异的。对于学生来说，通过增加运动负荷强度给予机体较强的刺激，可以迅速提高机能适应水平，但这种适应是短暂的，不易巩固，容易消退。相反，以增加运动负荷量的方式给予机体较缓和的刺激，虽然所产生的适应水平较低，但相对更为稳定。

适宜量度原则要求教师在训练实践中根据实际情况合理安排运动负荷量和运动负荷强度的比例，确保负荷的平衡。学生在训练中承受一定的负荷后会产生相应的训练效应，但并非只要给予学生施加负荷就能达到良好的效果。运动负荷量和运动负荷强度的合理安排对训练效果至关重要。机体对适宜的运动负荷量度能够产生适应，而过小的运动负荷量则不能引起必要的应激反应，导致效果不佳。另外，过度的运动负荷可能影响学生的训练效果。

教师在运动训练中必须正确处理负荷与恢复的关系，适时调整负荷量度。负荷量度的增加能够带来更好的训练效应，尤其是当负荷越接近学生的承受极限时，训练效果越显著。然而，负荷的增加必须谨慎，因为负荷过大可能导致学生机能下降，影响健康。因此，在训练过程中，教师应准确判断学生在不同时期的竞技状态，科学地调整运动负荷的适宜量度和恢复程度，以确保学生获得最佳的训练效果。

4. 区别对待原则

学生在体育训练中的个体差异因素涉及年龄、性别、身体形态、身体素质、技术水平及心理品质等多个方面。这些差异性因素使教师在制订训练计划、确定训练任务、选择训练方法和练习手段，以及合理安排运动负荷时，都必须考虑到个体差异的存在。年龄和性别等因素对学生的运动能力和适应性产生深远影响，因此，对不同学生采用有针对性的训练策略，以更好地满足个体发展需求，是至关重要的。

首先，年龄和性别的不同导致了学生承受运动负荷的能力存在差异。年龄的增长意味着生理素质和心理素质的发展，而性别差异则决定了男女生在身体素质和技术水平上的差异。因此，教师在训练中应考虑到不同年龄段和性别的学生，制订个性化的训练计划。年龄较小的学生可能需要更多的基础训练，而年龄较大的学生则可能更加注重高强度、专项性的训练。同时，性别的差异也需要在训练中有所体现，以满足不同性别学生的生理和心理需求。

其次，学生的神经类型、气质类型和个性心理特征也是个体差异的重要体现。不同神经类型的学生对刺激的反应可能存在差异，需要采用不同的激励方法；气质类型的差异可能会影响学生在训练中的表现，需要有针对性地进行心理调适；而个性心理特征的不同可能导致学生在赛前状态、比赛前夜入睡等方面存在差异，需要差异化的心理辅导。只有在训练过程中采取差异对待的原则，教师才能更好地理解学生，更准确地满足其需求，达到事半功倍的训练效果。

为了科学应用差异对待的原则，教师需要深入了解不同年龄、性别学生的生理和心理特点。这包括对各年龄阶段学生运动素质和技能敏感期特点的了解，对特殊情况（如早熟学生和晚熟学生）的观察，以及通过训练记录和运动效果的观察及时了解学生的具体情况。通过全面而系统的了解，教师能够更科学地制订训练计划，更具针对性地调整训练策略，从而使训练更加贴近学生的实际情况，更有助于实现个体化的训练目标。

5. 周期性原则

运动训练作为一个长期的过程，各个环节相互联系、相互制约，其目标是创造更高的竞技成绩。需要学生经过多年系统性的训练才能够获得田径运动的效果。在这个过程中，各项运动技术必须通过多次的重复练习才能得到改善和提高，学生的运动竞技能力的提高则表现出明显的周期性。只有通过多次的周期性练习，才能够保证对运动技术的掌握和完善，同时不断提高身体素质和专项能力。

周期性训练是一个在一次负荷下，机体经历能量消耗、疲劳产生、逐渐恢复的过程。通过机体的超量补偿机制，学生的竞技能力得以提高。每个周期的训练作用，是在上一次训练的成绩上逐层堆积，并进行巩固和发展。适宜的负荷会引起机体适应性变化，多次适宜负荷的刺激则会引起机体多次的适应性变化。在这个过程中，机体的能力不断提高，学生的竞技状态也逐渐得到培养，最终达到最佳的竞技状态。

训练周期的划分主要根据比赛任务和运动项目特点来考虑，周期的长短需要考虑运动项目的特点。初期训练阶段，针对不同项目会有不同的周期安排，以确保学生在这个时期内更好地适应训练。而在比赛期，则需要根据比赛任务进行合理的安排，以确保学生能够在比赛中达到最佳状态。同时，每个周期之间的训练工作需要有衔接，协调各周期之间的关系，确保训练效果的连续性。

在每个周期中，不同训练时期的运动负荷也需要得到合理安排。准备期前阶段主要通过加大负荷量，提高学生的承受负荷能力，改善身体状况。而准备期后阶段，练习量减少，但比赛专项能力训练负荷量增多，确保学生在比赛期能创造更好的运动效果。比赛期的负荷强度适当增大，负荷量适度减小，以确保学生能够保持最佳竞技状态。过渡期则以积极休息为主，通过适宜的运动保持一定负荷量，但要注意保持适宜的强度和密度，以确保学生的积极休息和体能的恢复。

6. 一般训练与专项相结合原则

周期性项目的专项训练对有机体的机能系统产生多种影响，这些影响直接决定了专项成绩的好坏。各个系统的能力大小在一定程度上取决于训练中采用的训练手段和方法。在进行专项训练时，若只采用单一的专项手段，会导致其他机能水平的下降或者造成某些方面的片面发展，抑制其他方面的进展。以力量训练为例，若仅采用单一的力量练习，未涉及其他肌肉群，这些未参与负荷承担的肌肉群可能逐渐衰退。而偶尔采用非专项练习，此时这些肌肉群被迫参与工作，但部分功能可能被更发达的肌肉群代替，导致未承担足够负荷的肌肉群力量进一步下降。

在多年训练和全年训练的安排中，一般训练和专项训练的比例以及一般训练的内容会有所变化。在竞技水平提高的早期，一般训练占据较大比重，其首要任务是促进健康、提高适应各种肌肉活动的身体能力和机能水平。随着训练水平的提高，专项训练的比例逐渐增大，而一般训练逐渐转变为辅助性训练。在大训练周期中也呈现类似情况，准备期的一般训练量相对较高，而随着主要比赛的临近，一般训练量则逐渐减少。

一般训练与专项训练的比例还取决于学生的年龄、专项、个人特点和训练程度。这种比例和性质可能存在较大的变化，而教师对于合理安排这一比例的正确程度将直接影响每个学生水平和运动效果的提高速度。同时，有些练习的性质可能较为中性，难以准确地划分到一般训练或专项训练中。专业学生的训练是一个有计划的过程，旨在为创造出色的运动效果打下机能上的基础，并根据比赛需求逐渐有效地发挥出来。因此，综合考虑一般训练和专项训练的比例及其性质，是设计科学合理的训练计划中至关重要的一环。

（二）田径运动训练的任务

1. 提高学生身体素质

学生提高运动效果的前提是良好的身体素质，它与技术相互辅助。优越的身体素质是提升运动表现的基础，为学生承受高负荷训练和高强度比赛创造了基本条件。这种良好的身体素质不仅为学生在训练和比赛中保持稳定的心理状态提供支持，还能有效防范运动伤病，延长运动寿命。因此，训练应采用多种手段和方法，以改善学生的身体形态、提升机能水平，促进身体素质的全面发展。在整个训练过程中，身体素质训练与技术训练密切相连，共同构建了学生在竞技场上取得优异成绩的坚实基础。

2. 提高学生竞技能力

基础理论知识有助于学生深入了解本专项竞技特点，提升对专项训练理论的准确理解。这不仅使学生更深刻地体验所采用的练习方法，还使其在训练中更准确地理解教师的训练目的。学生能够以自觉的行为协助教师高效地完成训练计划，从而更好地增强竞技能力，确保在竞赛中充分展现自身水平，取得卓越运动表现。因此，教师在训练中应有系统的计划，以传授田径运动基本知识，为学生提供理论支持。

3. 培养学生顽强的意志品质

培养学生刻苦、自觉的训练精神及严谨的作风，培养出良好的体育道德风尚，是至关重要的。这种训练精神在克服训练和比赛中遇到的各种困难时发挥着决定性的作用。通过有针对性的思想教育，提高学生的思想觉悟和道德品质水平，有助于培养学生将优异的运动表现视为为集体赢得荣誉的意识。这不仅增强了训练中的组织纪律性，也促进了学生在训练和比赛中的整体素质提升。

五、田径运动训练的计划与手段

（一）田径运动训练的计划

1. 训练计划的制订要求

长期计划与短期计划的有机结合是制订有效训练计划的基石。通过遵循训练规律，教师能够从学生的具体情况出发，确立长期目标与近期任务。制订长期计划应注重运动技能与效果逐步提高，考虑到提高的速度和未来可能达到的水平，使训练计划与这些目标相协调。连贯性是长期训练计划的核心，应反映在效果与测验标准的提高上，体现循序渐进的原则，特别对儿童和青少年学生至关重要。

训练计划的制订必须全面考虑，涵盖身体、技术、负荷、强度、疲劳、恢复、比赛等多个方面。教师应对每一训练因素及其负荷与强度同等重视，因为学生的发展很少能达到平衡。比赛与测验时，实时对比实际水平与计划要求，找出最薄弱环节，调整计划以加强这些方面的训练。高度发展的速度力量是技术提高的基石，对于速度力量不足而导致技术不高的情况，应调整训练重点。

制订训练计划需要深入了解训练对象，充分考虑个体特点，特别是高水平学生，应突出强调个人特色。训练计划应该扬长避短，培养独特的技术风格，迅速提高训练水平。教师在制订计划时需兼顾多方建议，包括学生、科研人员、医生等，使计划更为科学、合理。这确保了训练计划的针对性、个性化，为学生的长期发展奠定了坚实基础。

2. 训练计划的制订内容

（1）准备部分在制订训练计划中具有引导作用，通过学生起始状态的诊断与分析以及建立训练目标，为具体计划提供信息和依据。在制订多年或年度计划时，强调学生实际状况分析，提出训练指标。然而，在制订周训练计划、课训练计划时，往往忽视这项工作，简单地以训练要求代替目标，导致盲目性。为追求某一练习数量而脱离总目标。

（2）指导部分包括阶段划分、各阶段任务、比赛安排和负荷动态变化规划，决定训练计划的基本轮廓。阶段划分错误可能使学生最佳竞技状态与重大比赛时间不一致，而这种失误难以调整。时间跨度越大，指导部分的意义越大。

（3）实施部分主要涉及具体训练手段和强度的执行，需要更多考虑专项和学生的个人特点。

（4）近年来控制部分备受关注，对训练过程进行有效控制需要获取许多反映训练状况的信息。这些信息通过有计划的检查评定、及时而准确的诊断获得。因此，现代优秀教师认真计划和组织训练过程中的检查评定。将恢复措施和训练过程中的检查评定纳入训练计划，反映现代运动训练注重负荷后的恢复和强调对训练过程的控制两个重要特点。

3. 训练计划的制订类型

（1）多年训练计划。多年训练计划是对学生多年训练过程的远景规划，具有对年度、阶段等较低层次的训练计划战略性的指导意义。其年限一般以 4 年为宜，也可定为 4 ～ 8 年，根据学生的实际情况而定。现代田径运动水平的快速发展和竞争激烈，对学生体能、技能和心理能力提出了更高的要求，这些能力的提高需要经过长时间的有计划训练。多年训练计划一般包括以下内容：

第一，明确多年训练计划的目的和任务。

第二，根据多年训练的目的和任务，考虑学生的年龄、发育特点，对各年度提出具体训练任务。

第三，逐年确定身体训练、技术训练及运动负荷的安排要求。

第四，制订完成多年训练任务的措施和相关注意事项。多年训练计划是一种远景框架计划，虽不可能非常具体，但需要在实现可能性的基础上实事求是地建立。根据学生特点和训练任务，在实践中对多年训练计划进行修改、充实和完善。

（2）全年训练计划。全年训练计划是在多年训练计划的基础上，依据本年度训练任务和前一年度训练完成情况而制定的关键文件。其重要性在于为教师和学生有序组织运动训练提供指导。年度训练计划根据不同项目、学生水平、比赛任务和季节气候等多方面因素，分为基础训练、专项训练、竞赛期训练和调整恢复训练等多种形式。

多年训练计划构建了全年训练的远景框架，而全年训练计划则在此框架内更具体地制订每个训练年度的任务和安排。其中，年度训练计划可分为单周期、双周期和多周期的形式，依据训练周期的数量和所包含的训练大周期的不同而有所区别。一般而言，学生在竞技状态中的稳定性与准备期的训练密切相关，准备期的身体和技术训练的合理安排至关重要。

在年度训练计划中，准备期的任务主要包括增进学生身体健康、提高身体素质、提高技术水平和培养意志品质，为竞赛期的训练和专项成绩的提高奠定基础。准备期的身体训练和技术训练要根据学生的特点、训练水平和比赛任务等综合因素进行合理安排。训练负荷的变化趋势在前半段主要以负荷量和强度逐渐增大为主，后半段负荷量减小，负荷强度加大，呈波浪形变动。专项练习的强度不宜过大，以免引发伤害。

竞赛期的任务主要集中在提高专项身体素质和专项能力、完善专项技术、培养战术技巧和保持竞技状态。此时，心理训练成为关键，需注重树立必胜信心和提高自制能力。训练负荷的特点是以专项身体训练为主，维持一般身体训练水平，以及专项训练强度在小周期或中周期内呈波浪形变动。

过渡期的主要任务包括消除身心疲劳、进行积极性休息、保持训练水平和积蓄力量。过渡期负荷总量根据积极性休息和保持训练水平的要求考虑，需采用一般练习和专项练习的多样手段。训练方法以改变环境和练习形式为主，可利用游戏训练法。

全年训练计划中各时期的任务和训练负荷的安排取决于学生的训练水平、项目特点和个人差异。身体训练、技术训练和一般训练等要结合学生的专项和个人特点进行科学的安排。整体而言，战术训练、心理训练和理论知识教育也需要与身体训练和技术训练相结合，以确保全面的训练效果。

（3）短期集中训练计划。短期集中训练计划在当前田径运动迅速发展和全民健身浪潮中具有重要的地位。通常，这种集训计划的时间跨度相对较短，任务紧迫，涉及的教师和学生来自不同的基层单位。这种集中训练旨在通过短时间的强化，使学生在比赛中能够发挥出更高的运动水平。后文将对短期集中训练计划的总体计划、训练组计划以及个人训练计划等方面进行学术性论述。

第一，总计划的制订是组织指导田径集训队训练工作的核心。总计划的责任者通常为总教练或教练组长，其任务是在深入了解竞赛规程和充分了解教师、学生意见的基础上，结合实际条件制订全队训练的总体指导方案。这份总计划的优劣直接影响总教练在训练工作中的发挥和全队训练的效果。一个良好的总计划应能有效地组织各项训练任务，明确训练重点和难点，确保集训期间的顺利进行。同时，它还需要灵活适应不同学生的特点和需求，因此总计划的制订不仅要有整体把握，还要兼顾个体差异。

第二，训练组的训练计划是在总计划的指导下，由各个训练组的教师制订的。田径代表队通常会根据教师的专长和学生的专项，划分成不同的训练组进行训练。这些训练组是总计划最基本的执行单位，其训练计划的质量直接决定了各组的训练效果。教师们需要根据总计划的要求，以及所负责组的成员实际情况，科学地制订符合实际、切实可行的训练计划。这包括明确训练的内容、强度和周期等方面的要求。合理的训练计划不仅需要考虑学生的身体素质，还需要兼顾技术的提高和心理素质的培养，以确保每个训练组都能在短时间内有效地提高运动水平。

第三，个人训练计划则是针对田径运动的个体性特点进行制订的。田径比赛以个体形式进行，因此在短期集中训练中，个人训练计划显得尤为重要。考虑到集训的学生来自不同的单位，个人情况千差万别，因此，在制订个人计划时，教师需要根据总计划的整体安排和训练组计划的具体要求，结合个人的实际情况，科学合理地制订符合其特点的训练计划。这一环节的关键是个性化，要考虑到学生的身体状况、训练历程和潜力等方面的因素，以确保短期内取得最佳的训练效果。

（二）田径运动训练的手段

1. 固定组合手段

固定组合手段是一种常见的身体训练方法，其关键在于将多种训练手段以固定的组合形式进行运用。这种方法的优势在于，运动员易于学习，因为动作组合是固定的，这有助于他们熟练掌握技术动作。通过反复练习相同的组合，运动员可以建立起一种肌肉记忆，使动作更加流畅、自然。这种固定的组合形式还有助于提高运动员的专注力和执行力，因为他们能够在训练中预先了解下一步的动作，从而更好地控制自己的身体。

2. 变异组合手段

变异组合手段是一种更加灵活的训练方式，它将多种训练手段以变异形式组合进行身体训练。这种方法的核心在于提高运动过程中的应变能力和复杂反应能力，从而增强与技术相匹配的运动机能。通过不断变化组合的方式，运动员需要在不同的情境下做出不同的反应，这有助于他们适应比赛中的各种变化和挑战。这种训练方法可以培养运动员的创造性思维和灵活性，使他们能够在竞技场上应对各种复杂情况。尽管这种方法可能会对运动员的学习过程产生一定的挑战，但能够提高他们的整体运动能力和应对能力，为他们在比赛中取得更好的成绩打下坚实的基础。

3. 周期性单一手段

周期性单一训练手段是一种身体训练方式，其核心特征在于周期性地进行单一动作的训练。这种训练方式的特点在于训练动作简单、动作环节少，容易掌握，主要适用于发展速度、力量和耐力等素质。这一训练方法可以分为全身周期单一训练和局部周期单一训练两种形式。

（1）全身周期单一训练。全身周期单一训练包括各种跑的训练，如小步跑、高抬腿跑、后蹬跑和加速跑等。这些训练要求动作规范，节奏良好，通过反复练习，可以有效提升身体的速度和耐力。另外，跳推杠铃也是全身周期单一训练的一种典型形式。在这项训练中，站立时两手握杠铃，全身用力跳起并同时上推杠铃至头顶，重复进行若干次、若干组，从而有效锻炼身体的力量和爆发力。

（2）局部周期单一训练。局部周期单一训练主要集中在特定部位的训练上。卧推杠铃训练是其中的一种典型形式。在这项训练中，个体仰卧于凳子上，双手握杠铃由胸前上推至两手伸直，通过反复的推动动作，可以有效地加强胸部和上肢的力量。此外，仰卧两腿拉橡皮带训练也是局部周期单一训练的一种常见形式。在这项训练中，个体仰卧在垫子上，用力拉橡皮带，通过反复的动作，可以有效锻炼腿部的肌肉力量和耐力。

4. 混合多元训练手段

混合多元训练是一种复合的身体训练方法，融合了多种单一动作，以其动作复杂、环节多的特点而著称，旨在改善神经系统功能，提高运动技术水平。这种训练方法通常分为全身混合多元训练和局部混合多元训练两种类型。

举例来说，跑动跨跳训练是一种常见的全身混合多元训练，其包括连续跑三步进行一次跨跳或连续进行 10 次级跨跳训练。而助跑投垒球训练则是局部混合多元训练的一个范例，按照投掷标枪的完整技术要求进行，助跑速度快，步伐明显，挥臂有力，出手速度快。另外，助跑起跳训练也是混合多元训练的一部分，例如，半程助跑跳远训练，以及 5 ～ 7 步助跑摸高训练，这些训练要求助跑与起跳环节的连贯性，从而提高动作的效率和准确性。此外，助跑掷实心球训练也是混合多元训练的一种形式，其中，运动员手持实心球置于头上方，进行 3 ～ 5 步的助跑后掷实心球，旨在锻炼全身协调性和爆发力。

第十二章　武术类运动教学与实践训练

第一节　跆拳道运动教学与技术训练

一、跆拳道运动的基础知识

"跆拳道作为一项传统武术和现代竞技体育运动，不仅在身体健康方面具有重要意义，还能不断提高自律以及团队的合作精神，促进心理健康，并倡导积极阳光的生活态度。"①

（一）跆拳道运动的准备姿势

准备姿势也称实战姿势或预备姿势，是竞赛跆拳道比赛中双方开始时的基本站立姿势。准备姿势应便于进攻和防守反击以及步法的移动。

1. 跆拳道运动的动作过程

跆拳道运动的动作过程首先要求运动者双脚分开，与肩同宽，并让双臂自然垂于体侧，以确保稳定性与平衡性。其次，一步脚向前迈出，站在对方侧，形成左架或右架的准备姿势，使身体侧对对方。此时，双手半握成拳，肩部自然下沉，臂部微屈肘关节，平视对方面部，下颌微收，确保警觉与准备。最后，重心自然地落在双脚之间，膝部略微弯曲，以保持稳定性，并使眼睛能够平视对方，以获取更准确的信息。

2. 跆拳道运动的动作要领

跆拳道运动的动作要领在于其灵活性与调整性。首先，双臂的放置位置并不是固定的，可以选择下垂或只有一臂下垂，这取决于运动者个人的偏好和战术需求。其次，脚之间的距离和重心的高低是可以调整的，这样可以在移动时更快地调整身体的重心，使运动员更灵活地应对对手的动作。最后，低位准备姿势要求重心下降，使大小腿夹角几乎等于 90° 的状态，这有助于提高运动者的稳定性和爆发力，为之后的动作做好准备。

（二）跆拳道运动的基本步法

步法作为技术体系的关键组成部分，步法直接影响着运动员的进攻、防守和反击

---

① 苏婷．跆拳道运动对于全民健身运动的意义 [J]. 文体用品与科技，2023（19）：28.

能力。运动员需要花费大量时间进行步法训练，以提高其灵活性和应对能力。

1. 上步

上步技术是跆拳道中常用的一种步法。在执行上步时，运动员从右架准备姿势向前迈步成为左架，或反之。关键在于通过腰部转动完成上步，并保持重心稳定，让两臂自然移动。在实战中，上步技术可用于逼迫对手后撤或引诱对方进攻，进而立即反击对方的进攻，发挥出其灵活性和威力。

2. 前跃步

在执行前跃步时，运动员两脚同时向前跃进一步，但要保持原有准备姿势。关键在于重心平稳移动，避免起伏过大，而两脚稍离地即可。在实战中，前跃步技术常用于快速接近对手以进行进攻。运动员需留意对方可能的诱导性反击，可能需要考虑后撤以避免对手的反制。因此，虽然前跃步技术具备快速接近对手的优势，但运用时需要审慎考虑对手的可能反应，确保自身安全。

3. 后跃步

后跃步是一种重要的防守动作，其动作过程相对简单明了。在站立时，执行者向后回撤一步，保持准备姿势。要领在于保持平稳移动，重心不宜起伏过大，只需让两脚稍离地即可。这一动作在实战中扮演着重要角色，通常用于拉开与对手的距离，以便更好地应对对方的进攻。一般会与后踢或后旋踢等防守动作相配合，从而增强整体的防守效果。

4. 原地换步

原地换步是一项灵活的动作，在站立时执行。动作过程包括原地前后交换姿势，以改变站位形态。要领在于保持平稳移动，重心稳定，仅需让两脚稍微离地即可。实战中，这一动作常用于应对对方的站位变化，或者用来抢攻得点。通过灵活的站位变化，执行者能够更好地适应对手的动作，增加进攻的突破点。

5. 后撤步

后撤步是一项重要的防守技巧。在站立时，执行者将一只脚向后撤，完成另一种准备姿势。要领在于保持重心平稳移动，通过腰部的转动完成动作，上肢自然移动。在实战中，后撤步常被用来应对对方的进攻。它通常配合着侧踢或劈腿等防守动作，形成连贯的防守体系。通过后撤步，执行者可以有效地避开对手的攻击，为反击创造机会，从而提高获胜的概率。

二、跆拳道运动的技术教学与战术教学

（一）跆拳道运动的基本技术教学

1. 前踢

（1）动作过程：开始时，运动者右架站立，将重心转移到左腿上以保持平衡。接着，

右大腿被提起，伴随髋部略微向左转，膝盖朝前，同时脚面略微绷直。双手握拳，自然地垂放在身体两侧，为后续动作做准备。随后，髋关节前送，右大腿向前抬提，小腿迅速向前弹出，瞄准目标。右转腿使右小腿快速折叠，迅速收回原位，然后右腿后撤，回到右架准备姿势，以备下一次动作要领。

（2）动作要领：在执行动作时，右腿应尽量保持直线出腿，同时注意保持重心，轻微向后倾，而髋部则需向前送。若是高前踢，则髋部向上向前送，以加大攻击力度。脚面要保持绷直，而小腿弹出后需要有制动过程，脚尖应指向前上方。主要的攻击目标为对方的面部和下颌。

（3）易犯错误与纠正：在进行动作时，常见的错误包括脚面未能绷直、提膝时未能直线出腿，以及支撑腿未积极配合腿部转动。此外，缺乏快速打出和收回小腿的制动过程也是一个常见问题。针对这些错误，需要通过细致的指导和练习来纠正。

（4）练习步骤：为了更好地掌握这一动作，可以采取以下步骤。首先，通过分解教法，先练习提后腿，同时向前送腿，然后逐渐练习弹出小腿的动作。其次，进行完整的前踢动作练习，并确保左右腿交替练习，以达到更好的平衡和技巧。最后，从徒手练习过渡到使用脚靶进行踢靶练习，逐渐提高踢的高度和精准度。这样的步骤安排可以帮助运动者系统地掌握这一动作，并不断提升技术水平。

2. 后踢

后踢是一项在跆拳道和其他格斗运动中常见的技术，它既可以作为攻击手段，也可以作为防御手段。下面将对后踢的动作过程、要领、易犯错误及纠正、反击后踢以及练习步骤进行详细论述。

（1）后踢的动作过程。后踢的动作过程可分为以下几个步骤：首先，运动员右架站立，将重心移到左腿；其次，以左脚尖为轴，左脚跟外旋，身体向右后方转动；再次，提起右大腿，使大小腿几乎折叠，脚尖勾起；又次，右腿向后平伸后蹬，膝盖稍外翻，用脚跟击打对方腹部和胸部；最后，击打后，右脚自然落下成左架，然后后撤右脚，还原成右架准备姿势。

（2）后踢的动作要领。后踢的成功关键在于正确的动作要领：转身时要快速提起右膝；转到背朝对方时制动，右脚后蹬，膝盖方向与左腿一致；右腿擦着左腿起腿，头部配合转动；身体向下弯曲，稍挺胸以保持重心；转身与后蹬应同时进行，最后练习高后踢。

（3）后踢的易犯错误与纠正。在练习后踢时，可能会出现一些常见错误，需要及时纠正：转身时未制动，导致腿未直线后踢；右腿未擦着左腿起腿；头部转动，但肩和上体不应跟着转动；转身与后蹬不连贯，左脚未积极配合转动。

（4）后踢的反击后踢。后踢不仅可以用于进攻，还可以作为反击手段：按照要领完成动作，支撑腿向前跳，迅速向前移动身体，使用反击横后踢。

（5）后踢的练习步骤。要想掌握后踢技术，需要经过系统的练习：初级阶段可通过手扶支撑物体练习后蹬感觉，同时练习转身提膝；中级阶段应进行完整的后踢动作练习，采用固定靶；高级阶段可练习高后踢，左右架同时练习，并进行反击后踢练习；辅助训练可利用沙袋、同伴持靶、穿护具进行练习，以提高技术水平。

3. 横踢

横踢在跆拳道比赛中是一项常见且重要的技术动作，不仅可以有效得分，还展现了运动员的技术功底和灵活性。

（1）横踢的动作过程。横踢的动作过程分为以下四个步骤：

第一，运动员右架站立，将重心左移，为后续动作做准备。

第二，右大腿提起，同时胯部转向左侧，膝盖朝前。这个动作要求动作连贯、稳健，确保踢出的力量和速度。

第三，右腿向前鞭打，小腿迅速鞭出，脚面瞄准对方。这一击打动作应迅速而准确，以确保得分和有效打击对手。

第四，脚着地成为左架，右脚回撤还原站立姿势，为下一次动作做准备。

（2）横踢的动作要领。要想成功执行横踢，需要注意以下几个要领：

第一，腿部应直线出击，但重心稍稍后倾，以确保稳定和力量输出。

第二，脚面应稍微绷直，但踝关节要保持放松，以便灵活度和速度。

第三，小腿在击打时要有制动，同时膝盖要顺时针转动，以增加动作的连贯性和效果。

第四，左脚在动作中要积极支撑，配合转动动作，确保整个动作的流畅性和稳定性。

（3）横踢的易犯错误与纠正。在横踢的执行过程中，常见的错误及其纠正方法包括：

第一，提膝不直可能会导致动作不够准确和有效，应该加强训练提高膝盖的灵活性和准确性。

第二，躯干未倾或击打力不足可能会减弱动作的威力，需要加强躯干倾斜的训练，同时提高击打力量。

第三，脚面未绷直或制动不及时会影响动作的速度和准确性，需要加强脚部的训练，提高绷直和制动的能力。

第四，转髋提膝顺序错乱或左脚支撑不足可能会导致动作不够流畅和稳定，需要通过反复练习强化动作的顺序和配合，确保动作的准确性和效果。

（4）横踢的反击横踢。在比赛中，对手可能会进行横踢的反击，此时需要做出相应的应对：身体向后移动，同时支撑腿跟随，进行反击横踢。这个动作需要迅速而准确地执行，以便有效地抵御对手的进攻并保持比赛的优势。

（5）横踢的练习步骤。为了掌握横踢技术，运动员可以按照以下步骤进行练习：

第一，先练习前踢，熟练后再逐步过渡到横踢，确保动作的准确性和流畅性。

第二，重点练习提膝、转髋、弹腿等关键动作，以提高技术的灵活性和准确性。

第三，进行左右架交替练习，结合脚靶和护具进行实战模拟练习，以提高比赛时的应变能力和技术水平。

4. 跳踢

跳踢是前踢的一种跳跃出腿形式。

（1）跳踢的动作过程。跳踢术动作是一项需要精准技巧和灵活动作的技术。其过程可以分为几个关键步骤。首先，执行者右架站立，将重心转移到左腿。其次，右腿向前上部，同时提起左大腿，稍微向左转，并且使脚面稍微绷直。双手握拳自然垂放身体两侧，为动作做好姿势准备。再次，右脚蹬地起跳，将右大腿抬提，小腿向前弹出，对目标进行击打。随即，左脚落地，右小腿折叠迅速还原，右脚也随之落地。最后，后撤右腿，回到右架准备姿势。

（2）跳踢的动作要领。在进行跳踢动作时，有几个要领需要特别注意。首先，右脚上步后，应该以右脚支撑身体，同时左脚提膝，并在右脚起跳时进行动作。其次，在提起右腿时，要尽量使两大腿内侧距离较小，以保持重心向前送出。在进行击打动作时，脚面应该绷直，左脚下落的时间应该在右脚起跳后进行。最后，小腿弹出后，应该产生鞭打效果，将脚尖朝向前上方。

（3）跳踢的易犯错误与纠正。执行跳踢动作时易犯一些错误，需要进行及时的纠正。一些常见的错误包括腿部未能向前送，导致脚面未能绷直，以及左脚下落早于右脚起跳。这些错误会影响动作的准确性和效果，因此需要通过及时的指导和练习加以纠正。

（4）跳踢的练习步骤。为了提高跳踢动作的技术水平，可以采取一些有效的练习步骤。首先，可以采用分解教法，先练习起跳动作，并同时进行向前送的练习。其次，可以集中练习弹出小腿的动作，以提高灵活性和准确度。最后，可以完整地练习跳踢动作，并逐步提高高度和精确度。为了更好地模拟实战场景，可以进行脚靶踢靶练习，两人一组进行对练，以增强技能的实战性和应用性。

5. 劈腿

劈腿也称下劈，是跆拳道比赛中常用的动作之一，也是进攻和反击对方进攻的主要技术。

（1）劈腿的动作过程。劈腿是一项高效的格斗技术，其过程分为几个关键步骤。首先，执行者右架站立，将重心转移到左腿上，为下一步做准备。其次，抬起右大腿，略微转动向左并抬高腿部，使右膝盖与胸部贴近。再次，右脚高举过头，右腿伸直贴紧上体，身体的重心向上移动，为下一步的下劈做准备。又次，右脚脚面稍微绷直，右腿迅速下压，利用脚掌或脚后跟砸向对方头部。在此过程中，身体的重心前移至右腿上，并稍向后仰来控制重心。最后，完成一次劈腿后，右脚自然落地成为左架，然后后撤右脚，回到右架准备姿势。

（2）劈腿的动作要领。要成功执行劈腿，需要注意几个关键要领。首先，劈腿类似于正踢腿，但微有不同，提腿时要保持积极松散。其次，在下劈时，身体的重心要向前移动，以增加力量和稳定性。在上提右腿时，右脚应该自然放松，而在下劈时则稍微绷直。此外，也可以利用前腿进行劈腿，配合身体向前移动，增加灵活性和变化性。

（3）劈腿的易犯错误与纠正。在学习劈腿时，人们常常犯一些常见错误。首先是起腿的高度不够，这会减弱攻击力。其次是支撑腿未积极配合身体的移动，这会影响整个动作的稳定性和力量输出。此外，下劈时重心控制不好，以及上体后仰过多，都会导致力量不足。要纠正这些错误，需要通过持续的练习和指导，加强技术细节的训练，提高动作的准确性和效果。

（4）劈腿的练习步骤。为了有效掌握劈腿技术，可以采取一系列练习步骤。首先，可以练习外摆劈腿和内摆劈腿，以加强腿部肌肉的灵活性和力量。其次，在实战中，需要注意对方可能会进行躲避动作，因此需要练习蹬踏动作，提高柔韧性和力量控制。最后，要注意主要攻击对方的面部，因为这是劈腿技术的主要目标，同时也是最有效的攻击方式。

6. *后旋踢*

后旋踢，简称后旋，是跆拳道比赛中常用的动作之一，也是运动员反击对方进攻的主要技术。

（1）后旋踢的动作过程。动作过程中，施展后旋踢的关键在于正确的身体转向和腿部动作。首先，以右架站立，以左脚尖为轴，左脚跟外旋，将重心移至左腿。其次，向右后方转动身体，同时迅速提起右腿向斜后方约 40° 蹬伸。在这一过程中，头部也需向右后方转动以配合身体转向。最后，右腿借转动力向后划一个半圆形水平弧线，屈膝用脚掌击打对方头部。完成击打后，身体重心仍保持在左腿上，右脚自然落下，回到右架准备姿势。

（2）后旋踢的动作要领。为确保动作准确，施展后旋踢需要遵循一定的要领。首先，在起始时，右腿应向斜后方蹬伸，而不是做圆抡动作，以确保动作的直线性和力度。其次，在身体转向时，要迅速提起右腿，并确保头部配合转动，以保持动作的连贯性和准确性。再次，小腿应放松，当接触对方头部时，瞬间需绷紧脚面，以产生更强的击打效果。最后，在转身与后蹬接摆动同时进行时，左脚应积极配合转动，以保持重心在左脚前半部分。

（3）后旋踢的易犯错误与纠正。施展后旋踢时易犯一些错误，需要及时纠正。这些错误包括右腿做圆抡而非向斜后方蹬伸，提起右腿速度过慢且头部未同向转动，小腿未放松以及左脚未积极配合转动等。特别是，若身体未继续旋转而右腿直接斜下落地，则会造成重心过于偏后，影响动作的准确性和效果。

（4）后旋踢的练习步骤。为了提高后旋踢的技术水平，可通过以下练习步骤逐步完善动作。首先，可以从原地转动 360° 开始，配合右腿摆动，并逐渐提高摆动的高度。其次，进行完整的后旋踢动作练习，确保动作的连贯性和准确性。最后，可以练习左架的后旋踢，并使用脚靶进行练习，以提高动作的实战效果和适用性。

7. 旋风踢

旋风踢是一项技术要求极高的动作，在执行过程中需要精准的动作配合和重心掌握。

（1）旋风踢的动作过程。甲乙双方闭式站立，甲右架站立，左前脚掌为轴，脚后跟外旋，身体右后转约 360°，右腿向后转动，身体稍后仰，右腿下落，同时，左脚蹬地左腿横踢，击打后自然落下成右架。

（2）旋风踢的动作要领。在右腿向后转动时，要围绕左腿转动，保持重心，躯干稍后倾，以确保动作的稳定和力量的传递。在击打时，左脚脚面稍绷直但踝关节放松，左小腿弹出后要制动使脚产生鞭打效果，同时左脚要配合身体转动，主攻对方胸腹部、面部及两肋部。

（3）旋风踢的易犯错误与纠正。旋风踢的易犯错误与纠正包括躯干未后倾，使腿未得到充分利用，左腿折叠不够，导致击打力度不足；左小腿弹出时未制动，使脚踢出的力量不够准确；左脚脚面未绷直，影响了击打效果；同时左脚未积极配合身体转动，导致动作不够连贯和协调。

（4）旋风踢的练习步骤。首先要从练习横踢开始，通过熟练掌握基本动作，为后续的旋风踢打下基础。然后逐步过渡到练习旋风踢，重点在于右腿的主动配合转动和身体重心的掌握。练习过程中，可以先在原地进行转身练习，保证动作的流畅和准确性，然后再逐步向前移动。此外，可以结合脚靶练习，以及步法移动和沙袋练习，全面提高技术水平。左右架交替练习也是必不可少的，确保技术的均衡发展和全面提高。

8. 双飞踢

双飞踢又称双飞，是跆拳道比赛中常见的得分技术之一。其动作过程相对简单，但要想达到高效果，需要细致的动作要领和练习。

（1）双飞踢的动作过程。右架站立，重心左移，右腿横踢，接着左腿横踢，最后回到右架准备姿势。这一过程需要快速而流畅地完成，确保动作的连贯性和效果。每个动作环节都需精准，尤其是在踢出后能够及时回到准备姿势，以便应对对手的反击。

（2）双飞踢的动作要领。双飞踢在中远距离时使用，第一踢用于距离调整或破坏对方进攻。在动作中，身体稍后倾，两腿交换时要快速扭转，制动产生鞭打效果。这样的动作对身体的控制力和平衡感都有相当高的要求，同时要能在短时间内做出迅速反应。

（3）双飞踢的易犯错误与纠正。双飞踢的易犯错误与纠正主要包括第一踢未完成、髋部扭转过慢以及身体后仰过度等。这些错误会影响双飞踢的效果和连贯性，因此需要通过反复练习和指导来加以纠正。特别是在训练初期，教练应该着重指导学员避免这些常见错误，并通过示范和练习来加以巩固。

（4）双飞踢的练习步骤。双飞踢的练习步骤主要包括熟练左右横踢、使用交叉脚靶学习双飞踢、护具练习配合者快速换位以及熟练后练习三飞踢和高横踢等。这些步骤旨在逐步提高学员对双飞踢的掌握程度，在从简单到复杂，从基础到高级的练习过程中，学员能够全面掌握双飞踢技术，并能够在实战中灵活运用。

9. 腾空劈腿

（1）腾空劈腿的动作过程。腾空劈腿分为三个关键步骤。首先，准备姿势，执行者左架站立，身体重心转移到左腿上。其次，右腿迅速提膝向上，整个身体跃起，左脚蹬地使身体腾空。最后，左腿运用劈腿技术向前击打对方面部。

（2）腾空劈腿的动作要领。腾空劈腿适用于与对手处于中远距离时，执行者应当双臂上摆，右腿上提，左腿蹬地迅速腾空，并主要瞄准对方面部进行攻击。

（3）腾空劈腿的易犯错误与纠正。常见错误包括上体后仰或提腿高度不够，这会导致下劈时力量不足。为了纠正这些错误，执行者应当注意保持平衡并确保提腿高度的正确性。

（4）腾空劈腿的练习步骤。可以通过扶物练习提腿和提膝，然后逐步练习下劈腿动作，并最终完成完整的劈腿动作。此外，还可以练习外摆腿和内摆腿的劈腿动作，左右架都需要进行练习，也可以利用脚靶进行练习，以提高准确度和力量。

（二）跆拳道运动的组合技术教学

在跆拳道实战中，踢法进攻被认为是至关重要的关键技术。踢法进攻具有最大的进攻力和杀伤力，能够有效地摧毁对手的防线并造成实质性的伤害。这使它成为竞技跆拳道中使用率最高的技术之一。然而，在实践中，踢法进攻必须符合一系列规则要求。按照规则，只允许使用脚踝关节以下的部位来踢击对方，而踢击的部位也被限制在人体躯干部位的髋关节以上和锁骨以下，以及两肋部。头部只能被踢击在以两耳为基准的前部，而背部和髋关节以下部位则被严格禁止。

在此背景下，组合技术的重要性凸显无遗。跆拳道比赛的激烈程度和参赛选手技术水平的接近使单一技术容易被对手化解或反击。而组合技术能够根据比赛情况的变化，将两个以上的动作巧妙地组合在一起，形成连贯的进攻或防守。这不仅使进攻更具威力，也增加了防守的难度，为选手创造了更多的突破口。此外，运用组合技术还可以让对手难以适应，从而在比赛中取得制胜的优势。通过不断变换组合技术，选手可以应对对手在不断变化中的不确定性，从而获得更大的优势并最终取得胜利。

跆拳道中有许多复杂的动作组合，主要有以下种类：

第一，侧踢加右劈腿。这个动作组合可以在实战中起到有效的攻击作用，但它需要准确的技巧和快速的反应。左侧踢加右劈腿的动作组合始于左势实战姿势。这个起始姿势为施展技术提供了一个稳定的平衡点和出击的准备。左脚向左侧前方踢出，同时身体的重心转移到了左脚上。这一动作的关键在于要确保踢出的腿迅速、准确地到达目标，同时保持平衡。

第二，左横踢加右后踢。这个动作组合始于右势实战姿势。左脚横踢向右前方，重心转移到左脚上。这个动作需要高度的腿部灵活性和准确的动作，以确保踢击对手的有效性。

第三，右劈腿加左横踢。这个动作组合始于左势实战姿势。右脚向下劈落，然后双脚蹬地跳转身。左脚顺势向右前方横踢。这个动作要求灵活的身体协调性和快速的转身动作，以迅速有效地完成左横踢。

第四，左横踢加右后旋踢。左横踢加右后旋踢以及右横踢加左右双飞是两种技术复杂度更高的动作组合。左横踢向右侧前方，然后右脚蹬地支撑，同时起右腿向右后旋踢。右横踢向左侧前方，然后身体右转，起左、右脚双飞。这两个动作组合需要高度的身体灵活性和技巧，以确保动作的准确性和速度。

（三）跆拳道运动的战术教学

战术是根据比赛双方的具体情况，正确分配力量，充分发挥自己的特长，限制对方的特长，进而采取合理有效的策略与行动战胜对方。战术训练是运动训练过程中的重要内容，一名运动员的比赛成绩，除取决于身体训练、技术训练、心理训练水平以外，还取决于战术训练水平。

比赛的战术种类是指运动员在临场复杂多变的比赛中，根据比赛的规律和各方面的情况随机应变，有判断、有目的、有预见，决定自己对付对手的策略思维活动。战术要先进，充分了解战术本身的优点和缺点以及对方的适应情况，挖掘发展潜力大的战术，从而不断创新战术。目前，战术主要分为以下类型：

第一，技术战术。利用技术全面、熟练、有效果的特点，变化运用各种技术，发挥自己的优势技术，掌握比赛的主动权，抑制对手，以达到取胜对手的目的。

第二，利用假动作或假象战术。用逼真的假动作或假象欺骗对手，引其上当，分散其注意力，使其露出破绽，利用这个机会猛烈攻击而得分。

第三，心理战术。比赛开始前，利用情绪、动作和表情等威慑对手，比赛中用气势压倒对手，或者利用规则允许和基本允许的各种手段，干扰对方情绪，给对方造成心理负担，使对手技能战术发挥失常，挫伤对方的锐气，发挥自己的优势，在气势上战胜对方。

第四，破坏战术。使用重招使对手先受伤，失去正常比赛能力，或用技术破坏对手技术，控制其动作发挥，使对方进攻无效并且消耗体力，丧失信心，导致比赛的失败。

第五，先得分战术。比赛时利用对手立足未稳或未适应比赛的机会，主动先得分，然后立刻转入防守，以静制动，利用防守反击战术与对手对抗，既节省体力，又可以保住得分。

第六，抢分战术。在比赛中得分落后的情况下，利用各种手段有效地组织进攻，力争得分。这种情况下，要主动出击，不能与对方静耗或纠缠，要打破对方的保分意图，以动制静。

第七，体力战术。对于耐力好的运动员来说，要充分发挥体力比对方好的优势，让对手和自己一直处于运动之中，与对方比拼体力，耗尽对方的体力从而战胜对手。

第八，规则战术。在竞赛中，有对攻击部位和攻击方法的限制，但也有规则限制模糊的地方，不仅可以利用规则允许或基本允许使用的各种制胜办法攻击对手，也可以利用规则的漏洞。

第九，击倒战术。利用自己的优势技术或对方失误的机会，重击对手头部，使对方被击倒不能继续比赛，自己获得比赛的胜利。

第十，体格战术。同样级别内，不同运动员有身材高矮和胖瘦之分，可以利用身材高或矮、胖或瘦的优势，发挥自己的特长，抑制对手从而取胜。

第十一，语言战术。教练员和运动员达成默契的配合，用语言引诱对手上当受骗，但要注意语言的隐蔽性和合理性，既能够使对方上当，又不触犯规则。

第十二，乱打战术。在得分落后而且比赛时间不多的情况下，靠乱打偶然得分。但一定要注意利用技术和战术，注意防守，在乱打中偶然有机会击倒对手，利用这种偶然性得分或取胜。

第十三，步法战术。利用自己步法灵活和动作敏捷的优势，围绕对手游斗，引对手上当或扰乱其情绪；待对方反击时又迅速撤退或靠近对手，扰乱对手的情绪和攻防意图，破坏对手进攻而战胜他。

第十四，优势战术。在比赛平分的情况下，利用规则上允许的技术，靠主动进攻次数取胜。规则中规定，在比赛平分的情况下，裁判员根据双方主动进攻的次数和使用高难技术的多少判定胜负，进攻次数或使用高难技术多的一方为胜方。

第十五，迫使对方失分战术。比赛时利用规则限制，给对方制造陷阱，迫使对方犯规而失分。例如，引诱对方到场地边缘（警戒线或限制线），然后利用猛攻迫使其出界，使对方被警告被扣分。

三、跆拳道运动的技术训练与战术训练

（一）跆拳道运动的技术训练

1. 沙袋练习

沙袋练习在跆拳道训练中占重要地位，是提升腿法击打力量和速度的有效手段。跆拳道选手投入大量时间进行沙袋练习，这一练习方法的最大优势在于练习者能够自由运用全身力量对目标进行击打，充分体验与目标接触瞬间的肌肉感觉。通过沙袋练习，不仅可以提升击打速度和力量，还可以增强承受能力、距离感以及准确性等多方面的关键素质。

沙袋练习可以分为两种形式：一是静止的沙袋；二是摆动的沙袋。对于初学者来说，静止的沙袋是一个合适的选择。由于初学者动作尚未完全定型，面对固定目标，需要充足的时间思考如何在击打时施加力量，以及确定击打的路线、方向和力点等因素。这种方式有助于提高动作质量。而对于已经牢固掌握动作、希望进一步提高技能水平的高水平选手而言，摆动的沙袋更具挑战性。由于沙袋的大幅摆动会产生巨大的势能，

击打时身体会受到强烈的冲击，这对于高水平选手来说是一种更加真实的挑战。然而，若使用不慎，可能会导致意外伤害。

2. 对镜练习

自我模仿的一种形式是对镜练习。通过个人对镜的练习，能够准确掌握基本动作，感受各种攻防动作的路径、方向和力点。镜子的反馈帮助练习者及时纠正错误，理解正确的动作概念，并通过不断强化形成准确的动作定型。这种训练方法使个体能够在模拟中观察自己的表现，反思动作的准确性，促使动作逐渐趋于规范，为形成正确的运动模式提供有力支持。

3. 攻守练习

练习以两人为一组，通过实施多样的进攻和防守技术进行对抗性的格斗练习。这一阶段为进入实际战斗练习奠定了必要的基础。攻守练习的目的是熟练掌握各种进攻和防守动作在不同情境下的运用，找准击打的时机，提高准确性，积累更为丰富的经验。通过这种练习，个体能够在模拟对抗中逐渐提升技术水平、战术应对能力，并为实际战斗做好技术、战术和心理状态的全方位准备。

4. 实战练习

实战练习标志着跆拳道训练的最终阶段，此时双方佩戴护具，按照正式比赛的规定和要求展开练习。由于实战练习发生在紧张激烈、瞬息万变的环境中，因此这能够有效提高运用技术和战术的能力，增强自信心，同时为临场比赛积累丰富的经验。实战练习不仅是培养者检验练习者技术水平最为有效的手段，也是对练习者在实战场景中应对各种情况的全面考验。

（二）跆拳道运动的战术训练

跆拳道战术训练旨在使运动员熟练掌握最合理的战术手段和方法，培养他们在比赛中巧妙运用这些手段，既能发挥自身特长，又能限制对手的特长，为比赛做好战术准备。这一训练要求在平时训练中注重培养运动员的战术意识，强化对专业理论知识的学习和研究，提高运动员对跆拳道运动现状、发展趋向以及比赛规律的认知。持续提升技术和战术的运用能力是关键。

战术的形成基于一定的身体条件、技术水平，以及心理和智能素养，并紧密关联比赛规则。因此，战术训练需要有机地结合身体、技术、心理和智能训练。在掌握基本技术后，复习和提升这些技术，应当与战术的实际应用相结合，以确保综合素养的全面提升。通过这种综合训练，运动员能够更加全面地应对比赛中的各种情况，发挥最佳水平。

1. 模拟训练

模拟训练是由教练员或同伴根据不同对手的特点进行模拟，旨在提高运动员的战术适应能力和运用技巧。通过模拟对手的主动进攻或防守反击等不同风格，运动员能够应对各种战术局面，不断提高适应性和灵活运用战术的能力。这样的练习帮助运动员在真实比赛中更加游刃有余地应对不同的对手，为他们的战术决策提供了实践经验。通过有针对性的专门练习，运动员能够更加全面地准备应对比赛中可能遇到的各种挑战。

2. 假设性空击训练

运动员在想象实战或面对模拟目标时，可以运用猛攻、佯攻或躲闪进攻等战术，以击中目标。这种练习旨在培养战术意识，让运动员熟练掌握各种战术技巧。通过结合实际情境进行训练，运动员能更全面地理解并运用战术，提高在比赛中的应变能力。

3. 战例分析训练

通过选取比赛录像中具有代表性的战术片段，教练组织运动员观看和深入研究。可以选择成功应用战术的经典片段，也可以选择由于战术不当而导致失败的情况。在观看过程中，教练通过提问、分析和讲解引导运动员深入思考，促使他们找出正确的答案，以加深对战术的理解。为了确保分析的全面性，观看结束后，还应将比赛的整体场面串联起来观看，以整体与局部的观念为基础，避免孤立和静止地对问题进行思考。这种方法有助于提高运动员的战术认知水平。

第二节　太极拳运动教学与技术训练

一、太极拳基本知识

（一）太极拳的运动特点和形式

1. 太极拳的运动特点

太极拳与其他武术项目相比，独具特色。其独特性表现在强调心静体松、柔缓自然、连绵不断、动静结合、自我控制和意气诱导的武术属性上。尽管存在多个太极拳流派，他们在力度、速度和表现程度上存在细微差异，但在基本特点上，各式太极拳都呈现出一致性。

首先，太极拳强调心静意导和呼吸自然。从心理层面出发，太极拳要求运动者保持思想集中、心理安静，通过意念引导动作。这种心静意导的状态类似书法和绘画的要求，先在心中构思，后在身体中表现。与此同时，太极拳注重呼吸的自然平稳，要求呼吸与动作相配合，形成心身的内外协调。

其次，太极拳要求中正安舒、松柔连贯。身体要保持中正、安稳，肌肉和关节保持松展圆满，避免紧张和僵硬。动作应呈现行云流水般的悠缓流畅，实现连贯。这种要求反映在太极拳动作的圆活性上，其大多数动作采用弧形或螺旋形，变化圆润和顺，衔接自然，使整个身体形成一个和谐的整体。

太极拳的独特之处在于动作的轻灵沉着和刚柔相济。其动作既柔而不软，又刚而不硬，注重韧性和弹性的表现。即使在发力的动作中，太极拳依旧追求刚中有柔的原则，使动作充满弹性。这表明太极拳注重平衡刚柔的关系，不仅在静态姿势上表现，更在动态运动中体现。

综合而言，太极拳的独特特点在于其强调心身的内在调和，注重动静结合，通过柔和的动作表达出刚韧的力量。这种特质使太极拳成为一项注重内功修炼、强调身心和谐的独特武术项目。

2. 太极拳的运动形式

太极拳以其多样的运动形式而著称，主要包括套路、功法、推手三个方面。

首先，套路是太极拳中的一种运动形式，由一系列动作按照特定的程序有机组成，包括起势、连续的动作和最后的收势。这被称为拳套或架子。太极拳的套路种类繁多，包括徒手套路、器械套路、单练套路和对练套路等。各式太极拳套路的风格和练法各异，如陈式太极拳注重缠绕螺旋、快慢相间、刚柔并济的架子，而杨式太极拳和吴式太极拳则更注重动作的弧形、柔和均匀。此外，还有综合练法的套路，如42式太极拳竞赛套路，具有不同练法的综合性质。

其次，太极拳的功法是通过操练各种基本功和基本动作来培养身体素质的一种形式。这包括太极桩功、太极养生功及十三势等，旨在通过这些基本功的操练来提高身体的灵活性、协调性和整体的运动能力。

最后，推手是太极拳中的双人对抗性操练或竞技比赛，其目的是提高攻防技巧、对抗能力和反应能力。推手的多样性表现在单推手、双推手、定步推手、活步推手、大捋推手、散推手等多种方式，这些形式在太极拳的推手训练中起到了不同的作用，有助于培养太极拳运动者的全面技能。

（二）太极拳的健身作用

1. 神经系统方面

在太极拳的实践中，打拳时要求思想高度入静，以意导体的方式使大脑皮质进入保护性抑制状态。这种独特的心理状态在太极拳的运动中发挥着积极的作用，特别对于那些长时间处于高度紧张的人（尤其是脑力劳动）来说，太极拳成为一种积极的休息方式。在当代社会，大脑过度紧张、肢体缺乏运动是常见的文明病，而太极拳的实践提供了有效的治疗途径。

打太极拳通过注重“用意”，不仅使大脑进入抑制状态，而且不断发出良性信号，将人体气血及能量汇聚于意守部位。这种现象有助于促进人体的新陈代谢，增强血流量，医学上称为“精神反馈”作用。由于太极拳强调“以意导体”和“意念贯注”，这种练习有助于使气血畅流全身，为身体提供充足的能量，从而缓解神经紧张，减轻交感神经和副大脑神经的紧张疲劳。因此，太极拳不仅是一种武术运动，也是一种身心俱佳的健身活动，为现代人的健康提供了有益的补充。

2. 心血管方面

太极拳以其柔和协调的动作特色，对血管系统产生积极影响。这种运动形式有助于提升血管的弹性和神经的稳定性，使其更能适应外界刺激。与剧烈运动不同，打太极拳后舒张压下降，长期坚持锻炼更有利于预防高血压和血管硬化。相较于经常从事剧烈运动的人，太极拳的柔和适度运动有助于维持血压的稳定状态，降低高血压的发病率。

对于经常从事太极拳的老年人来说，其不仅血压保持正常水平，而且心脏收缩有力，动脉硬化率较低。这表明太极拳作为一种温和的锻炼方式，对老年人的心血管健康产生了显著的积极影响。因此，太极拳不仅是一项传统武术，也是一种可持续、有益身心健康的运动形式。

3. 呼吸系统方面

太极拳常伴随深长的腹式呼吸，做到“气沉丹田”，这样就加强了膈肌的运动。膈肌每下降 1 cm 可增加通气量 300 mL。膈肌的运动不仅促进呼吸的深长，还促进了内脏的蠕动，促进腹腔的血液循环和肠胃消化能力。

4. 骨骼、肌肉方面

太极拳常伴随深长的腹式呼吸，强调“气沉丹田”，这有助于加强膈肌的运动。每下降 1 cm，膈肌可增加通气量 300 mL。这种深长的呼吸运动不仅调整了呼吸的频率，还刺激了膈肌的活动，增强了内脏器官的蠕动。这对于促进腹腔内血液循环、提升肠胃消化能力有积极作用。因此，太极拳的呼吸方式不仅有益于身体的气息调节，还对内脏器官的健康产生了积极影响。

二、24 式太极拳的创编与要领

（一）24 式太极拳的创编

1954 年，国家体育运动委员会设立了武术研究室，制定了“挖掘、整理、研究、提高”的武术工作方针。从太极拳开始，编定简明统一的教材，在全国普及开展。为此，邀请各派太极拳名家共同商讨，制定了精简太极拳初稿。初稿由各流派太极拳代表性动作组合而成，内容公开发表后，人们普遍反映初学者学练困难，不易掌握。

1955 年，国家体育运动委员会武术处多次研究，决定以流传范围和适应性最广的杨式太极拳为依据，本着大众健身、易学易记的原则，选择其中主要内容，在保留传统风貌的基础上，重新编排，制定一套简化太极拳。经过反复修订，终于在 1956 年产生了中华人民共和国第一套由国家主管部门审定的“简化太极拳”。因全套共有 24 个动作，又称为 24 式太极拳。

（二）24 式太极拳的技术规格、要领

1. 身型

24 式太极拳的身型姿势中正稳定，舒展自然。对身体各部位要求如下：

（1）悬顶正容。悬顶是指头、颈自然竖直，微有向上顶悬的意念，又称“虚领顶劲”，这样做有利于姿势稳定，精神振作，意气运用，所以“十三势歌”中说“尾闾中正神贯顶，满身轻利顶头悬”。有人打拳时头颈松软，萎靡不振，或摇头晃脑，低头弯腰，都是不对的。当然，悬顶也不能使头颈紧张僵硬，失去虚领本意。正容指面部表情自然端正，平静从容。

（2）沉肩坠肘。肩关节要保持松沉，不可耸沉，也不可故意前扣或后张。肘关节要保持自然弯曲，并伴有轻微垂坠的姿势，防止扬肘、直臂等问题。这样可以使姿势自然，动作沉稳、柔和。

（3）展臂虚腋。24 式太极拳上肢无论是屈臂还是直臂，都要充满膨胀的内力，太极拳称为“掤劲”。屈臂时不可构软扁瘪，要保持成弧形，向外展放；直臂时要前伸后拉，肘部下坠，仍要微屈成弧。这样就使上肢既柔和自然，又沉实有力。虚腋是指腋下保持一定空隙，不要将大臂与肋部夹紧，使动作失去圆活自然。

（4）舒指塌腕。24 式太极拳的掌型应做到五指自然舒展分开，虎口撑圆，掌心内凹成球面，腕部下塌，使劲力贯注于掌、腕、指各关节。随着动作的虚实变化，这种贯注的力量是在不断变化的，不同的动作招法，手的着力部位也不相同。但是无论如何变化，指、腕关节都不能过于松软或过于僵硬。五指屈缩、腕部松弛，或者五指并拢挺直、腕部紧张都是不对的。

（5）含胸拔背。含胸指胸部不能外挺，要保持舒松自然；拔背是指背部舒展开阔。这些与太极拳的松柔圆活运动特点相适应，与某些挺胸、紧背、收腹的刚力型拳法要求迥然不同。含胸拔背的关键在于自然舒展，不能理解为缩胸驼背，失去中正。刻意盲目地去追求“含胸”是不对的。

（6）松腰正脊。松腰正脊是保证 24 式太极拳立身中正的关键。松腰指腰肌松活，一旦紧张僵硬就会使动作失去灵活自然；正脊是脊柱中正伸展，尽管动作有各种旋转变化，但要始终保持脊柱中正不偏，舒展伸拔。例如，海底针、下势等动作上体稍向前俯，但不能因此脊柱歪扭或团缩。

（7）缩髋敛臀。太极拳大多保持屈腿半蹲姿态，这时常有人发生挺髋、后仰或凸臀、前俯的现象，使上体失去端正，姿势发生歪扭。正确的做法是：髋关节向内收缩，臀部向内收敛，从而保证身体端坐在腿上的姿势。

（8）提肛实腹。太极拳动作要求“气沉丹田”，其是指动作完成的时候，要有意识地加深呼气，使腹肌紧张，腹压升高，同时裆部的肌肉也相应收缩上提，以帮助下肢稳定和劲力充实完整。这时如果腹肌、肛门括约肌过于松弛就得不到这种效果。

（9）屈腿落胯。无论是弓步、虚步还是仆步，常常是一腿弯曲，承担了大部分体重，这对下肢力量提出了很高要求。姿势越低，屈腿越深，运动量也越大。为了保证姿势中正平稳和动作轻灵，必须自觉地屈腿落胯。有些人由于腿部力量不足或要领掌握不好，重心忽起忽伏，出现屈腿不够或骨盆左右扭摆的问题，这是应予纠正的。

（10）活膝扣足。膝关节松活有力才能保证两腿屈伸自由。要注意直腿的时候膝关节也要留有少许松活余地，如弓步的后蹬腿、独立步的支撑腿等。扣足指脚要踏实，不仅在运动中要脚踏实地，稳定重心，而且在弓步、仆步时也要防止脚外侧掀起或脚跟掀起的“拔跟”现象。

2. 手型

24 式太极拳有拳、掌、钩三种手型，规格要领如下：

（1）拳。四指并拢卷握于掌心，拇指屈压于食指、中指的第二指节上。拳面要平，握拳的力量要适中，不可过紧或过松。

（2）掌。五指微屈，舒展分开，掌心微含，虎口撑团。手指用力不可僵直，也不可松软弯曲。

（3）钩。五指第一指节自然伸直捏拢成钩，屈腕使钩尖朝下。

3. 步型

（1）马步。两脚左右开立，平行向前，与肩同宽，两腿屈膝半蹲，重心平均落于两腿。屈髋收臀，上体正直，头顶与会阴成一垂线，如起势步型。

（2）弓步。两腿前后分开。前腿屈膝前弓，膝与脚尖上下相对，大腿斜向地面，脚尖直向前；后腿自然蹬直，脚尖斜向前方 45° ～ 60°。两脚全脚掌着地，不可掀脚拔跟。两脚横向间要保持一定的宽度，为 10 ～ 30 cm。两脚不要踩在一条直线上或左右交叉，以免造成身体紧张、歪扭。如搂膝拗步步型。

（3）虚步。后腿屈膝半蹲，大腿高于水平，后脚全脚着地，脚尖斜向前方，臀部与脚跟上下相对；前腿微屈，正对前方，前脚脚掌着地，如白鹤亮翅；或脚跟着地，脚尖上翘，如手挥琵琶。

（4）仆步。一条腿屈膝全蹲，脚尖稍外展，全脚掌着地，膝部和脚尖方向一致，不要向内裹扣；另一条腿向体侧伸直，脚尖内扣，全脚掌落地。仆步的两脚脚尖大体平行向前，或略成“八”字。两脚皆不能掀脚拔跟。如下势步型。

（5）独立步。一条腿自然伸直，独立支撑；另一条腿屈膝前提，大腿高于水平，小腿及脚尖自然向下，上体保持中正，重心保持稳定。

（6）并步。两脚平行向前，相距约 20 cm，两脚尖不可呈“八”字形，全脚掌着地，重心可平均放于两腿，也可偏于一条腿。两腿半蹲，上体保持中正。由于太极拳的并步保留一定宽度，所以又称小开步。

4. 腿法

腿法俗称脚法，是指腿、脚的攻防运用方法。24 式太极拳中只有蹬脚一个腿法。其规格为：一条腿独立支撑，膝微屈；另一条腿屈膝提收后再蹬踹伸直，脚尖上翘，力点在脚跟，高度要超过水平。蹬直腿一定要先屈后伸，不可直腿上摆。蹬脚时，支撑要稳定，上体维持中正，不可前俯后仰，左右歪斜。

5. 眼法

眼法是指打拳中眼神的运用方法。其要领是：定势时，眼平视前方或注视前手；换势时，眼睛与手法、腿法、身法协调配合，势动神随，神态自然，精神贯注。

第三节　散打运动教学与技术训练

一、散打运动的特点和作用

散打，又名散手，是一种融踢、打、摔三种技术为一体的武术对抗形式，作为民族体育项目，民间又通常称为“打擂台”。

（一）散打运动的特点

1. 强对抗性

散打以其对抗性特征而著称。比赛中，运动员在规则范围内，采用踢、打、摔等技术，通过身体接触和较量，展开智力和体力的对决，呈现出强烈的对抗性。

2. 民族性

散打是武术文化不可或缺的组成部分，融合传统武术的核心元素，并吸收搏击项目的合理成分逐步演变而来。与其他搏击项目相比，散打在技术体系、训练方法和竞赛规则等方面显露明显的本质差异。其独特之处在于拳、腿、摔三位一体的立体进攻模式，展现了全面、灵活、多变的技术特征。

（二）散打的作用

1. 健体防身

散打训练对身体素质的提高和内脏器官功能的改善有着显著的影响，主要体现在五个方面：第一，促进骨骼和肌肉的生长发育；第二，刺激血液循环，提升心血管系统功能；第三，改善呼吸系统的运作；第四，提升神经系统的稳定性和灵活性；第五，强化防身自卫技能，提高应变能力。这表明散打训练综合地促进了身体各系统的发展，为整体健康提供了多方面的益处。

2. 观赏娱乐

武术散打的激烈对抗具有极高的欣赏价值和娱乐功能，为人们提供了满足不同精神需求的机会。比赛中，智慧的较量、激情碰撞的阳刚之美、动作的精妙以及朴实的效果，展现出一幅如人生般跌宕起伏、波澜壮阔的画卷。这种体验能够引发人们对自身的深刻思考，唤起对“原始本能”的追忆，使人们重新审视并调整生活态度。在失败与痛苦中，观众也能感受到比赛中的悲壮，使整个观赏过程成为一段丰富多彩的心灵之旅。

3. 增进交流

散打不仅是一场技艺的交锋，也是一种沟通方式，通过技艺的较量，实现双方之间的默契与交流。其广泛的社会影响使之成为人们关注和讨论的焦点，为共同的兴趣点和爱好提供了平台，使人们更容易建立起彼此间的联系。作为中国武术的一部分，散打深植于传统文化，承载着丰富的文化底蕴，是中华民族传统文化的瑰宝。通过武术散打的传承，不仅促进了文化的传递与交流，也为向世界展示中华文化打开了一扇窗口。这种文化输出同时，也增强了国家的凝聚力和人们的民族文化自豪感。

二、散打运动的基本技术

（一）基本步法

步法是散打技术运用的基础，是构成单体技术的基本要素。散打步法的总体要求是“轻”“快”“灵”“变”。“轻”是指步法移动轻便，上下协调，富有弹性；“快”是指步法移动要迅速；“灵”是指步法移动要灵活，不僵直；“变”是指步法在运用中能随机应变，转换自如。

1. 基本步法的动作要领

（1）单滑步。单滑步为向前、后、左、右四种，主要用于直接配合拳的进攻。现以前滑步为例进行说明。

前滑步从预备姿势开始，后脚蹬地，重心前移，前脚微离地面，以脚前掌向前蹭出 30 cm 左右，后脚随之跟进相同距离，整个动作完成后仍成原来预备姿势。向后、左、右的滑步，一般情况下都应由需要滑动的脚先行移动，另一只脚紧跟滑步，两脚间的滑动距离应大致相等。

（2）闪步。闪步分为左、右闪步，主要用于躲闪对方的正面进攻，并有利于自己的迅速反击。

第一，左闪步。从预备姿势开始。上体保持原来姿势，前脚向左侧迅速蹭出 20 ～ 30 cm，随即后脚以前脚为轴迅速向左滑动，角度为 45° ～ 90°，动作完成后大致成预备姿势的步型。

第二，右闪步。从预备姿势开始。后脚向右方横向蹭出，随后以髋带动前脚向右侧滑动，身体转动角度一般为 60° ～ 90°，动作完成后成预备姿势。应注意的问题与左闪步相同。

（3）纵步。纵步分为前、后两种，主要是用于远距离时迅速接近对方或在中近距离时迅速摆脱对方的一种步法。从预备姿势开始。两脚同时蹬地向前或后纵出 30 ～ 40 cm，在动作完成的过程中始终保持预备姿势。

（4）垫步。垫步大致分为两种：①垫一步；②在上一步的基础上再跟垫一步。垫步一般直接用于配合腿的进攻动作。从预备姿势开始，重心前移。后脚蹬地向前脚内侧并拢，随即前腿屈膝提起，根据情况使用蹬、踹腿法。上动不停，在用腿法的同时，支撑腿随蹬（踹）腿向前再垫出一步，脚跟斜向前。

（5）击步。击步常用于在远距离须接近对手或在中近距离须脱离对手时。击步主要分向前、向后两种。

第一，向前击步。从预备姿势开始。重心前移，后脚蹬地向前脚内侧迅速靠拢，在后脚着地的同时前脚向前方迅速跃出，着地后两脚成预备姿势步型。

第二，向后击步。从预备姿势开始。重心后移，前脚蹬地向后脚内侧迅速靠拢，着地后两脚成预备姿势步型。

（6）交换步。交换步是左右架交换时的一种步法，多见于左右架交替打法的运动员。从预备姿势开始。前、后脚同时蹬地微离地面，在空中左右腿前后交换，转体 120° 左右，完成动作后成与原来相反的预备姿势。

2. 基本步法的练习方法

（1）单项步法练习。每当学习一种步法后都须反复练习，认真体会动作要领。这一阶段的练习只要求动作规范，不要求速度，熟练掌握各种步法练习，并注重与身体的协调关系。

（2）组合步法练习。在熟练掌握各种步法的动作技术基础上，将一两种或两三种步法串联起来反复练习并随机地组合各种步法练习。

（3）条件步法练习。根据教练的口令或手势进行前后左右的规定步法或任意步法的练习。一攻一防的步法练习，一方用步法主动接近或摆脱对方，同时要求另一方运用相应步法与主动者保持一定距离。通过这种练习能提高步法和距离判断的结合与掌握能力。

（4）互为攻防的步法练习。两人运用各种步法进行相互进逼与转移的练习。进逼是为了破坏双方原有的距离；转移则是为了保持双方距离。通过这种练习能够培养运动员运用步法来制造和捕捉战机的能力。

（二）基本拳法

1. 冲拳

冲拳属于直线型进攻方法，分为前手冲拳和后手冲拳两种，是拳法里中远距离进攻对方的主要手段。由于冲拳动作相对隐蔽，尤其后手冲拳力量较大，是给对手重击的有效方法，所以在比赛中使用率较高。

（1）前手冲拳。从预备姿势开始。后脚蹬地，重心前移，前腿膝微屈内扣，同时以髋带动肩向内旋转 10° 左右。由肩带动前臂快速直线出去，力达拳面，手臂自然伸直，后手保持不变。收拳的路线也是出拳的路线，收拳后前臂放松，迅速恢复到原来的预备姿势。

（2）后手冲拳。从预备姿势开始。后脚蹬地并以脚前掌为轴向内扣转。随之合髋转腰压肩，向正前方直线出拳，力达拳面。出拳的同时前手拳直线收回至下颏前方，肘部自然弯曲贴于肋部。

2. 掼拳

掼拳是弧线型进攻法，分前手掼拳和后手掼拳两种，常用在相互连续击打时。掼拳由于摆动幅度大，所以击打力量很大，但也因运行路线长，动作的隐蔽性较差。

（1）前手掼拳。从预备姿势开始。后脚蹬地，身体由髋带动腰向内旋转 20° ～ 30°，重心前移，臂抬肘略与肩高，微张肩，前手拳向外侧前方伸出，上臂和前臂的角度相对固定，力达全面或偏于拳眼；右拳护于右腮；动作完成后迅速放松，基本是按原来出拳路线恢复到预备姿势。

（2）后手掼拳。从预备姿势开始。后脚以脚前掌为轴内旋，带动转髋，重心前移；后臂抬起略与肩平，拳向前外侧伸展，上臂和前臂形成一定夹角并相对固定。同时前手臂自然弯曲收回贴于肋间，拳置于下颌处；上动不停，继续向内转髋，出拳臂微微张肩，由于惯性带动拳向前水平横摆，力达拳面。

3. 抄拳

抄拳是近距离攻击的拳法，分为前手抄拳和后手抄拳两种，主要是在相互间近距离对抗时使用。

（1）前手抄拳。从预备姿势开始。上体微向外、向下转动，前腿微屈，扣膝合胯，前手臂收回轻放于左肋部，前手拳自然置于左面颊外侧，重心偏于前腿；上动不停，后腿蹬地，前手拳向前上方击出，前臂屈，拳心向内，力达拳面。

（2）后手抄拳。从预备姿势开始。上体微向后向下转动，重心略降低并合胯；后脚蹬地挺胯，微向前向上转体，随之后手臂根据所击打距离加大角度向前、向上出拳，拳心向内，重心随之前移，力达拳面。

（三）防守技术

武术散打应全面地发展，防守是相对进攻而言的，有攻必有守。防守既是为了保护好自己，也是为了更好地进攻。防守技术分为上肢防守、下肢防守、躲闪等。

1. 上肢防守

（1）大小臂阻挡。以左势为例，当对方用腿或者拳法攻击己方头、胸、腹部右侧时，上体稍左转含胸，右肘弯曲小于 90° 紧靠右肋腹、胸部，挡住对方进攻。手臂的移动上防胸、头，下防腹。防腹时，要收腹，手臂下移到腹肋部，与对方接触时要憋气。左臂阻挡同右臂阻挡，唯有方向相反。

（2）小臂下格挡。以左势为例，对方踢己方左侧腰以下部位，左腿后撤，落脚于右脚前，脚掌点地，膝关节内扣，同时左小臂由上向斜下格压，右手护下颌，目视对方。右小臂下格挡同左小臂下格挡，唯有方向相反。右小臂下格挡时，右膝内扣护挡，左手臂回收于面部右侧，目视对方。

（3）小臂横格挡。以左势为例，对方用直拳击打我胸、面、腹部时，应用左臂回收，屈肘小于 90°，拳顶向上，由左向右或由右向左横格来拳，同时向左或向右转体。

2. 下肢防守

（1）脚底阻截。以左势为例，对方要起腿攻击时，左腿向前伸，用外侧脚掌截住对方的大腿，使对方来腿无法出击。

（2）小腿格挡。以左势为例，对方用腿踢裆的下部，左腿屈膝上提，同时由外向里用小腿内侧格挡来腿，或者由里向外格挡来腿，两手护胸，目视对方。

3. 躲闪

躲闪是利用身体重心上下左右地移动，来防御对方的进攻，主要用于防守对方手法和拳法的进攻。躲闪的技术很多，主要包括后仰和摇闪。

（1）后仰。以左势为例，对方击打面部，上体后仰，下颌回收，重心移到后腿上，前脚脚尖点地，右手护下颌，目视对方。

（2）摇闪。以左势为例，对方用右摆拳击打面部，上体向右侧俯身，重心下降，经下向左上方摆动，摆动时右掌靠住下颌，起身成基本姿势。

第十三章　形体塑身运动教学与实践训练

第一节　瑜伽运动教学与实践训练

瑜伽是应用在生活中的哲学，也是心灵的练习、生理的运动。练习瑜伽的最终目的是驾驭身体的感官、安抚自己无休无止的内心、控制自己。感官的核心就是心意，能够驾驭自己的心意，就能够驾驭感官；通过有意识的呼吸、身体、感官的相互配合来实现对身体的控制。这些技艺可以强化主要器官、内分泌腺体以及神经系统的功能，通过激发人体潜在的能量以促进身体的健康发展，同时，对骨骼和肌肉的锻炼有促进作用。

一、瑜伽运动的有效教学

（一）瑜伽运动的课前准备

在瑜伽教学中，课前准备是确保教学流畅进行的关键步骤，教师需通过认真准备来达成教学目的与任务。具体而言，课前准备包括以下五个方面：

第一，深入研究教学大纲和教材。在备课阶段，教师应仔细研读瑜伽教学大纲和相关教材，同时积极查阅学科领域的相关资料。只有深入了解大纲的核心思想，熟悉教材内容和教学方法，以及理解相关资料，教师才能在教学中得心应手，胸有成竹。

第二，充分了解学生的情况。学生作为教学的主体，其个性、特点和喜好对于教学的效果至关重要。教师在课前需要通过各种途径了解学生的特点，包括但不限于性格、兴趣爱好等，以便在集体教学的基础上，更好地实施个性化的教学策略，确保教学的针对性和有效性。

第三，准备适宜的音乐。音乐在瑜伽课中扮演着重要的角色，因此在课前需要认真筛选并准备相应的音乐。根据不同的练习内容，选择合适的音乐，如冥想阶段选用空灵、深沉的音乐，而热身准备则需要活泼的旋律。避免长时间使用相同的音乐，注重音乐的多样性，以提升瑜伽练习的质感。

第四，编写周密的教案。在充分了解学生情况的基础上，教师需要结合教学进度和单元教学计划编写详细的教案。教案应该包括教学目标、教学内容、教学方法、教学时序等方面的内容，确保教学有条不紊地进行。

第五，准备好场地和器材。教师需提前 10 min 到达教学场地，仔细检查场地状况和音响设备，确保一切器材的准备齐全。避免因场地或器材问题而影响教学的正常进行。

通过以上细致的课前准备，教师可以更好地应对教学中的各种情况，保障课程的高效进行，提升学生的学习体验和教学效果。

（二）瑜伽运动的课程组织

瑜伽课的组织是为了更有效地完成课程任务而采用的教学组织方式，其形式主要根据练习内容、学生特点和教学条件等因素进行合理安排。组织形式的合理性和严密性直接影响教学效果。科学而严密的组织不仅有助于学生高效掌握所学知识，还能确保课程的安全性，避免潜在的伤害风险。瑜伽课的组织内容包括课堂常规、组织队形、练习形式的安排、骨干学生的培养和运用，以及场地布置和器材使用等多个方面。通过科学的组织，可以更好地引导学生参与练习，促进知识的传递与消化，从而提升整体教学质量。

1. 课堂常规

课堂常规的制定是为了在上课前明确学生和教师的职责与要求，以保障教学任务的有序实施。制定合理的课堂常规不仅有助于提高教学效率，还能提高学生的纪律性和文明素养。具体来说，课堂常规包括对教师和学生的要求。

首先，对于教师来说，提前准备是首要任务。教师应认真备课，了解学生和场地情况，并精心编写教案。在课堂上，教师应按照教学大纲和进度进行教学，保持教学内容的稳定。在开课前，教师需要明确向学生介绍本节课的内容和目标，确保学生对课程有清晰的了解。安全教育和措施也是教师工作的一部分，需要提前做好准备和演练。课程结束时，教师应进行小结，总结课程情况，布置课后任务，并及时根据学生反馈进行调整，以提高教学质量。

其次，对学生的要求也是制定课堂常规的重要内容。学生应按照规定要求，如果因伤病或特殊原因无法正常上课，需要提前向老师说明情况或请假。着装方面也有一定要求，要求学生在上课时穿着适当的运动服装。在场地准备和器材使用方面，学生需要积极参与，共同维护场地秩序，整齐摆放器材，并养成爱护设备的好习惯。

2. 组织队形

合理组织队形是确保课程任务顺利完成的关键环节。在不同的课时阶段，根据练习内容合理调整队形，既能按计划完成课程密度与强度，也有助于营造课堂气氛，提高学生学习的积极性。编写教案时，教师需充分考虑队形的组织形式，确保自己心中有数，以应对不同环节的教学需求。通过巧妙的队形安排，教师能够更好地引导学生，使其更深入地参与课程，提高学习效果。这种有序而周密的组织对于塑造积极向上的学习氛围至关重要。

3. 练习形式

在设计瑜伽课的组织形式时，选择适当的练习形式是确保教学任务顺利实施的重要环节。通常，主要采用以下两种练习形式：

首先是集体练习形式。集体练习形式是指全体学生同时进行练习的方式，瑜伽课程中普遍采用该形式。这种形式使教师能够有效进行全体讲解与示范，有效地传递指导信息。同时，全体学生同步进行练习，有助于节省时间，推动教学进程，提高学习效率。

其次是分组练习形式。分组练习形式将学生分成两个或更多小组，每组可以进行相同或不同的练习。采用分组形式的决策主要基于多方面因素，包括教学任务的性质、具体内容的要求、学生总人数以及可用的场地和器材设备等。在这种形式下，教师需要有明确的目标和计划，以确保指导过程有序进行，使每个小组都能够有效地完成练习任务。

4. 场地器材

瑜伽课前，精心准备场地和器材至关重要。为确保教学顺利进行，需遵循便利教学的原则。提前准备瑜伽垫，方便学生快速取用；配置音响设备，使教师能随时播放音乐或指导语音。这样的准备措施有助于为教学提供良好的环境和条件。

二、瑜伽与形体教学训练

（一）瑜伽和形体课程技术训练的关联性

分析瑜伽和形体课程技术训练两者的关联性需要从教学的角度出发，研究瑜伽及形体课程技术训练在教学内容和意义方面的关联性。

第一，瑜伽教学分为理论教学和实践教学，理论和实践中蕴含了瑜伽教育所遵循的基本规律和瑜伽教育的发展规则。瑜伽教学体系蕴含的第一层概念是帮助优化人体形态，提高人体运动能力，提高人体内脏机能的良好运行，维持人体健康；瑜伽教学体系的第二层概念是注重培养人们的健康心理，让人们始终保持对运动和人生的积极态度；瑜伽教学体系的第三层概念是指促进人们不断完善自我、超越自我，不断提高自身的思想境界。

第二，形体技术训练课程的理论部分侧重于传授形体训练的专业知识，而技术部分则注重培养身体素质，涵盖了舞蹈和艺术体操等方面的形体内容。然而，目前学校所开设的形体技术训练课程在教学方式上较为传统，过于强调外在身体形态的训练，忽视了对学生精神层面的培养。

第三，瑜伽练习同时兼顾了学生外在形体练习和内在精神的训练，不仅能帮助学生提高身体素质，还能激发学生对运动的喜爱。目前的形体训练课程更加偏向于基础形体的训练，无法激发学生的参与兴趣，在形体训练课程当中引入瑜伽作为训练内容的补充，可以很好地激发学生的兴趣，对提升教学效果非常有益。瑜伽的加入能够在激发学生兴趣的同时使学生自觉遵守训练要求、训练规范，全身心地投入形体训练，进而有助于提升形体训练效果以及学生的形体表现力。

（二）瑜伽对形体课程技术训练的补助性

1. 思维意识

瑜伽运动对身体和头脑思维的练习能够使学生的头脑和身体之间更加和谐统一，不仅能让学生的精神状态更加饱满，还能让学生的形体得到良好的训练。瑜伽当中最核心的是冥想，冥想环节能够让学生重新释放自己的生命系统能量，并进行能量的修复与重组，让内心归于平和宁静，这对于学生的生命机体发展非常有意义。将瑜伽内容融入形体课程的基础训练，有助于促进学生身心的健康发展。通过在宁静的状态中进行训练，学生的积极性和参与度将得到提高，并能够拓展学生的形体思维意识，从而提升他们的运动水平。

2. 形体训练

瑜伽训练有效地锻炼了学生的本身，也是这一点弥补了形体课程技术训练的不足，瑜伽训练方法的引入使形体训练的训练内容和训练方式更加丰富多样，有助于提高形体训练的整体水平，尤其是瑜伽中的冥想活动能够在无形当中推动形体训练向前发展。将冥想与形体技术课程相结合，不仅能够稳定学生的情绪，还能够帮助他们保持平静和宁静的心理状态。这种结合有助于提高学生的耐心和意志力，进而提升形体训练的效果。可以说，瑜伽与形体技术课程的融合为学生的技能和意识带来了双重提高。

3. 呼吸方法

在形体技术训练课程当中引入瑜伽的呼吸方法能够帮助学生更好、更合理地呼吸，瑜伽动作呼吸方法和传统的呼吸方式的不同在于瑜伽更注重心灵呼吸的调节，强调要减少人体自然呼吸的次数，也就是减少胸式呼吸的次数，让呼吸形式转变为腹式呼吸。腹式呼吸能够使呼吸过程更加漫长，能够让呼吸更为深入，这种呼吸方式有助于学生心态的平和与宁静。

4. 训练强度

通过瑜伽的训练模式，学生的身心状态可以得到平稳和舒缓的改善。瑜伽的动作训练要求学生长时间维持一种姿势练习，这种缓慢的练习节奏避免了强迫性和逼迫性的训练方法。同时，瑜伽采用循序渐进的方式，使学生的训练水平能够稳定并逐步提高。传统的学校形体训练课程强调训练次数越多越有助于养成身体习惯，但是数量增加的同时给学生的身体和精神心理带来了巨大的压力。在形体技术训练课程中引进瑜伽，不仅能改善学生身体各个部位的柔韧性，还能让学生不断地掌控自己对身体的控制力，相较于大量的次数练习，瑜伽的练习形式既能做到形体的训练又能够避免学生承受高强度训练的压力。

（三）形体课程技术训练

1. 改善基础教学设施和环境

将瑜伽教学形式引入形体课程技术训练需要注意两者的紧密结合，并为其融合提供适当的外部环境支持。为了创造良好的瑜伽实践环境，需要建设适当的基础设施，以支持瑜伽活动的开展。这包括在学校建设专门的瑜伽教室，并注重对教室的保养、养护和维修，以确保教室的安静和和谐氛围。良好的环境能够促进瑜伽教学的有效开展，能够提高瑜伽教学活动的效果。除此之外，还应该注重瑜伽垫、瑜伽球等设施的更换，这类设施容易消耗，需要定期更换。与此同时，还应该注重瑜伽教室的装饰，尽量将瑜伽教室装饰成暖色系，暖色系有助于让学生心态平和，还要配备音响设备，为学生练习提供宁静的音乐。

2. 合理规范形体训练

瑜伽训练需要注重形体的规范和动作的标准，只有按照规范和标准训练动作才能起到塑造形体、提升技能的作用，如果瑜伽动作不标准、不规范，那么长期训练下来，错误的动作会对学生的形体以及机能造成伤害。在形体课程技术训练当中引入瑜伽教学必须强调瑜伽教学的规范和标准，只有这样才能提升学生的运动能力和水平。教师在引入瑜伽教学形式时需要对动作的规范和标准进行仔细研究和探索，并确定适合学生学习的教学切入点。教师应该合理设计教学内容和教学形式，并循序渐进地引导学生，以达到良好的瑜伽训练效果。除向学生解释标准和规范的动作外，教师还应在学生练习动作时进行检查，确保他们的动作符合要求。

传统的形体课程技术训练虽然能够培养学生，让学生建立形体塑形的意识，但是无法保障学生能够得到良好的形体塑造效果。引入瑜伽训练模式不仅能补充形体课程技术训练的不足，还能激发学生对形体训练的兴趣，保证教学效果。因此，为了更好地发挥瑜伽的教学作用，必须注重建设教学设施、优化教学环境、提升教师技能，为学生提供良好的环境、健全的设施以及专业的教师队伍。

（四）瑜伽健身融入形体训练教学的可能性

1. 瑜伽健身冥想环节增强形体课程的技能训练

瑜伽健身术的冥想环节是通过人的心灵来实现人和潜意识之间的沟通，进而调节身体，使身体进入放松的状态。人在冥想环节时会变得平和，内心世界会非常平稳，会静静地思考，这对于高校学生有非常大的帮助，除可以帮助学生恢复体能外，还能够锻炼学生的耐力，加强他们对自身精神世界的掌控，有助于提高学生学习的专注性。在形体训练课程中引入瑜伽健身术可以增强学生形体训练思维意识，也可以提高学生形体训练的质量，这一点也是瑜伽健身术和形体训练教学之间结合研究的理论基础。以此为基础引入瑜伽健身术，可以提升高校形体训练课程效果，尤其是冥想环节不仅能优化人体结构，还能释放机体能量，修复和重组能量，让大脑和身体之间更加协调、统一，使人整体变得非常平和宁静，冥想非常符合人性的需求，人性化程度非常高。

在形体训练课程当中使用冥想需要教师根据学生的特点、心理需求以及生理需求展开有针对性的训练，帮助学生实现身心的平和与宁静。为了保证冥想能够发挥作用，教师还需要营造轻松和谐的环境，良好的环境建设能够维持学生对运动的兴趣，瑜伽健身术中的冥想是学生对自我意识的掌控训练，将冥想应用到形体课程训练当中能够帮助学生调整呼吸，稳定训练状态，此外，瑜伽动作一般维持的时间较长，能够很好地训练学生的忍耐力、耐心。长时间的耐力训练有助于形体技能训练质量的提高，瑜伽健身术和形体训练课程的融合是高校在体能训练方面的创新，这种创新促进增强学生形体意识，不仅帮助学生掌握了形体训练的技能，还增强了学生的身体素质，提高了学生的运动水平，实现了学生身心的健康平衡发展。

2. 瑜伽健身呼吸方法调整形体训练的呼吸节奏

瑜伽健身术对呼吸方法非常重视，这种方法不仅对生理上的改变有着良好的影响，而且与心理状态的建立有密切联系。瑜伽健身术认为，呼吸方法对于瑜伽练习的效果具有重要的影响。瑜伽呼吸法主要通过心理调节来实现，首先主动降低呼吸频率，然后将呼吸的重心从胸部调整到腹部。腹式呼吸使呼吸更为缓慢、更加深入，与胸式呼吸的短促和急促相比，腹式呼吸能够使人更加平静和宁静。这种呼吸方式不仅有助于身体的放松和平衡，也有助于调整情绪，提高内心的宁静和专注。

此外，教师在进行瑜伽健身术训练时，会为学生播放宁静的音乐，宁静的音乐能够对学生产生潜移默化的影响，会在无声无息当中改变学生的心态，让学生心灵回归平静。外在环境的宁静和谐有助于平稳学生的心态，陶冶学生的情操。将瑜伽健身术与形体训练教学相结合需要高校教师在教学过程中提前教授学生正确的呼吸方法，并引导他们调整呼吸频率。通过呼吸调整，教师可以帮助学生放松身心，增加身体柔韧性，并不断提高其柔韧性水平，以促进形体训练课程效果的提高。

3. 瑜伽健身物理训练提高形体训练的思考能力

瑜伽健身术在物理训练方面主要包括动作性训练和舒缓性训练，这两种训练方式对于形体训练课程的开展具有积极的辅助作用。它们不断丰富了形体训练课程的内容，有助于塑造学生的体型和改善形态，为学生的身体发展提供了显著的促进效果。

（1）动态性训练丰富形体训练课程内容。高校开设形体训练课程的主要目的是促进学生身心的健康和平衡发展，以满足学生在心理和生理层面的需求。与此同时，形体训练也能够提高学生的综合素质能力，能够促进学生的全面发展。瑜伽健身术的引入可以丰富形体训练模式，能够弥补形体训练课程的不足，多样化的形式也带动了先进训练课程的多元发展。以往高校形体训练课主要是依照形体训练理论展开教学，注重身体平衡、身体重心、形体优美的学习，在引入瑜伽健身术后，可以使学习方式更加有趣，消除了以往学习训练的无聊和枯燥，这对激发学生兴趣非常有益。学生的兴趣得到了提高就会积极主动地参与训练，能够有效地提高教学质量。

（2）舒缓性训练降低形体训练的高压度。瑜伽健身术的动作训练通常要求学生维持姿势的时间较长，整体的训练频率较缓慢。此外，瑜伽练习注重创造一个轻松的环境，训练可以从简单到复杂逐渐发展，也可以根据需要进行简化。通过瑜伽健身术的方法进行训练，可以有效锻炼学生的耐心和稳定性。在高校开设的形体训练课程中，学生接受的训练是有针对性的，无论是民族舞蹈、健身操还是芭蕾舞，都要求身体具备协调性，并提高学生的柔韧性。因此，这些课程会给学生带来一定的训练压力。但是瑜伽健身术不同，它的训练是舒缓性的，主要包括两种训练形式：一种是拉伸式；另一种是叠翘式。这两种形式都是为了让人的身形更加挺拔、优美，矫正人的驼背等不优美形态，对于人体的柔韧性、协调性来说都是很好的训练方式，有助于人各个部位的协调、统一。在研究瑜伽健身术和形体训练教学之间的结合可能性时，可以将瑜伽健身术应用于高校形体训练课程的起始准备阶段以及结束阶段，起始准备阶段是为了帮助学生适应训练强度，从缓慢逐渐向高压过渡；结束阶段是为了帮学生从高压训练状态调回舒缓的训练状态，帮助学生身心放松，让学生不断地提高自身对身体的控制力。

在对瑜伽健身术和高校形体训练教学结合可能性的研究过程中，瑜伽健身术的引入为形体训练课程的完善与发展为其提供了经验，也提高了学生对形体训练课程的兴趣，促进了学生身心的健康发展、协调发展。可以将瑜伽健身术的训练特点和高校形体训练内容进行一定结合，使形体训练内容更加丰富，促进形体训练课程更好、更多元地发展。

三、瑜伽与健身教学训练

（一）健身瑜伽的基本动作

1. 基本坐姿

（1）简易坐：双腿盘坐在瑜伽垫上，左大腿放在后小腿之上，右小腿保持弯曲，左小腿放在右大腿下面，双手自然垂放于双膝之上，身体坐直，头、脖颈和躯干尽量处于一条直线上。

（2）半莲花坐：坐在瑜伽垫上，右小腿保持弯曲，右脚脚掌抵住左大腿内侧，左小腿弯曲放于右大腿上，头、脖颈和躯干尽量处于一条直线上。坐一段时间后再交换双腿位置，重新盘坐。需要注意的是，患有坐骨神经痛的人不适合此种盘坐方式。

（3）莲花坐：坐在瑜伽垫上，一只手抓左脚，将其放于右大腿上，脚跟的位置靠近肚脐下方，左脚脚掌尽量朝上，另一只手手抓右脚，将其放于左大腿上，脚掌同样尽量朝上，保持脊柱立直，尽可能长时间地保持这个坐姿，累了可以交换两腿位置。

这种坐姿相较于其他坐姿要难一些，但这个坐姿能够很好地放松身心，经过一段时间的练习后能够使呼吸均匀，并能够促进上半身血液循环，对于患有哮喘和支气管炎等疾病的人具有一定的辅助治疗作用，需要注意的是，每次练习之后要按摩抖动双腿、双脚和双膝放松。

（4）雷电坐：双膝跪地，脚背贴实在地面上，双膝靠拢，两腿胫骨平放于地面，两脚大脚趾交叉，脚跟向外，背部坐直，臀部落于两脚脚踝之间。

雷电坐也称金刚坐，这种坐姿适合在饭后 5 ～ 10 min 练习，因为可以促进食物消化，对胃部不适的人具有一定的缓解作用，这个坐姿也能够帮助练习的人心灵宁静，适合冥想。

（5）至善坐：左小腿保持弯曲，通过右脚抵住左脚的力使左脚跟抵住会阴，右大腿和左脚脚掌靠在一起。右脚和右小腿弯曲放在左脚脚踝上。右脚脚掌放于左大腿与小腿之间，并紧靠耻骨。上半身坐直，微闭双眼，内视鼻尖，一段时间后交换双脚位置。

2. 站立体位法

（1）风吹树式动作方法。

第一，站姿：双手合十于胸前，双脚并拢。吸气时双手抬起举过头顶，手臂向双耳间夹紧，使脊背尽量保持舒展。

第二，吐气：上半身向左弯曲，髋部向右推出，保持自然呼吸 5 次。

第三，吸气时身体还原：吐气的时候上半身向右弯曲，同时髋部向左推出，同样保持 5 次均匀的呼吸。

（2）三角转动式动作要领。

第一，双腿打开，双膝伸直，右脚向右转 90°，左脚向右转 60°。

第二，在呼气的同时，将双臂抬起并伸直，上半身转向右侧，轻轻将左手放在右脚旁的地板上，同时右臂向上伸展，使双臂形成一条直线。目光集中在右手指尖的方向，让双肩和肩胛骨得到舒展。保持这个姿势 30 s，感受身体的舒适和伸展。

（3）鱼式。

第一，莲花式盘坐于瑜伽垫上，背部贴向地面。

第二，拱背抬头挺胸，让头顶抵在地面上。

第三，为了增加背部的拱起高度，可以用手抓住自己的大脚趾。

第四，保持鼻呼鼻吸，坚持 2 min 左右，然后松开脚趾。

3. 坐姿体位法

以牛面坐为例。

（1）坐姿：双膝弯曲，重叠放置，确保脚背贴地，脚尖朝向后方，将手掌放在脚掌上，呼吸保持均匀。

（2）吸气：右臂手肘弯曲，缓慢地向右肩方向抬起，右手贴住后背，左手从下方绕到背后，双手十指交叉，上方手肘向后靠拢，保持上半身挺直，目光注视前方，保持均匀呼吸 5 次。

（3）吐气：松开双手，自然下落，按（1）的坐姿坐好，调整呼吸，放松调息，反复练习 3 次。需要注意的是，无论是左脚在上还是右脚在上，都要保持坐立的时候双腿重叠，膝盖并拢对齐。

4. 平衡体位法

以树式为例。

（1）站姿：身体直立，双脚并拢，双手合十于胸前。吸气，将重心移至左脚，左腿以及左脚用力压向地面，骨盆向左推出。左脚提起放在右脚背上，脚跟朝外。双手举过头顶，保持伸展，眼睛凝视前方，保持自然呼吸 5 次。

（2）吐气：双手下落还原于胸前，脚放回原地，再换另一个方向练习，反复练习 3 次。

5. 蹲姿体位法

以花圈式为例。

（1）保持蹲坐，双脚完全贴住地面，并保持双脚并拢。

（2）身体前倾，大腿和膝盖尽量分开，双手从两腿间穿过并伸向前。

（3）双手手臂向后弯曲，握住脚踝的后部。

（4）呼气时双手握住脚踝后部的同时头向地面的方向低下，尽量触碰地面。

（5）保持自然呼吸，坚持 1 min 左右。

（6）吸气的时候手松开，抬头放松。

6. 仰卧体位法

（1）船式。

第一，仰卧位，双脚保持并拢，双手放于身体两侧。

第二，吸气时，将上半身、双脚和双臂同时向上抬，臀部不离开地面，以脊椎骨为支撑，身体保持平衡。将手和脚伸直，手向脚的方向用力，屏息保持姿势 5 s。

第三，吐气时，身体逐渐回到地面上，调息放松，使呼吸均匀。需要注意的是，抬起身体的时候，腹部要同时用力，收紧全身的肌肉，此过程中如果腿部有痉挛的现象，就将脚踝用力向外蹬出，使脚跟韧带绷直。

（2）仰卧放松式。

第一，仰卧位，轻闭双眼，双腿双膝弯曲，脚掌尽量放于臀部下方，双手放在身体两侧，掌心向上，手指放松，下颌稍稍朝向胸部的方向。

第二，吸气时，胸廓逐渐向外扩张，双肩向下放松，双膝外展。

第三，将注意力集中放到头顶、手脚尖、尾椎以及脚跟上，并让这些部位尽量向外伸展。

第四，双手沿地面的方向慢慢滑到头顶，吸气时双手带动身体坐起，延展背部将上半身向腿部下弯。

7. 跪姿体位法

以猫式为例。

（1）保持金刚坐姿，双手放于膝盖上，上半身立直，调整呼吸。

（2）吸气时臀部抬离脚跟，俯身向前，翘臀塌腰，膝盖脚背贴地，手臂伸直，指尖指向膝盖，抬下颌，背部收紧，保持一段时间。

（3）吐气时，手发力，腹部收紧，背部拱起，低头，下颌向锁骨的方向用力，停在这个动作上，保持 5 次呼吸。

（4）再次吸气，下颌向上抬，头部后仰，凹腰部，挺臀部。动作静止，自然呼吸 5 次。上、下各重复练习 3 次。还原金刚坐，调匀呼吸。

（二）健身瑜伽的组合动作

1. 胸部组合动作

健身瑜伽胸部动作可以纠正驼背和两肩下垂的不良体态，有助于发展胸腹部和喉部，神经系统得到改善，加强血液循环。

（1）坐瑜伽垫上，双腿伸直，双手侧撑在身体两侧，吸气时胸腹向上抬头，自然放松，重复 2 ～ 3 次。

（2）跪地，吸气胸腹向上，脊柱后弯；呼气手掌压在脚掌上，自然呼吸，保持 5 ～ 10 s，然后吸气慢慢还原，重复 2 ～ 3 次。

（3）仰卧，慢慢把头上抬，以头顶地，背部伸直颈部吸气的同时双腿上抬，双手合掌撑起，正常呼吸，保持 5 ～ 10 s，慢慢还原，重复 2 ～ 3 次。

（4）跪撑，两肘撑地弯曲相抱，呼气，下颚、胸部下沉向地面，同时臀部上提，保持正常呼吸，慢慢吸气，臀部后坐。重复 2 次，每次保持 30 ～ 60 s。

2. 腰部组合动作

做腰部动作时力求每个姿势做到最舒服的位置，每次只做一个背柱姿势（下移到第 4 个动作后），使整个背部得到充分的锻炼和伸展，加强背部的力量，同时可保护腰部，消除轻微的背柱损伤。

（1）两腿开立，吸气双手和头同时上伸，十指相交，呼气身体前屈，两眼注视手背。吸气身体向右转动，呼气身体转向左侧，重复 4 ～ 6 次，吸气身体上起、立直。

（2）两腿分开坐在地面上，吸气，两臂侧举，呼气，身体右后扭转，左手指尖触右脚趾，吸气，转正呼气反方向，重复 4 ～ 6 次，眼睛注视右手。

（3）趴在地面上，两臂在身体两侧，吸气的同时头身体上抬，头、肩、胸离开地面，保持正常呼吸，停 30 ～ 40 s，吸气抬身，重复 4 ～ 5 次。

（4）跪撑，臀部后坐，手臂伸直，吸气下颚带动身体向由下到上移动，身体向上时呼气。双手上撑身体，保持呼吸之后按原路线吸气撑回来，重复 4 ～ 5 次。

（5）趴在地面上，双手抓住脚踝，吸气并将头和脚同时上抬保持正常呼吸，吸气慢慢放下，重复 2 ～ 3 次。

（6）趴在地面上，双手撑地身体上起，吸气头上抬，同时弯曲双膝，自然呼吸，吸气慢慢还原，重复 2 ～ 3 次。

（7）趴在地面上。吸气头和腿同时上抬，双手在背后、十指交叉，停住正常呼吸，吸气慢慢还原，重复 3 ～ 4 次。

（8）趴在地面上，双手在额头下，吸气右腿上抬，呼气右腿向左侧压，眼睛从左侧看右脚，保持 10 ～ 20 s，吸气慢慢还原，再换反方向做，重复 2 ～ 3 次。

3. 腿部组合动作

腿部伸展动作，每个姿势保持 20 ～ 30 s，吸气时腹部向外，呼气时腹部向内收，在停顿中体会身体伸展的感觉。

（1）分开腿慢慢蹲下，身体前屈，手放在两脚底之下，保持自然呼吸，双腿伸直，保持 20 ～ 30 s 慢慢还原，重复 2 ～ 3 次。

（2）坐在地面上，将双腿伸直，吸气的同时双手上举，呼气身体下压，手抓住小腿，身体放松，保持正常呼吸，保持 20 ～ 30 s，吸气的同时抬身，重复 2 ～ 3 次。

（3）坐在地面上，右腿弯曲，脚掌紧贴右腿内侧，吸气双手上举，呼气身体下压抓脚，头上抬，让腹部紧贴左腿，正常呼吸，吸气慢慢抬起身体，换反方向做，每个方向重复 3 ～ 4 次。

（4）坐在地面上，双腿分开，吸气两手侧举，呼气身体下压，双手抓住脚踝，正常呼吸，吸气慢起，重复 3 ～ 4 次。

（5）站立，双手在身体后相交，吸气抬头挺胸，呼气的同时身体向前弯曲，头向腿方向贴，双手上抬，正常呼吸，保持 20 ～ 30 s，吸气慢慢抬身，重复 2 ～ 3 次。

（6）跪撑，吸气臀部上抬，呼气肩下压，腿伸直，脚跟向地面沉，正常呼吸，保持 20 ～ 30 s，吸气还原，重复 3 ～ 4 次。

4. 平衡技术组合动作

平衡技术动作可以改善体态，提高身体平衡稳定能力，使内心平静，加强腹部器官的收缩，强壮双腿。

（1）站立，右腿弯曲放在腹股沟上，吸气，双手上举，手心相对；呼气，左腿弯曲，双臂侧举，保持正常呼吸，腿慢慢放下，再换反方向做，重复 2 ～ 3 次。

（2）站立，右脚后跟点地，双手上举，手心相对，吸气手臂向前伸的同时右腿上抬，使手臂、臀、腿保持在一个平面上，正常呼吸，吸气慢慢起上身，腿落下，再换反方向做。

（3）双腿开立，手臂侧平伸，右脚尖向右转 45°，右腿弯曲，右侧身体向右腿靠，右手慢慢撑地，同时左腿侧抬，左手向左脚方向伸，吸气慢慢还原，之后换反方向做，每个方向重复 2 ～ 3 次。

（三）健身瑜伽课程的意义

健身瑜伽课程是一项通过增强人们意识而带动的身心健康发展项目，人们可以在其缓慢、安全、易学的运动之下获得更加广泛的健身经验。同时，这种具备基础特性的训练课程几乎适用于每一个年龄段的人进行学习，通过进一步学习实现全身性平衡状态，优化学生身体、心理等各个方面的综合素质，健身瑜伽课程是目前高校体育课程改革中需要重点加强的科目。健身瑜伽课程对于运动体操、个人健康、个人卫生等方面均有明显的积极作用，引入舒缓的音乐作为背景使人们全身心地放松下来凝神静气、调理自身，逐步掌握健身瑜伽的技巧与经验，进而更好地提高自身健康素质。

健身瑜伽具备本土性、艺术趣味性、舒缓性、流动性和连贯性、安全科学性五个特征。①对于本土性而言，高校可以积极引入该课程，并且依据自身的教学实际和学生需求构建完备、科学、有效的课程体系，致使健身瑜伽课程能够呈现出最佳的教学效果。②艺术趣味性的特征则是通过设计独特的艺术造型，提升人们生理、心理、情感等各个方面的发展，再配合优美舒缓的音乐构建一种和谐宁静的运动氛围，一改学生学习生活当中浮躁不安的不良情绪，达到人们日益追逐的健康境界。③舒缓性作为健身瑜伽课程的重要特征，主要以全身心放松为练习基础，让人体的肌肉、骨骼以最佳的状态调整，不仅能够达到强身健体的良好功效，也能够令人身心愉悦。④流动性和连贯性则要求练习具备起承转合的功能，通过柔韧性、延展性等综合能力的提升进而获得综合全面的锻炼。⑤安全科学性是指健身瑜伽课程具备一定的安全保障性能，不易发生运动危险，全程多以低强度的运动速度进行，是健康锻炼的不二选择。

（四）健身瑜伽的教学实践

1. 课堂实践教学

（1）单个动作实践。在研讨室内，通过分组教学的策略，学生以每组两人的形式，深入研究单个动作，进行详尽的解释和示范。在此过程中，学生通过积极参与练习和仔细观察，及时发现问题并展开深入讨论和纠正。这不仅有助于提升动作的执行质量和示范讲解的技能，还培养了学生主动发现和解决问题的能力。同时，合作学习促进了学生的人际交往和指导技能的发展。学生逐渐从机械记忆动作方法的阶段，过渡到能够以适当的语速和语气传递信息并进行深度阐述的阶段，最终展示了语言艺术性。这种教学过程在瑜伽教育中创造了美感和引导力，有效支持实践教学。

（2）阶段代课实践。为促进俱乐部瑜伽课程的顺利开展，将该课程分为冥想（呼吸练习）、热身练习、体位练习和休息术四个环节。冥想、热身练习和休息术相较于体位练习而言难度较低。因此，组织全班学生分别负责引导这些环节的实践，通过实际操作使学生逐渐适应这些角色，消除紧张情绪，并提高他们的语言表达能力。此过程不仅丰富了学生的实际经验，也培养了他们在瑜伽教学中担任不同角色的能力，为学生的多元化发展奠定了基础。

2. 观摩见习，阅读书籍，模拟实践教学

（1）观摩见习环节。在观摩见习环节中，学校采用了多层次的组织形式，旨在给学生提供更全面的俱乐部瑜伽课程授课体验。首先，邀请瑜伽俱乐部内的优秀教练亲临课堂，为学生提供直观而专业的指导。这种实践使学生能够深入了解俱乐部瑜伽课程的授课模式，并通过主动向教练提问，与其深入交流，获得了有关课程特点、编排技巧和教学注意事项等方面的详尽信息。这种互动交流模式显著改变了学生的被动学习状态，促使其在实践中独立发现问题、分析问题和解决问题，从而培养了学生独立思考、综合分析和创造性解决问题的能力。

其次，学校组织学生观摩高年级学生的授课，让他们学习并记录高年级学生的授课方法。学生认真观摩和记录，并就课程编排和授课情况展开交流和讨论。这一观摩活动进一步丰富了学生的授课经验，使他们更深刻地领会授课技巧和方法。通过观摩和同学交流，学生的教学能力不断提升，为他们未来的教育事业奠定了坚实基础。

（2）阅读书籍环节。阅读书籍环节的主要目的是引导学生在课下查阅相关资料和阅读瑜伽相关书籍。每个学期，教师会为学生提供 3 ～ 5 本与瑜伽相关的书籍，学生需要在课下进行阅读，并有针对性地做好阅读笔记。定期组织学生进行读后交流，旨在帮助学生不仅停留在瑜伽体式的学习上，还要深入了解瑜伽的文化和内涵。

在这个环节中，学生将有机会通过阅读来拓展他们对瑜伽的理解和知识。教师提供的书籍将涵盖不同方面的瑜伽内容，包括但不限于体式练习、哲学思想、历史渊源等。学生需要在课下有计划地阅读这些书籍，并记录重要的观点、思考和感悟。然后，让学生在定期的交流会上分享他们的阅读心得和体会。

通过这个环节，学生将能够更全面地认识瑜伽，并深入探索其背后的文化和意义。阅读瑜伽相关书籍不仅有助于学生拓展知识面，还能培养他们的阅读能力和批判思维。同时，学生在交流会上的互动讨论将促进他们的思想碰撞和交流，激发彼此对瑜伽的思考和启发。

（3）模拟实践教学环节。模拟实践教学环节旨在为学生提供在校外实践的经验准备。在课堂上，学生根据要求，组织完成俱乐部瑜伽课的模拟教学。他们需要从动作的选择与编排、教学方法的运用、音乐的选择以及与会员的沟通交流等方面入手，认真备课，并以其他学生为授课对象进行教学。在课后，学生将进行自我评价、互相评价以及教师评价。每名学生的模拟教学时间为 30 min。

在这个环节中，学生将有机会把课堂上学到的知识和技能应用到实际教学中。他们需要根据教学要求设计和安排瑜伽课程，包括选择适当的瑜伽动作和编排它们的顺序，使用有效的教学方法和技巧，选择适合的音乐来辅助教学，并与学员进行有效的沟通和交流。通过这样的模拟实践，学生能够提前体验到真实的教学环境，并在实践中不断提高自己的教学能力。

在模拟教学结束后，学生将进行自我评价、互相评价和教师评价。自我评价有助

于学生审视自己的教学表现，并发现自己的优点和需要改进的地方。互相评价可以促进学生之间的合作和学习，通过互相的反馈和建议，帮助彼此成长。而教师的评价将提供专业的指导和反馈，指出学生的优点和需要改进的地方，以便学生能够更好地提高自己的教学技能。

总之，模拟实践教学环节为学生提供了一个锻炼和展示他们教学能力的机会。通过组织和进行模拟教学，学生能够在实践中提高自己的教学技能，并通过自我评价、互相评价和教师评价来不断改进。

3. 校内外教学实践

为增加实践环节的真实性和有效性，可以在校内外推广俱乐部瑜伽课程。学生将被分成几个小组，轮流为社区居民、校内教师和高校社团学生提供瑜伽课程。在授课之前，学生需要根据受众的身心特点和需求，编排相应的课程，并完成教案的书写。他们需要熟悉教学内容和教学方法，并在授课过程中由专门的听课教师和学生进行记录。

授课结束后，学生将进行交流讨论，针对本次课程中存在的问题进行分析和讨论，共同寻找解决方案。授课的学生还需认真完成课后小结的书写。每个学期结束后，学生需要撰写授课总结，总结本学期的实践教学情况。

这些形式为学生提供了实践教学的平台，旨在提高学生的创新能力和实践能力。学生将有机会亲身参与真实的授课过程，并面对不同受众的需求和反馈。他们将学会根据受众的特点进行课程设计，并通过实践不断改进和提升自己的教学技能。同时，学生还能够通过交流和讨论，从其他学生的经验和观点中汲取灵感，拓展自己的思维和教学方式。

4. 瑜伽活动组织与策划

为了培养学生的创编能力和提供更多的瑜伽体验，可以计划在校内组织一系列瑜伽活动，包括瑜伽体位比赛和瑜伽趣味运动会等。这些活动将提供给学生一个机会以展示他们的瑜伽技巧和表演能力。

在活动筹备阶段，学生将分组撰写瑜伽活动策划方案，并负责瑜伽活动的宣传工作，包括制作海报、条幅和视频等。他们还将进行外联活动，争取赞助支持。此外，学生还需要撰写比赛规程和秩序册，并参与场地布置、现场调度以及赛后统计和结束工作。

为了培养学生的创编能力和表演能力，我们把学生分成若干个小组，每个小组需要创编一段独特的表演型瑜伽。他们将在内部评选中竞争，优秀的小组将有机会到校外进行表演。

5. 健身瑜伽教学的改进措施

（1）建设稳定的教学实践基地。在建设健身瑜伽教学实践基地方面，我们应坚持合作原则，实现优势互补、资源共享、互利双赢和共同发展的目标。校内外应长期共同合作，建立可持续发展的实践基地。这些实践基地应积极参与高校学生的专业培养工作，为他们提供实践教学所需的自然资源和人力资源，协助解决教学实践课程资源不足的问题。

高校应充分利用自身的优势，将其服务范围扩展到基地和社区，并积极为当地提供支持和服务。通过与实践基地的合作，高校可以提供专业的指导和资源支持，帮助基地和社区开展健身瑜伽活动，并促进健身瑜伽在当地的普及和推广。

需要扎实地、持续地推进教学实践基地的建设工作。这包括与基地管理者和相关部门进行深入的沟通和协商，确保基地的规划和建设符合教学实践的需要。同时，需要积极投入资源，包括资金、设备和人力，确保基地的设施完备，能够满足学生的实践需求。建设过程中还需要进行评估和监控，及时调整和改进基地的运营和管理，以保证其长期的发展和有效的教学实践效果。

通过以上措施，建立起一体化的健身瑜伽教学实践基地网络，为高校学生提供实践教学的平台和资源，促进学生的专业培养和能力提升。同时，这种合作也能够促进基地和社区的发展，实现多方共赢的局面。

（2）构建有效的实践教学评价体系。为了有效落实实践教学的过程性评价，可以为每个学生建立实践教学档案袋，以记录他们的实践教学内容。这些档案袋可以包括学生的教案、听看课记录、实践总结以及授课的影像资料等，从而全面地反映学生在实践教学中的表现和成长。

通过建立实践教学档案袋，可以对学生的实践教学过程进行系统记录和整理，有助于教师和学生进行反思和评估。教师可以根据档案袋中的材料，对学生的实践教学进行定量和定性的评价，发现学生的优点和不足，并提供有针对性的指导和支持。学生也可以通过翻阅自己的档案袋，回顾自己的成长历程，发现自身的进步和提升的方向，进一步提高实践教学的质量和效果。

（3）建立完善的实践教学体系。确保实践教学内容与社会对健身瑜伽人才的需求相匹配是非常重要的。为了不断提升健身瑜伽课程的实践教学体系，需要及时调整和更新实践教学内容，以满足不断变化的社会需求。

教师可以通过与行业专家、健身瑜伽从业者的交流和合作，了解当前行业的发展趋势、新兴的瑜伽技术和方法，以及社会对健身瑜伽人才的需求。基于这些信息，教师可以对实践教学内容进行调整和更新，将最新的知识、技能和实践经验纳入课程。

此外，教师还可以关注健身瑜伽领域的研究成果和学术论文，参加相关的学术会议和研讨会，与同行教师进行交流和分享。通过这些学术交流和专业讨论，教师可以不断更新自己的知识储备，将最新的研究成果融入实践教学，从而提高课程的质量和实用性。

第二节　健美操运动课程教学与形体训练

一、健美操运动的课程教学

（一）健美操运动课程的教学任务

1. 掌握健美操动作技能

运动技能的掌握不仅是锻炼学生身体、培养运动素质的手段，也是体育学科履行“传道、授业、解惑”使命的核心。运动技能的掌握直接反映学生是否真正“学会运动”和能否熟练应用所学技能，也是实现“终身体育”理念的基本前提。缺乏对运动技能的深刻理解和提升，体育教学就会显得空洞乏味。因此，教师有责任充分认识运动技能在学习中的重要性，并切实加强运动技能的教学。

形成良好的技能需要经过长时间的反复练习，只有通过不断的努力，学生才能逐步达到熟练的程度。技能的熟练表现在学生能够高度自动地完成特定任务。以健美操为例，学生只有在练习中逐渐掌握熟练的技能和技巧，才能够更深层次地思考动作的艺术表现，追求更高层次的美感和创新。在这个过程中，教师的引导和指导显得尤为关键，需要在培养基本技能的同时，激发学生对运动的兴趣，引导他们逐步发展自主学习和创新的能力。通过注重运动技能的全面提升，体育教学将更富有深度和活力，为学生的终身体育发展奠定坚实基础。

2. 传授健美操知识、技术

健美操运动教学是有计划、有目的地传授学生健美操知识、技术与技能的过程。教学的首要任务是传授系统知识，为形成技能、培养智力和发展个性奠定基础。教师在传授知识时需注重感性认识和理性认识的结合，引导学生由感性阶段升华至理性阶段。

一旦学生掌握了基本动作，教师的角色就变为引导者，帮助学生灵活运用所学知识。这一过程旨在让学生能够在面对各种问题时迅速运用所学技能，培养其解决问题的能力。通过注重灵活与综合运用，健美操教学旨在培养学生的综合素养，使其能够独立思考并应对各种挑战。这种循序渐进的教学方法有助于学生全面发展，使其在健美操领域取得更为卓越的成就。

3. 培养智能

对健美操的整个学习过程进行研究，我们发现，对健美操的掌握不仅是一项智力内容，还是一项获取知识的活动，因此健美操不仅可以锻炼人的能力，还可以锻炼与提高人的智力。在教育学领域，专家认为学生在探索中获取知识，更有利于提高他们解决实际生活当中问题的能力，可以让学生在实践中灵活地运用所学的知识。由此教师在进行教学过程中要学会创设情境，不断地向学生提出问题，让学生进行思考，尝试运用所学的知识去解决问题，进而培养和提高学生的智力与能力。

4. 培养非认知因素

非认知因素是指在学习过程中除了认知因素外的一切心理因素，包括兴趣、动机、情感、意志和人格等。学生的学习过程不仅涉及认知活动，还受到这些非认知因素的影响，它们直接影响着学生对学习课题的感知、记忆和思维等活动。因此，学习的成功是认知因素和非认知因素共同作用的结果。

教学过程的目标不仅是传授知识和发展智力，还包括培养学生的非认知因素，如兴趣、情感、意志、焦虑和人格特征。这些因素构成了学生的学习态度，是学习动机的核心，调节学习活动的进行。对于健美操科目的教学而言，培养学生的非认知因素是一项基本任务。

在教学中，动机是起着最直接、最有效作用的因素。学习兴趣和意志品质可以通过培养学生的动机得到提高。健美操运动教学中，教师需要思考如何培养学生的学习动机。这包括通过教师的优美示范和悦耳音乐唤起学生的兴趣，通过多彩的动作内容和生动的教学方法吸引学生的注意力，让学生认识到学习健美操的意义和技能的重要性。

教师在培养学生动机方面的方法有很多，如激发认知兴趣、引起学习需求和兴趣，吸引注意力和探究欲望等。此外，教育学生的学习目的，让他们认识到学习健美操的意义，强调技能掌握是一种本领，有助于提高学生的学习积极性。教师还应该注重鼓励学生，避免过度施加考试和竞争压力，以保持学生的学习兴趣和积极性。通过这些方法，教师能够全面培养学生的认知和非认知因素，使学习过程更加丰富有趣，提高学生的学习效果。

5. 提高学生的社会适应能力

社会适应是一种能力，具体来说就是个人通过调整自己的行为与心态，使自己与社会环境相互作用，适应周边的环境，从而形成获得良好人际关系与社会角色的能力。换个角度来看，这是个人不断与社会接轨的过程，也是个体不断社会化的过程。

6. 增进健康，塑造形体

教学的目标是推动学生身心的全面发展。健美操作为有氧运动，其健身效果已被广泛认可。通过健美操练习，可以有效改善心血管系统功能，提升心肺耐力，促进整体健康，塑造身体形态，并全面提升身体素质。

教师在教学中要精心设计教材、采用恰当的教法以及巧妙的组织形式，既能顺利完成教学任务，又能有效促进学生身心素质的发展。这包括对课程内容的选择和安排，注重教学方法的多样性，以及巧妙组织学生参与，使其在锻炼中全面提高健康水平。

通过综合考虑这些因素，教师可以更好地引导学生充分享受健美操带来的益处，实现教学目标的同时促进学生的全面发展。

7. 提高审美素养，陶冶美的情操

健美操以其强劲而富有表现力的动作和搭配动听的音乐，唤起人们对美的深刻情感。这项运动所展现的大方、自然、协调与健康的美，不仅是身体上的锻炼，还是一种对美的追求。因此，美的教育应成为健美操运动教学的重要任务之一。教师应充分发挥健美操在“健康美”“形体美”“动作美”“技术美”“造型美”“音乐美”“服装美”等方面的特点，强调“心灵美”的培养，引导学生在欣赏和感受美的基础上，提升对美的境界，并在生活中创造美的意识和行为习惯。

在当今社会，社会适应能力成为人们必备的关键能力。在高校体育教学中，提高学生的社会适应能力被视为一项重要任务与目标。在健美操运动教学中，教师需要担负起发展学生社会适应能力的责任。通过创设轻松和谐的课堂氛围，建立良好的师生关系，促使学生积极参与健美操的学习、训练，并在群体或个体间开展互动交流，培养个体的社会适应性。通过竞赛活动，教师可培养学生的竞争意识，提升集体荣誉感、责任感和团队协作意识。同时，通过多元的课外实践活动，引导学生参与体育活动，深化同学间的友谊，提高群体意识，构建和谐融洽的人际关系，提高适应外界环境的能力。通过这样的教学手段，教师能够全面促进学生的身心发展，使其在健美操运动中体验美的魅力，同时提高社会适应能力，为其未来的生活与发展奠定坚实基础。

（二）健美操运动课程的教学原则

1. 教师主导作用与学生自觉性相结合原则

教学是一个双向的过程，需要双方共同的活动，健美操的教学活动也是如此，需要教师与学生在教学过程中都具有明显的积极性时才可以完成教学任务，拥有良好的教学效果。如果任何一方的积极性缺失都不会形成高效率与高质量的教学效果。同时我们还发现，在教学过程中，教师的作用尤为重要，主要体现在教师提高学生学习的积极性。从本质来看，就是在教师教与学生学两个方面，具体来说就是在教学实践中，学生与教师既相互独立又相互依存，但是教师在教学过程中还处于指导与主导的地位。

在教学过程中，教师处于教学过程中的主导地位主要体现在，教师按照教育的方针政策，根据学生学习的特点对教学过程进行组织与设计，从而在教学设计中教师可以充分地发挥出自身的能力，让学生能够尽快地掌握健美操的理论知识与技能。除此之外，教师的主导作用还体现在教师可以对教学过程进行调节与控制，而且通过研究发现，学生学习的积极性与教师对教学过程的控制与指导具有很大的关系。由此，发现教师还可以对学生学习的积极性产生主导作用。

随着时代的进步与发展，现代的教学理论与传统的教学理论有所不同，更加注重的是学生学习的自主性与积极性，因为学生学习的积极性提高了可以有效地提高教学

的效果，达到教学相长的目的与成果，具体来说，就是学生愿意学习，教师也就更愿意积极地备课与设计教学活动。

但是教师要想在教育过程中充分发挥自己的教学主导作用就需要注意以下几个方面：

（1）高度的事业心和责任感是教师的基本职业道德，这要求教师对自己的本职工作充满热情和热爱，对教学活动和教学工作秉持认真的态度，对学生负责。在学生面前要保持和蔼可亲和严格认真的形象，开展教学活动时要充分展现出自己丰富的学识和有条有理、井然有序的教学思路，从而更好地对学生进行引导和教育，多向学生讲解健美操活动的意义和价值，让他们增强对运动的热爱，提高学生的积极性和主动性。

（2）要对自己的业务十分熟悉，教学相长。教师的本职工作是教学，要对自己所教授的健美操教学大纲的内容和培养目标十分熟悉和了解，对健美操相关的最新研究、知识和成果有所了解，与时俱进，紧跟时代发展，提升自己的教学理念和教学方式，从而促进教学成效和教学质量的提升，形成系统化和科学化的教学工作。教师始终要谨记“学而不厌、诲人不倦”，自己要坚持不断学习、终身学习的理念，在自己的教学活动中加入更多新鲜的科技成果，用现代化和科学化手段提升教学效果。此外，教师还要仔细观察学生，挖掘出他们潜在的创新精神，并且给予鼓励和支持、培养，通过学生启发自己，促进教学水平的提高。

（3）要对学生的实际情况详细了解。教师要对每个学生的情况十分熟悉和了解，一方面，能够增强师生在情感和思想方面的交流，激发出学生更深层次的求知欲望和学习热情；另一方面，通过对学生心理情感和学习能力的了解，能够在具体的教学实践过程中有针对性地采取教学举措，提升学生学习效果。

（4）要选择科学合理的教学方式。对于学生的积极性来说，教学方法的选择十分重要，科学合理的教学方式有利于提高学生学习的积极性，反之则会产生不利影响。教师在开展教学活动时，更要结合学生的学习情况，准确把握学生学习中遇到的难点和问题，采取一系列的举措帮助学生解决问题，提高完成学习任务的效率。这不仅能帮助教师树立威信，还能帮助学生提高自己的积极性和信心。

（5）积极发扬教学民主。在课堂教学中，教师和学生之间的互动是双向的。一方面，教师要向学生提问；另一方面，教师要积极启发学生的思维，引导他们积极回答问题，甚至提出问题进行讨论，让学生之间进行交流、互帮互助、相互促进，有利于学生解决问题能力和分析问题能力的提升。

（6）对于学生来说，教师要经常使用鼓励、客观和准确的评价帮助学生提升自己的自信和积极性。学生一旦完成动作，教师主动积极、公正客观进行评价。如果评价中出现偏心和不公正的因素，都不利于学生完成学习任务，甚至引发他们的厌烦。

（7）教学始终要以身作则，为人师表，坚持“美”的准则。教师要将“美”的准则贯穿健美操教学活动的始终，通过自己“美”的言行举止，让学生直接感受到美。例如，动作示范时的准确和优美，运动服装的整洁、合体，情绪的饱满，言行举止的端庄大方，谈吐的高雅等，都有利于将学生的学习兴趣激发出来。

2. 身体全面发展原则

从生物学的角度来看，我们可以发现，人身体的各个部位与器官都是相互联系、相互影响的，而健美操就是一项全面提高人体素质的运动，还是一项自然、优美的运动，可以对身体的各个部位进行训练与发展，所以在进行健美操教学时，教师要重视与坚持身体全面发展的原则，与此同时，在坚持这项原则时我们还要注意以下三个方面的内容：

（1）在制订教学计划时，应注意各类动作的搭配，使学生身体得到全面发展。

（2）在安排每次教学课的内容时，应注意在动作的性质、形式、运动量及素质等方面的合理性，使身体各部位及各种素质都能得到全面锻炼。

（3）考核项目和内容的确定，要考虑全面发展身体的因素，使学生通过考核也能获得身体机能的全面锻炼。

3. 直观与思维相结合原则

无论是学习健美操还是对健美操进行教学，都应该坚持直观与思维相结合的原则。通过研究发现，人们对客观事物的学习都是通过感官来进行学习的，感官包括视觉、听觉等。那么直观与思维相结合的原则就是，所学的动作先在思维活动中进行模仿练习，形成正确的动作思维，但是，要想贯彻这种思想与概念需要注意以下四点：

（1）对于学生来说，最直观的教学方式和体验是教师对动作进行示范。一般来说，蓬勃朝气、刚劲有力、美丽大方是健美操动作的基本要求，所以教师在学生面前对动作进行示范必须具有优美、表现力强、准确和规范的特性，这种方式有利于学生直观、近距离培养和提升对健美操的审美，学习最正确的动作要领，从而帮助他们进一步对动作要领强化记忆、对动作技能高效掌握、培养正确的健美操观念。

（2）教师在教学活动中利用生动形象的方式进行讲解能够加深学生对健美操的了解和掌握。学生对健美操动作要领和技术进行学习时，观察不是唯一和最有效的方式，在此基础上加上简单明了的教学和生动形象的讲解才能取得更好的效果，让学生对动作要求和技术要领更加了解。

（3）教师的讲解和示范作用能帮助学生了解健美操的概念、内涵和动作表现。通过教师形象生动的讲解、直观的示范后，学生还要反复练习，才能对健美操动作的节奏感、肌肉用力的方式和力度、动作要领熟悉和掌握，进而形成关于健美操技术动作的深刻认识。

（4）对学生的独立思考和发散思维进行启发。教师开展教学活动时，要让学生充分展现自己的独立思考能力、想象力以及创造力，由表及里、由感性认识到理性认识，充分了解和认识到健美操的理论知识和技术知识，从而学生在看、练的过程中不断提升素养和技术水准。教师要通过加深各个部位之间的衔接关系、动作之间的联系和动作技术之间的衔接的讲解，让学生了解动作和部位之间的差异，积极启发和引导他们，从而加强学生对正确动作的认识，避免出现错误动作，提升动作技能。

4. 巩固和提高相结合原则

（1）在课堂上给予学生更多的练习时间和机会，教师指导学生练习正确的动作要领。只有在反复多次练习的基础上，才能让学生对大脑皮层构建的动力定型进行巩固。所以，教师在课堂教学中要使用精讲的方式开展教学，通过精准讲解才能让学生准确获取重点，从而多练正确动作。

（2）如果学生很长一段时间都是对一个动作或者同一水准的动作进行练习，很容易引发学生的厌烦心理。因此，学生对已经学习和掌握的动作进行复习巩固时，要利用动作连贯的方式让他们不断提高运动技能和水平，灵活运用。例如，可以通过编排，让已经掌握的动作形成各种组合甚至成套开展练习活动，让学生练习的动作、速度和节奏发生改变。

（3）组合动作和成套操是健美操的主要表现方式，评判动作质量和效果的重要因素是评分。所以，尽管学生已经掌握好动作，还是要提高动作质量和效果的要求，例如，让动作的表现力增强、动作幅度增加。同时，要结合使用背景音乐的风格和性质、传达的情感，对成套操进行编排，与实践运用相结合，不断提升和巩固学习效果。

（4）不断提高和巩固训练专项身体素质和一般身体素质。帮助学生为自我身体的机能、状态、运动技术水平的提升奠定良好的基础。

（5）为了对已学技术动作的熟练程度进行提升和巩固，还可以充分利用教学比赛、测验、打分、表演等方式。顾名思义，健美操教学方法是为了健美操教学课程中制定的教学任务，主要包括健美操知识、技术和技能的传授等让学生具有的与健美操相关的能力得到发展和提升等所使用的方式。对于提高健美操教学成效、完成健美操教学任务来说，教师要对教学方式进行合理使用和选择。

5. 循序渐进原则

（1）在教材方面，循序渐进原则主要表现为教材安排应该按照从简到繁、单个动作到组合动作再到成套动作、从易到难的程序进行。练习各类动作时，尤其要注意承前启后和前后之间的连接，逐渐提升，一旦学生对一个动作掌握之后，主要加大动作难度持续提升。与此同时，也要将各类动作之间存在的横向关系考虑入内，一般后学内容要在先学内容的基础上进行拓展，让教学内容的广度和深度不断得到拓展，要善于发现和思考各类动作之间存在的身体素质转移和相互促进关系以及动作技能的转移等因素，最终形成科学性和渐进性以及系统性较强的教学内容。

（2）在安排运动量方面，循序渐进原则体现在从小运动量发展到大运动量，将小、中，大程度相互融合，让学生根据“适应—加大—再适应—再加大”的螺旋上升方式不断调整自己的运动量。当然，运动量的增加欲速则不达，要坚持循序渐进的原则，结合学生实际的接受能力和素质水平以及技术水平安排练习量和运动量。

（3）在完整的健美操教学课程中，要循序渐进地对学生的能力进行培养。学生对动作技术和动作技能进行学习和掌握时，其他方面的能力也要得到提升。其主要包括对成套操动作的记写能力、对成套操动作创编的能力、单个动作的教学能力、全课的教学组织能力、组织竞赛与裁判工作的能力，要在教学活动的各个阶段有组织、有计划地培养这些能力。

（4）在教学步骤上，循序渐进原则是指练习上要从容易到困难、从简单到复杂、从原地练习发展到移动练习，从移动动作练习到一节操动作再到成套操动作的练习，音乐节拍从缓慢节奏发展到正常取值节奏的变化过程。

（三）健美操运动课程的教学方法

在进行教学时，我们要注意不同的科目拥有不同的教学方法，所以在制定教学方法时我们要认真了解与学习教学要求，深入探索与了解学生的心理与发展状况，从而设计出科学的教学方法与教学设计，进而更有针对性地对学生进行教学。具体来说，健美操的教学方法有很多，如领带法、交替法、衔接法等。

1. 领带法

领带法就是领着学生对动作进行学习，具体来说，教师在课程开始的前一段时间对之前的动作进行复习或者进行热身运动。但是我们发现，教师在前面带领一些简单的动作时，学生可以跟上教师的节奏，从而达到练习的效果，但是对于有些复杂的动作，教师对其进行带领，学生很容易出现顾此失彼，此时教师就可以适当地改变一下带领的方法，从而进一步深化学生对健美操的掌握。

带领学生对动作进行学习，可以让学生看到正确的健美操动作，有助于学生形成正确的动作整体概念，进而促进学生健美操的整体学习。但是，凡事都按一分为二的方式进行思考，除了优点，还有一定的缺点，具体来说，这样的教学方式忽略了学生的自主性，让学生始终处于被动学习的状态，从而使学习氛围沉闷无趣。因此，教师在采用此种方法时要注意以下三个方面：

（1）教师在带领过程中要注意方式与方法，具体来说，要注意避免采用面向学生带领的方法，而是应该多采用背朝向学生进行教学的方法，这样学生在进行学习的时候就可以直接跟着教师进行练习，而不用再思考方向的问题，从而让学生更加快速地建立肌肉记忆，进而提高教学质量与教学效果。

（2）除教师进行带领以外，还可以让一些对健美操学习优异的学生在前面对学生进行带领，这样不仅可以激发其他学生学习的积极性，还可以让教师有更多的时间和精力去纠正学生的错误与不足，从而进一步提高学生健美操的动作水平。

（3）在带领学生学习健美操的动作时，一定要注意动作的正确性与准确性，避免学生学习时出现错误的动作，与此同时，教师还需要求学生各个感官协调配合，全面地对健美操进行学习。

2. 交替法

交替法是一种可以产生重要作用的教学方法，具体来说，在教学时可以将学生分成两个以上的小组进行教学，这样每个学生在学习时就不会有很大的压力，同时其他小组进行训练的时候自己就可以对其他小组进行观察，提出修改的意见，由此更加有利于提高学习的积极性与参与度，进而培养学生运动的意识，以及关心他人的心灵美。在运用这种方法时，应注意以下四个方面：

（1）在进行分组的时候应该根据学生的具体情况，将所有的成员分成 2 ～ 4 个组，一般情况下应该是先所有的成员进行集体的练习，然后在各个小组之间进行交替的练习。

（2）在小组交替训练的时候，需要注意的是，不应该对其放任，而是应该对这些学生进行有组织的管理，让他们在别的小组进行训练的同时，保持对其他小组进行仔细的观察与分析，从而可以有效地管理好课堂秩序，并提高学生的分析能力与观察能力，进而让学生在学习健美操时可以得到全面的发展与提高。

（3）需要进行科学的分组，其中一个最为有效的分组方式就是进行单数与双数之间的分组，这样不仅可以两组之间进行更有针对性的训练与交流，而且可以根据队形进行交替的练习，由此更加地有利于学生熟悉动作，以及提高自己的自我表现能力。

（4）运用交替教学法时，不能是随意使用，而应是有计划、有目的地进行使用。一般情况下是在学生已经学会成套的动作之后，但是还没有完全熟悉的情况下，教师让学生进行重复与巩固的时候运用，除此之外，还可以在学生的动作出现错误的时候让学生对其进行重复的训练时采用。

3. 衔接法

健美操是由多个分节的动作组成的，具有分段较多、节奏复杂、变化多端的特点。许多学生在完成健美操时经常会忘记接下来的动作，因此，将各个部分衔接起来是健美操学习的主要挑战之一。针对这一问题，在健美操教学中，可采用衔接法对学生在中间环节经常遗忘的部分进行专项练习，以提高学生整套动作的完成度。

在进行成套健美操学习之前，需要先掌握各个单独节段的动作，因为每套健美操都是由单个节段的动作组合而成的。在教学过程中，需要重复复习之前所学的动作，以便更好地掌握复杂的节奏和衔接动作。对于初学者，教师可通过动作引导学生学习，之后逐步将衔接的教学过渡到口令和语言等方面，以引导学生完成动作，并在音乐伴奏的配合下完成整套健美操动作。值得注意的是，在衔接教学中，不仅要关注节段动作之间的衔接，还要注意动作与音乐之间的协调配合。教师可在学生掌握基本动作后，引导学生在音乐配合下进行分段练习，以适应音乐的节奏和理解乐曲的结构，再逐步将分段动作组合为整体、得到完美的教学效果。

4. 念动练习法

念动练习法是一项十分重要的教学方法，具体来说，学生将动作有意识、系统地在脑海中形成体系，然后在脑海中对动作进行重复与练习，从而练习动作时使相应的部位产生肌肉活动，这样十分有利于对动作记忆的加深，进而形成正确的肌肉记忆。

通过对健美操的教学进行观察会发现，有些学生感觉没有费很大的力气就掌握，甚至熟练掌握健美操的所有动作，那是因为这些学生在学习的时候十分专注，老师在进行讲解与教学的时候他们总是十分认真地听讲，甚至有时还会跟着老师运动起来。除上课外，这些学生还会在休息的时候对动作进行思考，这时这些动作已经在学生的脑海中形成十分深刻的记忆，距离快速掌握健美操的所有动作已经相当近。在运用这项方法时要注意以下三点：

（1）注意将脑海中的练习与身体的实践经验结合起来，避免出现只在脑海中进行练习，不对身体进行训练的现象，只有将两者结合起来才可以提高教学的效果与教学质量。

（2）在脑海中对动作进行回想的方法有利于学生更好地思考各个动作之间的联系，从而有利于提高学生动作的协调性，加快对整体健美操动作掌握的速度。

（3）由于念动练习是在脑海中进行的，因此可以减少身体上的运动，这种训练方法十分有利于那些身体不适和身体负荷不是很强的孩子进行，这样通过想象的方式，可以减少外界的一些压力，从而让学生可以快速地掌握健美操的技能。

5. 学导式教学法

健美操作为学校的一项教学内容，有利于在教学过程中培养学生的综合素质。因此要想在高校促进学生全面发展，就必须提高健美操教学对人才培养的作用。许多专家与学者在实践与理论方面进行研究和探索发现三个方面的内容：①现在高校对健美操的教学存在对知识传授重视、对能力培养轻视的现象；②健美操的教学总是采用传统的注入教学法，没有尽心培养学生的创新能力；③对健美操的教学评价方式还是过于单一，没有根本解决现实中的一些问题。除此之外，没有进行因材施教，这就导致每个学生的学习效果不好，从而阻碍健美操项目进步的步伐。如何在进行健美操教学时就能提高学生的整体综合素质，是目前面临的比较迫切的任务。

学导式的教学方法就是教师积极探究学生的学习状况、心理状况等，然后具有针对性地对学生进行教学引导，从而让不同的学生得到很好的学习效果。由此我们可知，恰当地使用学导式的教学方法有利于学生学习能力的提高与形成。

学导式教学的过程主要是“自学—解疑—精讲—演练”，那么根据健美操的教学方法可以把学导式教学分为以下环节：

（1）学生自学阶段，具体来说就是教师在讲课之前，应该根据教学的内容进行问题设计，然后对这些问题提出具体的要求，让学生对所要学习的内容有一个初步的认识与理解。

（2）师生交流阶段，教师在进行基础教学时，应该对学生的学习情况进行观察，积极地去获取学生的情况与信息，然后教师针对这些信息对自己的教学设计进行调整与改进，进而可以更有主次地对学生进行教学，让教学效率得到提高。

（3）教师精讲阶段，具体来说就是教师对教学的重点与难点进行把握与提炼，然后对教学内容进行仔细的讲解，从而让学生对健美操拥有更深层次的理解。

（4）学生的演练阶段，就是学生对所学的知识进行实践，具体来说，教师对学生的实践结果进行纠错与指导，从而形成正确的健美操动作。除此之外，教师还可以根据学生的情况对学生进行适当的点拨，使其触类旁通，形成创造性思维。

（5）评价总结阶段，具体来说就是学生之间进行评价、教师对学生进行评价，除此之外，教师还要对本次课程学习的知识进行系统化与条理化的总结，然后对学生布置本次课程的家庭作业，并对学生提出下一次课程的要求。

二、健美操运动与形体训练策略

（一）树立终身体育的意识

教师在开展形体训练的过程中一定要树立起终身体育的意识，并以此为指导来引导学生逐渐养成参与体育锻炼的习惯，并使其在内心深处建立起终身体育的意识。将形体训练与健美操教学相互结合，不仅可以促使学生进一步发掘出自身的潜力，还可以提高学生的塑造能力，改善自身的气质。除此之外，还有益于培养学生的审美意识，提高教学效率，加强学生之间的团结与协作。总之，将形体训练与健美操相互融合对于学生的发展以及健美操教学的发展都极其具有意义，可以促使终身体育的理念得以践行。

（二）开展规范的动作训练

在形体训练途中，为了能够尽可能规范训练动作，教师可以采取多种策略。首先，教师要规范自己的示范动作，并在教学途中或者练习途中注意观察学生的动作，对于不规范或者错误的动作教师要及时指出；其次，教师可采用学生自由组合的方式，以便学生相互之间对彼此的动作进行监督，相互纠正动作；最后，完善基础设施（如镜子），以便学生自己观察自己。规范的动作可以帮助学生塑造更好的体型，还可以帮助学生实现对于美的追求。

（三）营造形体训练的氛围

在将形体训练引入健美操教学的过程，健美操教师以及相关人员应该有意识地为学生参与训练创造良好的环境以及氛围，提供宽敞、明亮、整齐、通风的场地，以及齐全的设备。例如，设置扶杆以及镜子，以便学生及时发现自身动作的不足，并进行改正。好的环境以及氛围在一定程度上可以激发出学生参与训练的积极性。除此之外，健美操教师也要严格要求自己，以身作则，树立良好的榜样，在潜移默化之中影响学生逐渐形成好的形体训练习惯。

（四）增强形体训练的意识

1. 提高教学能力，提升教学质量

组织健美操教学的相关教师在开展教学的过程中一定要注意选择能够激发学生积极性的内容及方法，促使学生能自主参与形体训练，使整个课堂氛围更加活跃，进而能够培养学生在潜移默化之中形成面对事物积极、乐观、自信、向上的心态。另外，由于形体训练可以协助学生实现形体美，能够满足学生追求美的需求。因此，教师在教学过程中一定要注意自身的言行举止，更好地彰显形体训练的“美”，给学生一种积极训练的暗示，引导学生向好的方向发展。在这个过程中，健美操教师首先要规范自身，其次要掌握一定的语言能力，最后要掌握一定的组织能力。只有这样才能为学生营造一个积极向上的良好氛围，进而激发学生的学习热情，并促使课堂质量得到进一步提升。

2. 运用教学设备，丰富教学方法

体育教学设备影响着教学目标的实现以及教学效率的提高。教学设备可以丰富教学方法，摆脱过去以演练和说教为主的教学方法，使健美操教学变得更加生动、形象、引人入胜。在多媒体设备的协助下，健美操动作可以被分解成各个角度以及多个动作，帮助学生深入理解健美操动作。利用多媒体设备进行健美操教学，一方面有助于学生学习健美操教学各个细微动作；另一方面还不会影响动作的整体性，即学生对于健美操动作记忆的整体结构并没有被破坏，可以帮助学生连贯且准确地掌握健美操动作。

3. 教师因材施教，提高学习效果

不同的学生由于各自成长背景以及生活环境等因素的作用，在柔韧度、灵敏度以及承受度上势必会有所不同。如果不考虑学生具体情况，一味追求教学目标，不仅难以实现教学目标，还可能会造成学生受伤。在具体教学过程中，教师应该做到因材施教，即面对不同的教学目标、不同的教学主体、不同难度的教学内容，教师应该注意设置与之相适应的教学计划，做到由浅入深，有节奏、有系统地展开教学。健美操教师可以采用小组的形式，将身体素质相近的两人或多人编成一组，一方面可以锻炼学生的相互协作能力，使学生在相互帮助、相互监督的过程中树立起形体训练的意识；另一方面还能最大限度地利用体育资源，使学生可以获得良好的学习成果。

4. 提升专业素质，安排合理内容

在教学实践中，决定形体训练教学目标能否实现的关键在于教学内容选择得是否合理，是否符合现实情况。要想做到这一点，需要教师具备足够的专业素质。例如，在创编健美操教学内容时，教师不仅要了解形体训练、掌握制定技术动作套路的能力，还要对音乐有所了解，这样才能促使健美操和音乐能够契合，才能使教学健美操的运

动更加优美，才能感染到学生、激发起学生的学习热情。形体训练相对于健美操来说只属于辅助性训练，即形体训练是为了配合健美操教学的完善。因此，健美操教师一定注意分清主次，切忌本末倒置。另外，在课时安排上，健美操教师一定要注意合理安排，只需在课前准备以及课后放松安排即可。

第三节　啦啦操运动教学与实践训练

啦啦操，又称啦啦操团队，英文为Cheerleading，其中Cheer有振奋精神、提振士气的意思。这项运动在国外作为一种加油性质的表演或竞技活动，无论演出还是比赛，啦啦操所传达给观众的都是充满阳光的笑容和积极进取、团结协作的态度，啦啦操的核心特点在于，队员在音乐伴奏下通过徒手或手持道具完成复杂高难的基本手位与舞蹈动作，展示项目独特的难度和过渡配合等动作内容。其主要目的是为比赛加油助威、调节紧张气氛、提高比赛观赏性。啦啦操的设计旨在集中体现团队意识与集体主义精神，呈现青春活力、朝气蓬勃的精神面貌，并追求最高团队荣誉感。这使得啦啦操具有竞技性、观赏性和表演性等独特魅力，成为一项集团体协作和个体表现为一体的富有活力的体育运动。

一、啦啦操运动及其意义

（一）啦啦操运动的类型划分

根据当前世界和我国啦啦操运动的发展状况，可根据展示场所将啦啦操运动划分为场地啦啦操和看台啦啦操两大类；而从动作技术的角度来看，场地啦啦操可进一步划分为技巧啦啦操、舞蹈啦啦操和赛间表演啦啦操。此外，根据队员是否手持道具，看台啦啦操则分为徒手看台啦啦操和道具看台啦啦操，如图13—1所示。

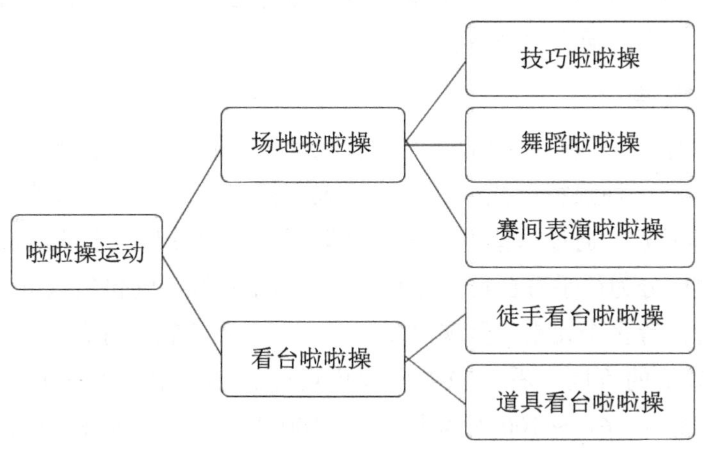

图13–1　啦啦操运动的类型

1. 场地啦啦操

场地啦啦操作为一种在体育比赛区域、活动区域进行的团队体育运动，展示了其在体育赛事助威的场地表演活动中所扮演的角色。从广义上说，场地啦啦操是有组织地为体育赛事助威的表演活动，从狭义上说，它是指在音乐的伴奏下，通过运动员完成高超的啦啦操特殊运动技巧并结合各种舞蹈动作，旨在集中体现青春活力、健康向上的团队精神，同时追求最高团队荣誉感的一项体育运动。

（1）技巧啦啦操作为场地啦啦操的一项竞技项目，以倒立、翻滚、托举、抛接、金字塔组合、舞蹈动作、过渡连接以及口号等形式为基本内容。这一类别涵盖了男女混合组、女子组和舞伴特技三种类型，通过运动员们展示高超的技巧和配合能力，为观众呈现出一场动感十足、高难度的团队竞技。

（2）舞蹈啦啦操是场地啦啦操的另一竞技项目，以舞蹈动作为主，并可结合道具进行表演。这个项目包括彩球（Pom）、高踢腿、爵士、现代、街舞等多个组别，旨在通过展示各种舞蹈元素和技巧，展现高超的运动技能。此外，全美啦啦操锦标赛的参赛标准为队伍人数在 6 ～ 30 人，分为业余组、中学组、大学组和全明星组四个组别进行比赛。

（3）赛间表演啦啦操是一种在比赛间隙进行的事先设计和编排的成套啦啦操，旨在为参赛队伍加油助威、活跃赛场气氛、提高比赛观赏性。这个项目根据表演风格的不同分为爵士风格、街舞风格、拉丁风格等，通过对音乐效果、动作设计、队形变化、表演者的动作风格等方面的高要求，力求呈现出高水平的成套冲击力、与音乐的协调统一以及表演者的出色表现力。

在整个啦啦操运动中，表现力是至关重要的。它涵盖了编者思想、肢体语言、音乐的情绪和节奏以及同伴之间的默契配合，是表演者综合运用这些能力的表现。这种表演力量通过身体语言、表情以及眼神的表现，使赛间表演啦啦操更加注重表演者的个体表现力，从而达到烘托气氛、感染观众、提升表演效果的目的。在啦啦操的各个层面，从竞技项目到表演表现，都彰显了这一体育运动的多样性、丰富性和魅力，为体育赛事注入了更多的活力与激情。

2. 看台啦啦操

看台啦啦操作为一项有组织的新兴体育运动，承载了振奋精神、提振士气的重要功能，是啦啦操的一种独特形式。其表演形式包括口号、呐喊、欢呼、徒手动作以及各类道具动作等元素，通过这些方式来激励场下的运动员和台上的演员，形成了一场集体的精神盛宴。分为徒手看台啦啦操和道具看台啦啦操，它包括队员、服装、道具、口号、指挥、配合等多个元素，呈现出多层次、多元化的表演特点。

根据队员数量的不同，看台啦啦操规模可分为小、中、大三种水平，以队员在 30 ～ 60 人为小规模，61 ～ 100 人为中规模，100 人以上为大规模。这种分级体现了看台啦啦操在规模组织上的灵活性，使其适用于不同场合和需求。

（1）徒手看台啦啦操是一种纯粹靠肢体技巧动作和团队配合完成的体育运动，不使用其他道具和器械。例如，通过呐喊、助威、唱歌等方式，队员们在看台上形成默契的团队配合，以1986年的“墨西哥人浪”表演为例，展示了在足球赛场上如何通过徒手动作营造壮观场面，成功调动了球员的情绪。

（2）道具看台啦啦操是在看台上借助各类道具进行表演的形式。这些道具包括花球、花环、彩旗等，它们不仅是视觉上的装饰，也是运动员们表达情感和协同动作的重要工具。这一形式允许乐器类和装饰类器械的运用，为表演增色添彩。乐器类器械如铃鼓、响板等简单的乐器，装饰类器械如纸制彩球、彩扇等。

（二）开展啦啦操运动的意义

1. 丰富文化发展的内容与手段

啦啦操的兴起和发展为人们的文化生活注入了新的活力。作为一项健康、激情兼具团队协作精神的运动，啦啦操不仅为人们提供了欢乐的体育活动，而且在长期的训练中培养了不怕困难、挑战自我、团结协作的精神品质。同时，现代社会中崛起的啦啦操运动，不仅在竞技体育中崭露头角，也极大地丰富了赛场文化活动。

啦啦操的运动员在其独特的表演中展现了团队的凝聚力和合作精神，为观众带来了视觉和精神上的愉悦。这种积极的体育活动不仅为社会注入了活力，还在人们的社交生活中产生了深远的影响。啦啦操成为体育赛事中一道亮丽的风景，受到了社会各界的喜爱和支持，为现代社会的文化体验和社交互动增添了更多精彩元素。

2. 提高民众个人修养，构建和谐社会

啦啦操运动传递着积极向上、永不言败和团结协作的信念，体现了其深厚的文化内涵。这种文化内涵不仅对提升啦啦操运动员和观众的个人修养具有深远意义，而且有助于构建和谐社会。

场地啦啦操表演通过传播积极、健康的文化，强调个人和团队的进取精神，激发人们的奋斗意志，为社会注入一种积极向上的力量。看台啦啦操队员通过热情的口号传递着正能量，感染现场的每个人，同时倡导文明观赛，创造出和谐有序、充满热情和文明的比赛氛围。

啦啦操运动所传递的内在精神深深感染着所有参与其中的集体和个人。这种影响不仅体现在啦啦操活动中，还在日常的工作、生活和学习中潜移默化地提升个人修养，促使社会更加和谐。因此，啦啦操运动不仅是一项体育活动，还是一种积极推动文化传承和社会建设的重要力量。

3. 提升凝心聚力精神，弘扬优秀文化

啦啦操在赛场与看台上的表演充当了展示文化特色的重要窗口，为弘扬中华优秀文化做出了积极贡献。在场地啦啦操表演中，队员不仅身着具有鲜明民族特色的服装，还运用民族音乐，巧妙搭配具有浓厚文化底蕴的道具，以及展示富有民族特色的舞蹈

动作。这样的呈现方式既是对中华文化的传承，也是对多元文化的尊重。

在大型比赛场合，特别是奥运会上，看台啦啦操表演扮演助威的角色，运用多种富有民族特色的元素，不仅是一场竞技盛会，也是展现国家和民族文化状态的一种境界。通过表演，啦啦操呈现了民族优秀文化，运用了具体的民族特色元素，体现了人民团结协力、齐心向前的精神风貌。这不仅彰显了国家的信心、能力、魄力，还在国际舞台上为中华文化树立了积极、自信的形象。

4. 倡导不畏困难、勇往直前进取精神

中华民族自古以来都崇尚自强不息、奋勇拼搏、积极进取的优良精神。这一积极、向上、奋斗拼搏的个性，不仅对个人的成长有益，还对整个集体的壮大和发展产生深远影响。啦啦操运动在这种背景下，不仅培养了队员自身的积极进取、奋斗拼搏精神，也通过他们的表现，感染并激励比赛中的每一个队员，激发他们勇往直前、不畏艰难的斗志，最终争取比赛胜利。

啦啦操运动中蕴含着丰富的进取奋斗元素，从基本手势的设计到口号和标语的呐喊，都诠释着胜利、力量、团结、自信等积极含义。各种手势和口号的使用形成了一种共鸣，激发了队员们在比赛中充满信心、积极进取的精神风貌。这种情感的传递和激发也在很大程度上鼓舞了队员们越战越勇，顽强拼搏。

通过有组织地开展啦啦操运动，进取奋斗的时代精神得以深入人心。这对于培养儿童青少年一代积极向上、勇于奋斗的精神起着良好的推动作用。啦啦操运动不仅传承着中华传统的奋斗精神，还将这种积极向上的文化内涵融入新时代，为青少年的成长注入了正能量。

5. 发扬团结互助精神，团队协同发展

啦啦操运动以团队的形式呈现，是集体主义精神的生动展示。队员们在表演中需要完美的默契和密切的配合，以创造出令人惊叹的演出。啦啦操的整齐动作、响亮口号和醒目标语凸显了团结就是力量、团结就是胜利的信念，这种信念的表达源于平时的训练和生活中的不懈积累。在啦啦操队伍中，微小的失误可能导致整个表演的失败，因此，每位队员都需要时刻将团队精神融入自己的行动。

随着集体的强大，每个队员的素质都会得到提升。啦啦操队员需要将团队精神融入生活，并将其传播给周围的人，使他们感受到集体主义与团结协作的力量和启迪。在现代社会，尽管强调个性张扬和个人创造力，但同样需要注重团队协作的精神，以及集体克服困难的勇气和决心。通过啦啦操运动，队员们不仅展现了个人的特长，还强调了集体的力量，为团队合作和社会和谐树立了典范。

二、啦啦操运动的教学训练

啦啦操的教学过程是在教师科学引导和学生积极参与的基础上，系统获取啦啦操知识、技术和技能的一种教育活动，该活动旨在促进健康、提高身体素质和心理素质，

培养审美意识。这个过程既包括教师的教育，也包括学生的学习，呈现出多样化的形式。不同的教学方法在完成教学任务上有不同的作用，选择何种形式的教学以及如何灵活应用，需基于具体的教学任务、内容、学生特点以及场地设备等情况来制定。

以技巧啦啦操为例，该运动是一项竞技项目，其内容主要包括在音乐伴奏下进行跳跃、翻腾、托举、抛接、金字塔组合等技术难度较高的动作，同时配合口号和基本手位，全面展示运动员高超的技能。由于这些动作具有特殊性、多样性和一定的危险性，对于教师的教导和学生的学习都提出了较高的要求。

在技巧啦啦操的教学训练中，教师需要精心设计教学任务和内容，侧重技术难度动作的传授和展示。同时，教师要注重教授学生掌握基本手位、口号配合等配套技能，使其在综合表现上达到更高水平。对学生而言，需要具备高度的集体合作精神、团队协作能力，以确保整个团队能够协调有序地完成复杂的动作组合。这样的教学训练既能够提高学生在啦啦操运动中的技术水平，也有助于培养团队精神和协同能力。

（一）教学训练原则

1. 一般性原则

技巧啦啦操教学的自觉积极性原则凸显了其强调个体与团队之间的紧密关系。该原则指出，学习者在积极主动解决自身问题的过程中，必须建立起个体所需的技术和能力，方能在团队中充分发挥其作用。此外，对于完成难度动作的群体行为，需要通过团队的齐心协力和反复训练来培养默契，这进一步强调了自觉积极性的重要性。技巧啦啦操的教学环境复杂，学生个体差异明显，因此，教师必须通过巧妙的组织形式和课堂设计，调动学生的自觉积极性，激发学生的主动性，以提高教学质量和效果。

直观性原则着重强调技巧啦啦操的艺术性和表演性，将其视为一门造型艺术和表演艺术。由于很多动作在学生的日常生活中并不常见，教师需通过各种感官器官和学生已有的经验，利用示范、图形、图片、视频等形式，使学生对所学内容形成生动形象、真实清晰的印象。然而，仅仅依靠直观观察是不够的，教师需教导学生如何关注动作的关键、难点和重点，引导学生利用感知和观察能力进行抽象思维，深入理解和掌握动作的本质和规律。这种直观性原则有助于具体化、形象化所学内容，激发学生的学习兴趣和热情，为提高教学效率奠定基础。

从实际出发原则强调了根据学生的身体素质、技术水平和场地设备等客观条件，合理安排技巧啦啦操的教学。鉴于其动作的危险性和超常规性，教师应在统一要求的基础上注意差异对待，因材施教。强调对学生个体的个别关照，既要提高对接受能力强、进步快的学生的要求，发挥其长处和才能，又要对基础差、动作掌握慢的学生提出实际可行的要求，加强个别辅导和鼓励，逐步缩小差距。在团队协作方面，教师可根据学生的能力进行巧妙搭配分组，使学生在合适的环境中相互配合，共同完成动作。这种原则强调了因材施教的必要性，使教学更贴近学生实际情况，提高教学的实效性。

循序渐进原则明确了技巧啦啦操动作教学必须按照技术的难度由浅入深进行。这要求教师在安排教学进度时考虑教材之间的联系，按照动作本身技术的难易程度有条不紊地进行系统教学。例如，在学习翻腾动作时，学生需按照前滚翻、倒立前滚翻、鱼跃前滚翻的顺序逐步进行。此外，身体体能的教学和锻炼也需根据学生的身心发育规律进行，由小到大、由弱到强，逐步提高运动负荷。通过循序渐进的原则，学生能够逐步、系统地掌握技巧啦啦操的动作，为进一步学习新的知识和技能打下坚实的基础。

巩固与提高原则强调在技巧啦啦操教学中，学生必须牢固地掌握并熟练运用所学的基础知识、技术和技能。为达到这一目的，教师需在教学过程中的巩固与提高阶段，帮助学生深刻理解动作的正确概念、要领和完成方法。教师应及时纠正学生的错误动作，给予具体的帮助，确保学生学习正确知识和动作技术。在反复练习的过程中，学生能够通过自觉积极地参与练习，真正将所学内容熟练掌握，达到熟练运用的水平。

因材施教原则在技巧啦啦操教学过程中是十分重要的。鉴于学生年龄特征和个性差异，该原则要求教师采用不同的方法、安排不同的运动负荷进行有的放矢的教学。这要求教师在教学大纲中对技巧啦啦操的教学内容和基本技术要求保持统一，但在具体实施中，要根据学生的个体差异进行因材施教。这一原则涉及对学生身心发展、思想品德、个性特点，对技巧啦啦操的兴趣、基础、接受能力等多个方面的了解，通过全面了解学生情况，教师能够更好地制订个性化的教学方案，使学生在学习过程中更好地发挥自身特长，同时保证相对落后的学生也能够跟上学习进度。

全面发展原则明确了在技巧啦啦操的教学过程中，需要运用多样化的内容、方法和手段，使学生身体的各个部位、各器官系统的机能，各种身体素质和基本技能都得到协调发展。教师在教材选配上应选择对身体有全面影响的内容，确保对学生的全面锻炼。同时，考核项目要全面搭配，促进学生在学习过程中全面锻炼身体。这种原则要求教师在各单元教学的教学目标上既要全面又要有所侧重，确保学生在学习过程中得到全面的发展。

2. 专门性原则

体能先导性原则在技巧啦啦操教学中占据着至关重要的地位。体能的定义包含学生在技巧啦啦操学习中所展现的运动能力和各器官系统的机能，这直接影响了对动作技术和技能的掌握、巩固和提高。在这一原则的指导下，教学过程中必须不断发展学生的体能，通过全面锻炼、循序渐进、持续负荷和适宜的运动负荷，以提高体能水平，达到教学要求、提高运动技术水平的目的。通过持之以恒地发展体能，教师能够确保学生具备足够的身体素质和运动能力，为学习更高难度的动作和提高整体运动水平奠定坚实基础。良好的体能水平也有助于增强学生的自信心和学习兴趣，特别是在预防伤病发生方面，体能先导性原则发挥着特别有效的作用。

技能整体性原则强调技巧啦啦操的难度动作是一个结构复杂且内涵丰富的动作体系，各动作在表面上可能独立存在，但从技术结构的角度来看，它们是一个相互联系的整体。难度动作之间存在内在的逻辑脉络，是一个相互联系、相互包含、辐射发展的动作网络体系。这一体系是立体的，每一个动作在整体体系中都与其他动作有着紧密的联系。因此，在技巧啦啦操的教学中，教师需要全方位地考虑各个项目、各个动作之间的内在逻辑脉络，全面地安排整体教学计划，以确保在有限的时间内获得最优的教学效果。通过整体性原则，学生能够更好地理解和掌握动作之间的关联，有助于提高学生对整体动作系统的认知水平，为更高水平的学习和表演奠定基础。

安全性原则在技巧啦啦操教学中被视为首要条件。难度动作的教学本身存在一定的危险性，因此在教学活动中必须充分考虑教学场所、内容、方法和手段等安全因素，以防止伤害事故的发生。为确保安全，教师和学生在学习过程中需要清晰地理解所做动作的危险性和相应的保护方法。教师要具备避免和预防意外发生的知识，并教授学生运动损伤的预防与急救方法。在教学中，学生也需要具备高度的责任感和团队协作精神，以保障整体安全。通过安全性原则，学生在学习技巧啦啦操的过程中能够更加安全、有序地进行，为他们的健康和安全提供了有力的保障。

审美性原则在技巧啦啦操教学中扮演着重要角色。技巧啦啦操通过多维空间运动、翻转轨迹、运动姿态、运动节奏和团队协作等方式展示出速度、惊险、激情的运动之美。在教学过程中，教师需要始终坚持对美的追求，注重姿态美、协调美、节奏美、合作美及音乐与动作融合之美。要求学生在动作中体现趣味，展示技巧啦啦操的特征。因此，在技巧啦啦操的教学中，审美性原则要求教师在传授技术的同时，辅以其他艺术形式的教法，使学生能够通过舞蹈训练、形体训练、音乐修养等多种形式的教学，逐渐培养学生对美的感知和欣赏能力。通过审美性原则，学生能够更多地体验运动之美和形体之美，逐渐将这种美感内化，从而提高他们感受美、欣赏美和评价美的能力。

（二）教学训练方法

1. 直观法

（1）示范法。示范法是技巧啦啦操教学中最为基础和重要的教学手段之一。通过示范，教师或学生能够在教学的不同阶段展示正确、规范、适当的动作，使学生直接感知动作的全貌，了解动作的形式、结构、要领和方法。示范的质量和效果对学生的学习影响深远，良好的示范不仅能促进学生迅速掌握动作技术，还能激发学生练习的积极性。反之，示范不当可能影响动作形象，同时影响学生的学习情绪。因此，技巧啦啦操的教师应高度重视每个动作的示范过程。

示范法在技巧啦啦操教学中包括完整示范、分解示范、慢速示范、对比示范和领做示范。完整示范主要用于教授新动作，通过从头至尾地展示单个动作、联合动作或成套动作，使学生对动作的整体有所了解。分解示范则根据教学任务的需要，将完整动作或联合动作分解成不同的部分进行示范。慢速示范通过延缓动作的时间特征，使学生能够更清晰地观察动作及其内在联系。对比示范则通过对同一个动作进行正确与错误的对照示范，帮助学生了解哪些动作是正确的，哪些是错误的，以及及时纠正学生的错误。领做示范则要求学生与教师示范同步进行练习，主要用于口号和基本动作的教学。这些示范方法的灵活运用有助于提高学生对动作的感知、理解和掌握水平。

（2）图像法。图像法是另一种重要的教学手段，通过图解、录像、课件等方法，指导学生学习技巧啦啦操。在技巧啦啦操的教学中，图像法能够在瞬间完成动作的理解和记忆，大幅提高教学效果。由于技巧啦啦操的难度动作在空中完成只有极短的瞬间，而且涉及许多细节和变化，因此图像法在教学中是不可或缺的。

首先，图像法作为对讲解和示范的补充，能够弥补两者在直观性和详细性上的不足。通过图像法，学生可以观察到动作的细节和关键地方，对动作有更深刻的理解，从而减少学习中的困难，帮助学生更快地掌握动作。其次，当教师因年龄、伤病或其他原因无法进行现场示范时，图像法可以作为示范的最佳替代手段，起到良好的作用。尤其是在技巧啦啦操的教学中，一些动作需要多人协作完成，难以通过教师个人示范完整呈现，此时图像法能够突破时空障碍，使学生获取所需知识。最后，图像法还可以作为分析和纠正动作的手段，通过录制学生完成学习过程，与学生一同分析动作中的不足，从而及时纠正错误，提高动作的完成度。

2. 语言法

语言法是一种通过语言传达知识、引导学生掌握动作技术和技能、进行练习的方法。它主要用于学生的听觉器官，通过言语沟通的方式进一步帮助学生理解动作技术和关键要点，同时激发积极思维。在技巧啦啦操的教学中，正确运用语言法对于顺利完成动作教学任务至关重要。它不仅有助于学生明确学习任务和端正学习态度，还能激发积极思维，加速知识、技术和技能的掌握，培养学生分析问题和解决问题的能力。

在技巧啦啦操的语言法中，常用的手段包括讲解、提问、提示、口令和评价等。讲解是最主要的形式，通过详细解释动作名称、作用、要领、做法、要求以及练习方法，使学生对学习任务有清晰的认识。提问是及时了解学生掌握学习任务情况的有效途径，通过互动提高学生对动作的理解。提示则可以在必要时提醒学生关注技术关键环节，发挥提醒作用。口令能够有效指导学生进行练习，使动作更加协调。评价则在学习过程中起到口头评定学生掌握情况的作用，也可激发学生自我评价或互相评价，从而增强学生对学习动作的兴趣，促进积极思维，提高教学效果。因此，巧妙运用这些语言法手段，教师可以更有针对性地引导学生，使其快速、深入地掌握技巧啦啦操的动作技术。

在技巧啦啦操的教学中，采用多种教学方法是必要的，其中讲解、提问、提示、口令和评价是至关重要的教学手段，它们在教学过程中发挥着各自独特的作用，有力地促进了学生动作技术、技能的掌握和练习的进行。

（1）讲解。讲解作为教学的基础手段，其有效性直接影响学生对动作技术的理解和掌握。在讲解中，明确的教学目的和教育意义是不可或缺的，教师应当根据学生的思想、技术或身体上存在的问题，有的放矢地进行讲解。同时，讲解的内容必须准确科学，结合学生的知识和经验，确保深度和广度的合理性。讲解要通俗易懂，突出重点和关键，通过清晰的层次和生动的表达，培养学生的兴趣和思维。此外，富有启发性的讲解能够引导学生积极思考，使其更好地理解和掌握动作技术。

（2）提问。提问作为教学的互动反馈方式，在巩固已学知识、启发学生创造性思维方面具有重要意义。有效的提问应具备明确的目的性和针对性，问题要明确具体，方便学生理解。教师要根据教学进程和内容巧妙地选择提问的时机、方式和形式，以有的放矢的方式进行。提问的方式多种多样，如集中注意力提问法、启发式提问法、对比式提问法等，要根据教学需要灵活运用，强调教学的重点和难点，确保提问起到积极的促进作用。

（3）提示。提示法在技巧啦啦操的难度动作中具有独特的作用。由于要在极短的时间内完成这些动作，学生没有过多思考的余地，因此教师通过简洁的语言进行提示，能够提醒学生有意识地关注技术关键环节。提示法要求用词简练、正确使用专业术语，灵活运用时机，既可在学生练习中完成动作时提示，也可在练习前提示，提醒学生加强某一方面的注意。注意避免过度制造紧张情绪，确保提示的时机得当，以更好地促进学生对技术的关注和理解。

（4）口令。口令作为一种有效的指导学生活动的方法，直接关系到动作效果和学生的情绪。在技巧啦啦操中，口令的运用要求洪亮、清楚、有力、节奏感强。根据动作幅度、用力程度和动作特点来确定口令的快慢缓急、强弱和轻重。灵活运用时机，特别在团队人员配合转换时，要稍慢一点、声音提高一些，使学生有一定的准备。教师要准确、清晰地表达口令，以确保学生更好地完成动作，并保持积极的学习情绪。

（5）评价。评价作为教学的反馈机制，能够使学生明确自己在动作完成上的表现。在评价过程中，教师需要准确把握评价尺度，根据学习内容、阶段和练习者个体差异等特点，进行适度的评价，避免挫伤学生的自尊心。评价时要以肯定积极方面为主，通过评价，学生既知道自己的进步，又明确需要改进的方面。灵活运用评定形式，根据具体问题选择适当的评定方式，有助于促进学生的积极性和完成教学任务。

参考文献

[1] 张全成 . 高级体适能与运动处方 [M]. 西安：西北工业大学出版社，2019.

[2] 张全成，尤锟 . 运动处方信息管理系统的设计与实现 [J]. 价值工程，2012，31（26）：197.

[3] 王临风 . 大学生健康管理服务体系构建研究 [D]. 成都：电子科技大学，2020.

[4] 尹志华，章柳云，降佳俊，等 . 新时代核心素养导向的体育与健康教学话语体系构建与落实策略 [J]. 首都体育学院学报，2023，35（4）：391-400.

[5] 陈贻坚 . 新课程背景下体育与健康教学中生命教育的渗透 [J]. 学校党建与思想教育，2012（26）：24-25.

[6] 杨志勇，常平，吴立新，等 . 结合新体育与健康教学大纲构建体育教学新体系 [J]. 武汉体育学院学报，2005，39（1）：104-107.

[7] 陆晨，陈中林，吴湘军 . 身体锻炼式体育与健康教学模式的构建 [J]. 西安体育学院学报，2002，19（4）：94-96.

[8] 张磊，杨浩 . 体育与健康核心素养导向下的大问题教学内涵解析、价值澄明与策略选择 [J]. 首都体育学院学报，2023，35（1）：49-56.

[9] 杨松林 . 实施快乐体育与健康教学的实践 [J]. 现代中小学教育，2006（11）：32-34.

[10] 薛昭铭，高升，马德浩 . 落实体育与健康核心素养教学的理论审思、逻辑起点与路径建议 [J]. 体育学刊，2023，30（4）：81-89.

[11] 施义江 . 略论德育寓于体育与健康教学中 [J]. 南京体育学院学报（社会科学版），2003，17（1）：123-124，128.

[12] 朱大为 . 中学体育与健康教学中实施德育渗透的研究 [J]. 当代教育论坛（校友教育研究），2008（6）：87-89.

[13] 刘红 . 新课改背景下小学体育与健康教学设计研究——评《小学体育与健康教学设计》[J]. 新闻爱好者，2020（5）：3-4.

[14] 李树文 . 关于体育与健康教学方法的研究 [J]. 现代教育科学，2003（1）：90-91.

[15] 焦晓霞 . 多媒体技术在体育与健康教学中的应用研究 [J]. 当代教育论坛（教学

研究），2011（15）：120-121.

[16] 王占春. 体育与健康课程标准、教材的实验与教学研究 [J]. 课程·教材·教法，2002，22（3）：6-12.

[17] 余波. 高职体育与健康课程教学改革的困境及对策 [J]. 教育与职业，2012（5）：140-141.

[18] 李雪宁，赵晓亮，何劲鹏. 新课标背景下体育与健康课程中运动技术教学的困境与路径优化 [J]. 山东体育科技，2017，39（6）：67-69.

[19] 周志雄，席玉宝，章柳云，等. 促进学生体质健康水平发展的体育教学设计与实验研究 [J]. 安徽师范大学学报（自然科学版），2015，38（1）：90-96.

[20] 何少钧. 促进健康素质发展的体育教学模式理论与实践探析 [J]. 西安体育学院学报，2008，25（4）：110-112.

[21] 潘杏平. 建构主体性发展的大学“体育与健康”教学模式 [J]. 江苏高教，2007（1）：154.

[22] 宋剑英. 构建普通高校体育与健康理论教学模式 [J]. 黑龙江高教研究，2009（8）：178-179.

[23] 田克湟. 试论体育与健康课程目标与教学内容之间的关系 [J]. 内蒙古师范大学学报（教育科学版），2010，23（12）：147-149.

[24] 王晓芳，周庆柱. 关于“体育与健康”教学环境的思考 [J]. 教学与管理（理论版），2008（10）：131-132.

[25] 曲鹏燕. 体育心理与体育锻炼 [J]. 体育画报，2023（20）：51-52，59.

[26] 赵岩. 提升体育锻炼愉悦体验的基本策略探讨 [J]. 科技风，2023（28）：160-162.

[27] 唐飞. 运动类 App 对大学生体育锻炼的行为影响 [J]. 普洱学院学报，2023，39（3）：74-76.

[28] 沈秀，周壮，沈纲. 体育锻炼、社会资本与城市女性幸福感 [J]. 江苏海洋大学学报（人文社会科学版），2023，21（1）：40-51.

[29] 杨伊，任杰. 体育与健康课程的跨学科主题学习：必要性、可行性与行动路径 [J]. 武汉体育学院学报，2023，57（5）：88-94，100.

[30] 陈一林，张文鹏，刘斌. 基于活动理论的体育与健康课程跨学科主题学习活动设计路径研究 [J]. 体育学研究，2023，37（5）：62-74.

[31] 汤勤华. 体育与健康课程发展性学习评价概述 [J]. 考试周刊，2014（A2）：110.

[32] 贾灿. 多尔“4R”理论下启发式体育教学模式的创新 [J]. 冰雪运动，2015（5）：59-61.

[33] 何佳，简伟峰，胡明珠. 高职院校开展体育俱乐部教学模式优势分析 [J]. 当代

体育科技，2021，11（19）：149-151.

[34] 徐文峰 . 对瑜伽运动教学如何在高校发展的研究 [J]. 知识经济，2013（23）：160.

[35] 李婷 . 校园文化建设下的啦啦操运动 [J]. 魅力中国，2017（51）：101.

[36] 吕艳丽 . 高校体育教学中核心力量训练的运用现状与方法研究 [J]. 当代体育科技，2019，9（36）：16.

[37] 马骉 . 有关高校体育训练中提高耐力素质的研究 [J]. 品位・经典，2020（12）：158.

[38] 刘虹 . 新时代中华体育精神弘扬的路径研究 [J]. 文体用品与科技，2019（14）：199.

[39] 王洋，佟钧 . 大学生体质健康管理的研究 [J]. 青少年体育，2020（9）：40.

[40] 任才，宋艳 . 浅析大学生体质健康管理模式的建立 [J]. 文体用品与科技，2020（5）：193.

[41] 刘志军 . 生命安全教育在高校体育教学中的应用研究 [J]. 文体用品与科技，2019（4）：98.

[42] 岳游松 . 中华体育精神的话语流变、实践原则及实现路径 [J]. 天津体育学院学报，2023，38（5）：585.

[43] 付志铭，黄莉 . 新时代弘扬中华体育精神的内在逻辑、目标指向与实践方略 [J]. 沈阳体育学院学报，2023，42（3）：129-136.

[44] 宋亮 . 中医文化融入高校体育课程理论和路径研究 [D]. 荆州：长江大学，2023.

[45] 焦巍，赵翀 . 高强度间歇训练对普通男性大学生体质健康影响的实验研究 [J]. 当代体育科技，2023，13（9）：24-27.

[46] 王定炜 . 新时代中华体育精神对高校体育专业大学生体育价值观的影响研究 [D]. 杭州：杭州师范大学，2023.

[47] 燕连福，程诚，何佳琪 . 新时代弘扬中华体育精神的三个向度 [J]. 思想教育研究，2022（3）：136-140.

[48] 高原原 . 生命安全教育在体育教学中的渗透与实践 [J]. 江西电力职业技术学院学报，2021，34（11）：122-124，127.

[49] 聂欢密，刘冉 . 高校大学生体质健康管理系统构建研究 [J]. 延安大学学报（自然科学版），2021，40（2）：114-117.

[50] 逯梦伊 . 高强度间歇训练促进大学生体质健康的实验研究 [D]. 呼和浩特：内蒙古师范大学，2021.

[51] 陈国庆，王标 . 关于高校公共体育课融合生命安全教育的探讨 [J]. 广西质量监督导报，2021（5）：15-16.

[52] 许辉 . 大学生体质健康管理常见问题及改进对策 [J]. 文体用品与科技，2021（3）：105-106.

[53] 杨洁 . 生命安全教育融入学校体育课程的实验研究 [D]. 石河子：石河子大学，2021.

[54] 王桤有 . 新时代弘扬中华体育精神研究 [D]. 北京：北京体育大学，2019.

[55] 万文博，卢金邦，王政 . 基于体质健康促进视域下的大学生体质健康云管理模式研究 [J]. 中国学校体育（高等教育），2018，5（6）：17-22，29.

[56] 匡泉 . 大学生体质健康管理机制创新研究 [D]. 广州：华南理工大学，2015.

[57] 徐洪倩 . 健身登山训练对大学生体质健康的影响 [D]. 北京：中国地质大学（北京），2015.

[58] 张浩 . 篮球运动训练中的若干问题与对策研究 [J]. 冰雪体育创新研究，2022（14）：163.

[59] 潘朝霞，张瑞勇 . 乒乓球教学中基本技法的训练研究 [J]. 当代体育科技，2017，7（14）：44.

[60] 魏佐涛 . 高校田径运动的训练方法与改革方向研究 [J]. 当代体育科技，2020，10（25）：40.

[61] 李闯 . 体育强国战略下高校田径运动发展的作用 [J]. 田径，2020（11）：9.

[62] 仝晋年，杨洁 . 对太极拳习练方式的探析 [J]. 当代体育科技，2022，12（14）：117.

[63] 苏婷 . 跆拳道运动对于全民健身运动的意义 [J]. 文体用品与科技，2023（19）：28.

[64] 刘宏伟 . 跆拳道腿法技术的变化、创新与体系构建 [J]. 沈阳体育学院学报，2022，41（2）：129-137.

[65] 殷建雷 . 体育运动学校篮球教学与训练五注意初探 [J]. 新校园（下旬刊），2010（5）：39.

[66] 武建慧 . 乒乓球教学经验探析 [J]. 体育画报，2022（5）：177-178.